Die Deutsche Glaubensbewegung

Ulrich Nanko

# Die Deutsche Glaubensbewegung

Eine historische und soziologische Untersuchung

diagonal-Verlag   Marburg 1993

Religionswissenschaftliche Reihe, Band 4

Die Deutsche Bibliothek - CIP-Einheitsaufnahme

**Nanko, Ulrich:**
Die deutsche Glaubensbewegung : eine historische und
soziologische Untersuchung / Ulrich Nanko. - Marburg :
Diagonal-Verl., 1993
  (Religionswissenschaftliche Reihe ; Bd. 4)
  Zugl.: Diss., 1989
  ISBN 3-927165-16-6
NE: GT

© 1993 by diagonal-Verlag, Postfach 1248, D-35002 Marburg.
Alle Rechte vorbehalten. Nachdruck, auch auszugsweise, nur mit Genehmigung des
Verlages.
Satz: diagonal-Verlag Marburg
Druck: Difo-Druck, Bamberg

ISSN 0934-2192
ISBN 3-927165-16-6

# Inhaltsverzeichnis

| | |
|---|---:|
| **Vorwort** | 9 |
| **A. Einleitung** | 11 |
|    I. Forschungsgegenstand | 11 |
|       1. Zur Entstehung der Untersuchung über die Deutsche Glaubensbewegung | 11 |
|       2. Der Stand der Forschung | 12 |
|       3. Fragestellungen | 19 |
|    II. Quellenlage und Arbeitsmethoden | 23 |
|       1. Die Quellenlage | 23 |
|       2. Die Arbeitsmethoden | 25 |
| **B. Die Deutsche Glaubensbewegung im Kontext von Staat und Kirche** | 29 |
|    I. Die potentielle Deutsche Glaubensbewegung | 29 |
|       1. Überblick | 29 |
|       2. Organisierte Religion außerhalb der Kirchen | 35 |
|          a) *Die Freireligiösen* | 35 |
|          b) *Die Völkischen* | 39 |
|             ba) *Kurze Vorgeschichte* | 39 |
|             bb) *Die Germanische Glaubensgemeinschaft* | 40 |
|             bc) *Die Deutschgläubige Gemeinschaft* | 44 |
|             bd) *Die Nordungen* | 46 |
|             be) *Die Nordische Glaubensgemeinschaft* | 48 |

- bf) Die Nordisch-Religiöse Arbeitsgemeinschaft — 49
- bg) Die Ludendorff-Bewegung — 50
- bh) Sonstige völkische Gemeinschaften — 51
3. Vereinsmäßig organisierte Religion innerhalb der Kirchen — 53
   - a) Der Freie Protestantismus — 53
   - b) Der Bund der Köngener — 57
   - c) Der Bund für Deutsche Kirche — 61
4. Religiös interessierte Einzelpersönlichkeiten — 63
   - a) Lebensreformer, Agrarromantiker und Bündische Jugend — 63
   - b) Lesegemeinden, Verleger und Literaten — 70
5. Soziologische Untersuchung zur potentiellen Deutschen Glaubensbewegung — 75

## II. Die Entstehung der Arbeitsgemeinschaft Deutsche Glaubensbewegung — 79

1. Historische Einordnung — 79
   - a) Tabelle — 79
   - b) Überblick — 80
2. Die Bedeutung des Bundes der Köngener für die Entstehung der Arbeitsgemeinschaft Deutsche Glaubensbewegung — 84
   - a) Die Arbeitstagungen 1930-1933 — 84
   - b) Zur Umstrukturierung des Bundes der Köngener — 100
3. Die Vorbereitung der Eisenacher Tagung — 114
   - a) Hauers Sondierung bei Völkischen, Freireligiösen und Freiprotestanten — 114
     - aa) Völkische — 114
     - ab) Verband der Freireligiösen Gemeinden — 118
     - ac) Bund der Freireligiösen Gemeinden Deutschlands — 121
     - ad) Freiprotestantismus — 123
     - ae) Die Klärung des Teilnehmerkreises — 125
   - b) Die Einladung — 130
   - c) Die Abklärung der zukünftigen Organisationsform — 138

| | | |
|---|---|---|
| 4. Die Eisenacher Tagung | | 143 |
|    *a) Die Hauptversammlung* | | 143 |
|    *b) Reaktionen auf die Tagung* | | 149 |
| 5. Soziologische Interpretation | | 155 |

## III. Die ADG während des Kirchenkampfes    159

1. Historischer Überblick    159
   - *a) Chronologie der Ereignisse*    159
   - *b) Überblick*    160
2. Die versuchte Gleichschaltung der Freireligiösen durch Integration in die Arbeitsgemeinschaft Deutsche Glaubensbewegung    172
   - *a) Die organisatorische Entwicklung der Arbeitsgemeinschaft*    172
   - *b) Die gescheiterte Integration der Freireligiösen in die Arbeitsgemeinschaft*    183
     - *ba) Der Kampf um den Verband der Freireligiösen Gemeinden*    183
     - *bb) Der Eingliederungsversuch des Bundes der Freireligiösen Gemeinden Deutschlands*    191
   - *c) Zur Situation des Gemeindelebens in den Ortsgemeinden*    208
     - *ca) Allgemeine Bemerkungen*    208
     - *cb) Stettin*    209
     - *cc) Leipzig*    215
3. Die Bemühung um staatliche Anerkennung und der Zwang zur Konfessionsbildung    218
   - *a) Die Bemühung um Anerkennung*    218
   - *b) Die Ausbildung der Lehre*    226
   - *c) Die Gründung der Deutschen Glaubensbewegung in Scharzfeld*    236
     - *ca) Quellenlage*    236
     - *cb) Rekonstruktion des Verlaufs*    237
4. Soziologische Interpretation    242

## IV. Die Deutsche Glaubensbewegung in der Öffentlichkeit (Mai 1934 - März 1936) 251

1. Historische Einordnung 251
   a) Chronologie der Ereignisse 251
   b) Historischer Kontext 252
2. Die Ausbreitung 259
   a) *Geographische Verbreitung* 259
   b) *Innerer Zustand und Selbstdarstellung* 261
      ba) Der Ausbau der Organisation 261
      bb) Beispiele für die Organisation der Ortsgemeinden 264
      bc) Die Sportpalastkundgebung 270
3. Ausblick (Mai 1935-1945) 278
   a) *Der Sturz der alten Führung (1935/36)* 278
   b) *Zum Verhältnis von DG und NSDAP* 281
   c) *Die nationalsozialistische Phase* 286

## C. Religionswissenschaftliche Bestimmung 289

### I. Die Schichtzugehörigkeit 289

### II. Die Sozialisation 297

### III. Desiderate 309

## D. Anhang 311

### Dokumente 311

### Literaturverzeichnis 345

### Personenregister 367

# Vorwort

Bei der vorliegenden Arbeit handelt es sich um die leicht gekürzte Fassung der im Sommer 1989 im Fach "Vergleichende Religionswissenschaft" bei der Fakultät für Kulturwissenschaften der Universität Tübingen eingereichten Dissertation "Die Deutsche Glaubensbewegung 1933-45. Eine historische und soziologische Untersuchung". Die Dissertation wurde von der Fakultät für Kulturwissenschaften der Universität Tübingen angenommen.

Die Dissertation wurde um die Kapitel "Glaubenssystem" und "Kult" gekürzt. Ich beabsichtige, sie in einem größeren Umfang zu veröffentlichen.

Diese Arbeit ist Teil des religionswissenschaftlichen Forschungsprojektes "Religionsgeschichte Deutschlands im 19. und 20. Jahrhundert", das unter Leitung von Herrn Prof. Dr. Hubert Cancik, Herrn Prof. Dr. Burkhard Gladigow und Herrn Prof. Dr. Günter Kehrer stand. Das Forschungsprojekt wie auch meine Dissertation wurden von der Stiftung Volkswagenwerk durch Stipendien, Sachmittel und Gelder für Forschungsreisen gefördert.

Meinen herzlichen Dank für die Betreuung der Arbeit möchte ich Herrn Prof. Dr. Günter Kehrer und Herrn Prof. Dr. Hubert Cancik aussprechen. Daneben möchte ich Frau Annie Hauer, die mir die Einsichtnahme in den Briefnachlaß ihres Mannes gestattete, danken, sowie allen Interview- und Briefpartnern für ihre Gesprächsbereitschaft.

Weiterhin gilt mein besonderer Dank meinem Freund David Sayer für seine Hilfe bei der Arbeit am PC und meinen Eltern und Geschwistern, insbesondere meiner Schwester Ute Wahl, die die Finanzierung der Drucklegung ermöglichten.

*Markgröningen, im Februar 1993*

## A. Einleitung

## I. Forschungsgegenstand

### 1. Zur Entstehung der Untersuchung über die Deutsche Glaubensbewegung

Die vorliegende soziologische Untersuchung der Deutschen Glaubensbewegung ergab sich aus meiner Magisterarbeit über die Geschichte des Lehrstuhls für Indologie und vergleichende Religionswissenschaft.[1] Diese Arbeit wiederum entstand im Zusammenhang mit der 500-Jahrfeier der Universität Tübingen. Aus Anlaß dieses Jubiläums begann man die Wissenschaftsgeschichte der eigenen Disziplin vor Ort zu erforschen, so zum Beispiel in der klassischen Philologie.[2] Hierbei zeigten sich die Verbindungen des klassischen Philologen Eugen Fehrle zur Volkskunde, dessen Verbindungen zum Nietzsche-Kreis in Weimar und zum Kreis der Kosmiker.[3] Meine Magisterarbeit machte auf den Religionswissenschaftler und Indologen Jakob Wilhelm Hauer, auf seine Beziehung zur Jugendbewegung und auf seine Gründung der Deutschen Glaubensbewegung aufmerksam, die, wie sich bald herausstellte, ebenso wie Hauer selbst viel mit dem Nationalsozialismus zu tun hatte.

Die lokalgeschichtlichen Untersuchungen erweiterten sich allmählich von einer Universitätsgeschichte zu einer Religionsgeschichte Deutschlands. In die-

---

1) U. NANKO, *Die Geschichte des Lehrstuhls für vergleichende Religionswissenschaft an der Eberhard-Karls-Universität Tübingen (1848-1945)*, 1980, ungedruckte Magisterarbeit.

2) Zum Beispiel: H. CANCIK, "Die Götter Griechenlands 1929. Walter F. Otto als Religionswissenschaftler und Theologe am Ende der Weimarer Republik", in: *Der altsprachliche Unterricht*, Jg. XXVII, H. 4 Juli 1984; H. CANCIK, "Dionysos 1933. W. F. Otto, ein Religionswissenschaftler und Theologe am Ende der Weimarer Republik", in: R. FABER/R. SCHLESIER (HG.), *Die Restauration der Götter. Antike Religion und Neopaganismus*, 1986.

3) H. CANCIK, "Antike Volkskunde 1936", in: *Der altsprachliche Unterricht*, Jg. XXV, H. 3, 1982, S. 80-99.

sen Zusammenhang gehören die religionswissenschaftlichen Ringvorlesungen vom Wintersemester 1980/81 *Zur Religions- und Geistesgeschichte der Weimarer Republik*[4] und der Band *Zur Religionsgeschichte der Bundesrepublik Deutschland*[5]. Ein Arbeitskreis "Religionsgeschichte Deutschlands im 19./20. Jahrhundert" wurde durch die Stiftung Volkswagenwerk unterstützt, als Teilprojekt auch die vorliegende Untersuchung über die Deutsche Glaubensbewegung. Der Arbeitskreis hat nie eine Engführung der einzelnen Arbeiten hin auf eine Identifizierung mit dem Nationalsozialismus oder auf eine Vorläuferschaft beabsichtigt. Der Arbeitskreis deckte folgende Aspekte ab: Antike-Rezeption, Religion von Naturwissenschaftlern, Soldatenkult, Soziologie von religiösen Kleingruppen, Geschichte der Arbeiterbewegung und Wissenschaftsgeschichte. Thematisch blieb man im wesentlichen im akademischen Bereich der bürgerlichen Religion.

## 2. Der Stand der Forschung

Eine umfangreiche Monographie zur Deutschen Glaubensbewegung (DG) gibt es bisher nicht, wohl aber einige ausführlichere Darstellungen in Aufsatzform bzw. als eigenes Kapitel in einem Buch. Im einzelnen handelt es sich um:

KURT HUTTEN, *Die Deutsche Glaubensbewegung*, 1934, (Aufsatz);[6]
HEINZ BARTSCH, *Die Wirklichkeitsmacht der allgemeinen Deutschen Glaubensbewegung*, 1938, phil. Diss. bei H. Freyer und A. Gehlen, Leipzig 1937;
HANS BUCHHEIM, *Glaubenskrise im Dritten Reich*, Stuttgart 1953;
HUBERT CANCIK, *"Neuheiden" und totaler Staat. Völkische Religion am Ende der Weimarer Republik*, 1981, (Aufsatz);[7]

---

4) H. CANCIK (HG.), *Religions- und Geistesgeschichte der Weimarer Republik,* Düsseldorf 1982.

5) G. KEHRER (HG.), *Zur Religionsgeschichte der Bundesrepublik Deutschlands,* Forum Religionswissenschaft Bd.2, München 1980.

6) K. HUTTEN, "Die Deutsche Glaubensbewegung", in: KÜNNETH / SCHREINER (HG.), *Die Nation vor Gott,* Berlin [4]1934, S. 510-528.

7) H. CANCIK, "'Neuheiden' und totaler Staat. Völkische Religion am Ende der Weimarer Republik", in: H. CANCIK (HG.), *Religions- und Geistesgeschichte der Weimarer Republik,* Düsseldorf 1982, S. 176-212. Zit. als CANCIK, "Neuheiden".

LENNART STÅHLE, *Die Deutsche Glaubensbewegung 1933-1936*, (Zusammenfassung).[8]

Daneben gibt es zum Teil relativ ausführliche Artikel und Erwähnungen in Lexika bzw. in Beschreibungen des sogenannten Kirchenkampfes:

KURT HUTTEN, "Deutschgläubige Bewegungen", in: *RGG*[3], 1958;
KURT NOWAK, "Deutschgläubige Bewegungen", in: *TRE* Bd. 8, 1981;
C. ANDRESEN / G. DENZLER, "Deutschgläubige Bewegungen", in: *Wörterbuch der Kirchengeschichte*;
KURT MEIER, *Der evangelische Kirchenkampf, Gesamtdarstellung in 3 Bänden*;[9]
KLAUS SCHOLDER, *Die Kirchen und das Dritte Reich*, Frankfurt/M., Berlin, Wien, 1977.

Zum Schluß ist die Biographie über J. W. Hauer zu nennen:

MARGARETE DIERKS, *Jakob Wilhelm Hauer 1881-1962. Leben - Werk - Wirkung*, Heidelberg 1986.

Für eine wissenschaftliche Arbeit ist der Artikel im Wörterbuch der Kirchengeschichte letztlich unbrauchbar, da er sehr im Allgemeinen bleibt und lediglich eine ideengeschichtliche Ahnenreihe von Herder über Fichte, Arndt, Schopenhauer, Nietzsche bis Lagarde aufzählt. Die Erwähnung der DG als einer Religionsgemeinschaft, die mit dem Nationalsozialismus verknüpft war, ist als eine Erstinformation wichtig, aber für eine historische Arbeit weiter nicht brauchbar. Ähnliches kann zu den Erwähnungen der DG bei Scholder gesagt werden. Mit Recht weist Margarete Dierks darauf hin, daß Scholder zumeist zweifelhafte Quellen denjenigen mit historischem Wert vorzieht, weil ihm letztere die DG in ein ihm nicht genehmes günstigeres Licht stellten.[10] Der Leipziger Kirchenhistoriker Kurt Meier erwähnt die DG immer nur im Zusammenhang mit dem Gefüge Regierungsapparat - evangelische Kirchenführung. Er nimmt sie als ein geschichtliches Faktum ernst und wertet sie nicht einfach moralisch ab. Er zeigt die Funktion, die die DG im Kirchen-

---

8) LENNART STÅHLE, "Die Deutsche Religionsbewegung 1933-1936", in: H. BIEZAIS (HG.), *New Religions*, Uppsala 1975, S. 218-223.

9) K. MEIER, *Der evangelische Kirchenkampf. Gesamtdarstellung in 3 Bänden. Bd. 1: Der Kampf um die "Reichskirche"*, Göttingen/Halle/S. 1976; *Bd. 2: Gescheiterte Neuordnungsversuche im Zeichen staatlicher "Rechtshilfe"*, Göttingen/Halle/S. 1976; *Bd. 3: Im Zeichen des Zweiten Weltkrieges*, Göttingen/Halle/S. 1984. Zit. als MEIER I; II; III.

10) M. DIERKS, *Jakob Wilhelm Hauer. 1881-1962. Leben - Werk - Wirkung*, S. 228. Zit. als DIERKS, *Hauer*.

kampf gespielt hat, emotionslos auf. Kurt Hutten, der in seiner Tübinger Studienzeit Hauer noch persönlich gehört hatte, erwähnt den ideengeschichtlichen Ausgangspunkt, Herder, die Bedeutung des Rassenideologen Gobineau, die verschiedenen Gründungen der deutschreligiösen Vereine um die Jahrhundertwende, deren Endpunkt die DG ist. Als Grund für das Ende der DG macht Hutten innere Zwistigkeiten aus. Er will die DG nicht als "politische Religion", sondern als "rassische Weltanschauung" gewertet wissen. Heinz Bartsch, ein jüngerer Zeitgenosse Kurt Huttens, faßte die Deutsche Glaubensbewegung als eigene Religion, die sich trotz vieler Übereinstimmungen mit dem Nationalsozialismus von diesem abhob. Seine ganze Arbeit, die über die gesamte religiös gefärbte deutschgläubige Bewegung handelt, geht von der These aus, daß die gesamte deutschgläubige Bewegung, die er "allgemeine Deutsche Glaubensbewegung" nennt, im Grunde auf die nationalsozialistische Weltanschauung von Anfang an angelegt gewesen sei, aber im Laufe der Zeit dieses Ziel aus den Augen verloren hätte. Er stellt die einzelnen religiösen Gemeinschaften als anachronistische Vereine seiner Zeit, also der 30er Jahre, hin. Überliest man Bartschs wertende Urteile und läßt seine politische und philosophische Meinung außer acht, so bleibt eine ganze Menge an sachdienlichen Informationen übrig. Bartsch erweist sich, was die Deutsche Glaubensbewegung und seine Gründungsvereine anbetrifft, als sehr kenntnisreich. Dies zeigt sich einmal in der Organisationsgeschichte der Gründungsvereine, in der Entstehungsgeschichte der ADG (Arbeitsgemeinschaft Deutsche Glaubensbewegung, die Vorläuferorganisation der DG) und der DG sowie in ihrer inneren Geschichte einschließlich der Abspaltungen. Bartsch macht Beobachtungen soziologischer Art wie die, daß die völkischen Vereine in Klein- und Mittelstädten zu finden sind, und daß die Deutsche Glaubensbewegung eine Religion der Akademiker ist. Die Dissertation wurde in der Historiographie der Nachkriegszeit nicht zur Kenntnis genommen.

Die erste Arbeit nach 1945, die sich eingehend mit der Deutschen Glaubensbewegung befaßt, ist die von Hans Buchheim aus dem Jahre 1953. Seine Hauptquelle war Jakob Wilhelm Hauer selbst, den er befragt hatte und der ihm Einsicht in seine Akten und Briefe aus den 20er und 30er Jahren gewährt hatte. Buchheim schildert die Geschichte der DG, indem er mit der Biographie Hauers beginnt, also Hauer als den Stifter der Deutschen Glaubensbewegung hinstellt - ganz im Sinne der kirchlichen Kontroversliteratur aus der Zeit des Kirchenkampfes. Dann schließt er Hauers Tätigkeit im jugendbewegten Bund der Köngener und dem Freundeskreis der Kommenden Gemeinde an, den er zu einer Art Vorläufer der ADG macht. Er stellt Hauer als einen Mann dar, dessen religiöse Ideen ehrenwert waren, der aber seine Zeit falsch interpretiert hatte und deshalb früher oder später kapitulieren mußte. Hauers

Hauptfehler - nach Buchheim - war, daß er geglaubt hatte, die evangelische Kirche könnte man zu einer "religiösen Arbeitsgemeinschaft Deutscher Nation" ausweiten. Diesem Wunsch folgte die Kirche nicht. Was dann blieb, war die Zusammenarbeit der Arbeitsgemeinschaft Deutsche Glaubensbewegung mit den völkischen Gruppen und dem Bund der freireligiösen Gemeinden. Das Novum dieses Bündnisses zwischen "Völkischen" und "Marxisten" sieht Buchheim darin, daß es in der ADG gelungen war, die zwei als unvereinbar geltenden Richtungen zusammengeführt zu haben. Als Grund dieser Allianz nennt Buchheim die politischen Verhältnisse, wonach der Bund der Freireligiösen kurz vor der zwangsweisen Auflösung gestanden hatte und Unterschlupf gesucht habe. Als eine große interne Schwierigkeit gibt Buchheim die Animositäten zwischen Freireligiösen und Völkischen an, die dann zum Austritt der Freireligiösen geführt hätten. Er zeigt die Sachzwänge auf, die die ADG immer mehr dazu gebracht hätten, sich zwischen "Ordnung" und "Organisation" zu entscheiden. Die Entscheidung der ADG für die Organisation und gegen die Ordnung sowie die Einflußnahme der Partei auf die ADG bzw. DG nennt Buchheim als Gründe des Scheiterns einer eigenständigen religiösen Gemeinschaft. Die Erfordernisse von außen waren es, die die Arbeitsgemeinschaft immer mehr zu einer dritten Konfession werden ließen: eine gemeinsame Glaubenslehre mußte formuliert werden, ebenso eigene und für alle Gemeinschaften verbindliche Lehrpläne. Den Beginn des Einflusses der SS auf die ADG und DG datiert Buchheim Hauer folgend auf Anfang 1934, als Heydrich zu verstehen gab, daß Hauer seine Direktiven in Empfang zu nehmen habe. Buchheim weist auf die Schwierigkeiten innerhalb der DG hin, die Hauer mit den jungen Nationalsozialisten hatte. Diese hatten ihren Rückhalt in Heydrich, der mit ihnen eine Politik gegen Hauer verfolgte und damit die Umwandlung der anfänglichen religiösen Gemeinschaft in einen antiklerikalen Kampfbund betrieb. Er war es auch, der Hauer mit Hilfe dieser jungen Nationalsozialisten zum Rücktritt zwang. Buchheim ist der erste, der darauf aufmerksam machte, daß die DG im ideologischen Kampf zwischen Partei und Kirche den Puffer gespielt habe. Wie schon erwähnt, ist die Hauptquelle Buchheims Hauer gewesen. Ein großer Teil der Interpretation geht ebenfalls auf ihn zurück, wie man in Kenntnis der Quellenlage zugeben muß. Vermutlich schreckte Scholder wegen dieser Abhängigkeit Buchheims von Hauer von einer Rezeption dieses Buches zurück.

Unabhängig von Buchheim, aber in Kenntnis dieses Werkes beschreibt Margarete Dierks in ähnlicher Weise die Geschichte der DG, der sie in ihrer Biographie über J. W. Hauer ein ganzes Kapitel widmet. Wie Buchheim geht auch sie von der Biographie Hauers aus und schildert die Entstehung der ADG und DG aus der Perspektive Hauers, wie sie überhaupt versucht, die Zeit, in der Hauer lebte, mit dessen Augen, das heißt auch in seiner Interpretation zu sehen. Es fehlt an einer Analyse und überhaupt an einer distanzierenden Darstellung, was das Buch zu einem Kultbuch und Werbebuch für Hauers Religion werden läßt. Doch muß festgehalten werden, daß Dierks im Kapitel über die Entstehung der ADG am ehesten eine historische Beschreibung, die Ansätze zur Zeitanalyse bietet, liefert. Sie schildert das Motiv der verschiedenen Gruppen zum Zusammenschluß zur ADG, die Angst davor, als Beamter zwangsweise katholisch oder evangelisch werden zu müssen. Hierzu gehören auch die zeitgeschichtlich interessanten Details wie die Schulgesetze von Thüringen und Sachsen, wonach freireligiöse Kinder in den evangelischen Religionsunterricht gezwungen worden waren.[11] Hatten die bisher genannten Autoren die Ideen Hauers und der DG in eine Linie Herder - Fichte - Lagarde oder ähnlich gestellt, so betont Dierks Hauers Nähe zur liberalen Theologie und zur ökumenischen Bewegung, also zu Rudolf Otto, Friedrich Heiler und Heinrich Frick sowie dem organisierten Freiprotestantismus. Sie stellt Hauer in eine Reformationslinie, interpretiert ihn als neuen Luther. Doch das ist, wer Graberts Buch kennt, eigentlich nichts Neues.[12] Neu ist es höchstens für manchen Kirchenhistoriker, der sich auf die bisher besprochene Literatur verlassen hatte. Bemerkenswert ist Dierks' Beitrag über das Verhältnis zwischen Martin Buber und Hauer im Hinblick auf eine Interpretation von Hauers Rolle innerhalb der DG, insbesondere auf die Rassenideologie der DG. Als Hauptquellen zu ihrer Biographie hat Dierks den gesamten Briefnachlaß Hauers gehabt sowie sein Schrifttum. Kirchengeschichtliche Darstellungen hat sie ebenfalls verwertet, aber nicht die Literatur von soziologisch interessierten Historikern wie etwa Reinhard Kühnl.

Kurt Nowak macht in seinem Lexikonartikel auf zwei Dinge aufmerksam, wovon eines eigentlich schon bei Bartsch zu finden ist: erstens auf das große Spektrum der weltanschaulichen Vereine und zweitens auf die Propagierung verschiedener Glaubenstypen innerhalb der Deutschen Glaubensbewegung. Für eine ideengeschichtliche Herleitung nennt Nowak neue Namen wie etwa F. Dahn, F. L. Lange, E. v. Hartmann. In der Darstellung der Geschichte der ADG/DG folgt er weitgehend Buchheim. Neu ist seine Interpretation bezüglich des Verhältnisses von Staat/Partei und Deutsche Glaubensbewegung: Er beobachtet, daß der Staat kein einheitliches Vorgehen gegen die DG gezeigt hat und zieht den Schluß, daß zur Erklärung der Geschichte der DG einerseits die "Polykratie der Ressorts" im Regierungsapparat, und andererseits die wechselnden Kräfteverhältnisse innerhalb der DG herangezogen werden müssen.

---

11) DIERKS, *Hauer*, S. 214 f.
12) H. GRABERT, *Der protestantische Auftrag des deutschen Volkes. Grundzüge der deutschen Glaubensgeschichte von Luther bis Hauer*, Stuttgart 1936.

Einen neuartigen Interpretationsversuch unternimmt Lennart Ståhle in seiner kurzen Zusammenfassung über die Deutsche Glaubensbewegung. Er interpretiert sie religionsethnologisch als eine nativistische Bewegung. Der Begriff Nativismus wird von Leuten mit christlichem Hintergrund allzu leicht in Verbindung gebracht mit dem Begriff des Heidentums. Tatsächlich spielte letzterer Begriff in der damaligen Kontroverse eine wichtige Rolle, und zwar in Form des "Neuheidentums".

Hubert Cancik untersucht die Brauchbarkeit dieses Begriffes für eine religionswissenschaftliche Beschreibung und kommt zu einem negativen Ergebnis. Er stellt fest, daß die Deutsche Glaubensbewegung mit den alten Heiden nichts gemein hatte. Die Religion der DG charakterisiert er als "parachristlich und antichristlich, als radikal laizistisch, mystisch, elementar (-dämonisch), rassistisch, nicht theistisch (weder mono- noch polytheistisch)"[13]. An anderer Stelle charakterisiert er sie als "Professorenreligion"[14]. Er schlägt als Oberbegriff für diese Religion "Völkische Religion"[15] vor. Für ein Interpretationsbeispiel hat er die Schrift *Glaube aus dem Blute* von Fritz Gericke[16] gewählt, also einmal nicht eine Hauers, was sonst niemand zuvor gemacht hatte. Damit lenkt er den Blick weg von Hauer und dessen persönlicher Religion. Cancik rückt die DG etwas aus der von der Kirchengeschichte bestimmten Sicht des Kirchenkampfes heraus und lenkt den Blick mehr auf innerparteiliche Entwicklungen der NSDAP und Hitlers Politik gegen die Vertreter der permanenten Revolution, wie sie vor allem in der SA zu finden waren (Stichwort: Röhmputsch). Er verweist auch auf das Primat der Kriegspolitik, was übrigens Kurt Meier in seiner Darstellung der Deutschen Christen (DC) auch schon ganz kurz getan hatte, aber in seinen späteren Darstellungen zum Kirchenkampf nicht mehr weiter verfolgt hat[17]. In einem eigenen Unterkapitel macht Cancik deutlich, daß vom Anspruch der nationalsozialistischen Weltanschauung her kein Bedürfnis nach einer religiösen Fundierung, sei es christlich oder sei es deutschgläubig gefärbt, bestanden hatte und auch nie bestehen konnte. Der Nationalsozialismus wollte den ganzen Menschen an Leib und Seele erfassen. Er brauchte da keine andere Religion mehr.[18] Damit macht Cancik den Verfallsprozeß der DG als einen zwingend notwendigen Prozeß

---

13) CANCIK, "Neuheiden", S. 194.
14) Ebd., S. 208.
15) Ebd., S. 194.
16) FRITZ GERICKE, *Glaube aus dem Blute. Vom Kampf um das Bekenntnis*, Stuttgart 1934.
17) K. MEIER, *Die Deutschen Christen*, S. 319, Anm. 104. Zit. als MEIER, *DC*.
18) CANCIK, 'Neuheiden', S. 195-198.

plausibel.[19] Zur Theorie des Stellvertreterkrieges der DG im Kirchenkampf bemerkt er, daß sich die DG dafür deshalb gut geeignet habe, weil sie so schwach gewesen war.[20]

Am Ende seines Aufsatzes versucht Cancik eine Phaseneinteilung der organisierten Deutschen Glaubensbewegung:

Phase I: Altvölkische Phase (vor 1933): nationalliberal-protestantische Strömungen laufen neben den isolierten un- und antichristlichen Gruppen.

Phase II: Völkisch-revolutionäre Phase (1933-1936): Sammlungsbewegung der nicht- und antichristlichen Gruppen.

Phase III: Nationalsozialistische Phase (seit 1936): Zerfall der Sammlungsbewegung in Völkische, Freireligiöse, 'Liberale' etc.; Bildung einer radikalen national sozialistischen Gruppe ("Durchbruchmänner"), Aufsaugung durch die nationalsozialistische Bewegung.[21]

Zur eigentlichen Vorgeschichte und Geschichte der DG betont Cancik die Herkunft aus der Jugendbewegung und der völkischen Bewegung. Daß die Freireligiösen, wobei er zwischen Verband und Bund nicht differenziert, in die ADG aufgenommen worden sind, erklärt er mit der Idee aus Hauers und der Köngener Jugendbewegungszeit, den Arbeiter, den man in einem religiösen Vakuum vermutete, religiös zu betreuen.[22]

Es ist festzuhalten, daß die kirchengeschichtlich orientierten Wissenschaftler (Denzler, Andresen, Scholder, Meier, Nowak, Buchheim, Hutten) die Deutsche Glaubensbewegung allzu eng an die NSDAP binden. Freilich gibt es wie gesehen qualitative Unterschiede (Meier, Nowak, auch Buchheim). In eine gewisse Distanz zur NSDAP setzen Bartsch, Ståhle, Dierks und Cancik die DG und zwar aus unterschiedlichen Gründen. Bartsch folgt der offiziellen NS-Lesart und stellt sie als Sekte dar. Mit seinem Nativismusmodell parallelisiert Ståhle die NS-Bewegung und die Deutschgläubigen und kontrastiert sie so zum Christentum. Dierks nun will mit ihrer Biographie den eigenständigen Gottsucher J. W. Hauer darstellen, der immer ein unbequemer Zeitgenosse

---

19) Ebd., S. 201-206.
20) Ebd., S. 206.
21) Ebd., S. 207-208.
22) Ebd., S. 180 f., bes. Anm. 18.

war, auch im Nationalsozialismus, und der die Ereignisse seit 1933 falsch interpretiert hatte bzw. der mit seinen religiösen Ideen nicht verstanden worden war.[23] Nach Canciks Darstellung resultiert die Distanz der DG zur NS-Bewegung aus Hitlers konservativer Kirchenpolitik und dem alleinigen Anspruch auf totale Erfassung des Menschen auch in Fragen der Religion, was sich in der Unvereinbarkeit des Deutschglaubens der DG und der NS-Weltanschauung widerspiegelt. Mit einem 3-Phasen-Modell versucht Cancik die ADG und DG als ein Teilmoment eines größeren religionsgeschichtlichen Prozesses zu erklären, der aus der Weimarer Republik ins Dritte Reich hineinragt, kurz eine gewisse politische Bedeutung erhalten hat und dann wieder in seinen alten Zustand zurückfällt. Mit diesem Modell und dem Hervorheben wichtiger Unterschiede zwischen DG und den "alten Heiden" weist Cancik den Begriff Neuheidentum als wissenschaftlich untauglich ab und gelangt auf eine neue Interpretationsebene. Er erweitert dadurch den Rahmen einer Geschichte der DG: sie ist als Teil des Militarismus der Weimarer Republik zu sehen, als eine mittelalterlich-neuzeitliche nichtantike Religion, sie ist eine Reaktion auf das Christentum und Judentum und sie steht in der Tradition der "Revitalisierung nationaler Kultur", besonders gegen die Internationalismen aller Art. Mit dieser Perspektivenerweiterung sind wir bereits auf die Fragestellungen, die sich aus den verschiedenen Darstellungen ergeben, verwiesen.

## 3. Fragestellungen

Die Entstehungsgeschichte der DG ist bei allen Autoren gleich dargestellt. Diese Übereinstimmung erklärt sich mit der Rezeption der ersten ausführlichen Darstellung über die DG nach 1945, die von Hans Buchheim (Nowak, Meier, Cancik), und andererseits mit der Einsichtnahme des Hauer-Nachlasses (Buchheim, Dierks, Ståhle, mindestens zum Teil auch Nowak). Die meisten Autoren hängen also in jedem Fall irgendwie von Hauer und seiner Interpretation ab. Eine gewisse Vorsicht gegenüber diesen Darstellungen ist daher ratsam. Tatsachen, wie etwa die, daß freireligiöse Kinder in Thüringen

---

23) Dierks übernimmt hier Hauers Interpretation jener Zeit: J. W. HAUER, "Skizzen aus meinem Leben", in: *Dt. Gl.*, Bd. 2, (1935), S. 5-11, 49-59, 101-108, 194-203, 241-254, 439-449, 563-573; J. W. HAUER, "Wohin des Wegs? Rückblick und Ausblick", in: *Dt. Gl.*, Bd.4, 1937, S. 58-69.

und Sachsen den evangelischen Religionsunterricht besuchen mußten,[24] unterstreicht dies. Sie lassen die Vermutung zu, daß noch nicht alle Gesichtspunkte bei der Beurteilung der DG zur Sprache gekommen sind.

Wie Canciks Aufsatz zeigt, ist es nicht unbedingt notwendig, daß man den Hauer-Nachlaß einsieht, um neue Einsichten zu erhalten. Dies gelingt auch mit Hilfe der historisch-kritischen, philologischen Methode, die er, was neu ist, auf Schriften anwendet, die nicht von Hauer stammen. Damit beschreitet Cancik einen Weg, der von der Identifizierung der DG mit Hauer wegführt. So wird der Blick freigemacht für soziologische, politische und religionswissenschaftliche Fragestellungen. Natürlich bleibt die Heranziehung der Primärquellen, vor allem des Hauer-Nachlasses, unumgänglich.

Zur Entstehungsgeschichte gehört die Frage nach den verschiedenen religiösen Gruppen, die für die ADG in Frage gekommen sind, also die einzelnen völkischen Gemeinschaften, die Bünde der Jugendbewegung und die Freireligiösen. Liegt das Schwergewicht mehr auf den Völkischen (Bartsch) oder mehr auf den Jugendbewegten (Buchheim, Dierks, Cancik)? Welche Bedeutung hatte die liberale Theologie, auf deren Zusammenhang mit Hauer vor allem Dierks hinweist? Alle Autoren verweisen auf den besonderen Charakter der ADG, den sie durch den Beitritt des marxistischen Bundes der Freireligiösen Gemeinden Deutschlands erhalten hat. Die Behauptung, daß dies Tarnung der Freireligiösen sei, wurde ohne Widerspruch hingenommen. Auffallend ist, daß mit Ausnahme von Buchheim und Dierks alle Autoren die Freireligiösen als feste Größe mit eindeutiger ideologischer Ausrichtung - eben der marxistischen - auffassen. Buchheim und Dierks differenzierten allerdings nur zwischen dem bürgerlichen in Süddeutschland beheimateten Verband und dem marxistischen Bund. Keiner der Autoren beschäftigt sich näher mit diesen Freireligiösen, keiner geht der Frage nach, ob es nicht doch einige Berührungspunkte zwischen Völkischen und Freireligiösen gegeben hat. Der Beitritt der Freireligiösen wird mit der politischen Situation des Jahres 1933, der Verfolgung der Marxisten, erklärt. Welchen Sinn macht da der Beitritt dieser marxistischen Freireligiösen in die völkische ADG, die bekanntlich nie verboten wurde?

Fast alle Autoren gehen davon aus, daß die Deutsche Glaubensbewegung eine Religionsgründung ist, daß sie also eine Organisation mit Lehre und Kult ist. Bartsch und Dierks interpretieren sie als ein Defensivbündnis. Buchheim interpretiert den Prozeß der Religionsgründung als die Suche einer Entscheidung zwischen der - guten - Ordnung und der - bösen - Organisation, wobei

---

24) DIERKS, *Hauer*, S. 214 f.

die DG in der Organisation geendet habe, das heißt bei ihm, den Charakter der Religionsgemeinschaft aufgegeben habe.[25] Zu klären ist, inwieweit von der DG als einer Religionsgemeinschaft gesprochen werden kann oder ob die Charakterisierung als Defensivbündnis angebrachter ist. Es ist darzustellen, wie bedeutsam die politischen Faktoren für die Entstehung der DG waren. Außerdem muß die Zahl der Anhänger ermittelt werden und was die Anhänger untereinander verband.

Den unbestrittenen Niedergang der DG ab 1936 erklären alle Autoren mit den politischen Verhältnissen. Bartschs Interpretation der DG als eine Art Vorläufer der NS-Bewegung und ihr Abdriften in ein Sektendasein kann hier wegen der ideologischen Gesamtdeutung seiner Arbeit beiseite gelassen werden. Als Hauptgrund des Niedergangs wird von den übrigen Autoren die Einflußnahme der NSDAP, genauer der SS, auf die DG angegeben. In der Kirchengeschichtsschreibung wird unter dem Stichwort "Kirchenkampf" auf die Pufferfunktion der DG zwischen Partei und evangelischer Kirche hingewiesen. Nowak nennt noch einen weiteren Aspekt: der wechselnde Einfluß der Förderer der DG in der Partei und die Parteirivalitäten überhaupt. Auf den übergeordneten Faktor der Außen- und Wehrpolitik Hitlers gegenüber der Religionspolitik macht Cancik aufmerksam, wobei er auch den Blick auf soziologische Prozesse hinlenkt, nämlich auf den Kampf der Partei um das Bürgertum, das kirchlich geprägt war.[26] Die Konstellation von Partei und Staatsapparat einerseits und Kirchen andererseits scheinen also der Grund für den Niedergang gewesen zu sein. Da politische Gründe auch für die Gründung angegeben sind, ist der Prozeß von Gründung bis Niedergang der DG unter dem Aspekt der politischen Kräfteverhältnisse zu untersuchen.

Die Meinungen, wie die DG soziologisch und speziell religionssoziologisch zu klassifizieren sei, gehen auseinander. Bartsch spricht von einer Akademiker- und Cancik von einer Professorenreligion. Dierks streicht heraus, daß in der DG alle Bevölkerungsschichten vertreten waren. Bartsch wie Dierks kannten bzw. kennen die Anhänger der DG persönlich und kamen von da zu ihren unterschiedlichen Ergebnissen. Cancik begründet sein Urteil mit dem gehäuften Vorkommen von Professoren in der Publizistik der DG, mit der Leserschaft und mit der vermuteten Struktur der Ortsgemeinden. Eine Klärung ist nötig. Doch erhebt sich die Frage, wie man heute den soziologischen Ort der DG überhaupt bestimmen kann. Welche soziologischen Aussagen können gemacht werden?

---

25) BUCHHEIM, *Glaubenskrise*, S. 181 ff.
26) CANCIK, "Neuheiden", S. 206.

## II. Quellenlage und Arbeitsmethoden

### 1. Die Quellenlage

Die Quellen für die Geschichte der ADG/DG sind zu teilen in die religiöse Eigenliteratur und die kirchliche Gegenpropaganda. Da diese vor allem theologische und religionsphilosophische Fragen behandelten, ist ihr Quellenwert für eine historische und soziologische Analyse gering. Die Selbstdarstellungen der ADG und DG sind natürlich ebenfalls mit Vorsicht zu gebrauchen. Als dritte Quellengruppe können die oben besprochenen Abhandlungen von Heinz Bartsch, Hans Buchheim und Margarete Dierks genommen werden. Doch auch hier gilt Vorsicht. Bartsch ist recht brauchbar für die völkische Seite und für die Entstehungsgeschichte der ADG, denn er hat die Eigenliteratur der völkischen Gruppen verarbeitet, die uns heute nicht mehr vollständig zur Verfügung steht, und er kennt sich in der völkischen Bewegung aus. Buchheims Darstellung geht auf Recherchen in Hauers Briefen zurück und auf ein Interview mit Hauer, dessen autorisierte Fassung im Hauer-Briefnachlaß zu finden ist.[1] Nur bei Buchheim findet sich die einzige Erwähnung, daß Heydrich und nicht Himmler schon Anfang 1934 Hauer in einem Gespräch mitgeteilt hatte, daß er, Hauer, von ihm die Befehle zu erhalten habe, wie die ADG zu leiten sei.[2]

Dem Buch von Margarete Dierks kommt deshalb Quellenwert zu, weil sie den Hauer-Nachlaß ausgiebig benutzt, die Briefe verwertet und teilweise ausführlich zitiert hat, die bis dato unbekannt waren. Für eine soziologische Untersuchung liefert diese Arbeit jedoch gerade wegen der Einengung der Darstellung auf die Person Hauers wenige Materialien und Einsichten. Da eine Mitgliederkartei der DG bisher nicht ausfindig zu machen war, kommt dem Briefnachlaß Hauers, der sich im Bundesarchiv in Koblenz befindet, eine große Bedeutung zu. Als das Buch von Margarete Dierks erschien (Juli 1986),

---

1) *BA Hauer* 79, 52-63, Protokoll. Niederschrift der Unterredung des Herrn Professor Jakob Wilhelm Hauer ... mit Herrn Dr. Hans Buchheim im Auftrag des Institutes für Zeitgeschichte, IfZ, Akz 4708/71, Best. 282205 (handschriftl. Erg.: "Unterr. v. 9. und 11. August 1951").

2) BUCHHEIM, *Glaubenskrise*, S. 185.

war meine Untersuchung zur Entstehungsgeschichte und zum Niedergang abgeschlossen.

An anderen Archiven außer dem Bundesarchiv wurden besucht:

- *Institut für Zeitgeschichte*, München
- *Archiv der Deutschen Jugendbewegung*, Burg Ludwigstein, Witzenhausen
- *Archiv des Oberkirchenrates der württembergischen Landeskirche*, Stuttgart
- *Archiv des Bundes der Köngener*, Stuttgart, heute im Archiv des Oberkirchenrates der württembergischen Landeskirche.

Eine Befragung ehemaliger Mitglieder der DG und Bekannter Hauers wurde von Anfang an durchgeführt. Im einzelnen handelte es sich um folgende Gesprächspartner in chronologischer Reihenfolge:

*Annie Hauer*, Mitglied der DG;
*Otto Pröper*, Mitglied des Köngener Bundes bis etwa 1927;
*Dr. jur. Hans Joachim Lemor*, erster Landesgemeindeleiter Schlesiens und Ortsgemeindeleiter Breslaus etwa Ende 1933;
*Prof. Dr. Walther Peter Fuchs*, Mitglied des Köngener Bundes, 1925-27 Kanzlist des Bundes in Marburg, anfangs bei der ADG in Marburg;
*Matths Schwender*, Mitbegründer der Siedlung Vogelhof / Erbstetten auf der Schwäbischen Alb;
*Dr. med. habil. Lothar Stengel von Rutkowski*, Mitglied der Adler und Falken, der SS, des Führerrates der ADG;
*Pastor Hans Deppe*, Mitglied des Köngener Bundes und der Bekennenden Kirche;
*Dr. Heinz Schlötermann* und *Dr. Lilo Schlötermann*, beide Mitglieder der Badischen Freireligiösen Landesgemeinde, Heinz Schlötermann war nach dem Krieg Landesprediger Badens;
*Prof. Dr. phil. habil. H. J. Firgau*, Mitglied der Freischar Schill.

Außerdem gab es zwei kurze Korrespondenzen mit *Paul Zapp*, Mitglied des Köngener Bundes, Kanzlist des Bundes, der ADG und DG, sowie mit *Matthäus Ziegler*, Mitglied der Adler und Falken sowie des Führerrates der ADG.

## 2. Die Arbeitsmethoden

Die angeführten Gesprächspartner kannten Prof. J. W. Hauer persönlich, Heinz und Lilo Schlötermann allerdings erst nach 1945.[3] H. J. Firgau kam auch relativ spät mit Hauer in Kontakt, jedenfalls einige Zeit nach Gründung der DG.[4] Das heißt, daß alle Gesprächspartner irgendwie zum Freundeskreis und Bekanntenkreis Hauers gehört haben. Da auch der Briefnachlaß im Bundesarchiv von Hauer und seinen Korrespondenten stammt, hängt vorliegende Arbeit, was die Quellen betrifft, wie die von Buchheim und Dierks stark von der Position des Hauer-Flügels der DG ab. Kritische Positionen zur DG nehmen die Kirchen in ihrer damaligen Gegenpropaganda und in der heutigen Kirchengeschichtsschreibung zum Thema "Kirchenkampf" ein.

In dieser Arbeit wird der Prozeß der Entstehung und des Niedergangs von 1933-1936, die Phase II bei Cancik,[5] in seiner Abhängigkeit von der politischen Umwelt beschrieben. Um diese Phase verstehen zu können, war die Vorgeschichte, die Phase I bei Cancik,[6] notwendig. Die Phase III bei Cancik,[7] also die Zeit nach Hauers Rücktritt von der Leitung der DG, wird hier mangels Materials nur sehr knapp umrissen. Hier bleibt eine Forschungsarbeit. Neben der Darstellung dieses historischen Prozesses war ein Schwerpunkt dieser Arbeit, die DG soziologisch zu erfassen, soweit dies noch möglich ist.

Die Haupttätigkeit bestand im Sammeln von Personen, die Mitglieder der DG waren oder ihr zumindest nahegestanden hatten. Außer den persönlichen Daten wurden auch die Sozialdaten erfaßt, wobei darauf aufmerksam gemacht sei, daß die Angaben nie vollständig waren:

- Beruf und Konfession des Vaters und des Großvaters: damit sollte der Frage des sozialen Auf- oder Abstiegs nachgegangen werden;
- die verschiedenen Wohnsitze: die Frage der Mobilität stand hier Pate;
- Berufsausbildung, also Schulabschluß, Studium und Art des Examens sowie der ausgeübte Beruf;
- die Konfessionszugehörigkeit;
- religiöse Erlebnisse, die Einfluß auf die spätere Wahl des Beitritts zur DG genommen haben;

---

3) Interwiev mit Dr. H. Schlötermann und Dr. Lilo Schlötermann vom 16. 7. 1984.
4) Interview mit Prof. Dr. Firgau vom 12. 10. 1984.
5) CANCIK, "Neuheiden", S. 207.
6) Ebd.
7) Ebd.

– die Zugehörigkeit zu Jugendgruppen, geordnet nach katholischer und evangelischer Konfession, nach Zugehörigkeit zu den Freireligiösen, den Völkischen, der Jugendbewegung, der Lebensreform- und/oder Siedlungsbewegung;
– die Zugehörigkeit zur Partei;
– die Zugehörigkeit zu Kriegervereinen und die militärische Karriere: damit sollte eine frühe Beobachtung, wonach Soldatisches eine große Rolle gespielt hat, verständlich gemacht werden;
– Einladung und Teilnahme zur Gründungssitzung der ADG;
– Mitgliedschaft sowie Funktion in der DG.

Keine Informationen konnten über die religiösen Erlebnisse, die Zugehörigkeit zur Partei, zu Kriegervereinen und zur militärischen Karriere gefunden werden.

Die Namen der Mitglieder mußten aus verschiedenen Quellen zusammengetragen werden. Die wichtigsten waren der Hauer-Nachlaß und die Beilage der ADG zum *Reichswart*. Gelegentlich gab es dabei nähere Bezeichnungen zur Person, wie zum Beispiel eine Promotion, oder auch einmal eine Berufsbezeichnung. Die Daten von Promovierten und Habilitierten wurden über die der Doktorarbeit angehängte Vita oder über einschlägige biographische Lexika erfaßt.[8]

Nach der Entdeckung der Teilnehmerliste der Wartburg-Tagung im Archiv des Köngener Bundes war das Feld einer potentiellen Deutschen Glaubensbewegung abgesteckt: die Völkischen, Jugendbewegten, Freireligiösen, der Freie Protestantismus, Leute der Siedlungsbewegung und der Lebensreformbewegung. Besonders schlecht erforscht ist hiervon der Freie Protestantismus[9], aber auch die Freireligiösen der 20er und 30er Jahre, von denen es nur Selbstdarstellungen gibt.[10] Weitere Forschungslücken zeigten sich bei der Volksschullehrerbewegung und bei der praktizierten Frömmigkeit sowie der religiösen Erziehung der Großkirchen. Eine Aufarbeitung all dieser Forschungslücken wäre für die Interpretation der DG hilfreich gewesen, doch da das fehlte, wurde dieser Mangel im Bedarfsfall unzureichend behoben.

---

8) A. MOHLER, *Die konservative Religion*, ²1972.
9) J. RATHJE, *Die Welt des Freien Protestantismus*, 1952. Zit. als RATHJE, *Freier Protestantismus*.
10) *Die Freireligiöse Bewegung - Wesen und Auftrag (1859-1959)*. Als Gemeinschaftsarbeit herausgegeben vom Bund freireligiöser Gemeinden Deutschlands, Freie Religionsgemeinschaft, Körperschaft des öffentlichen Rechts. Selbstverlag [1959]. Zit. als *Wesen und Auftrag*.

Da es sich bei den Gründungsvereinen um Kleingruppen handelte, wäre es naheliegend gewesen, die Literatur zur Kleingruppen- und Organisationssoziologie zu Rate zu ziehen. Doch konnte sie nicht direkt angewandt werden, da die Kleingruppensoziologie von lokalen Gruppen ausgeht, die Gründungsvereine der ADG aber überregionale Vereine darstellten. Die Organisationssoziologie setzt eine bestehende Großgruppe im Charakter einer Bürokratie voraus. Dieses Stadium hat die DG nie erreicht. Schließlich fand sich bei Claessens ein Modell, das den ganzen Entstehungs- und Zerfallsprozeß der ADG/DG verständlich werden ließ.[11] Das Problem der DG läßt sich kurz so umreißen: Bei der Gründung war die ADG eine Lokalgruppe, die sich aus Stellvertretern verschiedener Vereine zusammensetzte. Diese Stellvertreter, Führer genannt, mußten Rücksichten auf die Interessen ihrer jeweiligen Mitglieder nehmen, was manche Schwierigkeiten mit sich brachte. Eine solche Problemlage behandelt Claessens in seinem Buch auf der theoretischen Ebene.

Nach der Darstellung der Geschichte der einzelnen Gründungsvereine und der Schilderung der Entstehung und des weiteren Verlaufs der Geschichte der Deutschen Glaubensbewegung auf der überregionalen Ebene wird der Einigungsprozeß auf der lokalen Ebene anhand von ausgewählten Beispielen untersucht werden. Eine systematische Darstellung wäre zwar wünschenswert, ist aber mangels zugänglicher Dokumente nicht durchführbar. Die Beispiele gewähren dennoch einen Einblick in die internen Schwierigkeiten der gesamten DG. Als Grundlage für die soziologische Verortung der Deutschen Glaubensbewegung dienen in erster Linie Theodor Geigers Analyse der sozialen Schichtung des Deutschen Volkes[12], die Aufnahme und Weiterführung dieses Ansatzes bei Günter Kehrer[13] sowie die bei David Schoenbaum[14] zusammengetragenen Daten zur Soziologie der NSDAP. Auf eine ideengeschichtliche Herleitung wurde verzichtet, da es sich bald gezeigt hatte, daß das eine eigene Untersuchung wert ist. Die Spuren führen in verschiedene Richtungen, die großen Namen fehlen. Oft handelte es sich um die Rezeption von nachrangigen Autoren, die sich nur mittelbar auf erlauchte Namen zurückführen ließen.

---

11) D. CLAESSENS, *Gruppe und Gruppenverbände. Systematische Einführung in die Folgen von Vergesellschaftung*, Darmstadt 1977. Zit. als CLAESSENS, *Gruppenverbände*.

12) TH. GEIGER, *Die soziale Schichtung des Deutschen Volkes*, 1932.

13) G. KEHRER, "Soziale Klassen und Religion in der Weimarer Republik", in: H. CANCIK (HG.), *Religions- und Geistesgeschichte in der Weimarer Republik*, Düsseldorf 1982, S. 67-89.

14) D. SCHOENBAUM, *Die braune Revolution*, 1980.

Die Gespräche mit den ehemaligen Mitgliedern der DG und der einzelnen Bünde fanden in dieser Arbeit nur mittelbar Berücksichtigung. Einzelinformationen, die sich nicht auch im Hauer-Nachlaß finden ließen, gab es so gut wie keine. Das Wertvolle dieser Gespräche, die ohne Tonband geführt und immer offen gehalten wurden, lag in der Vermittlung des Ambiente der Gruppen jener Zeit, des Alltags und der religiösen Lage, wie sie von den Gesprächspartnern rückblickend wahrgenommen wurde.[15]

---

15) Gesprächsnotizen bei U. Nanko.

## B. Die Deutsche Glaubensbewegung im Kontext von Staat und Kirche

# I. Die potentielle Deutsche Glaubensbewegung

## 1. Überblick

Von der deutschgläubigen Ideologie her betrachtet gehören eigentlich alle Deutschen im biologischen Sinne der Möglichkeit nach zur Deutschen Glaubensbewegung. "Potentielle" Deutsche Glaubensbewegung ist in dieser Arbeit jedoch nicht in diesem Sinne verwendet worden. Vielmehr werden die für die Gründung der DG in Frage kommenden religiösen Gemeinschaften, Bünde und Einzelpersönlichkeiten als "potentielle" DG betrachtet. Obwohl die hier betrachteten Gruppen und Personen zeitweise ein Interesse für das Projekt der DG zeigten, haben durchaus nicht alle den Weg zu ihr gefunden.

Zur Vorgeschichte der *Deutschen Glaubensbewegung* gehört streng genommen der Zeitraum vom Sommer 1932 bis zur Gründung der *Arbeitsgemeinschaft Deutsche Glaubensbewegung* am 29./30. Juli 1933. Sie beginnt mit der Geburt der Idee einer "junggermanischen Tagung", wie sie auf der Schulsiedlung Vogelhof bei Erbstetten auf der Schwäbischen Alb in einem kleinen Kreis, zu dem u. a. J. W. Hauer und Georg Stammler gehörten[1], und reicht bis zur Wartburg-Tagung. Diese Vorgeschichte bleibt einem eigenen Kapitel vorbehalten.[2] Im folgenden geht es darum, aufzuzeigen, um welche Gemeinschaften und Vereinigungen es sich gehandelt hatte, die für eine "Deutsche Glaubensbewegung" in Frage kamen bzw. gekommen wären. Dabei bleibt zunächst der Aspekt des Rassismus außer acht. Es geht um die organisatorische Geschichte dieser Vereinigungen, ihre religiösen Intentionen und zum Teil um ihre Schwierigkeiten mit der Umwelt. Die Auswahl dieser Reli-

---

1) *BA Hauer* 76, 229, Schöll und Warneck an Gesinnungsfreunde vom 10. 2. 1932.
2) Kapitel B II 3, S. 114-143.

gionsgemeinschaften und Vereinigungen geschah anhand der Liste der Teilnehmer der Eisenacher Tagung vom 29./30. Juli 1933[3].

Bei den Recherchen zeigte es sich, daß die Geschichte dieser Gemeinschaften und Vereinigungen einerseits in die unmittelbare Nachkriegsgeschichte des 1. Weltkrieges mit ihren Folgeerscheinungen und andererseits in die Kaiserzeit zurückreicht. Dabei sind Beziehungen zwischen Vereinigungen, die nach 1918 gegründet worden waren, und den Vorkriegsgemeinschaften nachweisbar. Trotz gewisser Kontinuitäten scheint mir, was die Religionsgeschichte Deutschlands anbelangt, mit dem Ende des 1. Weltkrieges eine Zäsur zu liegen. Neben dem verlorenen Kriege und dem Versailler Vertragswerk wirkte sich der Wechsel in der Staatsform von der Monarchie zur Demokratie besonders im Bereich der evangelischen Kirche aus, die bisher ihre Identität über den Kaiser bzw. bei den Ländern über die Landesfürsten gefunden hatte und die nun ihre Identität anders aufbauen mußte. Solche Probleme kannte die Papstkirche nicht, die erst kurz zuvor, 1917, ihren Corpus Iuris Canonici promulgiert und sich somit eine Grundlage geschaffen hatte, von der aus sie in Verhandlungen mit den europäischen Staaten insbesondere mit dem Deutschen Reich wegen Konkordatsabschlüssen treten konnte. Innerhalb der evangelischen Kirche gab es verschiedenartige Versuche, Kirchenordnungskonzeptionen auszuarbeiten. Das Spektrum reichte von der *freien demokratischen Volkskirche* des *Freien Protestantismus* über eine *proletariatsoffene Volkskirche* der *Religiösen Sozialisten* bis zu einer elitären Bekenntniskirche.[4] Einen deutschvölkischen Entwurf lieferte der *Bund für Deutsche Kirche*.[5]

Es gab eine Volkskirchenbewegung, in der es um die Mobilisierung der Gemeinden, besonders der Laien ging. Ihr Ziel war es, die Rechtskontinuität der neuen zu den alten Landeskirchen aufrecht zu erhalten. Die Evangelischen Kirchentage, deren erster vom 1.-5. September 1919 in Dresden stattfand, gingen auf diese Volkskirchenbewegung zurück.[6]

Geschah diese Volkskirchenbewegung noch im Rahmen kirchlicher Tradition, so gab es daneben nichtkirchliche Entwürfe von Religion, die zum Teil von der Arbeiterkulturbewegung ausgingen und die ihre Wurzeln in den 40er Jahren des 19. Jahrhundert hatten, wie es beim *Bund der freireligiösen Gemeinden*

---

3) *AKB*, Teilnehmerliste der Wartburg-Tagung vom 29./30.7.1933.
4) Ausführlich dazu: K. MEIER, *Volkskirche 1918-1945*, München 1982.
5) Siehe S. 61-62.
6) Vgl. K. NOWAK: *Evangelische Kirche und Weimarer Republik*, Göttingen 1981, S. 63-71.

*Deutschlands* der Fall ist. Die ersten fünf Jahre nach Kriegsende hatten auch die deutsch-religiösen, völkischen Gemeinschaften einen gewissen Zulauf, der aber danach wieder zurückging.[7] Eine andere Art von religiöser Erscheinung stellten die im selben Zeitraum gehäuft auftretenden "Inflationsheiligen" dar, die gerade in dieser Zeit ähnlich wie die Völkischen eine relativ große Anhängerschaft um sich geschart hatten.[8] Doch das auffälligste Phänomen religiöser Erneuerung war, wenn es damals von den Trägern auch nicht als religiös verstanden worden war, sondern nur von einzelnen Wissenschaftlern beachtet worden war,[9] die sogenannte Jugendbewegung.[10]

Die Jugendbewegung geht auf den Steglitzer *Wandervogel* und auf die *Akademischen Freischaren* zurück, die beide um 1900 entstanden waren. Ursprünglich ging es ihnen nur um das Wandern und ein Naturerlebnis. *Wandervogel* und *Akademische Freischaren* stellten eine Alternative zu den Wander- und Touristenvereinen ihrer Zeit dar.[11] Erst ab 1911, als sich die staatliche Jugendpflege die Errungenschaften des *Wandervogels* angeeignet hatte und sich die Jugendwehrkraftvereine und Jugendpflegeverbände im *Jungdeutschlandbund* zusammengeschlossen hatten, entwickelten die *Wandervögel* ein neues Selbstbewußtsein, das sich von dem des *Jungdeutschlandbundes* unterscheiden sollte. 1913 vereinigten sich die meisten der inzwischen abgesplitterten Bünde auf dem Hohen Meißner zum *Freideutschen Jugendtag* und gaben sich in der sogenannten *Meißner Formel* eine Verhaltensnorm. Ab diesem Zeitpunkt datiert der Anspruch dieser Jugend, einen "neuen Typ und eine neue Generation von Jugendbewegung zu verkörpern".[12] Dieser "Bau von einem Neuen" war der Antihaltung dieser Jugendlichen gegenüber dem wilhelminischen Establishment entsprungen. Diese Haltung wurde über den Weltkrieg hinübergerettet und fand großen Anklang unter denen, die aus der konfessionellen Jugendarbeit stammten und als Soldaten mit diesen "Freideutschen" und alten "Wandervögeln" in Kontakt gekommen waren. Sie trugen nach dem verlorenen Kriege die freideutschen Gedanken und den Habitus der "Wan-

---

7) Siehe im Kapitel B I 2 b, S. 39-61.
8) U. LINSE, *Barfüßige Propheten*, Berlin 1983, S. 34.
9) C. C. BRY, *Verkappte Religionen*, 1924.
10) Zur Problematik dieses Begriffes siehe W. MOGGE, "Wandervogel, Freideutsche Jugend und Bünde. Zum Jugendbild der bürgerlichen Jugendbewegung", in: TH. KOEBNER U. A. (HG.), *"Mit uns zieht die neue Zeit". Der Mythos Jugend*, Frankfurt a. M. 1985, S. 174-198, bes. S. 174 f.
11) Ebd., S. 175.
12) Ebd., S. 182 mit der Literaturangabe: LUTZ ROTH, *Die Erfindung des Jugendlichen*, München 1983, S. 112 ff.

dervögel" in ihre alten konfessionellen Jugendkreise. Es gab dort große Auseinandersetzungen, die oftmals zu Abspaltungen und zu Neugründungen von Jugendbünden führten. Der daraus entstandenen konfessionellen Jugendbewegung, die zahlenmäßig die meisten Mitglieder hatte, kam die Antihaltung der "Freideutschen" insofern entgegen, als sie sie in der innerkirchlichen Auseinandersetzung gegen die etablierte Kirchentradition anwenden konnte. Ihnen ging es natürlich um einen Neuzugang zu Jesus,[13] um eine neue Frömmigkeit und überhaupt um neue religiöse Formen.[14]

Günstig für diese Entwicklung wirkte sich die Nachkriegssituation aus. Viele Jugendbewegte, besonders diejenigen, die im Krieg waren, wollten ihren Beitrag zum Neuaufbau ihrer Nation liefern. Dazu gehörte auch die Religion. Für unser Thema ist von Bedeutung, daß verschiedene Bünde in den ersten Jahren nach Kriegsende versucht hatten, eine Art neuen Menschentyp für ein zukünftiges Reich, einer kommenden Volksgemeinschaft, zu kreieren. Als "Leitbilder" wurde etwa eine Mischung aus Pfadfinder- und Wandervogeltyp gewählt,[15] oder ein "germanischer" in Abhebung zu einem "christlichen" Typ,[16] einem "weißen Ritter"[17] oder einem "Nibelungen"[18], um nur einige zu nennen. Die meisten Beiträge in den Zeitschriften zeichneten sich dadurch aus, daß sie im Blick auf die Utopie eines kommenden Reiches[19] abgefaßt worden waren. Hier war für manchen Jungakademiker ein Hörerpublikum, das seine Gedanken aufnahm und weitertrug: Karl Barth beim *Neuwerk* (Tambacher Rede)[20] oder Paul Tillich bei der *Freideutschen Jugend*.[21] Manche Ältere wurden zu Gründern wie der deutsch-völkische Dichter Wilhelm Kotzde bei den *Adlern und Falken* oder der angehende Privatdozent der Indologie und ver-

---

13) Vgl. UDO DEGENFELD (= Karl Udo Iderhoff), *Jesus in unserem Schülerleben*, Berlin ²1920; W. STÄHLIN, *Jesus und die Jugend* (Vortrag gehalten am 31. 7. 1921 auf dem Bundestag des "Bundes deutscher Jugendvereine" in Heidelberg), Sollstedt o. J.
14) Zum Beispiel W. STÄHLIN, "Der neue Lebensstil", in: KINDT, *I*, S. 303-320; DERS. "Fieber und Heil in der Jugendbewegung", in: KINDT, *I*, S. 374-428.
15) F. RAABE, *Die bündische Jugend*, Stuttgart, S. 69-71 für den *Jungnationalen Bund*.
16) *AKB*, Briefwechsel Karl Knoch/Harald Poelchau aus den Jahren 1921/22.
17) KINDT, *III*, S. 432.
18) KINDT, *III*, S. 160 ff.
19) Zum Beispiel in *Unser Weg* (Bund der Köngener); *Der weiße Ritter* (Bund der Neupfadfinder); *Zwiespruch* (Überbündisch).
20) Zu *Neuwerk* allgemein: A. VOLLMER, *Die Neuwerkbewegung 1919-1935*, Diss. Berlin 1973; A. PFEIFFER (HG.), *Religiöse Sozialisten*, Otten/Freiburg i. Br. 1976.
21) P. TILLICH, *Die Jugend und die Religion*, Wiederabdruck in: KINDT, *III*, S. 643-647.

gleichenden Religionswissenschaft J. W. Hauer beim *Bund der Köngener*[22]. Nicht immer war, wie das Beispiel Karl Barth lehrt, das nationale Anliegen das Ziel solcher Bestrebungen. Die für die spätere *Deutsche Glaubensbewegung* interessantesten Beiträge lieferte der *Bund der Neupfadfinder* mit dem Typ des Ritters und der *Bund der Köngener* mit der Vorstellung einer religiösen Haltung, die in den 30er Jahren als deutsche Haltung oder deutsche Art bezeichnet wurde. Wenn auch der Typ des "Frontsoldaten" und des "Soldatischen" nicht eigens thematisiert worden war - außer bei der *Deutschen Akademischen Gildenschaft*[23]-, so kann durchaus ein soldatischer Zug in den verschiedenen Ausformungen der Typen beobachtet werden, wie die Namen andeuten: "Ritter", "Nibelungen", "Pfadfinder" usw. Von daher ist es auch nicht verwunderlich, wenn man unter den Freikorps der Nachkriegszeit zahlreiche Jugendbewegte findet. Die bisher beschriebenen Erneuerungsversuche können als Antwort auf die allgemeinen Ängste verstanden werden, die in dem Buchtitel Oswald Spenglers, *Der Untergang des Abendlandes*, ihren Ausdruck fanden. Auch die ihrem Verständnis nach überparteilichen Freikorps, der Grenzschutz, die Wehrverbände und die Kriegervereine können von daher interpretiert werden. Ihre Bedeutung liegt jedoch nicht so sehr in ihrer militärischen Stärke als vielmehr in ihrer bloßen Existenz, ihrer Funktion in der innenpolitischen Diskussion und vor allem in der Verbreitung militärischen Gedankenguts.[24] Der Grad der Militarisierung der Weimarer Gesellschaft um 1930 kann auch an der Schwäche der tragenden demokratischen Parteien gemessen werden. Die SPD paßte sich sprachlich der Führeridee und dem Frontkämpfermythos an. Zudem stimmte sie sogar mit den Pazifisten in ihren Reihen der Bildung einer Kampftruppe gegen die Horden der SA zu, dem *Reichsbanner Schwarz Rot Gold*.[25] Nutznießer des Wehrgedankens der Freikorps war gegen Ende der Weimarer Republik die NSDAP, die ihre SA nicht als überparteilich deklarierte, sondern ausdrücklich als Parteiarmee verstand. Die SA rekrutierte sich überwiegend aus jungen Leuten unter 30 Jahren. Zu dieser Altersgruppe gehörte auch die Mehrzahl der Jugendbewegten. Die rechten und völkischen Bünde standen der NSDAP sehr nahe. Dies

---

22) KINDT, *III*, S. 480 für Kotzde und die *Adler und Falken*; S. 180 für Hauer und den *Bund der Köngener*.
23) Vgl. KINDT, *III*, S. 1371 ff.; zu dieser *Deutsch-Akademischen Gildenschaft* gehörte der spätere Gründer der Thüringer *Deutschen Christen*.
24) R. BESSEL, "Militarismus im Innenpolitischen Leben der Weimarer Republik: Von den Freichorps zur SA", in: K.-J. MÜLLER / E. OPITZ (HG.), *Militär und Militarismus in der Weimarer Republik*, Düsseldorf 1978, S. 193-222.
25) K. ROHE, *Das Reichsbanner Schwarz Rot Gold. Ein Beitrag zur Geschichte und Struktur der politischen Kampfverbände zur Zeit der Weimarer Republik*, Diss., Düsseldorf 1966.

geht aus der vom nationalsozialistischen Standpunkt aus wertenden Darstellung Luise Ficks hervor.[26] Manche Bünde, wie zum Beispiel die Freischar Schill, umfaßten fast nur NS-Mitglieder.[27] Reichsmythen und Frontkämpfermythos wurden in der Jugendbewegung gepflegt.[28] Die Jugendbewegung kann aber nicht nur unter dem Aspekt der Nähe zur NS-Bewegung gesehen werden. Es gab auch Beziehungen zur künstlerischen Avantgarde. In der Jugendbewegung findet man die ganze kulturelle Bandbreite der Erwachsenenwelt der Weimarer Republik. Man kann so auch für die liberale Jugendbewegung eine zunehmende Militarisierung feststellen. Die liberale, jugendbewegte Zeitschrift *Zwiespruch* führte 1930 eine nicht-repräsentative Abstimmung durch. Dabei votierten überraschend viele, nämlich 40 %, für die NSDAP und nur 60 % für die staatstragenden Parteien der Weimarer Republik.[29] Bei den völkischen Bünden um die Zeitschrift *Die Kommenden*, in der Ernst Jünger 1932/33 Schriftführer war, wäre die Zahl der Zustimmungen für die NSDAP mit Sicherheit höher ausgefallen. Um die Vorgänge und Veränderungen in der späteren DG besser verstehen zu können, muß auf einige Eigentümlichkeiten der Jugendbewegung hingewiesen werden: Für die bündische Jugend gehörte das Diskutieren zu ihrem Selbstverständnis. In ihren Nestabenden wurden - gewissermaßen in Fortsetzung bzw. als Ersatz der Bibelarbeit aus der Zeit des Schülerbibelkreises - Bücher gelesen, diskutiert und weiterempfohlen. Eigene kleine Zeitschriften wurden gegründet; man betätigte sich literarisch. Jeder Bund wollte seine ethischen Ziele anderen mitteilen. Dazu wurden überbündische Foren geschaffen wie Zeitschriften, Arbeitskreise und Arbeitstagungen. Die Akademischen Freischaren richteten Sprech- und Lesezimmer ein. Es gab so eine Vielzahl von Orten der Rezeption von neu erschienenen Büchern, der Diskussion von Meinungen über die neuesten politischen, kulturellen und religiösen Entwicklungen. Hier, wo der Reichsmythos, wo der neue Erziehungsstaat und wo ein neues Bewußtsein erwartet wurde, war auch der Boden des literarischen Kreises um Möller-van-den-Bruck. Von diesem Kreis ist bekannt, daß er im politischen Raum sprachbildend gewirkt hat.[30] An diesem kulturellen Stil der Jugendbewegung knüpfte die spätere Deutsche Glaubensbewegung an.

---

26) L. FICK, *Die deutsche Jugendbewegung*, 1940.
27) KINDT, *III*, S. 958-961.
28) U. KETELSEN, "'Die Jugend von Langemarck'. Ein poetisch-politisches Motiv der Zwischenkriegszeit", in: TH. KOEBNER (HG.), *"Mit uns zieht die neue Zeit". Der Mythos Jugend*, Frankfurt a.M. 1985, S. 68-96.
29) F. RAABE, *Die bündische Jugend*, S. 160.
30) J. P. FAYE, *Totalitäre Sprachen. Kritik der narrativen Vernunft, Kritik der narrativen Ökonomie*, Frankfurt a. M. 1977.

Um das Spektrum der "potentiellen" DG genauer fassen zu können, werden im Folgenden verschiedene religiöse Richtungen vorgestellt, wobei zunächst die organisierte Religion dargestellt wird. Mit organisierter Religion ist keine bürokratische Organisation wie die Kirche oder das Militär gemeint - soweit war keine im Organisationsprozeß vorangeschritten -, sondern der vereinsmäßige Zusammenschluß von Leuten, die das Hobby "Religion" neben ihrem Beruf pflegten. Bei manchen, wie etwa den Freireligiösen oder den innerhalb der Kirche organisierten Bünden (Köngener, Deutschkirche), überschneiden sich Privatsphäre und Beruf. Es handelt sich dabei um den Typ des freireligiösen Predigers bzw. des evangelischen Pfarrers.

## 2. Organisierte Religion außerhalb der Kirchen

### a) Die Freireligiösen

Seit 1848 war es in Deutschland möglich, aus der Kirche auszutreten.[31] Das bedeutete, daß Religion nicht mehr allein als evangelische oder katholische Kirche organisiert sein mußte. Im Anschluß an die Aufhebung der Zwangsmitgliedschaft zu einer Kirche gab es die ersten Austritte, aber auch neue Religionsgemeinschaften. Es waren einzelne Gemeinden aus dem Bereich der Katholischen Kirche, die sogenannten *Deutschkatholiken*, und aus dem liberaltheologischen Bereich der evangelischen Kirche, die *Lichtfreunde*. Diese Gemeinden gehörten zu den Trägern des bürgerlichen Protestes in der 48er Revolution und zu den Kämpfern für eine Demokratisierung des deutschen Reiches.[32] Eine ganze Reihe von Einzelpersönlichkeiten gehörte zur Freidenkerbewegung. Um 1850 betrug die Mitgliederstärke der freireligiösen Gemeinden etwa 150.000 Personen. Nachdem die Gemeinden einige Jahre lang die Repressalien und Verfolgungen seitens des Staates und der Kirchen hatten erleben müssen, schlossen sie sich 1859 im *Bund freireligiöser Gemeinden* zusammen. Sie richteten einen eigenen aufgeklärten und "undogmatischen" Religionsunterricht ein, gestalteten eigene Konfirmationsfeiern, die Jugendwei-

---

31) FR. W. GRAF, *Die Politisierung des religiösen Bewußtseins*, S. 5 ; D. BRONDER, "Die Geschichte des Bundes Freireligiöser Gemeinden bis 1945", in: *Wesen und Auftrag,* S. 69.

32) D. BRONDER, "Die Geschichte des Bundes Freireligiöser Gemeinden bis 1945", in: *Wesen und Auftrag,* S. 69-71.

hen, und bildeten eine eigene rationalistische Lehre aus.[33] Im Laufe der Jahrzehnte erlebten die Freireligiösen eine "atheistische", eine "ethische", eine "monistische" und eine "völkisch-bündische" Beeinflussung.[34]

Die "atheistische Welle" ging einher mit der Marxschen Religionskritik und der wissenschaftlichen Bibelkritik innerhalb der Theologie. Als in Preußen das Kirchenaustrittsgesetz im Jahre 1873 erlassen worden war, entstanden in den meisten Großstädten Freidenkervereine. In der Zeit des Sozialistengesetzes von 1878-1890 fanden die Arbeiter in den Freidenkervereinen ihre Betätigung. Dies hatte polizeiliche Schikanen für die Vereine zur Folge. 1881 wurde im Anschluß an die Gründung des *Internationalen Freidenkerbundes* der *Deutsche Freidenkerbund* ins Leben gerufen. Gründungsmitglieder waren u. a. Ludwig Büchner[35] und Wilhelm Liebknecht.[36] 1909 fanden sich alle "freiheitlichen Verbände" im "Weimarer Kartell" zusammen.[37] Der Bund freireligiöser Gemeinden lehnte aus religiösen Gründen den Beitritt ab.[38] Der 1. Weltkrieg machte diesen Versuch der Konzentration der "freiheitlichen" Kräfte zunichte. Erst 1922 wurde wieder ein neuer Versuch mit der Gründung der *Reichsarbeitsgemeinschaft der freigeistigen Verbände* (RAG) gewagt. Darin hatten sich der *Verein der Freidenker für Feuerbestattung* (der sich später *Deutscher Freidenkerverband* nannte), der *Zentralverband proletarischer Freidenker* (später *Gemeinschaft proletarischer Freidenker*), der *Deutsche Monistenbund*, der *Bund freireligiöser Gemeinden* und der *Deutsche Freidenkerbund*[39] zusammengeschlossen. Auf Wunsch der Regierung bildete diese Arbeitsgemeinschaft die Vertretung aller freigeistigen Organisationen[40]. 1924 vereinigte sich der *Bund der freireligiösen Gemeinden* mit dem *Deutschen Freidenkerbund*[41]. Dies war

---

33) H.-D. STRÜNUNG, "Die Geschichte der deutschen sozialistischen Freidenkerbewegung. Eine Skizze", in: J. KAHL / E. WERNIG (HG.), *Freidenker*, S. 21-22.

34) ALBERT HEUER, "Die Organisationsformen der freigeistigen Bewegung Deutschlands und ihr soziologischer Aufbau", in: *Wesen und Auftrag*, S. 273-285. Zit. als HEUER, "Organisationsformen".

35) HEUER, "Organisationsformen", S. 278.

36) H.-D. STRÜNUNG, "Die Geschichte der deutschen sozialistischen Freidenkerbewegung", in: J. KAHL / E. WERNIG (HG.), *Freidenker*, S. 25.

37) HEUER, "Organisationsformen", S. 284; BRONDER, "Freireligiöse Bewegung und Politik", in: *Wesen und Auftrag*, S. 267 datiert die Gründung auf das Jahr 1907.

38) BRONDER, "Freireligiöse Bewegung und Politik", in: *Wesen und Auftrag*, S. 267.

39) BA Hauer 68, 238-240, Carl Peter an Hauer vom 13. 3. 1934. Ich folge hier C. Peter, weil mir bei ihm eine größere Genauigkeit als bei Bronder und Strüning in der Namensnennung der Verbände vorzuliegen scheint.

40) Ebd.

41) Ebd.

eine Leistung Gustav Tschirns, der in beiden Bünden den Vorsitz innehatte[42]. Als neuen Namen wählte man *Volksbund für Geistesfreiheit*. Die Freireligiösen Südwestdeutschlands - das waren die Gemeinden um den Mainzer Georg Pick und Gustav Sprenger, den Frankfurter Clemens Taesler und den Karlsruher Arthur Drews - traten aus diesem neuen Volksbund aus, weil ihnen das Religiöse nicht genügend berücksichtigt worden war,[43] und schlossen sich 1924 in Offenbach a. M. zum *Südwestdeutschen Verband Freireligiöser Gemeinden* zusammen. Die Leitung des *Volksbundes für Geistesfreiheit* wurde Dr. Georg Kramer aus Breslau übertragen und die Geschäftsführung übernahm der Leipziger Carl Peter.[44]

Die oben erwähnte "ethische Welle" ging auf die 1893 von Dr. Rudolf Penzig gegründete Zeitschrift *Ethische Kultur* zurück. Sie wirkte auf die Freireligiösen weniger durch ihre Organisation als durch ihr Programm einer "autonomen Ethik". Ziel war die "Neugestaltung des öffentlichen Schul- und Erziehungswesens, des Strafvollzugs und der persönlichen Lebensführung". 1906 wurde dann ein *Deutscher Bund für weltliche Schule und Moralunterricht* gegründet, der als Vorläufer des 1920 von G. Kramer mitgegründeten *Bundes der Freien Schulgesellschaften* gilt.[45]

Die "monistische Welle" begann für die Freireligiösen mit der Gründung des *Deutschen Monistenbundes* durch Ernst Häckel im Jahre 1906. Sie wurden durch seine naturwissenschaftlichen Vorträge und Publikationen geschult. Damit fand das monistische Weltbild auch bei den Freireligiösen Eingang.[46] Seit 1922 arbeitete man mit dem *Monistenbund* in der *Reichsarbeitsgemeinschaft freigeistiger Verbände* zusammen.[47]

Wie oben erwähnt, gab sich die Richtung der Freireligiösen, die in Südwestdeutschland zu Hause war, erst nach dem 1. Weltkrieg eine selbständige organisatorische Form. Diese Gemeinden schlossen sich zum *Verband Freireligiöser Gemeinden Süd- und Westdeutschlands* zusammen. Im Jahre 1924 übernahm Gustav Tschirn aus Wiesbaden, der sowohl im *Bund der Freireligiösen Gemeinden* als auch beim *Freidenkerverband* an der Spitze stand, auch die Führung im Verband. Er hielt jedoch die bestehende organisatorische Trennung aufrecht!

---

42) HEUER, "Organisationsformen", S. 278.
43) *BA Hauer* 68, 238-240, Peter an Hauer vom 13. 3. 1934.
44) HEUER, "Organisationsformen", S. 278.
45) Ebd., S. 280.
46) Ebd., S. 281-282.
47) *BA Hauer* 68, 238-240, Peter an Hauer vom 13. 3. 1934.

Nach seinem Tode wurde 1931 Dr. med. et phil. Gustav Sprenger Vorsitzender des Verbandes. Dieser betont bürgerlich geprägte Zweig der Freireligiösen - der Bund war stark am Sozialismus ausgerichtet - unterschied sich zum Bund in der sehr positiven Bewertung der Religion. Religiös geprägt wurde der Verband von Dr. Karl Weiß, dem Leiter der Badischen Landesgemeinde, dem christlich orientierten Frankfurter Clemens Taesler und dem Karlsruher Philosophen Arthur Drews.[48]

Das Hauptcharakteristikum des freireligiösen Glaubenslebens ist ihr Antidogmatismus auf der einen Seite und der Zwang zu positiven Glaubensaussagen auf der anderen Seite. Dadurch, daß die Freireligiösen immer in diesem Dilemma standen und stehen, waren und sind sie immer offen für Kritik, insbesondere für Dogmen- und Ideologiekritik. Diese kritische Haltung findet ihren Niederschlag auch in Fragen der Organisation. Ihre Zusammenschlüsse dienten mehr für die Öffentlichkeit, waren also Interessenvertretungen nach außen. Innerhalb der freireligiösen Bewegung war man auf Wahrung der Autonomie der Einzelgemeinden bedacht. Das korrespondiert mit ihrem Kampf um Freiheit, sei es politisch oder religiös.

Der Freiheitsgedanke ist immer schon religiös legitimiert gewesen. Das läßt sich auf die Theologie der Anfangszeit zurückführen, besonders auf Ronges Theologie, die aus dem *Rationalismus vulgaris* herzuleiten ist. Sein theologisches Denkmodell war die Theokratie: Die Heilsgeschichte Gottes spielte sich im Freiheitskampf ab. In der Revolution offenbare sich Gott. Kampf wurde so zum Gottesdienst hochstilisiert. Dieser Freiheitskampf wurde von Ronge als der Kampf für das Reich Gottes verstanden.[49] Der wahre Gläubige sei dadurch zum Mittun verpflichtet. Teilte die Mehrzahl der Glaubensbrüder auch nicht diese Position, so war man im Grundsätzlichen einig: mitzuarbeiten an der Realisierung des Gottesstaates. Mitarbeit wurde von vielen verstanden als soziale Mitarbeit. Damit war die Brücke zum Sozialismus geschlagen.[50]

Der religiös verbrämte Sozialismus war ein charakteristischer Zug des *Volksbundes für Geistesfreiheit*. Demgemäß hatte der Volksbund einen prozentual

---

48) GEORG PICK, "Die Freie Religionsgemeinschaft Deutschlands", in: *Wesen und Auftrag*, S. 89-90.

49) Ausführlich dazu FR. W. GRAF, *Die Politisierung des religiösen Bewußtseins*, besonders das Kapitel V 3. "Die Revolution als Offenbarung Gottes (Ronge)", S. 141-155.

50) Ausführlich FR. W. GRAF, *Die Politisierung des religiösen Bewußtseins*, besonders das Kapitel III "Die Deutschkatholischen Theologien: Der Widerstreit von Emanzipation und Orthodoxie", S. 67-95.

weit höheren Anteil von Mitgliedern, die der Sozialdemokratie angehörten, als der bürgerliche Verband freireligiöser Gemeinden Süd- und Westdeutschlands. Damit war der Volksbund 1933 auch weitaus gefährdeter als der Verband, nachdem die Nationalsozialisten ihre Herrschaft über Deutschland auszuüben begannen.

1933 stellte sich der Volksbund folgendermaßen dar: es bestanden ungefähr 150 Gemeinden; daneben gab es die Mitglieder, die weiter weg von einer Gemeinde wohnten. Die größeren Gemeinden wurden von einem Gemeindeleiter geleitet, der von einem mehrköpfigen Gremium gewählt war. Für religiöse Fragen war eigens ein Prediger angestellt. Mehrere kleine Gemeinden stellten gemeinsam einen Prediger an. Es gab auch kleine arme Gemeinden, die dazu nicht in der Lage waren. Der Prediger hatte die Aufgabe, den Gottesdienst zu gestalten, Religionsunterricht zu halten, die Jugendweihe, die soziologisch der Konfirmation entspricht, vorzubereiten, Eheweihen vorzunehmen und Bestattungen abzuhalten.[51]

### b) Die Völkischen

#### ba) Kurze Vorgeschichte

Zahlenmäßig viel geringer als die Freireligiösen, aber in wesentlich mehr Gemeinschaften und Gruppen organisiert, waren die Völkischen. Dieser Begriff umfaßt weit Auseinanderliegendes. Dazu gehörte die *Deutschgläubige Gemeinschaft*, die außerhalb der Kirchen organisiert war, aber auch der *Bund für Deutsche Kirche*, der in der evangelischen Kirche beheimatet war. Politische Gemeinschaften oder Parteien sind in diesem Kapitel wie die Völkischen innerhalb der Kirchen ausgeklammert, weil diese Parteien und Gemeinschaften sich selbst als politisch, nicht als Religionsgemeinschaften verstanden. Es werden im Folgenden die antichristlichen völkischen Religionsgemeinschaften, die nicht der Jugendbewegung zuzuzählen sind, kurz vorgestellt: die *Germanische Glaubensgemeinschaft*, die *Gemeinschaft Deutscher Erkenntnis*, die *Ludendorff-Bewegung* und die *Nordische Glaubensgemeinschaft*.

Der Beginn der völkisch-religiösen Bewegung wird mit der Gründung des *Deutschbundes* 1894 angesetzt. Sein Gründer war Friedrich Lange, Hauptschriftleiter der *Täglichen Rundschau*. Bekannte Mitglieder waren der Führer der deutschchristlichen Bewegung Ministerialrat Gerstenhauer und der Li-

---

51) *BA Hauer* 68, 247-249, Peter an Hauer vom 2. 3. 1934.

teraturkritiker Adolf Bartels.[52] 1903 erfolgte die Gründung des *Deutschreligiösen Bundes* durch Oskar Michel[53] am Hermannsdenkmal im Teutoburger Wald.[54] Dieser Bund ging später in der deutschchristlichen Bewegung auf. Im selben Jahr gründete Ernst Wachler das Harzer Bergtheater[55], das bewußt als Abwehr des griechischen Theaters gedacht war.[56] 1904 gab es in Deutschland einen Streit um die Konfessions- oder Simultanschule.[57] In diesem Jahr gründete Wilhelm Schwaner seinen deutsch-christlich orientierten Volkserzieherkreis.[58] Wichtige Impulse erhielt die völkische Bewegung durch Wachlers Drama *Widukind*, durch Schwaners Volkserzieherkreis und dessen 1903 erschienenen *Germanenbibel*. Starke Beachtung fanden in der Frühzeit der völkischen Bewegung die Bücher *Wald- und Feldkulte* von W. Mannhardt[59] und der Aufsatz "Die Germanisierung des Christentums" von W. Schubring. Positiv aufgenommen wurde die Forderung des liberalen Theologen Paul Drews, der praktischen Theologie die religiöse Volkskunde anzugliedern.[60] 1908 wurde unter dem Namen *Bund für Persönlichkeitskultur* der Vorläufer der Germanischen Glaubensgemeinschaft gegründet.[61]

bb) Die Germanische Glaubensgemeinschaft

Der Geschichtsmaler und Lehrer an der Kunstschule Barmen, Prof. Ludwig Fahrenkrog, veröffentlichte 1907 und 1908 in Schwaners Zeitschrift *Der Volkserzieher* zwei Aufrufe zur Sammlung aller "deutsch-religiös Gesinnten".

---

52) A. MÜLLER, *Die neugermanischen Religionsgründungen der Gegenwart*, S. 16. Zit. als MÜLLER, *Die neugermanischen...*

53) MÜLLER, *Die neugermanischen...*, S. 17; H. BARTSCH, *Die Wirklichkeitsmacht der allgemeinen deutschen Glaubensbewegung*, S. 13. Zit. als BARTSCH, *Wirklichkeitsmacht*.

54) GROH, "Geschichte der germanischen Gottgläubigkeit, 1. Teil", in: *Rig*, 3. Jg., H. 5, 1928, S. 125, abgekürzt: GROH, *I*; MÜLLER, *Die neugermanischen...*, S. 17.

55) MÜLLER, *Die neugermanischen...*, S. 17.

56) DR. ERNST WACHLER, "Vom Sinn und Zweck des Harzer Burgtheaters. Ein Wort an die arisch-religiösen Verbände", in: *Reichswart*, 22. 2. 1936; vgl. MOSSE, *Die Nationalisierung der Massen*, S. 134.

57) RATHJE, *Freier Protestantismus*, S. 145.

58) BARTSCH, *Wirklichkeitsmacht*, S. 14; MÜLLER, *Die neugermanischen...*, S. 17.

59) W. MANNHARDT, *Wald- und Feldkulte*, 2 Bde., 1875-1877.

60) GROH, *I*, S. 125-127. Groh schreibt dies irrtümlich Arthur statt Paul Drews zu.

61) GROH, "Geschichte der germanischen Gottgläubigkeit, 2. Teil", in: *Rig*, 3. Jg., H. 6, 1928, *II*, S. 147. Zit. als GROH, *II*.

Grundlage sollten seine schon 1906 veröffentlichten drei Thesen deutschen Glaubens "Gott in uns - das Gesetz in uns - die Selbsterlösung"[62] sein. Auf diese Aufrufe hin meldeten sich einige Interessierte. Fahrenkrog gründete daraufhin einen *Bund für Persönlichkeitskultur*.[63] Diesen benannte er nach der im Sommer 1911 durch Otto Siegfried Reuter gegründeten *Deutschreligiösen Gemeinschaft*[64] in "2. Deutschreligiöse Gemeinschaft" um. Dies geschah im Sommer 1912. Zu den Mitgründern gehörte auch Wilhelm Schwaner.[65] Geplant war der Beitritt der *Deutschreligiösen Gemeinschaft* und des in München beheimateten *Urdabundes*[66], einem Bund der weltanschaulich stark von Guido von List beeinflußt war.[67] Dieser Zusammenschluß stand wohl im Zusammenhang mit den Aufrufen Adolf Krolls und Ernst Wachlers vom Sommer 1911 in den Zeitschriften *Hammer* bzw. *Heimdall* zur "Sammlung aller germanisch-religiöser Heiden".[68] Beide hatten danach eine *Gesellschaft Wodan* gegründet[69], mit der sie 1912 der *2. Deutschreligiösen Gemeinschaft* beitraten.[70] Bemerkenswert ist, daß die Gemeinschaften um Fahrenkrog für den Beitritt keinen Kirchenaustritt forderten - anders als Reuter bei seiner *Deutschreligiösen Gemeinschaft*.[71]

Im August 1913 nannte sich die *Deutschreligiöse Gemeinschaft* auf ihrer Tagung in Thale/Harz in *Germanische Glaubensgemeinschaft*[72], abgekürzt *GGG*, um. Die Verfassung, die dabei verabschiedet worden war, ging auf den österreichischen Schriftsteller und das Mitglied der *Gesellschaft Wodan* Karl Konrad zurück, der richtig Karl Konrad Zoubek hieß.[73] Da die "Nichtzugehörigkeit zu einer anderen Religionsgemeinschaft" hier festgeschrieben worden war, trat Wilhelm Schwaner mit Rücksicht auf die christlichen Leser seiner Zeitschrift *Der Volkserzieher* aus der GGG aus.[74] Ein Jahr später erst wurde Prof. Fahrenkrog auf dem Allthing in Thale zum Hochwart der GGG

---

62) MÜLLER, *Die neugermanischen...*, S. 18.
63) GROH, *II*, S. 147
64) Siehe S. 44.
65) MÜLLER, *Die neugermanischen...*, S. 18; GROH, *II*, S. 149.
66) BARTSCH, *Wirklichkeitsmacht*, S. 15.
67) GROH, *II*, S. 147.
68) Ebd. S. 147.
69) Ebd., S. 148.
70) MÜLLER, *Die neugermanischen...*, S. 18.
71) Ebd.
72) Ebd., S. 19; BARTSCH, *Wirklichkeitsmacht*, S. 15.
73) GROH, *II*, S. 154.
74) Ebd., S. 149; BARTSCH, *Wirklichkeitsmacht*, S. 25.

gewählt.[75] Weitere Teilnehmer des Allthings waren die *Großen Germanen-Logen* und *Nornen-Logen*, der *Schafferbund* und der *Wandervogel/völkischer Bund*.[76]

1914 gab es im Hamburger *Allgemeinen Beobachter* einen Disput zwischen den Deutschgläubigen Wachler, Fahrenkrog, Oskar Michel und Pastor Andersen einerseits und den Professoren Driesmann und Ludwig Gurlitt andererseits. Inhaltlich ging es in dieser "Hamburger Auseinandersetzung", wie dieses Ereignis unter den Deutschgläubigen bezeichnet wurde, um die inhaltliche Füllung eines "Deutschen Glaubens" und um die Ersetzung des Alten Testamentes.[77] 1925 kam es zwischen dem Hochwart Fahrenkrog und dem Reichsamtmann der GGG Adolf Kroll zu einem Streit, der mit dem Ausschluß Krolls endete. Anlaß war der von Fahrenkrog versuchte Erwerb eines Geländes, um einen "Deutschen Dom" als kulturellen Mittelpunkt der GGG zu errichten. Ausgetragen wurde der Konflikt über die Frage, ob die Edda für die GGG kanonisiert werden sollte oder nicht. Fahrenkrog warnte vor einer Kanonisierung,[78] weil er eine Theologiebildung befürchtete, wie sie in der Kirche stattgefunden hat, und setzte sich durch. Zusammenarbeit mit anderen Gemeinschaften wurden schon seit 1917[79] befürwortet, aber lange nicht erfolgreich praktiziert.[80] 1928 gehörte die GGG dem Dachverband *Nordisch-Religiöse Arbeitsgemeinschaft* an.[81]

Der Glaube der GGG bzw. Fahrenkrogs kann nach H. Bartsch als "idealistischer Pantheismus Hegels" charakterisiert werden, angereichert mit Kants naturphilosophischen Gedankengängen, Goethe, Meister Ekkehart und der Edda.[82] Wichtig bleibt der Aspekt der Persönlichkeitsbildung, der ganz am Anfang der Gemeinschaft schon im Mittelpunkt gestanden hatte. Im Jahre 1913 wurde außer dem Kirchenaustritt auch die Rassereinheit für jedes Mitglied gefordert.[83] Die GGG ging wie die anderen deutsch-religiösen Gemein-

---

75) GROH, *II*, S. 154; MÜLLER, *Die neugermanischen...*, S. 19.
76) GROH, *II*, S. 154.
77) Ebd., S. 154.
78) MÜLLER, *Die neugermanischen...*, S. 19.
79) GROH, "Geschichte der germanischen Gottgläubigkeit, 3.Teil", in: *Rig*, 4. Jg., H. 3, 1929, S. 59. Zit. als GROH, *III*.
80) MÜLLER, *Die neugermanischen...*, S. 19.
81) BARTSCH, *Wirklichkeitsmacht*, S. 47.
82) Ebd., S. 27.
83) Aufnahme-Urkunde der GGG und Verfassung der GGG sind abgedruckt in: MÜLLER, *Die neugermanischen...*, S. 26.

schaften so weit, daß sie sogar die allgemein übliche Zeitrechnung verwarfen und eine eigene an ihre Stelle setzten. Sie rechneten nach Stonehenge.[84]

Der Aufbau der GGG sah folgendermaßen aus: Die Basis bildeten die "Hausgemeinden" mit dem Familienvorstand als "natürlichem Weihewart". Er hat innerhalb seiner Familie das volle Kultrecht. Er ist es auch, der seine "Hausgemeinde" nach außen zu vertreten hat, etwa in der "Ortsgemeinde". Diese versammelt sich jedes Jahr zur Sommersonnenwende und wählt aus ihrer Mitte den "Weihewart", den "Sippenführer", der die "Gemeindeliste führt", und einen "Gauvertreter". Der Weihewart der Ortsgemeinde hat die Aufgabe, die Ortsgemeinde nach außen zu vertreten. Der "Gau" bzw. der "Stamm" muß aus mindestens 12 Ortsgemeindevertretern bestehen. Man trifft sich jedes Jahr zu Ostern zum "Gauthing". Dort werden der "Gauwart, der die Brauchtümer und Feiern überwacht", der "Stammeswart, der die Sippenführer leitet und überwacht", der "Säckelführer" und der "Gemeinschaftsvertreter" gewählt. Die Gemeinschaft besteht aus den von den Gauen gewählten Vertretern und versammelt sich jedes Jahr "unter dem Vorsitz des Ältesten der Abgeordneten zum Allthing". Das Allthing wählt den "Hochwart, der das Allthing leitet, die gefaßten Beschlüsse ausführt und die Innehaltung der Gewissensfreiheit überwacht", sowie den "Schriftwart", den "Säckelwart", "zwei Vertreter des Hochwartes, einen des Schriftwarts und einen des Säckelwarts". Diese Sieben bilden das "Gemeinschaftsamt".[85] Diese Vielzahl von Ämtern läßt eine große Gemeinschaft vermuten; nach der Angabe von Groh gab es 1913 etwa 200 "germanischen Heiden".[86] Für die Zeit 1918-1924 liegen folgende Angaben über die Größe der GGG vor:

| | |
|---|---|
| 1918 | 13 Gemeinden |
| 1919 | 26 Gemeinden |
| 1920-23 | über 40 Gemeinden |
| 1924 | 20 Gemeinden |

Diese Gemeinden befanden sich in Groß- und Mittelstädten.[87] Vermutlich waren die Einzelgemeinden nicht größer als 5-10 Personen. Dann ergäbe sich als untere Grenze 65 Mitglieder für 1918 und als obere 400 Personen für 1923. Dazwischen dürfte ungefähr die tatsächliche Mitgliederzahl gelegen haben.

---

84) BARTSCH, *Wirklichkeitsmacht*, S. 25.
85) Aufnahme-Urkunde der GGG und Verfassung der GGG in: MÜLLER, *Die neugermanischen...*, S. 26.
86) GROH, *II*, S. 149.
87) BARTSCH, *Wirklichkeitsmacht*, S. 29.

### bc) Die Deutschgläubige Gemeinschaft

Die Gründung der "Deutschgläubigen Gemeinschaft" geht auf die Initiative des Bremers Telegraphendirektors Otto Siegfried Reuter zurück. Eigentlich waren es zwei Gründungen. Die erste vom Februar 1911 war der *Deutsche Orden* und die zweite vom Sommer 1911 die *Deutschreligiöse Gemeinschaft*[88] Der Orden war für Christen und Nichtchristen gleichermaßen zugänglich. Die *Deutschreligiöse Gemeinschaft* wurde für all diejenigen gegründet, die aus der Kirche ausgetreten waren.[89] Der "Orden" war der "Gemeinschaft" übergeordnet, die "Gemeinschaft" war also der kleinere, nicht kirchengebundene Teil. Bedeutsam für die *Deutschgläubige Gemeinschaft*, wie sie sich ab 1914 nannte,[90] wurde der Beitritt von Dr. Ernst Hunkel.[91] Mit ihm, und zwar über Otger Gräff, einem Führer auf dem völkischen Flügel der Jugendbewegung, kam die *Deutschgläubige Gemeinschaft* in Kontakt mit der Jugendbewegung[92], mit der Freiland-Freigeld-Lehre des Silvio Gesell, den Lebensreformern in Eden[93] und mit der Rassezuchtidee Willibald Hentschels[94], der sogenannten Mittgart-Mehrehe, die auf der *Deutsch-Ordens- und Freiland-Siedlung Donnershag* in Sontra/Hessen angeblich gepflegt worden sein soll.[95] Gerade die Propagierung der Mittgartehe führte 1923 zum Ausschluß Hunkels aus dem *Deutschen Orden* und der *Deutschgläubigen Gemeinschaft*.[96] Seine Ämter übernahm O. S. Reuter.[97]

Der Streit um Hunkel hatte noch einen anderen Aspekt: den Alterskonflikt. Hunkel wußte die deutschgläubige Jugend hinter sich, denn 1921 war er kurz vor den oben erwähnten Streitigkeiten zum "Jungbornmeister" der *Jungscharen des Deutschen Ordens* gewählt worden. Diese - auch *Greifenbund im Deutschen Orden* genannt - trennten sich ebenfalls in den Jahren 1923 und 1924 von der *Deutschgläubigen Gemeinschaft* und gründeten den *Orden der Nordun-*

---

88) MÜLLER, *Die neugermanischen...*, S. 19-20; BARTSCH, *Wirklichkeitsmacht*, S. 13.
89) MÜLLER, *Die neugermanischen...*, S. 19-20.
90) BARTSCH, *Wirklichkeitsmacht*, S. 16.
91) Näheres zu Person und Werk Hunkels siehe U. LINSE, *Zurück o Mensch zur Mutter Erde*, S. 188-192. Zit. als LINSE, *Zurück o Mensch*.
92) BARTSCH, *Wirklichkeitsmacht*, S. 16.
93) Ebd., S. 17.
94) U. LINSE, *Zurück o Mensch*, S. 188.
95) BARTSCH, *Wirklichkeitsmacht*, S. 23; U. LINSE, *Zurück o Mensch*, S. 189.
96) BARTSCH, *Wirklichkeitsmacht*, S. 23.
97) A. MÜLLER, *Die neugermanischen...*, S. 22; nach BARTSCH, *Wirklichkeitsmacht*, S. 23, hat A. Conn einen Teil der Ämter übernommen.

*gen*.[98] Bis 1927 waren diejenigen, denen Okkultismus nachgesagt wurde, ausgetreten. Dabei handelte es sich vor allem um Mitglieder des *Germanenorden* Philipp Stauffs, der die *Deutschgläubige Gemeinschaft* mitbegründet hatte.[99] Abgespalten hat sich 1927 darüber hinaus der Teil, der dann die *Nordische Glaubensgemeinschaft* gegründet hat.[100] 1932 fanden sich dann die vielen von der *Deutschgläubigen Gemeinschaft* abgesplitterten Gruppen mit anderen völkischen Kreisen, wie zum Beispiel der GGG, in der *Nordisch-religiösen Arbeitsgemeinschaft* (NRAG) schließlich wieder zusammen.[101]

Seit seiner Gründung empfanden sich die Mitglieder des *Deutschen Ordens* als "der neue Volkskern" "einer neuen umfassenden Volksgemeinschaft".[102] Ziel der "Deutschgläubigen Gemeinschaft war es, die völkisch-sittliche Wiedergeburt des deutschen Volkes in germanischem Geiste, das heißt auf der Grundlage deutschen Gottums" zu erstreben. Um diesem Ziele dienen zu können, insbesondere in der Weise der "Sicherung des deutschen Volksbestandes" und der "Fertigung ihres deutschen Glaubens und Gottums", war die *Deutschgläubige Gemeinschaft* als Burg- und Pflegestätte gedacht gewesen. "Lehre und Brauchtum sind frei und nur in die Verantwortung vor dem Antlitze der deutschen als einer geweihten, gottümlichen Gemeinschaft gebunden" So lautet der letzte Satz des Grundsatzes.[103] Außer der Sippenpflege förderten sie rassische Siedlungen und die Volkshochschulidee. So gehörte 1918 der *Deutsche Orden* zu den Gründern des *Bundes für Niedersächsische Volkshochschulen* und gab den Anstoß zur "Begründung der Arndt-Hochschule".[104] In den Ordensgilden gab es Vorträge über Volks- und Rassenkunde, Geschichte, Vorgeschichte, Lebenskunde und Religionswissenschaft. Besonders gepflegt wurde Kunst und Gesang. Einen wichtigen Platz nahmen im Kult die "Morgensprachen" und das germanische "Weihefest" Sonnwendfeuer ein.[105]

Als Mitglieder waren besonders "Herdstätten", also ganze Familien willkommen.[106] Diese bildeten die unterste Einheit der *Deutschgläubigen Ge-*

---

98) BARTSCH, *Wirklichkeitsmacht*, S. 19.
99) Ebd., S.22.
100) Ebd., S. 34-35; *BA Hauer* 5, 322-323, Nordische Glaubensgemeinschaft (e. V.). *Weg und Ziel*, o. J. [vermutlich Herbst 1933].
101) BARTSCH, *Wirklichkeitsmacht*, S. 36.
102) Ebd., S. 16.
103) *Grundsatz der Deutschgläubigen Gemeinschaft*, abgedruckt in: MÜLLER, *Die neugermanischen...*, S. 27.
104) BARTSCH, *Wirklichkeitsmacht*, S. 16 und S. 22-23.
105) Ebd., S. 16.
106) Ebd., S. 16.

*meinschaft*, dann folgten Orts- und Landgemeinden.[107] Um die Gemeinschaft als eigentlichen Kern war der *Deutsche Orden* gebildet, der wiederum erweitert wurde um einen *Germanen-Ring*. Letzterer hatte Verbindung nach Holland, von wo er die Idee der Ordensgilden übernommen hatte. Sie sollten nach dem Vorbild des Panslavismus das "Kernstück einer großen allgermanischen Bewegung" sein. Über diesen *Germanen-Ring* hatte die *Deutschgläubige Gemeinschaft* Kontakte mit den Niederlanden und den skandinavischen Ländern.[108] Die Mitgliederstärke der *Deutschgläubigen Gemeinschaft* war nicht sehr stark: 1918 gab es etwa 20 Gemeinden zumeist in Großstädten, 1919 verdoppelten sie sich. Für den *Deutschen Orden* existiert eine Zahl aus dem Jahr 1921: 600 Mitglieder in 33 Gilden, davon 30 deutsche Gilden. Die restlichen drei gehörten zum internationalen *Germanen-Ring*.[109]

bd) Die Nordungen

September 1917 gab Otger Gräff, der mindestens seit 1914 mit Ernst Hunkel zusammenarbeitete, in einem Aufruf an die gesamte bündische Jugend bekannt, "daß sich die entschiedenen völkischen Kreise der Jugendbewegung dem 'Deutschen Orden' angegliedert" und sich den Namen *Greifenschaft im Deutschen Orden* gegeben hätten.[110] Gräff, der im selben Jahr für die Zeitschrift *Freideutsche Jugend* die Forderung eines "Deutschen Glaubens" aufgestellt hatte,[111] fiel wenig später an der Westfront.[112] Diese *Greifenschaft* benannte sich 1919 unter Mitwirkung Hunkels in *Jungborn-Bund* um.[113] Im Zusammenhang mit dem Streit Hunkels und des *Deutschen Ordens* trennte sich 1923 der *Jungborn-Bund* und bildete zusammen mit den Jungscharen der GGG die neue Gemeinschaft *Nordungen, junggermanischer Orden*. Ihr Leiter wurde der Berliner Arthur G. Lahn.[114] Religiöser Führer war Hildulf Flurschütz aus Leipzig. Die Nordungen bestanden vor allem aus der Berliner und

---

107) *Grundsatz der Deutschgläubigen Gemeinschaft*, in: MÜLLER, *Die neugermanischen...*, S. 27.
108) BARTSCH, *Wirklichkeitsmacht*, S. 17.
109) Ebd., S. 24.
110) MÜLLER, *Die neugermanischen...*, S. 22.
111) O. GRÄFF, "Vom deutschen Glauben", in: *Freideutsche Jugend*, 4. Jg., 1918, S. 159-163.
112) KINDT, *II*, S. 953.
113) MÜLLER, *Die neugermanischen...*, S. 22, Müllers Quelle: *Der Zwiespruch*, Jg. 1919, H. 14.
114) MÜLLER, *Die neugermanischen...*, S. 22.

Leipziger Ortsgruppe. Sie traten im von Konopath mitbegründeten *Nordischen Ring* erstmals in der Öffentlichkeit auf. Am 23./24. September 1924 trafen sich beide Ortsgruppen in Scharzfeld/Harz an der sogenannten "Steinenkirche", einer Höhle mit vorgeschichtlichen Spuren. Ab 1925 fand regelmäßig an dieser Steinenkirche, die zur Thingstätte des Ordens erklärt wurde, das große Pfingsttreffen statt.[115] 1928 wurden die Nordungen Mitglied der *Nordischen Glaubensgemeinschaft*, Lahn war sogar Mitbegründer.[116] Im Herbst 1932 traten sie wieder aus.[117]

Den Nordungen sagte man in der völkischen Bewegung eine Neigung zum Okkultismus nach.[118] Ihr religiöser Führer Hildulf Flurschütz leistete diesem Bild Vorschub, indem er in der Öffentlichkeit mit einem germanischen schwarzen Sehergewand bekleidet auftrat.[119] Zu seinen religiösen Handlungen gehörte das Hillebilleschlagen: Der Nordunge schlug sich zu einer sehr rhythmischen, sphärisch-ätherischen Musik, die vielen Mitgliedern wie die "afrikanische" Musik jener Tage in den Ohren klang. Über diese Musik sollte die Begegnung mit Wodans Heerscharen zustandekommen.[120] "Wodans Heerscharen" ist hier eine Metapher für das Erlebnis des Einzelmenschen von Natur und Weltall und entspricht damit der Definition von "Religiosität", wie sie Adolf Guenther in der Zeitschrift *Freideutsche Jugend* gegeben hatte: die "Stellung des Menschen zu der ihn umgebenden Natur und zum Weltall".[121] Dieses Eingebundensein des Menschen in die Natur ist das Hauptcharakteristikum des Nordungen.[122] Von da ist es verständlich, daß ihre Mitglieder zur aktiven Mitarbeit in der Naturschutzbewegung verpflichtet waren.[123] Für die Nordungen spielten die Naturkräfte, zumal die unsichtbaren, eine große Rolle. Gerade dieser Glaube machte sie offen für Parapsychologie und Psychoanalyse, die beide als "neueste Seelenwissenschaft" verstanden wurden.[124]

---

115) ARCHIV DER JUGENDBEWEGUNG, *Nordungen. Darstellung der Geschichte der Nordungen von Julius Siegert*, Januar 1974.
116) BARTSCH, *Wirklichkeitsmacht*, S. 35.
117) MÜLLER, *Die neugermanischen...*, S. 23.
118) BARTSCH, *Wirklichkeitsmacht*, S. 32.
119) Gespräch mit H. J. Lemor vom 11. 7. 1981.
120) ARCHIV DER JUGENDBEWEGUNG, *Nordungen. Darstellung der Geschichte der Nordungen von Julius Siegert*, Januar 1974.
121) *Freideutsche Jugend*, 2. Jg., 1916, Nr. 1, S. 20.
122) ARCHIV DER JUGENDBEWEGUNG, *Nordungen. Darstellung der Geschichte der Nordungen von Julius Siegert*, Januar 1974.
123) BARTSCH, *Wirklichkeitsmacht*, S. 32.
124) H. FLURSCHÜTZ, *Tanzende Götter und göttlicher Tanz*, 1929, S. 8, hier zitiert nach BARTSCH, *Wirklichkeitsmacht*, S. 32.

Aus dieser "Seelenwissenschaft" wurde L. Klages, C. G. Jung und Friedrich Nietzsche, vor allem der "Antichrist", rezipiert.[125]

Die Nordungen stammten aus der Jugendbewegung, das heißt ihre Mitglieder gehörten zur Generation der 20-30jährigen. Sie werden hier unter den Völkischen abgehandelt, weil sie sehr nahe zur völkischen Bewegung, insbesondere zur *Deutschgläubigen Gemeinschaft* gehören. Wie in der ganzen Jugendbewegung üblich warben sie unter Freunden. Ihnen war nicht die Quantität wichtig wie etwa der Parteijugend, insbesondere der HJ, sondern die Qualität. Ein neues Mitglied wurde vor seiner Aufnahme lange beobachtet und geprüft. Bedingung für die Aufnahme war der Kirchenaustritt. Bei den Nordungen gab es wie in der Jugendbewegung üblich viele Ämter: Herzog, Weihewart, Kanzler des Inneren, Kanzler des Äußeren, Herold, Gesundheitswart usw. Letzteres zeigt, daß die Gesundheit ein wichtiger Wert bei den Nordungen war. Es war Pflicht gewesen, vor der Eheschließung ein ärztliches Gesundheitszeugnis ausstellen zu lassen.[126]

Über die Größe der Nordungen gibt es zwei Zahlenangaben: Ehrenthal spricht im Jahre 1929 von 1000 Mitgliedern[127] und Bartsch 1937 von 100-200.[128] Letztere Angabe scheint mir die genauere zu sein, denn der Nordunge Julius Siegert behauptete 1974 im Rückblick, daß es nur zwei Gruppen gegeben habe, die in Berlin und die in Leipzig.[129]

be) Die Nordische Glaubensgemeinschaft

Die *Nordische Glaubensgemeinschaft* wurde zunächst im Sommer 1927 als Dachverband von folgenden Gemeinschaften gegründet: *Orden der Nordungen, Germanische Glaubensgemeinschaft* und die Gaue Brandenburg und Kursachsen der *Deutschgläubigen Gemeinschaft*. Dieses Gebilde zerfiel aber durch die Streitigkeiten zwischen O. S. Reuter und dem Hauptinitiator Norbert Seibertz. Einige, unter ihnen die *Nordungen* und Seibertz, verließen diese Gemeinschaft und gründeten im Mai 1928 eine zweite *Nordische Glaubensgemeinschaft*. Sie schufen sich eine Zeitschrift mit dem Namen *Neues Le-*

---

125) BARTSCH, *Wirklichkeitsmacht*, S. 32.
126) ARCHIV DER JUGENDBEWEGUNG, *Nordungen. Darstellung der Geschichte der Nordungen von Julius Siegert*, Januar 1974.
127) EHRENTHAL, *Die deutschen Jugendbünde*, Berlin 1929, S. 52.
128) BARTSCH, *Wirklichkeitsmacht*, S. 34.
129) ARCHIV DER JUGENDBEWEGUNG, *Nordungen. Darstellung der Geschichte der Nordungen von Julius Siegert*, Januar 1974.

ben, die aber außer dem Namen nichts mit der 1926 eingegangenen Zeitschrift der *Deutschgläubigen Gemeinschaft* zu tun hat. Sie arbeiteten eng zusammen mit den *Artamanen*, dem *Wandervogel, Deutscher Bund* und dem *Bund Freia*, der sich für den freiwilligen Arbeitsdienst einsetzte. Die *Nordische Glaubensgemeinschaft* stand der Ludendorff-Bewegung sehr nahe. 1932 traten die Nordungen, die bis dahin der Hauptträger der Gemeinschaft gewesen waren, aus. Nachfolger des bisherigen Leiters Arthur Lahn, einem Nordunge, wurde der Dresdner Kapitän zur See a. D. Ernst Mysing. Bei diesem Wechsel wurde auch der Name der Zeitschrift gewechselt. Die neue Zeitschrift hieß nun *Iringblätter*[130].

In religiöser Hinsicht war die *Nordische Glaubensgemeinschaft* nicht einheitlich. Alle Richtungen, die in der GGG, der *Deutschgläubigen Gemeinschaft* oder in den Nordungen vertreten waren, waren in dieser Gemeinschaft Mitglied. Als Ziel gab sie an, "sich auf alle Menschen nordischen (arisch-germanischen) Blutes" ausdehnen zu wollen. Sie wollte bei der "Paneuropa-Entwicklung wenigstens eine Aussicht auf ein aristokratisches, antichristlich-nordisch bestimmtes Paneuropa" schaffen.[131] Die Paneuropa-Idee sollte sich auf ganz Europa erstrecken. Kontrastiert man dieses Europa mit der Größe der *Nordischen Glaubensgemeinschaft,* so wird die Selbstüberschätzung dieser Völkischen überdeutlich: Ihre Zahl dürfte bei 1000 Mitgliedern gelegen haben, sicherlich aber unter 2000!

bf) Die Nordisch-Religiöse Arbeitsgemeinschaft

Im Jahre 1932 wurde ein erneuter Versuch unternommen, die völkisch-religiöse Bewegung organisatorisch enger zusammenzuschließen. Man wählte dabei die Form der Arbeitsgemeinschaft und nannte sie *Nordisch-Religiöse Arbeitsgemeinschaft*. Dieses Gebilde war eigentlich nur für die Außendarstellung gedacht. Die dazugehörigen Organisationen sollten in ihrem Bestand unangetastet bleiben, auch sollte keine neue gemeinsame Lehre bzw. Frömmigkeit erarbeitet werden. Die Arbeitsgemeinschaft diente einzig und allein zur Förderung des Rassegedankens.[132] Sie war ein Kampfbund und keine Religionsgemeinschaft. Ihr Leiter war zunächst Kurt Norrenberg[133] und später Norbert Seibert[134].

---

130) BARTSCH, *Wirklichkeitsmacht*, S.34.
131) Ebd., S. 35.
132) *BA Hauer* 115, 187-188, Kusserow (NRAG) an Reventlow vom 17. 10. 1933.
133) BARTSCH, *Wirklichkeitsmacht*, S. 37.
134) Ebd., S. 97.

## bg) Die Ludendorff-Bewegung

Eine organisatorische Form der Anhänger Ludendorffs wurde 1925 von Oberst a. D. Konstantin Hierl, dem späteren Reichsarbeitsführer, im *Tannenbergbund* geschaffen. Dieser Bund war zunächst noch ein Dachverband von völkischen Kriegerverbänden. Erst 1927 wurde er im Sinne Ludendorffs bzw. seiner Frau Mathilde von Kemnitz, geb. Spick, "weltanschaulich gestrafft". Ab 5. Mai 1929 gab es für den *Tannenbergbund* die Vereinszeitschrift *Ludendorffs Volkswarte*, die ab 25. August 1929 mit der Beilage *Am heiligen Quell* versehen wurde.[135] 1930 erfolgte die Gründung des *Deutschvolks*, einer religiösen Gemeinschaft für Tannenbergbündler, die aus der Kirche ausgetreten waren.[136] Im September 1931 wurde die *Deutschjugend* gegründet. Gründer war der Artamanenführer Fritz Hugo Hoffmann, der dabei Teile der Jugendbewegung mit der Ludendorff-Bewegung zusammenbrachte.[137]

Die Ludendorff-Bewegung - in ihrer Intention bewußt antikirchlich und antichristlich - basierte in religiösen Fragen auf der Gotteserkenntnislehre Mathilde Ludendorffs. Sie verlegte die Gott*erkenntnis* ins *Erleben* des Ichs.[138] Ihre so geschaute Weisheit wurde für die Mitglieder verpflichtend. Nach ihrer Lehre gibt es keinen persönlichen Gott, das Göttliche kann von jedem erlebt werden. Dem Göttlichen, das das ganze All durchseelt, fehlt aber ein Bewußtsein. Das Göttliche kommt erst im Menschen zum Bewußtsein, tote Materie und die Tier- und Pflanzenwelt sind göttlich durchwirkt, aber ohne Bewußtsein Gottes. Im "Deutschen Gottglauben" wurde das "Artgemäße des deutschen Gottglaubens" dargestellt, das auf die Akzeptanz der Lehre Mathilde Ludendorffs hinauslief. Eine wichtige Rolle spielte dabei der Unsterblichkeitsglaube:

> "Der Mensch habe seine Bewußtheit mit dem Verlust der Sterbunfähigkeit (als Kristall) und der 'potentiellen Unsterblichkeit' (als Einzeller) erkauft und unterstehe nun dem Todesmuß. Dieser Verlust der Unsterblichkeit habe sich in der Schöpfung als der mächtige Auftrieb zu Bewußtheit entfaltet, um mit ihr Unsterblichkeit einer höheren Art, 'das unsterblich Göttliche vor dem Tode bewußt zu erleben' ..., im Menschen wiederzugewinnen. ... Der Mensch habe nun die Aufgabe, das Göttliche bewußt zu erleben, zu erfüllen und auszustrahlen."[139]

---

135) MOHLER, *Die konservative Revolution*, S. 389.
136) BARTSCH, *Wirklichkeitsmacht*, S. 79.
137) Ebd., S. 80; vgl. auch *BA Hauer* 52, 299, Pleyer an Hauer vom 12. 7. 1933.
138) *Was weißt Du von Mathilde Ludendorff?*, 1934, S. 2 und S. 18, Hinweis darauf bei BARTSCH, *Wirklichkeitsmacht*, S. 81.
139) BARTSCH, *Wirklichkeitsmacht*, S. 82.

Im Unterschied zu den übrigen völkischen Gemeinschaften läßt Mathilde Ludendorff nicht zu, daß grundsätzlich jeder Deutsche den göttlichen Willen im deutschen Volk und Rasse erleben kann.[140] Maßgebend war für die Anhänger die "Erkenntnis" Mathilde Ludendorffs.[141]

Die Ludendorff-Bewegung war die weitaus größte völkische Gemeinschaft. Der "Tannenbergbund", also der politisch geführte Bund, hatte etwa 10.000 Mitglieder. Er bestand 1931 aus 320 Ortsgruppen in 63 Gauen. Mitglieder konnten nur Einzelstehende werden, also keine Gemeinschaften. Die Mitglieder waren ehemalige Offiziere und Soldaten. In Lehrerkreisen war sein Einfluß recht groß. Der *Tannenbergbund* war der einzige Bund der Völkischen, der auch auf dem flachen Land Anhänger hatte. Hier war die Person bzw. der Mythos des General Ludendorff für den Erfolg ausschlaggebend.[142] Wie die übrigen völkischen Gemeinschaften blieb auch die Ludendorff-Bewegung nicht von Abspaltungen verschont. Eine davon war die *Gemeinschaft deutscher Erkenntnis* unter Führung von C. F. Lemcke, die später zur ADG stieß.

Das *Deutschvolk* wollte weder "Gemeinde" noch "Kirche" sein und werden[143], sondern wollte eine Organisation sein, die die öffentlich-rechtliche Anerkennung aller Deutschgläubigen zum Ziel hatte.[144] Abgelehnt wurden "Priester", "Geistliche", "Weihewarte" und "Priesterinnen", ebenso Riten.[145] Dennoch gab es publizierte Beispiele für Feiergestaltung und Deutschvolk-Ahnenstätten.[146]

bh) Sonstige völkische Gemeinschaften

Die bisher vorgestellten Gemeinschaften sind vergleichsweise groß. Außerdem findet man dazu in der wissenschaftlichen Literatur relativ viele Informationen. Nicht mehr als den Namen und den Gründer erfährt man aus der Literatur von folgenden Gruppen:

---

140) Ebd., S. 82.
141) Artikel 2 der Satzung des *Deutschvolkes*, zitiert bei BARTSCH, *Wirklichkeitsmacht*, S. 80.
142) Ebd., S. 80.
143) M. LUDENDORFF, *Deutscher Gottglaube*, 1931, S. 52.
144) *Ludendorffs Volkswarte*, 1930, H. 11.
145) *Am Heiligen Quell deutscher Kraft*, 1931, H. 5.
146) BARTSCH, *Die Wirklichkeitsmacht*, S. 80.

Die *Edda-Gesellschaft*, die ursprünglich aus der *Guido-von-List-Gesellschaft* hervorgegangen war,[147] wurde von Rudolf John Gorsleben gegründet. Dieses Datum konnte nicht ermittelt werden, muß aber 1923 oder danach gewesen sein, denn die Gründung erfolgte nach seiner Edda-Übersetzung von 1923. In der Edda sah er wie in den Veden und der Bibel "geheime (urarische) Inhalte", die er deuten wollte. Seine Übersetzung wurde von Mathilde Ludendorff rezipiert und tat dort ihre Wirkung.[148] 1922 wurde *Hag All*, die Zeitschrift der *Edda-Gesellschaft*, in München, herausgegeben, 1929 unter ihrem neuen Schriftleiter Werner von Bülow in "Hagall" umbenannt.[149] Gedruckt wurde sie im Selbstverlag des Architekten Fr. Schäfer in Mühlhausen/Thüringen. Nach Gorslebens Tode, 1930, wurde von Bülow dessen Nachfolger. Am 30. Januar 1933 wurde die Gesellschaft neu organisiert. Bezieher der Zeitschrift, über 2000 nach eigenen Angaben, waren nicht mit den Vereinsmitgliedern identisch, die nur mehrere hundert Personen umfaßte. Ein großer Teil der Abonnenten trat zum *Kampfbund für Deutsche Kultur* über.[150] Stellvertretend für die religiöse Zielsetzung sei der Untertitel der zweiten Zeitschrift der *Edda-Gesellschaft* genannt: *Arische Freiheit. Monatsschrift für Arische Gottes- und Welterkenntnis, für seelische Läuterung, geistige und körperliche Hochzucht durch artgerechtes Wissen und Weisen, Wirken und Werken, Richten und Raten, Schauen und Schaffen, Helfen und Heilen, Ackern und Ernten, Atmen und Essen zur Lebensmeisterschaft.*[151] Die Mitgliedschaft in der *Edda-Gesellschaft* war von konfessionellen Fragen nicht berührt. So war beispielsweise der Gemeindeleiter der Freireligiösen in Konstanz zugleich Mitglied der *Edda-Gesellschaft*.[152]

Ähnlich war die *Sonnenkirche* des Nervenarztes Georg Lomer. Schwerpunkte seiner Werke lagen bei der Graphologie und der Astrologie, die er mit völkischem Gedankengut verband. In seinem Buch *Die Götter der Heimat, Grundzüge einer germanischen Astrologie*, 1927, versuchte er "Das uralte Himmelsweistum unserer Vorfahren" zu rekonstruieren.[153] Die Zeitschrift der *Sonnenkirche* hieß *Asgard. Weg zum Licht, Kampfblatt für die Götter der Heimat.*[154]

---

147) GROH, *II*, S. 147.
148) BARTSCH, *Wirklichkeitsmacht*, S. 38.
149) *Hiram-Edition*, 12, S. 26-27.
150) *BA Hauer* 53, 433-434, Schäfer-Gerdau an Hauer vom 14. 8. 1933.
151) MOHLER, *Die konservative Revolution*, S. 287, B 22.2.133.
152) *AKB*, Teilnehmerliste der Wartburgtagung vom 29./30. 7. 1933.
153) MOHLER, *Die konservative Revolution*, S. 355-356, B 121.15.
154) BARTSCH, *Die Wirklichkeitsmacht*, S. 39.

Über die *Stille Front* Rudolf Walbaums war wenig in Erfahrung zu bringen. Dazu gehörten der Nervenarzt Dr. Carl Strückmann, der Anfang der 20er Jahre zu den Christrevolutionären zählte, und Margarete Müller-Senftenberg.[155] Durch die Person Walbaums läßt sich die *Stille Front* als unitarisch, freireligiös und protestantisch einordnen. Walbaum war Prediger der hessischen freiprotestantischen Gemeinde Alzey.[156]

Alle die hier erwähnten völkischen Gemeinschaften suchten 1933 Kontakt zu Hauer und seinem geplanten Unternehmen bzw. wurden in die Überlegungen zur Planung der ADG einbezogen. Doch erschöpfte sich der potentielle Kreis der ADG nicht allein in diesen ausdrücklich religiös verstandenen Gemeinschaften. Es gab im völkischen Lager noch Lesergemeinden wie etwa der *Rig-Kreis* sowie Vereine oder Gemeinschaften in der evangelischen Kirche, die für Hauers Unternehmung ein gewisses Interesse und Wohlwollen aufbrachten oder sich gar aktiv an der Planung beteiligten.

## 3. Vereinsmäßig organisierte Religion innerhalb der Kirchen

*a) Der Freie Protestantismus*

"Freier Protestantismus" wird hier als Sammelbegriff für mehrere verschiedene Vereinigungen der evangelischen liberalen Theologie verstanden. Im Hinblick auf die Deutsche Glaubensbewegung sind zu nennen: der *Verband des Freien Protestantismus*, die *Vereinigung der Freunde der Christlichen Welt* und die *Freie Volkskirchliche Vereinigung*, einem schwäbischen Zweig des *Verbandes des Freien Protestantismus*. Alle drei hängen personell eng zusammen. Dazu gehört auf internationaler Ebene der *Weltbund für Freies Christentum und religiöse Freiheit*.

Politisch am einflußreichsten war die *Vereinigung der Freunde der Christlichen Welt*, weil sie in der Zeitschrift *Christliche Welt* ein Organ besaß, das von vielen Protestanten gelesen wurde. Ursprünglich hieß die Zeitung *Evange-*

---

155) *AKB*, Teilnehmerliste der Wartburg-Tagung vom 29./30. 7. 1933; *BA Hauer* 54, 88.
156) R. STARK, "Geschichte der unitarischen Freiprotestanten in Rheinhessen", in: *Wesen und Auftrag*, S. 92-93.

*lisch-lutherisches Gemeindeblatt für die Gebildeten der evangelischen Kirchen*. Sie war von Martin Rade, Friedrich Loofs, Paul Drews und Wilhelm Borneberg 1887 gegründet worden, die alle vier miteinander befreundet waren. Äußerer Anlaß für die Gründung war das Lutherfest 1883 gewesen. Die Gründer hatten gehofft, daß ihre Zeitschrift von allen drei theologischen Hauptrichtungen des ausgehenden 19. Jahrhunderts, der Orthodoxie, der Mittelpartei und den "Liberalen", gleichermaßen positiv aufgenommen werden würde. Sie hatten mit der Gründung beabsichtigt, etwas Neues zu schaffen, das helfen sollte, eine "praktische Einigung in den höchsten Zielen herzustellen, an welcher wirklich das Volk, nicht bloß die theologisch interessierten Kreise teilhat." Mit Wohlwollen wurde diese Zeitschrift aber nur von denen, die eine theologisch mittlere Richtung vertraten oder gemäßigt rechts standen, aufgenommen.[157]

In der Öffentlichkeit war die Zeitschrift als "Ritschlianische" abgestempelt, obwohl anfangs kein Schüler Ritschls mitgewirkt hatte. Zu den Autoren des ersten Jahrgangs gehörten u. a. Friedrich Naumann und Otto Baumgarten.[158] Im Laufe der Geschichte wirkten die Gründer in verschiedenen Richtungen: Sie arbeiteten im *Evangelischen Bund* und beim *Evangelisch-sozialen Kongreß*, der seit dem Ausscheiden Adolf Stöckers sogar von ihnen getragen wurde. Überhaupt stand die Mehrzahl der Gründer und Freunde der *Christlichen Welt*, namentlich Martin Rade, allem Christlich-Sozialem sehr positiv gegenüber.[159]

1903 beschloß der Herausgeberkreis der *Christlichen Welt*, sich eine festere Organisation zu geben. Bezweckt wurde eine Vereinigung, in der es keine Rolle spielen sollte, welcher politischen oder kirchlichen Parteiung der einzelne angehörte. Mit Absicht wurde kein Programm formuliert. In der Nummer der *Christlichen Welt*, in der die Bekanntgabe der Gründung der *Vereinigung der Freunde der Christlichen Welt* gedruckt worden war, schrieb Martin Rade bezüglich seines Verhältnisses zum Dogma: "Die Versuchung, eine neue Orthodoxie aufzurichten, ist von dem Herausgeber immer als solche empfunden worden. ... Es fiel uns der Beruf zu, mit dem Gute der Gewissensfreiheit ... auf eine besondere Weise Ernst zu machen."[160] Diese Haltung kann als Charakteristikum des Freundeskreises der *Christlichen Welt* und wohl auch des "Freien Protestantismus" überhaupt gelten. Man wollte sich nicht auf ganz bestimmte Programmpunkte wie bei Parteien üblich festnageln lassen. Diese Linie behielt die "Christliche Welt" durch die Jahre hindurch bei. Sie beglei-

---

157) RATHJE, *Freier Protestantismus*, S. 39-41.
158) Ebd., S. 43.
159) Ebd., S. 101.
160) Ebd., S. 123-125.

tete Fragen der Zeit wie die neue ökumenische Bewegung oder den Weltkrieg mit kritischen und zum Teil auch wohlwollenden Kommentaren.

Die *Vereinigung der Freunde der Christlichen Welt* war eine Organisation, die über ganz Deutschland verbreitet war. Bei einer Mitgliederstärke von 871 Personen wie 1904[161]-1920 dürfte sie höher gelegen haben - bedeutet dies, daß es nur ein paar Freundeskreise und viele Einzelstehende gab. 1912 verselbständigte sich der württembergische Teil - das waren 211 Mitglieder - und gründete unter Leitung des Reutlinger Dekans Gotthilf Herzog die *Freie Volkskirchliche Vereinigung*.[162] So wie die Württemberger hatten es die Thüringer mit den *Freunden der Freien Volkskirche*, die Sachsen mit ihrem *Bund für Gegenwartschristentum* und die Provinzsachsen mit ihrem *Bund Freie Volkskirche* getan. Am 10. Oktober 1920 schlossen sich diese Vereinigungen außer den Württembergern mit der *Vereinigung der Freunde der Christlichen Welt* zusammen. Sie wählten als neuen Namen "Bund für Gegenwartschristentum". Die *Freunde der Christlichen Welt* waren dabei jedoch nicht in dieser Gemeinschaft aufgegangen, sondern nur als "Sonderorganisation von Einzelmitgliedern" beigetreten.[163] Erster Vorsitzender wurde Martin Rade, der Herausgeber der *Christlichen Welt*. Trotz dieses Umstandes fühlte sich die *Vereinigung der Freunde der Christlichen Welt* nicht wohl in diesem neuen Bunde, denn auf den Jahrestagungen gab es kaum Raum für kontrovers geführte theologische Diskussionen, stattdessen pflegte man das Gemeinschaftsgefühl. Gerade die Diskussion aber war das Reizvolle an der *Vereinigung der Freunde der Christlichen Welt* für ihre Mitglieder gewesen.[164]

Für den *Bund für Gegenwartschristentum* gab es Anfang der 20er Jahre zwei Fusionsmöglichkeiten: Die eine im Mai 1920 mit dem *Deutschen Protestantenverein*, und die andere im Oktober 1921 mit dem *Verband Freier Protestanten*. Beide wurden abgelehnt, weil man sich kirchenpolitisch nicht auf eine bestimmte Richtung festlegen wollte.[165] Das Ganze gehörte allgemein in den Kontext der volkskirchlichen Arbeit in Folge der Abdankung des deutschen Kaisers und der damit zusammenhängenden Neuorientierung der evangeli-

---

161) Ebd., S. 125.
162) O. WEITBRECHT / TH. DAUR, *Weg und Aufgabe eines Freien Protestantismus in der Evangelischen Kirche. Rückblick auf 50 Jahre Freie Volkskirchliche Vereinigung in Württemberg* ("Freies Christentum" des "Bundes für Freies Christentum" H. 46/47), S. 5-6; vgl. auch M. RADE, Art. "Liberalismus III 5", in RGG$^2$, Sp. 1630.
163) RATHJE, *Freier Protestantismus*, S. 274.
164) Ebd., S. 275.
165) Ebd., S. 274-275.

schen Kirche.¹⁶⁶ In einem speziellen Sinne gehörten diese Bestrebungen zu einem Prozeß der Annäherung verschiedener Vereine des Freien Protestantismus. Der *Verband freier Protestanten* selbst wurde erst kurz nach dem 1. Weltkrieg gegründet.¹⁶⁷ Der württembergische Zweig der *Freunde der Christlichen Welt*, die *Freie Volkskirchliche Vereinigung*, lehnte 1921 und 1923 mehrheitlich einen Zusammenschluß mit dem *Verband freier Protestanten* ab, weil ihnen die Führung des Verbandes mit zuviel Mitgliedern des als links empfundenen *Deutschen Protestantenvereins* besetzt war. Die Ablehnung war aber dennoch nicht so fundamental, als daß man nicht weiterhin Kontakt halten konnte. Bei allen wichtigen Entscheidungen des *Verbandes freier Protestanten* waren Vertreter der *Freien Volkskirchlichen Vereinigung* beteiligt. Im Jahre 1933 schloß sich dann diese Vereinigung offiziell an den Verband an, der sich in *Deutscher Bund für entschiedenen Protestantismus* umbenannte.¹⁶⁸

Nachdem ein kurzer und unvollständiger Abriß der Geschichte des "Freien Protestantismus" gegeben worden ist, soll nun wenigstens durch einige Namen seine Bedeutung im Blick auf die Deutsche Glaubensbewegung erläutert werden. Redakteur der Zeitschrift "Christliche Welt" war Herbert Grabert mindestens seit 1932. Ab Januar 1934 war er Redakteur des *Deutschen Glaubens*. Er hatte auch nach der Gründung der *Arbeitsgemeinschaft Deutsche Glaubensbewegung* zum Nachfolger Rades, Hermann Mulert, gute persönliche Beziehungen.¹⁶⁹ Noch 1936 wird Grabert als Mitarbeiter erwähnt. Zwei führende Köpfe des *Verbandes freier Protestanten* waren der Privatdozent Schmid-Kowarzik von der Universität Gießen und der Pfarrer Kurt Leese, einem frühen Kritiker von Hauers Buch *Deutsche Gottschau*.¹⁷⁰ Beide waren auf der Gründungstagung der "Arbeitsgemeinschaft" in Eisenach anwesend. Hauer selbst scheint Mitglied der *Freien Volkskirchlichen Vereinigung* gewesen zu sein, zumindest stand er dem "Freien Protestantismus" zeitweise positiv gegenüber.¹⁷¹ Weitere Mitglieder der *Freien Volkskirchlichen Vereinigung* waren Rudolf

---

166) Vgl. allgemein dazu K. MEIER, *Volkskirche 1918-1945*; K. NOWAK, *Evangelische Kirche und Weimarer Republik*.
167) RATHJE, *Freier Protestantismus*, S. 275.
168) O. WEITBRECHT/TH. DAUR, *Weg und Aufgabe*, S. 10.
169) RATHJE, *Freier Protestantismus*, S. 471-474.
170) K. LEESE, *Rasse - Religion - Ethos*, Gotha 1934; DERS., "Rezension. zu W. Hauer, Deutsche Gottschau", in: *Christliche Welt*, 1935, Sp. 877 ff.; Sp. 929 ff.
171) *BA Hauer* 40, 467, Hauer an Professor [Werckmeister] (so handschriftliche Notiz!) vom 20. 10. 1932; darin ist die Einladung Hauers zur Frankfurter Tagung des Freien Protestantismus erwähnt, der er jedoch nicht gefolgt war.

Daur, Anna Schieber und Albrecht Ströle. Sie alle waren auch Mitglieder des von Hauer geführten *Bundes der Köngener.*

b) *Der Bund der Köngener*

Der *Bund der Köngener* ist eine Gemeinschaft von Gleichgesinnten, die ihre Ursprünge sowohl in der traditionellen evangelischen Jugendpflege, speziell dem Schülerbibelkreis, als auch in der Jugendbewegung hat. Die *Köngener* werden an dieser Stelle vorgestellt, weil sie als bewußt religiöser Bund - die freie Jugendbewegung interpretierte sich bekanntlich nicht religiös - innerhalb der evangelischen Kirche wirken wollten. Sie machten im Laufe ihrer Geschichte innerhalb der Kirche einen Weg vom Pietismus zum "Freien Protestantismus" und innerhalb der Jugendbewegung von der evangelischen zur freien Jugendbewegung durch. Ihr Charakter und ihre Zielsetzung entsprachen weitgehend dem Charakter und der Zielsetzung des "Freien Protestantismus".

Die Herkunft der *Köngener* lag in der Jugendarbeit der "Schülerbibelkreise", (gegründet 1886 im Gefolge der nationalen Lutherfeiern). Diese Kreise, in denen vor allem Schüler höherer Lehranstalten Mitglieder waren, zeichneten sich durch biblische Unterweisung und "Kriegsspiele" auf Freizeitlagern aus.[172] Während der Kriegszeit 1914-18 kamen die jungen Frontsoldaten, die weiterhin Mitglieder ihrer jeweiligen Jugendgruppe geblieben waren, in Gedankenaustausch mit Jugendbewegten. Auf diesem Weg gelangten die Ideen der *Freideutschen Jugend* auch in die "Schülerbibelkreise". Die Kriegsheimkehrer versuchten ab etwa 1919, die Schülerbibelkreise im Sinne der "Freideutschen Jugendbewegung" umzugestalten.[173] Alle Neuerungen aus dieser Zeit standen in engem Zusammenhang.[174] Eine davon war der *Bund der Köngener*, der offiziell am 10. Oktober 1920 in Köngen bei Esslingen gegründet wurde. Für das religiöse Gepräge war der ehemalige Basler Missionar und Religionsgeschichtler Dr. phil. Jakob Wilhelm Hauer (geb. 1881) verantwortlich. Initiiert

---

172) H. CHR. BRANDENBURG / R. DAUR, *Die Brücke zu Köngen*, S. 15-20. Zit. als BRANDENBURG, *Köngen*. Zu den Kriegsspielen im Wundervogel siehe: JOACHIM WOLSCHKE-BULMANN, "Kriegsspiel und Naturgenuß. Zur Funktionalisierung der bürgerlichen Jugendbewegung für militärische Ziele", in: *Jahrbuch des Archivs der deutschen Jugendbewegung*, Bd. 16, 1986-87, S. 251-270.

173) Ebd., S. 30-44.

174) Vgl. die vielen Gründungen der Bünde nach 1919 in KINDT, *III*.

hatte er aber die Trennung vom Schülerbibelkreis nicht. Noch im Gründungsjahr brachten die Köngener ihre eigene Zeitschrift *Unser Weg. Stimmen aus dem Bund der Köngener* heraus.[175]

In der ersten Hälfte der 20er Jahre schlossen sich dem zunächst rein württembergischen Bunde einzelne Gruppen aus Norddeutschland und Schlesien an. Auch sie waren aus den Erneuerungsbestrebungen in Schülerbibelkreisen hervorgegangen.[176]

Ab 1924 gab es sogenannte "Arbeitswochen", auf denen ein bestimmtes Thema durchdiskutiert wurde. Die Vorträge wurden in der Regel in der Vereinszeitschrift publiziert. Das Thema der ersten Tagung drehte sich noch um eigene Probleme, um "Unsere Grundeinstellung", 1925 ging es erstmals um Kulturpolitisches: "Was ist deutsches Wesen?". 1928 diskutierte man über "Der katholische und der protestantische Mensch", 1929 über "Krieg oder Frieden", 1931 "Der Mensch als Maßstab der Gesellschaftsordnung" und 1933 über "Die religiösen und geistigen Grundlagen einer völkischen Bewegung".[177] Charakteristisch an diesen Arbeitswochen war, daß sie in der Anfangszeit zusammen mit anderen Bünden, wie dem *Neuwerk* um Eberhard Arnold und Hermann Schafft oder später mit Wissenschaftlern und Politikern anderer geistiger Richtungen veranstaltet wurden. Zu nennen sind für 1929 Leonhard Ragaz (Religiöser Sozialist) und Ernst Schneller (KPD), für 1933 Paul Krannhals und Ernst Krieck (beide NSDAP), Gertrud Bäumer[178] und Martin Buber, dessen Beitrag wegen der Zeitumstände nicht mehr in der *Kommenden Gemeinde* publiziert wurde.[179] Diese Zeitschrift war 1928 als Fortsetzung von *Unser Weg* geschaffen worden. In ihr wurden außer den Tagungsbeiträgen der Arbeitswochen auch Beiträge zu anderen aktuellen Themen wie etwa

---

175) Vgl. BRANDENBURG, *Köngen*, S. 42-44; Brandenburg nennt zwar Hauer als den Gründer, stellt aber recht ausführlich den Weg der Trennung vom württembergischen Schülerbibelkreis dar, der vor allem von dem Studenten Joachim Boeckh und dem Realschullehrer Friedrich Schiecker eingeschlagen worden war. Hauer trat erst später in Erscheinung. Daß er für den Fortbestand und das Gepräge des "Bundes" der wichtigste Mann war, ist nicht zu bezweifeln.
176) BRANDENBURG, *Köngen*, S. 60-65.
177) BRANDENBURG, *Köngen*, S. 168-169; vgl. auch unten S. 84-101.
178) 1.-6. 1. 1929 "Krieg oder Frieden" mit L. Ragaz und E. Scheller; 1.-6. 1. 1933 "Die religiösen und geistigen Grundlagen einer völkischen Bewegung" mit Krannhals, Krieck, Bäumer und Buber; vgl. auch unten S. 84-101.
179) Vgl. unten S. 110 ff.; DIERKS, *Hauer*, S. 199-207.

1930 dem § 218[180] oder 1931 "Die religiöse Wende im Proletariat"[181] publiziert. Es war nach eigenem Bekunden immer das Bestreben Hauers und der Köngener gewesen, gegensätzliche Standpunkte durch unterschiedliche Referenten zu Gehör zu bringen. Sie suchten geradezu die geistige Auseinandersetzung mit Andersdenkenden. Diese Selbstinterpretation, die zu einem großen Teil der Realität entspricht, ist jedoch zu relativieren. Zur Arbeitstagung 1931 über "Der Mensch als Maßstab für die Gesellschaftsordnung" waren u. a. Eduard Heimann (Religiöser Sozialist), Martin Buber, Marianne Weber, Walter Dirks (Katholik) und Ernst Schneller (KPD) eingeladen gewesen.[182] Herrmann Umfrid, der die Tagung mit vorbereitet hatte und selbst zum Pazifismus[183] und zum religiösen Sozialismus[184] gehörte, hatte Ludwig Oppenheimer, der zum *Weltbund für freies Christentum und religiöse Freiheit* gehörte, in dem der Bund ebenfalls Mitglied war, als weiteren Redner vorgeschlagen.[185] Hauer lehnte ihn mit dem Argument ab, daß er als Repräsentanten für das Judentum schon Martin Buber eingeladen hätte und ein weiterer Jude nicht nötig sei. Von Heimann hielt er nicht viel, weil er die "Wirklichkeit" "allzuleicht" "vergewaltige"[186], und lehnte deshalb seine Einladung ab. Dies zeigt: Die offizielle Darstellung der *Köngener*, wie sie durch die Abdrucke der Vorträge in der *Kommenden Gemeinde* dann faßbar sind, ist stark an Hauers persönliches Urteil gebunden, aber nicht unbedingt repräsentativ für alle Mitglieder des *Bundes der Köngener*. Getragen wurden seine Entscheidungen dennoch von allen.

---

180) 12.-15. 10. 1929 "Liebe und Ehe aus letzter Verantwortung", Abdruck der Vorträge in: *Kommende Gemeinde*, 2. Jg., 1930, H. 1; vgl. dazu auch das Sonderheft: *§ 218*, Leipzig 1931.

181) *KG*, 3. Jg., 1931, Heft 1 *KG*.

182) *BA Hauer* 13, 135, Plan der Arbeitstagung vom 1.-7. 1. 1931, "Der Mensch als Maßstab für die Gesellschaftsordnung".

183) *BA Hauer* 13, 204-205, Hauer an Mande vom 25. 2. 1931; UMFRID, "Die Friedensbewegung der Jetzt-Zeit unter besonderer Berücksichtigung der deutschen Entwicklung", in *KG*, 1. Jg., 1929, H. 3/4, S. 136-141.

184) Umfrid war Mitglied des "Bundes religiöser Sozialisten". Sein Lehrer war Ragaz: E. RÖHM, *Pfarrer Umfrid - "Juden" und "Christen" in Niederstetten*, Vortrag, gehalten auf der Jahresversammlung des Vereins für württembergische Kirchengeschichte in Stuttgart am 14. 10. 1983.

185) *BA Hauer* 13, 340-341, Umfrid an Hauer vom 20. 11. 1930.

186) *BA Hauer* 13, 339, Hauer an Umfrid vom 25. 11. 1930.

Seit der Arbeitswoche vom Januar 1931 drängte sich das Thema "Nationalsozialismus und Völkische Bewegung" immer stärker in den Vordergrund, da die Jugend der Köngener sehr stark mit dem Nationalsozialismus sympathisierte. Aus diesem Grunde sollte 1932 das Thema der Arbeitswoche "Nationalsozialismus" heißen. Sie fand wegen der schlechten wirtschaftlichen Lage, in der sich die meisten Köngener im Gefolge der Wirtschaftsereignisse befanden, nicht 1932[187], sondern erst in der 1. Januarwoche 1933 statt. Auch hier zeigen sich im Vorfeld der Tagung Hauers Strategien und Optionen. Geplant war, Alfred Rosenberg oder einen von ihm benannten NS-Vertreter einzuladen.[188] Auf Hauers Einladung hatte Rosenberg nicht geantwortet.[189] Als Alternative wählte Hauer den württembergischen NSDAP-Vorsitzenden Mergenthaler. Doch der wollte nur kommen, wenn Buber und Gertrud Bäumer wieder ausgeladen würden. Da verzichtete Hauer mit Zustimmung der Köngener auf Mergenthalers Anwesenheit.[190] Eine solche Haltung, wie sie Mergenthaler zeigte, war den Köngenern fremd. Sie meinten, wenn man auch Antisemit sei und einen völkischen Staat aufbauen wolle, müsse man sich mit den Betroffenen, also den Juden, zumal mit einem, der "Kompetentes über das Judentum" sagen könne, persönlich und sachlich auseinandersetzen.[191] Solche und ähnliche negative Erlebnisse mit Nationalsozialisten hatten viele Köngener, zumal die der ersten Stunde. Viele von ihnen erhofften sich daher nicht, daß ihre Ideale von den Nationalsozialisten verwirklicht würden. Im Jahre 1931 schrieb Hauer einmal, daß er vom Nationalsozialismus genauso weit weg sei wie vom Sozialismus.[192] Dies waren jedoch nicht die Fragestellungen der Köngener.

Den Köngenern ging es um die Wahrung des Religiösen, des Glaubens in welcher Form auch immer. Sie taten sich oftmals schwer mit der inhaltlichen Füllung des Religiösen. Dies schuf bei ihnen die Bereitschaft, sich anderen Formen und Denkweisen zu öffnen. Sie konnten Beziehungen aufrechterhalten zu Völkischen, zu Juden, zu religiösen Sozialisten, zu den Jungreformatoren oder zum Freien Protestantismus. 1927 traten sie der *Deutschen Freischar* bei,[193] obwohl sie sich von ihrer Herkunft her eher mit der evangelischen Ju-

---

187) Zu den Arbeitstagungen siehe S. 84-101.
188) *BA Hauer* 13, 194, Hauer an Mande vom 24. 10. 1931; vgl. DIERKS, *Hauer*, S. 200.
189) *BA Hauer* 13, 194, Hauer an Mande vom 24. 10. 1931.
190) Ebd.
191) Ebd.
192) *BA Hauer* 13, 204-206, Hauer an Mande vom 25. 2. 1931.
193) BRANDENBURG, *Köngen*, S. 117-122; EUGEN GERSTENMEIER, "Die Köngener Gemeinde und die Deutsche Freischar", in: *Christdeutsche Stimmen*, 1928, 8. Jg., S. 121-122.

gendbewegung hätten zusammenschließen müssen. 1930 traten sie wieder aus, nachdem Vizeadmiral Adolf von Trotha als neuer "Führer" der inzwischen stark erweiterten *Deutschen Freischar* alle parteipolitisch tätigen Mitglieder, darunter auch Köngener, auszuschließen begann. Seinen antidemokratischen und antiparlamentarischen Führungsstil wollten die Köngener nicht mitmachen.[194] Sie selbst übernahmen zwar anfang der 30er Jahre die Vorstellung vom Führerbund, doch ging es darin fast basisdemokratisch zu. Hauer als Führer stand bei seinen Entscheidungen in ständigem Kontakt mit den wichtigsten und aktivsten Mitgliedern, so mit dem Pfarrer Rudolf Daur. Die Köngener besaßen ein "Kapitel", bestehend aus etwa neun Mitgliedern; in ihm waren alle Landsmannschaften vertreten. Für wichtige und schnelle Entscheidungen wählte sich Hauer drei Berater aus, die leicht zu erreichen waren, also in der Nähe Tübingens wohnten. 1933 bestand der *Bund der Köngener* nach einer Umfrage aus etwa 400 Personen, wovon 120 ihr Interesse am Bund bekundeten. Von diesen waren 40 aktiv tätig.[195] Unter diesen 40 befanden sich viele Pfarrer. Der Bund ist laut Hauer soziologisch der Mittelschicht zuzuordnen.[196] Mit diesen wenigen Leuten erhoffte sich Hauer die *Arbeitsgemeinschaft der Deutschen Glaubensbewegung* in seinem Sinne zu gestalten.

*c) Der Bund für Deutsche Kirche*

Im Mai 1921 wurde in Berlin der *Bund für Deutsche Kirche* gegründet. Zu den Gründern gehörte der Studienrat Dr. Niedlich (gest. 1928), der in völkischen Kreisen durch sein Werk *Jahwe oder Jesus?* sowie durch seine pädagogischen Schriften bekannt war. Zu den Gründern und Förderern gehörten der sächsische Kirchenrat Dr. Katzer, der Wagnerforscher Hans von Wolzogen, der völkische Literaturhistoriker Adolf Bartels, der Herausgeber des *Heimdall* Adolf Reinecke und der Flensburger Hauptpastor Friedrich Andersen. Im Gründungsjahr gab der Bund die erste Nummer seiner Zeitschrift *Deutschkirche* heraus, die Pfarrer Bublitz leitete. Als wichtigster Vorläufer des *Bundes für Deutsche Kirche* wird die Berliner Arndt-Hochschule genannt, die unter den Völkischen eine bedeutende Rolle gespielt hat.[197] Später, mit Sicherheit 1933, gehörte der Kieler Professor für systematische Theologie Hermann Mandel zum *Bund für Deutsche Kirche*.

---

194) BRANDENBURG, *Köngen*, S. 122.
195) Vgl. unten S. 128-138; *BA Hauer* 16, 242-243, Zapp an Hauer vom 28. 4. 1933.
196) *BA Hauer* 13, 204-206, Hauer an Mande vom 25. 2. 1931.
197) FR. ANDERSEN, "Der Bund für deutsche Kirche", in: *Rig*, 4. Jg., H. 3, S. 62-63.

Als theologischen Ahnen für sein "judenfreies" Christentum gab der Bund Marcion an. Als weitere Vorläufer werden Schleiermacher, Kant, Fichte, Lagarde und Chamberlain genannt. Mit Marcion und unter Berufung auf Matth. 28,19 lehnten sie das von den Christen so genannte Alte Testament als glaubensverbindliches Buch für jeden Christen ab.[198] Dieses sogenannte "Alte" Testament galt ihnen als Dokument der jüdischen Glaubensform und war deshalb für den völkischen Deutschen wegen seiner anders gearteten Glaubensform irrelevant. Das neutestamentliche Christentum, das sich bei den Deutschkirchlern auf die Lehre und die Person Jesu reduzieren läßt, sei "rein zufällig" eine Symbiose mit dem Judentum eingegangen. Der Hauptfehler der christlichen Kirchen bestand nach deutsch-kirchlicher Lesart darin, diese zufällige Verbindung nicht gelöst zu haben, ja das Problem noch nicht einmal erkannt zu haben. Als die ursprünglichste Form des Christentums gilt den Deutschkirchlern die Person Jesu, weil er "der mit seinen tiefen Wahrheitssprüchen wie auch seinem ganzen Leben, Leiden und Sterben die höchste Idee aller Religionen in Form der Selbsthingabe verkörpert".[199] Jesus habe weder rassisch noch wesensmäßig etwas mit den Juden zu tun gehabt, weshalb er von ihnen "mit wildestem Abscheu abgelehnt worden" sei.[200] Die nordische bzw. deutsche Religion zeige dagegen in allen wesentlichen Punkten Übereinstimmung mit der Religion Jesu. Deshalb könne die "Verschmelzung" zwischen Judentum und deutscher Religion nicht vorgenommen werden.[201] Daß der *Bund für Deutsche Kirche* innerhalb der Landeskirchen blieb, hatte strategische Gründe: über deren Volksverbundenheit wollte er seine theologische Position ins Volk tragen.[202]

Der *Bund für Deutsche Kirche* war, wie man aus den Gründern und Förderern (Reinecke, Bartels) ersehen kann, ganz stark mit der völkischen Bewegung verbunden. Die heldische "Selbsthingabe", die auch antiklerikale Völkische an Jesus schätzten, sowie die rassischen Betrachtungsweisen bildeten Brücken zum gegenseitigen Verständnis. Diese waren auch Anknüpfungspunkte zur *Deutschen Glaubensbewegung*.

---

198) Ebd., S. 63.
199) Ebd., S. 64.
200) Ebd., S. 64.
201) Ebd., S. 64.
202) Ebd., S. 63.

## 4. Religiös interessierte Einzelpersönlichkeiten

*a) Lebensreformer, Agrarromantiker und Bündische Jugend*

Lebensreformbewegung, Agrarromantik[203] und Bündische Jugend sind Schlagworte, die weltanschaulich heterogene Erscheinungen bezeichnen, die dennoch oft personell eng miteinander verbunden sind. Alle drei Strömungen reichen bis ins Kaiserreich zurück. Lebensreformbewegung und Agrarromantik beeinflußten nach dem 1. Weltkrieg die Jugendbewegung und Jugendpflege.[204] Hier war die Basis für den Kampf gegen Alkohol, Nikotin, gegen Schundliteratur und Kino.[205] Doch gab es auch Ausnahmen. Der *Bund der Nibelungen* erlaubte ausdrücklich den Alkoholgenuß.[206]

Zwischen diesen drei Bewegungen und der späteren DG gab es Verbindungen. Der Unterschied zu den bisher dargestellten Gemeinschaften liegt darin, daß es sich bei dem hier zu untersuchenden Personenkreis um Einzelpersonen handelt, die sich für die ADG interessierten, und nicht um ganze Bünde oder Vereine. Die einzelnen Lebensreformer, Agrarromantiker und Mitglieder eines Bundes werden hier von ihrer geistigen Herkunft erklärt. Ihr religiöses Interesse ist privater Natur und muß nicht zwangsläufig aus dem jeweiligen Gruppenselbstverständnis resultieren.

Die *Lebensreformer* propagierten ein natürliches und gesundes Leben mit einfacher Kost, einfacher Bekleidung - natürlich alles aus eigenen Landen. Einige gründeten Siedlungen: eine Gruppe Menschen beschloß, Geld zusammenzulegen und weiteres zu sammeln, um einen alten Bauernhof - zumeist in einer Gegend mit kargem Boden - zu kaufen. Dabei spielte wie im Falle des Vogelhofes die Weltanschauung eine untergeordnete Rolle: ein Gründer des Vogelhofes, Matths Schwender, gehörte zur *Christengemeinschaft*, war Mit-

---

203) Den Begriff "Agrarromantik" übernehme ich von BERGMANN, *Agrarromantik*; siehe auch LINSE, *Zurück o Mensch*, S. 25-36. Mit "Agrarromantik" ist eine romantische Überhöhung der Agrarkultur gegenüber der Großstadtkultur gemeint.

204) Mit "Jugendpflege" ist die staatlich anerkannte Jugendarbeit in Parteien, Kirchen und Vereinen gemeint im Gegensatz zur Jugendbewegung, in der das Prinzip der gegenseitigen Erziehung der Jugendlichen der Normalfall war. Auf die Bedeutung des 1. Weltkrieges für die Siedlungsbewegung: U. LINSE, "Siedlungen und Kommunen der deutschen Jugendbewegung", in: *Jahrbuch des Archivs der deutschen Jugendbewegung*, 14, 1982/83, S. 13-28, abgekürzt: U. LINSE, "Siedlungen".

205) Vgl. KINDT, *II*, S. 639-775.

206) KINDT, *III*, S. 160.

glied bei den *Guttemplern* und der Sozialdemokratie[207]; ein anderer, Oberrealschullehrer Friedrich Schöll, gehörte zur völkischen Bewegung, war Mitglied im *Deutschbund*, leitete eine Zeitlang die Zeitschrift *Hellauf*, gehörte seit 1903 der vegetarischen Bewegung, seit der Vorkriegszeit der Schulsiedlungsbewegung an, gründete den an den *Deutschbund* angeschlossenen *Bund für Lebenserneuerung* und führte in Württemberg die *Völkische Bauernhochschule* ein.[208] Ein dritter Mitgründer, Otto Mayr, wollte die Idee einer Musikersiedlung einbringen.[209]

Andere Mitglieder kamen aus der Jugendbewegung. Wegen des Oberrealschullehrers Schöll, der publizistisch aktiv tätig war und dabei vor allem seine völkische Schulidee propagierte, gilt bis heute die Siedlung Vogelhof als völkisch.[210] Doch entsprach dies nicht der Realität.[211] Wie in den meisten Siedlungen herrschte auch auf dem Vogelhof eine ständige Auseinandersetzung weltanschaulicher Art, was auf eine gewisse weltanschauliche Pluralität hindeutet.[212]

Bedeutsam für die Vorgeschichte der *Deutschen Glaubensbewegung* wurde denn auch nur Friedrich Schöll und seine von ihm initiierte "Arbeitsgemeinschaft Vogelhof", bei der im Sommer 1932 die Idee eines Zusammenschlusses der deutsch-völkischen Religionsbewegung geboren wurde.[213]

Wenn nur einzelne aus der Jugendbewegung sich für die spätere "Deutsche Glaubensbewegung" interessierten und sie auch mitgestalteten, so ist auffällig, daß aus der freideutschen Jugendbewegung ausnahmslos Mitglieder der betont nationalen bis völkischen Bünde kamen. Es handelte sich im einzelnen um die *Adler und Falken*, die *Artamanen*, den *Deutschen Kreis*, die *Bündische Reichsschaft*, die *Geusen/Jungvölkischen Bund*, den *Jungnordischen Orden*, die

---

207) Interview mit M. Schwender, Vogelhof bei Erbstetten auf der Schwäbischen Alb vom 19. 9. 1983.
208) BA Hauer 55, 265-268, Entwicklung, Eigenart und Erziehungsziel der Schulsiedlung, von Fr. Schöll vom 16. 10. 1933.
209) LINSE, *Zurück o Mensch*, S. 200.
210) Ebd., S. 188.
211) Der Brief Schwenders vom 16. 3. 1937 - Original eingesehen bei M. Schwender - zeigt, daß nicht alle Mitglieder der Siedlung sich vor den völkischen Wagen Schölls spannen lassen wollten. Sie verwiesen immer auf die Trennung von Siedlung und Schule.
212) Vgl. auch LINSE, "Siedlungen", S. 13-28; DERS., *Zurück o Mensch*, S. 221-267.
213) Siehe S. 115-118.

*Nordungen,* den *Wandervogel/Deutscher Bund* und den *Jungnationalen Bund*[214]. Die einzige Ausnahme stellte dabei der *Bund der Köngener* dar, der, bedingt durch seine Herkunft aus der evangelischen Jugendpflege, nicht einfach zur rechten Jugendbewegung gezählt werden kann.

Da es in den Bünden Sprachgebrauch war, von "Führung" und "Führer" zu reden, ist man geneigt, analog zur NS-Führerideologie auf einen Beitritt zur *Arbeitsgemeinschaft Deutsche Glaubensbewegung* dann zu schließen, wenn der Führer eines Bundes sich dieser angeschlossen hat. Dies kann höchstens dann angenommen werden, wenn es sich um eine solch kleine Gruppe handelt wie um den *Deutschen Kreis*[215] um Friedrich Bühler, der nicht mehr als 100 Personen einschließlich Kinder umfaßte.[216]

Der *Deutsche Kreis* hatte sich 1921 unter Aufgabe lebensreformerischer Intentionen von den *Wanderscharen* abgespalten.[217] Im religiösen Mittelpunkt stand eine mystische Reichsvorstellung.[218] Seit 1928 warb der Kreis für einen Männerbund aus verschiedenen Bünden und Verbänden, die für die "Erneuerung des Reiches aus bündischer Haltung bereit waren"[219]. 1930 wurde dies mit der Gründung der *Bündischen Reichsschaft* erreicht, die von Dozent Kleo Pleyer (Jahrgang 1898) geleitet wurde. Erklärtes Ziel war die Förderung des "Christlich-nationalen Messianismus", eines "Dritten Reiches" im Sinne von Moeller van der Bruck. 1931 hatte man die Aufnahme des national-bolschewistischen Kreises abgelehnt. Man fühlte sich mit der Artamanen-Zeitschrift *Blut und Boden* verbunden, die von August Georg Kenstler geleitet wurde.[220] Das zeigt eine Nähe zur Blut- und Boden-Mystik und zur Siedlungsbewegung überhaupt an.

---

214) *AKB*, Teilnehmerliste der Wartburg-Tagung vom 29./30. 7. 1933. Auf der Liste sind nicht alle Namen mit dem Verweis auf ihre Zugehörigkeit zu einer Religionsgemeinschaft bzw. zu einem Bund versehen. Ich habe, soweit es möglich war, dies aus anderen Quellen ergänzt.
215) Allgemein: KINDT, *III*, S. 832-839.
216) *BA Hauer* 53, 40, Bühler an Hauer vom 31. 8. 1933.
217) KINDT, *III*, S. 831.
218) Ebd., S. 832.
219) Ebd., S. 1242. Ob die Rolle des *Deutschen Kreises* so bedeutsam bei der Gründung der "Bündischen Reichsschaft" war, kann angezweifelt werden, denn der Autor dieses Artikels ist derselbe wie der über den *Deutschen Kreis*, wo er zuerst Mitglied war.
220) Ebd., S. 1243.

Die *Artamanen*[221] waren stark von agrarromantischen Vorstellungen geprägt. Gegründet wurden sie unter Bezugnahme auf einen 1923 publizierten Aufruf Willibald Hentschels, einem Mitglied der *Deutschgläubigen Gemeinschaft*, im Jahre 1924 von dem Volksschullehrer und Dichter Wilhelm Kotzde und Bruno Tanzmann (beide Jahrgang 1878). Einziges Ziel war, Städter für die Siedlungsidee zu gewinnen.[222] Die Gründung erfolgte zu dem Zeitpunkt, da die gesamte Siedlungsbewegung im Niedergang bzw. ins gesellschaftliche Abseits abgeschoben war.[223] Ihr Mitgründer, Bruno Tanzmann, war kein unbedeutender Mann unter den Agrarromantikern. Von ihm übernahm die NSDAP viele agrarromantische Ideen.[224] Die Verflechtung mit der NSDAP ist hinlänglich bekannt. Der Eintritt von NS-Leuten in den Bund der *Artamanen* datiert aus dem Jahr 1928. Für eine kurze Zeit war auch Heinrich Himmler Artamane und zwar Führer des Gaues Bayern.[225]. Ideologischen Einfluß übte neben Tanzmann Georg Stammler (Jahrgang 1872) aus.[226] Beide gehörten auch zu den Mitinitiatoren der Bauernhochschulbewegung, aus der die Artamanenbewegung hervorgegangen war. Einflußnahme anderer Art erfuhren die *Artamanen* durch mittel- und ostdeutsche Großgrundbesitzer und Zuckerrübenfabrikanten, die sich zur *Gesellschaft der Freunde der Artamanen* zusammengeschlossen hatten. Dieser Freundeskreis wurde von dem Arzt Georg W. Schiele und seinem Bruder Martin geleitet[227]. Georg Schiele war Landwirtschaftsexperte der *Deutschnationalen Partei* und während des Kapp-Putsches designierter Landwirtschaftsminister[228], Martin Schiele war im Kabinett Brüning Landwirtschaftsminister[229]. Die *Artamanen* selbst waren Jugendbewegte, die sich für Landarbeit, Volkslieder, Tanz und Laienspiel in-

---

221) allgemein: KINDT, *III*, S. 909-930; KATER, "Die Artamanen-Völkische Jugend in der Weimarer Republik", in: *Historische Zeitschrift*, 213, H. 3, 1971, S. 577-638.
222) KINDT, *III*, S. 909.
223) LINSE, "Siedlungen", S. 13-28.
224) BERGMANN, *Agrarromantik*.
225) KINDT, *III*, S. 909-910.
226) Ebd., S. 923.
227) BERGMANN, *Agrarromantik*, S. 259.
228) MOSSE, *Ein Volk, ein Reich, ein Führer*, S. 131 mit Quellenhinweis auf ELISABETH FLEINER, *Siedlungsversuche der Nachkriegszeit*, Heidelberg 1931, S. 137.
229) BERGMANN, *Agrarromantik*, S. 259. GERHARD SCHULZ, "Erste Stationen und Perspektiven der Regierung Brüning (1930), in: M. STÜRMER (HG.), *Die Weimarer Republik. Belagerte Civitas*, Königstein/Ts. ²1985, S. 349-367, hier: S. 350, wo Schulz auf die von Brüning unabhängige eigene Agrarpolitik im Osten Deutschlands hinweist.

teressierten. Ihr Erziehungsideal war der "Arbeitssoldat", der "aus eigener Verantwortung freiwillig für das Ganze Dienst tut"[230].

Noch vor den *Artamanen* hatte Wilhelm Kotzde 1920 die *Adler und Falken*[231] gegründet. Außer der Pflege des Volkslieds, der Volkstänze und des Laienspiels widmeten sie sich den Grenzlandfahrten und der Grenzlandarbeit überhaupt[232]. 1923 fand die erste Grenzlandarbeit im Elsaß statt[233]. Durch die Kontakte der *Adler und Falken* mit der deutschstämmigen Bevölkerung in Frankreich und später in Osteuropa vertiefte und verstärkte sich ihr völkisches Nationalbewußtsein.[234] Schon seit Anfang ihres Bestehens beschäftigten sich die *Adler und Falken* mit Fragen der Erb- und Rassenlehre. Von da kam auch ihre positive Haltung gegenüber einer "Aufnordung durch nordische Lichtmenschen"[235], die Betonung des Rassischen und der "nordischen Sendung in Kultur und Religion"[236]. War anfangs der ideale Menschentyp der "Adler und Falken" "weich-ästhetisch", so wurde er später gegen Ende der Weimarer Republik "soldatisch".[237]

Die *Adler und Falken* waren ein großer Bund. Die Mitgliederzahl wird für 1929 mit 6000 Personen[238] und für 1930 mit 3390 Personen[239] angegeben. Für diesen Bund galt ideologisch das Führerideal, in der Praxis spielte das aber nur eine untergeordnete Rolle, wie die Abspaltung des Gaues Thüringens und einiger anderer Gruppen im Reich 1929[240] zeigt. Die *Adler und Falken* zählten sich zur rechten Jugendbewegung. Sie waren an der Gründung der rechten überbündischen Zeitschrift *Die Kommenden* des Urquell Verlages Erich

---

230) FICK, *Die deutsche Jugendbewegung*, S. 189.
231) Allgemein: KINDT, *III*, S. 840-861.
232) KINDT, *III*, S. 840-843. Grenzlandfahrten sind Fahrten der Bünde in das anliegende deutschsprachige Siedlungsgebiet bzw. zu deutschen Siedlungsinseln im Ausland, um sich dort mit Gleichgesinnten zu treffen. Grenzlandarbeit meint die Belieferung dieser Deutschen im Ausland mit Gütern wie Kleidung, deutschsprachiger Literatur oder auch Waffen.
233) FICK, *Die deutsche Jugendbewegung*, S. 181.
234) Ebd., S. 181.
235) G. EHRENTHAL, *Die deutschen Jugendbünde*, S. 49 ff.
236) L. FICK, *Die deutsche Jugendbewegung*, S. 160.
237) G. EHRENTHAL, *Die deutschen Jugendbünde*, S. 49 ff.
238) Ebd., S. 49 ff.
239) F. RAABE, *Die bündische Jugend*, S. 72-73.
240) Ebd.

Röth[241] beteiligt[242], einem Konkurrenzunternehmen zur älteren liberalen überbündischen Zeitschrift *Zwiespruch*.

Ebenfalls zur rechten Jugendbewegung zählte sich der Bund *Geusen*[243], dem 1930 etwa 1800 Mitglieder angehörten. Entstanden sind die *Geusen* 1919 durch Abspaltung von den *Fahrenden Gesellen* im *Deutschnationalen Handlungsgehilfenverband*. Eine große Mitgliederzahl stand schon im Beruf, meistens in kaufmännischen und handwerklichen Berufen.[244] Sie standen der HJ und der NSDAP sehr nahe[245]. Einer von ihnen, Gotthard Ammerlahn, war später Schriftleiter der HJ-Zeitung *Wille und Macht* und in dieser Eigenschaft, aber auch als religiös Interessierter auf der Eisenacher Tagung anwesend[246]. Das Idealbild der *Geusen* war der Typ des "Geusen", wie sie ihn aus Friedrich Schillers *Geschichte des Abfalls der Niederlande* entnahmen[247]: einer, der Gefolgschaft leistet "für die Schaffung des Staates in seinem kriegerischen Glanz"[248] und zu Opfern bereit ist[249]. Gedacht war hierbei an die Staatsvorstellung des Strasser-Flügels in der NSDAP, denn die meisten *Geusen*, die gleichzeitig NSDAP-Mitglieder waren, gehörten zu Strassers Anhängern[250]. Sport und Boxen gehörte zum Pflichtprogramm des *Geusen*[251], um dem Idealbild näherzukommen. Letztendlich verstanden die *Geusen* sich als die "Fortsetzung der Kameradschaft des Schützengrabens, in welcher alle kleinlichen Unterschiede verschwinden mußten, wenn nur die Einheit der Idee von einer neuen Lebenshaltung im Sinne des *Wandervogels* gegeben war".[252]

---

241) Vgl. S. 83 und 110.
242) G. EHRENTHAL, *Die deutschen Jugendbünde*, S. 49 ff.
243) Allgemein: KINDT, *III*, S. 813-827; G. EHRENTHAL, *Die deutschen Jugendbünde*, S. 50-51; F. RAABE, *Die bündische Jugend*, S. 76-77.
244) KINDT, *III*, S. 819.
245) Ebd., S. 822-823: Abdruck des Artikels "Jungvölkische und nationalsozialistische Bewegung" aus der Sondernummer der Geusen in der Zeitschrift *Die Kommenden*, Mai 1928.
246) *AKB*, Teilnehmerliste der Wartburg-Tagung vom 29./30. 7. 1933.
247) KINDT, *III*, S. 813.
248) Ebd., S. 824.
249) Ebd., S. 814.
250) K. O. PAETEL, *Reise ohne Uhrzeit*, S. 109.
251) G. EHRENTHAL, *Die deutschen Jugendbünde*, S. 50-51.
252) KINDT, *III*, S. 813.

An der *Arbeitsgemeinschaft Deutsche Glaubensbewegung* zeigten außerdem kleinere Bünde wie der *Wandervogel/Deutscher Bund*[253] und die *Nordungen*[254] Interesse. Der *Wandervogel/Deutscher Bund* spaltete sich 1930 unter Erich Kulkes Führung vom *Bund der Wandervögel und Kronacher* ab. Mit ihm gingen die Jüngeren des alten Bundes mit. Als Ziel des neuen Bundes formulierte Kulke: "Wandervogel als Grundlage, Volk als Aufgabe". Dies bedeutete "Einsatzbereitschaft für das von Gefahren bedrohte Volk durch Lied, Tanz, Laienspiel, Volksmusik und Grenzlandarbeit"[255]. Nach dem Verbot der bündischen Jugend vom 17. Juni 1933 konnte der Bund durch den Verleger der Zeitschrift *Die Kommenden*, Erich Röth, der in dieser Zeit dem Bund beigetreten war, dafür gewonnen werden, an der Erarbeitung einer neuen Religiosität mitzumachen, was zu diesem Zeitpunkt der Idee der *Arbeitsgemeinschaft Deutsche Glaubensbewegung* entsprach[256].

Ein weiterer Bund, der für die ADG in Frage gekommen war, war der *Jungnationale Bund*[257]. Er hatte sich 1921 vom *Deutsch-Nationalen Jugendbund* abgespalten und sich der Jugendbewegung zugewandt[258]. Er galt als gemäßigt rechter Bund.[259] Sein Erziehungsideal war eine Mischung von Pfadfinder und Wandervogel, als politischer Mensch eine Synthese von Wandervogelgeist und Frontsoldatentum[260]. Sie wollten deutsche Bildung gegen "ostisches und westisches Denken" setzen.[261] Ihr Schwergewicht lag auf der Sozialarbeit; sie anerkannten das Proletariat als "politischen Eigenwillen". Sie fühlten sich christlich gebunden, aber nicht konfessionell. Einige Mitglieder gingen zum *Berneuchener Kreis*.[262] Dr. Werner Best[263] schloß sich der Deutschen Glaubensbewegung an, wo er beim Zusammenführen von DG und SS eine sehr wichtige Rolle spielen sollte.

---

253) Allgemein: KINDT, *III*, S. 249-250.
254) Siehe S. 46-48.
255) KINDT, *III*, S. 249-250.
256) *BA Hauer* 53, 407, Röth an Hauer vom 3. 9. 1933.
257) Allgemein: KINDT, *III*, S. 471-516.
258) KINDT, *III*, S. 476.
259) W. LAQUEUR, *Die deutsche Jugendbewegung*, S. 175.
260) F. RAABE, *Die bündische Jugend*, S. 69-71; FICK, *Die deutsche Jugendbewegung*, S. 159.
261) G. EHRENTHAL, *Die deutschen Jugendbünde*, S. 47-48.
262) F. RAABE, *Die bündische Jugend*, S. 69-71.
263) Ausführliche Darstellung von Bests politischem Lebenslauf bei: SH. ARONSON, *Reinhard Heydrich und die Frühgeschichte von Gestapo und SD*, S. 142-152.

Die in diesem Unterkapitel aufgezählten Bünde und Gruppen gehören ausnahmslos zum rechten, völkischen Spektrum. Fast alle ihrer Mitglieder gehörten der NSDAP an. In religiöser Hinsicht gab es bei ihnen eine typische Vorliebe für Gemeinschaften, die eine Erneuerung der religiösen Formen anstrebten, sei es in christlicher Form (*Berneuchener Bewegung*), oder sei es in deutschgläubiger Form (DG). Sie waren offen für religiöse Fragen, wenn sie nur nicht in traditionelle Kirchlichkeit mündeten. Man kann bei ihnen annehmen, daß sie das religiöse Anliegen der "Deutschen Glaubensbewegung" begrüßten, wenn nicht sogar unterstützten. Genaueres läßt sich im Hinblick auf die *Deutsche Glaubensbewegung* für die nun folgende Gruppe sagen.

*b) Lesegemeinden, Verleger und Literaten*

Für unseren Untersuchungszeitraum sind Zeitschriften belegt, um die sich eine Lesegemeinde organisiert hat. Eine dieser Zeitschriften war die *Christliche Welt*[264], eine andere die Monatsschrift *Der Volkserzieher*, die der Volksschullehrer Wilhelm Schwaner seit 1897 herausgab. Schwaner, der 1894 aus Protest gegen die kirchliche Schulaufsicht vorzeitig den Schuldienst quittiert hatte, gründete seine Zeitschrift in volkserzieherischer Absicht. Vor allem wandte er sich gegen den weit verbreiteten Drill in der Schule.[265] Von Anfang an hegte Schwaner in seiner Arbeit religiöse Absichten. Bekannt geworden ist er vor allem durch sein Buch *Germanen-Bibel. Aus heiligen Schriften germanischer Völker*, erschienen 1904, eine Sammlung von Texten von Meister Ekkehart bis Rosegger. 1910 gründete er um seine Zeitschrift den *Bund deutscher Volkserzieher*[266], 1912 zusammen mit L. Fahrenkrog die *Deutsch-religiöse Gemeinschaft*, aus der er sich 1913 nach Differenzen wieder zurückzog.[267] *Der Volkserzieher* hatte zeitweilig eine Auflagenstärke von über 10.000 Exemplaren.[268] Das Lesepublikum gehörte zum großen Teil zu den Völkischen. Gegner Schwaners bei den Völkischen waren die Kreise um die Antisemiten Fidus, Gerlach und Kotzde, die Schwaner seine Freundschaft mit Walther

---

264) Siehe S. 53-57.
265) KINDT, *II*, S. 1045.
266) Allgemein: CHRISTOPH CARSTENSEN, *Der Volkserzieher. Eine historisch-kritische Untersuchung über die Volkserzieherbewegung Wilhelm Schwaners*, phil. Diss., Jena 1939.
267) MOHLER, *Die konservative Revolution*, S.340; vgl. auch oben S. 30 ff.
268) *Archiv der deutschen Jugendbewegung*, Akte Schwaner.

Rathenau verübelten.[269] Die Leser von Schwaners Werken kamen aus den völkisch-christlichen Kreisen. Schwaner war mit seiner Synthese von Christentum und Deutschtum ihr Wortführer.[270] Gelesen wurden Schwaners Werke auch in der Jugendbewegung, besonders in den Kreisen, die sich für Schulfragen interessierten, also vor allem natürlich von Lehrern.[271] Schwaner war wie auch die Pädagogen Lietz und Friedrich Schöll in seiner Religiosität von Moritz von Egidy stark beeinflußt, der seinerseits von Wilhelm Försters *Ethischer Gesellschaft* inspiriert war. Im Gegensatz zu von Egidy ließ die *Ethische Gesellschaft* keinen religiösen Mystizismus zu.[272] Eben dieser aber drang nicht zuletzt auch durch Schwaners *Volkserzieher* in weite Kreise der Lehrerschaft.

Wesentlich kleiner als der Volkserzieher war die Zeitschrift *Rig. Blätter für germanisches Weistum*, die wohl nie mehr als 200 bis 300 Exemplare stark war.[273] Der *Rig* erschien alle zwei Monate. Ein Heft umfaßte etwa 30 DIN-A-5-Seiten. Die Autoren kamen ausnahmslos aus antikirchlichen völkisch-religiösen Gemeinschaften. Es handelte sich neben Georg Groh als Herausgeber[274] um Adolf Kroll, Karl Konrad, Hildulf Flurschütz, Bernhard Kummer, Ernst Wachler, Guntram Erich Pohl, Arthur Lahn u. v. a. m. Dem *Rig* waren die *Nordungenblätter* beigeheftet, was darauf schließen läßt, daß die etwa 100 Nordungen zum Leserkreis gehörten. Auf Grund der Werbungen im *Rig* kann man auf weitere Beziehungen schließen: die *Germanische Treuschar* um Kurt Mengele,[275] der Hammer-Verlag Leipzig, der die Bücher Willibald Hentschels herausgab, und die Clemens-Müller-AG Dresden, die ihre Schreibmaschine mit *Deutschen Schriftstücken* anpries. Auch der Verlag von *Westermanns-Monatsheften* inserierte im *Rig*, die "Konkordien-AG für Druck und Verlag Bühl/Baden", die mit der von Eugen Fehrle herausgegebenen Zeitschrift *Bausteine zur Volkskunde und Religionswissenschaft* warb.[276] Große Verehrung wurde anläßlich seines 70. Geburtstages Professor Gustav Kossinna entgegengebracht, der als ein "Feuerbringer und Befreier aus den Netzen der kirchlich begün-

---

269) KINDT, *II*, S. 1046; weitere Freundschaften: H. St. Chamberlain, F. Avenarius, P. Rosegger, H. Löns.
270) *BA Hauer* 53, 504, Schwaner an Hauer vom 27. 7. 1933.
271) KINDT, *II*, S. 1046.
272) MOSSE, *Ein Volk, ein Reich, ein Führer*, S. 56-60.
273) *Rig*, 2. Jg., H. 2, 1927, Rückseite.
274) Zur Person Georg Groh konnte bisher nichts in Erfahrung gebracht werden außer, daß er in Schweinfurt lebte.
275) *Rig*, 3. Jg., H. 6, 1928, Rückseite.
276) *Rig*, 4. Jg., H. 5, 1929.

stigten Lügen über unsere Vorväter" bezeichnet wurde.[277] Der *Rig* und seine Leser waren bewußt antiklerikal. Der *Rig* wollte "Künder und Wecker germanischer Weltanschauung" und "tatenfroher Erneuerer" sein. Die "alten Wahrheiten reinen Lebens" wollte der *Rig* finden und den "Glauben urewigen raumzeitlosen Gottums" wiedererlangen helfen. Im Mittelpunkt sehr vieler Aufsätze stand der Mythos vom "Gottmenschentum". Die christliche Lehre wurde als eine fremde Form dieses Mythos aufgefaßt, das heißt als art- und rassefremd.[278]

Zur potentiellen *Deutschen Glaubensbewegung* gehörte auch der Edelgarten Verlag von Horst Posern in Beuern/Hessen. Um diesen Verlag hatte sich eine Literatengesellschaft gebildet.[279] Zu den Druckerzeugnissen gehörte seit 1930 die Monatsschrift *Neue Ausfahrt*[280], deren Auflage wohl ähnlich gering war wie die des *Rig*. Weitere Verbreitung erlebte - besonders nach 1933 - der *Sonnensieg Jahrweiser*. Einer der Autoren war Walter Darré, andere Mathilde Ludendorff, Bernhard Kummer, Ernst Bergmann und Hans Fuchs.[281] Horst Posern hatte - und dies scheint ein typischer Zug solcher religiös-weltanschaulicher Verleger bzw. Herausgeber gewesen zu sein - einen *Bund für deutsche Art* gegründet. Ziel und Zweck sollte sein, der Zersplitterung der völkisch-religiösen Gemeinschaften entgegenzuwirken. Doch war dies nur ein Nebenziel, sein Hauptziel war die "Förderung des deutschen Gedankens auf allen Gebieten". Insofern konnte jeder Deutschreligiöse Mitglied werden. Posern meinte erkannt zu haben, daß das Beharren der bisherigen Gemeinschaften auf Kirchenaustritt oder Austritt aus anderen deutsch-religiösen Gemeinschaften eine Einigung bisher verhindert habe. Deshalb verzichtete Posern in seinem *Bund für deutsche Art* auf solche Forderungen. Ein weiterer Zweck des Bundes war die Förderung des "Deutschseins" jenseits von Konfessions- und Parteien"tünche". Hintergrund dieses Zieles bildete Poserns vermeintliche Beobachtung, die in Wahrheit eine Interpretation war, wonach in Streitgesprächen mit "Kommunisten, Nationalsozialisten und anderen deutschen Menschen" etwas allen Gemeinsames herauszuspüren sei: die "gleiche (deutsche) Art". Sie sei, so meinte Posern, das "im Tiefsten Verbindende". Christentum war ihm fremde Glaubens*form* ("Tünche"), unter der die deutsche Art

---

277) "Heil Kossinna!" in: *Rig*, 3. Jg., H. 5, 1928, S. 121.
278) Zum Beispiel: E. WACHLER, "Ist eine neue Epoche des deutschen Geistes möglich?" in: *Rig*, 4. Jg., H. 6, 1929, S. 134-136.
279) BARTSCH, *Wirklichkeitsmacht*, S. 37.
280) MOHLER, *Die konservative Revolution*, S. 289; einige Exemplare der "Neuen Ausfahrt" befinden sich in der Privatsammlung E. Hieronimus, Hannover.
281) BARTSCH, *Wirklichkeitsmacht*, S. 37

lag, welche zu wecken er als seine Aufgabe ansah. Daraus ergab sich ihm eine antichristliche Einstellung.[282]

Am bedeutsamsten für die spätere *Arbeitsgemeinschaft Deutsche Glaubensbewegung* war zweifelsohne die Sonntagszeitung *Der Reichswart*, die Graf Ernst von Reventlow seit 1920 herausgab. Reventlow, der vor dem 1. Weltkrieg ein Anhänger und Propagandist des deutschen Imperialismus gewesen war, war nach dem Kriege im deutsch-völkischen Lager, wechselte 1927 zur NSDAP, in der er immer völkischer Außenseiter blieb, und näherte sich ab 1928 den "Nationalbolschewisten"[283]. In diese Zeit fallen seine religiösen Bücher: *Für Christen, Nichtchristen, Antichristen. Die Gottfrage der Deutschen* (1928), und *Deutscher Sozialismus. Civitas Dei Germanica* (1930). *Der Reichswart* war in seinem Selbstverständnis keine religiöse Zeitung. Er war national und völkisch ausgerichtet. Internationalismen wie der Marxismus und die katholische Kirche wurden immer sehr kritisch bis ablehnend dargestellt. Doch vor dem Hintergrund der extrem völkischen Autoren nahmen sich die meisten Artikel, zumal die Reventlows, sehr moderat aus. Über das Lesepublikum ist nicht viel zu sagen. Zahlenmäßig dürfte es bei etwa 100.000 gelegen haben, denn die Auflagenzahl betrug ständig mehrere 10.000 Exemplare. Die Leser fand man nicht nur im völkischen Lager, *Der Reichswart* wurde auch von Christen gelesen und beachtet.[284] Im Jahre 1932 begann der *Reichswart* seine Leser zu Gemeinden zu organisieren. In den einzelnen Nummern tauchten immer wieder Aufrufe an die Leser auf, sich bei einem Kontaktmann zu melden, um eine Lesegemeinde zu bilden.[285]

Neben den Gemeinden, die sich um eine Zeitschrift bildeten, bestanden Lesegemeinden um ein Buch. Wichtig für die DG wurde die *Edda-Gesellschaft*, die sich um die Edda-Übersetzung von Rudolf John Gorsleben formiert hatte. Die *Edda-Gesellschaft*, die Gorsleben bis zu seinem Tod im Jahre 1930 selbst geführt hatte, wirkte in der Anfangszeit der ADG mit. Ein zweites Beispiel ist die Lesegemeinde um das Buch von Ernst Bergmann[286] *Die deutsche National-*

---

282) BA Hauer 76, 169-170, Posern an Hauer vom 10. 9. 1932.

283) MOHLER, *Die konservative Revolution*, S. 377-378.

284) Der *Reichswart* wurde, wie ich bei meinen verschiedenen Interviews feststellen konnte, von Christen wie von Kirchenfernen gelesen.

285) Ende 1932 wurden die losen Reichswart-Lesegemeinden zusammengeschlossen. Ab 4. 6. 1933 gab es einen *Reichswartbund Deutscher Kulturring* mit Vortragsabenden. Den Vorsitz hatten Franz Dümke und Karl Heinz Ern: *Reichswart*, 1933, Nr. 23, vom 4. 6. 1933.

286) Zur Person Ernst Bergmann siehe die Biographie seines Schülers K. H. HUNSCHKE, *Ernst Bergmann. Sein Leben und sein Werk*, Breslau 1936.

*kirche*, das Anfang 1933 erschienen war. Weil ihn seine Leser bedrängten, im Sinne seines Buches aktiv zu werden, entschied er sich, bei der Gründung der Deutschen Glaubensbewegung mitzumachen.[287]

Eine Werbewirksamkeit konnte man sich von Autoren wie Hans F. K. Günter, Ludwig Ferdinand Clauss und Herman Wirth erhoffen, die damals alle von hochrangigen NS-Führern gefördert wurden. Um Wirth existierte ein Förderkreis, worin der "Kaffee-Haag-König" Ludwig Roselius besonders hervortrat.[288] Schon seit vielen Jahren förderte Roselius auch andere Projekte deutscher Kultur. So finanzierte er seit 1922 die *Deutsche Stunde, Gesellschaft für drahtlose Belehrung und Unterhaltung mbH*, die für belehrende und unterhaltende Radiosendungen verantwortlich war.[289] 1923 war ihm sein Vorhaben, mit 25.000 Dollar die "Funkstunde AG Berlin" zu übernehmen[290], mißglückt. Roselius förderte auch Herman Wirth.

Zum Kreis der "potentiellen" Deutschen Glaubensbewegung gehörten schließlich zwei Verlage. Der eine war der *Eugen-Diederichs-Verlag* in Jena[291] und der andere der *Kohlhammer-Verlag* in Stuttgart, der die *Kommende Gemeinde* des Köngener Bundes herausgab[292]. Das Programm beider Verlage berücksichtigte die neuen religiösen Trends der damaligen Zeit. Die Zusammenarbeit mit der zu gründenden ADG war durchaus möglich.

---

287) *BA Hauer* 52, 25, Bergmann an Hauer vom 27. 5. 1933.
288) H. J. LUTZHÖFT, *Der nordische Gedanke*, S. 272.
289) W. SCHÜTTE, *Regionalität und Föderalismus im Rundfunk (1923-1945)*, S. 15.
290) Ebd., S. 26.
291) N. Diederichs war auf der Wartburg-Tagung anwesend: *AKB*, Teilnehmerliste der Wartburg-Tagung vom 29./30. 7. 1933.
292) Zu diesem Verlag hatte Hauer persönliche Kontakte. 1932 und 1933 stand er in Verhandlungen wegen der Übernahme der Köngener Zeitschrift *Kommende Gemeinde*.

## 5. Soziologische Untersuchung zur potentiellen Deutschen Glaubensbewegung

Wurde bisher die "potentielle" Deutsche Glaubensbewegung von verschiedenen sozialen Gebilden[293] her dargestellt, so richtet sich nun das Interesse auf die Individuen. Es wurden 907 Personen namentlich erfaßt, die nachweislich ein Interesse an dem Projekt DG gezeigt hatten. Zum größten Teil waren sie zumindest zeitweise Mitglieder der ADG bzw. DG, ein kleinerer Teil sympathisierte mit ihr und ein paar wenige wandten sich ganz ab. Ihre Sozialdaten wurden von mir aus den verschiedensten Quellen zusammengetragen, weil die Mitgliederkartei bisher noch nicht aufgefunden wurde. Die erhobenen Daten sind bei den einzelnen Personen unterschiedlich umfangreich. Günstig war die Quellenlage bei den Akademikern, für die es überdurchschnittlich viele Angaben gab. Sehr ungünstig sah es bei den Industriearbeitern und Handwerkern aus. In der soziologischen Interpretation tauchen sie wegen des fehlenden Materials ebensowenig auf wie die Industriellen, die überhaupt nicht nachgewiesen werden konnten. Die hier untersuchte Population umfaßt fast ausschließlich die Schicht der in der DG Aktiven. Eine soziologische Untersuchung der *gesamten* DG ist daher hier nicht versucht worden.

Um die Affinität einer Religion zu einer bestimmten sozialen Schicht bestimmen zu können, müssen die Berufe der Träger des religiösen Glaubenssystems erhoben werden. Da in der modernen Gesellschaft Religion den Freizeitaktivitäten zugerechnet wird, ist jedoch die Aussagekraft der Berufszugehörigkeiten begrenzt. Beruf und religiöse Freizeitaktivität decken sich nur bei einigen Berufen wie Pfarrer, Religionslehrer u. a. Die Grenze zwischen Beruf und Freizeit kann fließend sein. Das ist am ehesten bei Berufen der Fall, die ideologieanfällig sind wie die Lehrberufe, vor allem die der geisteswissenschaftlichen Fächer.[294]

In unserem Falle liegen für 292 (= 32 %) von 907 Namen Angaben zum Beruf vor; von diesen 292 Personen waren 35 %, das sind 102 Personen, in Lehr-

---

293) Für die Einzelbünde und -gemeinschaften gibt es bisher noch keine soziologische Untersuchung. Mein gesammeltes Material erlaubt keine quantifizierenden soziologischen Aussagen.

294) Ich folge in dieser Arbeit unter Berücksichtigung des Aufsatzes von G. KEHRER, *Soziale Klassen und Religion in der Weimarer Republik*, dem Schichtenmodell TH. GEIGERS, *Die soziale Schichtung des deutschen Volkes*, 1932, das auch Kehrers Aufsatz zu Grunde liegt.

berufen. Nimmt man die Berufe hinzu, bei denen Weltanschauung und Religion eine Rolle spielt bzw. spielen kann, so kommt man auf 57 % oder 165 Personen. In diesem Kreis sind die 9 Ehefrauen ( = 3 %) aufgenommen, die sich nachweislich für religiöse Fragen interessiert haben.

**Tabelle 1**

| | | |
|---|---|---|
| Lehrberufe | rd. 35 % | (102 Personen) |
| Studenten | 5 % | (15 Personen) |
| Pfarrer | 3 % | (9 Personen) |
| Journalisten | 4 % | (11 Personen) |
| freireligiöse Prediger | 2 % | (6 Personen) |
| Verleger | 3 % | (9 Personen) |
| Künstler | 5 % | (15 Personen) |
| zusammen | rd. 57 % | (167 Personen) |

Die Bedeutung der Religion für den Beruf ist in folgenden Fällen weniger offenkundig:

**Tabelle 2**

| | | |
|---|---|---|
| Juristen | rd. 5 % | (16 Personen) |
| Staatsbeamte | 5 % | (14 Personen) |
| Ärzte | 4 % | (13 Personen) |
| Buchhändler | 2 % | (5 Personen) |
| zusammen | rd. 16 % | (48 Personen) |

Die bisher aufgezählten Gruppen machen zusammen 73 % ( = 215 Personen) aus. Dem steht eine Gruppe von 23 % (66 Personen) mit offensichtlicher Trennung von Berufswelt und Freizeit gegenüber:

**Tabelle 3**

| | | |
|---|---|---|
| Bankangestellte und Kaufleute | rd. 7 % | (21 Personen) |
| technische Berufe (Ingenieure, Mechaniker) | 6 % | (18 Personen) |
| Handwerker | 4 % | (11 Personen) |
| Verwaltungs- und Büroangestellte | 2 % | ( 7 Personen) |
| Apotheker | 1 % | (2 Personen) |
| Landwirte | 2 % | (5 Personen) |
| Kapitäne | 1 % | (2 Personen) |
| zusammen | rd. 23 % | (66 Personen) |

Bei aller Vorsicht, die bei diesen Zahlenangaben angebracht ist, kann gesagt werden, daß ideologieanfällige Berufe für die potentielle DG besonders charakteristisch sind. Nach dieser Auswertung handelt es sich bei den Berufen der potentiellen DG um die der Landwirte sowie solchen der alten und neuen Mittelschicht. Dieses Bild bedarf unbedingt der Differenzierung. In der Gruppe der 102 Lehrberufe (= 35 %) finden sich so verschiedenartige Lehrer wie ein Taubstummenlehrer (1), eine Kindergärtnerin (1), Musiklehrer (2), Universitätslehrer (36), Gymnasiallehrer (27), Lehrer anderer Schularten und freiberufliche Lehrer (zusammen 28). Die Universitätslehrer gliedern sich folgendermaßen auf:

**Tabelle 4**

| | |
|---|---|
| Professoren | 24 % |
| Privatdozenten | 8 % |
| Dozenten | 1 % |
| Assistenten | 3 % |
| zusammen | 36 % |

Zu dieser Gruppe sind die 9 evangelischen Pfarrer und die freireligiösen Prediger hinzuzuzählen. Der Schwerpunkt in dieser gewichtigen Gruppe liegt damit recht eindeutig auf Gymnasial- und Universitätslehrer, also Lehrern, die in der Stadt unterrichtet haben.

Der Aspekt "Land" scheint eine sehr kleine Rolle zu spielen. Das Material zeigt, daß Bauern zur potentiellen DG gehört haben. Bei näherer Betrachtung bleiben jedoch ganze zwei der fünf Landwirte übrig, von denen man aber auch nicht mit Sicherheit sagen kann, daß sie traditionelle Landwirte sind. Zwei Landwirte des untersuchten Personenkreises waren ursprünglich keine Landwirte. Sie kamen zu diesem Beruf, weil sie sich von agrarromantischen Ideen dazu haben begeistern lassen. Der eine, Dr. Wolfgang Elbert, gehörte zur *Deutschgläubigen Gemeinschaft* und der zweite, August Kenstler, zur *Artamanenbewegung*. Die Agrarromantik ist, wie Klaus Bergmann[295] gezeigt hat, ein Stadtphänomen. In einem dritten Falle lebt der Landwirt am Rande einer alten Universitätsstadt. Zudem war sein Bruder Student jener Universität und lebte ebenfalls im elterlichen Haus. Auch hier ist eine gewisse Art Bürgerlichkeit nicht auszuschließen. Die Bauernschicht reduziert sich letztlich auf zwei Vertreter. Das Fehlen weiterer Schichten wie die der Arbeiter und der Fabrikbesitzer zwingt zu dem Schluß, daß die potentielle DG eine Religionsgemeinschaft der Mittelschicht ist.

Eine Gruppe von 48 Personen (= 16 %) besteht aus Leuten, die es sich leisteten, ihren religiösen und weltanschaulichen Interessen zumindest für eine begrenzte Anzahl von Jahren nachzugehen. Diese Gruppe setzt sich nicht nur aus Bohemiens zusammen, sondern auch aus ganz normalen Bürgerlichen. Der Gelderwerb stand bei ihnen nicht primär im Interesse. Hierher gehören Studenten, Künstler, Journalisten, Ehefrauen, die das Hobby Religion pflegten, Alternativler wie Muck-Lamberty, der Dichter Georg Stammler, Privatgelehrte wie Bernhard Kummer[296], die recht ärmlich lebten und lieber ihren Forschungen nachgingen ohne konkretes Berufsziel. Diese 16 % der potentiellen DG gehören zum städtischen Milieu.

Die potentielle Deutsche Glaubensbewegung ist soziologisch näher einzugrenzen auf die städtische Mittelschicht. Charakteristisch ist die große Anzahl von ideologieanfälligen Berufen, besonders von Lehrberufen. Nicht unerheblich ist der Anteil von Leuten mit antibürgerlichen Attitüden.

---

295) BERGMANN, *Agrarromantik*.
296) H. J. LUTZHÖFT, *Der nordische Gedanke in Deutschland 1920-1940*, 1971, S. 71.

## II. Die Entstehung der Arbeitsgemeinschaft Deutsche Glaubensbewegung

### 1. Historische Einordnung

*a) Tabelle*

*1930*

| | |
|---|---|
| Anfang 1930 | Anti-Young-Demonstration der Bündischen Jugend |
| 2.-7. Jan. | Jahrestagung des Köngener Bundes: Die religiöse Wirklichkeit und die Kirche |
| März | Beitritt des *Deutschnationalen Jugendbundes* unter Admiral Adolf von Trotha zur *Deutschen Freischar* |
| 8. Mai | Überlegungen der evangelischen Kirche, zusammen mit der katholischen Kirche gegen die sogenannte *Gottlosenbewegung* vorzugehen |

*1932*

| | |
|---|---|
| 28. Mai | Veröffentlichung der Organisationsform der neu gegründeten *Deutschen Christen* |
| Juli | Idee einer gemeinsamen Tagung aller Deutschgläubigen wird auf dem Vogelhof diskutiert |

*1933*

| | |
|---|---|
| Anfang 1933 | Erscheinen von Ernst Bergmanns *Die deutsche Nationalkirche*. |
| 1.-7. Jan. | Jahrestagung des Köngener Bundes in Kassel: "Die religiösen und geistigen Grundlagen einer völkischen Bewegung" |
| 30. Jan. | Regierungsantritt Hitlers |
| März | Verfolgung von Juden, Sozialdemokraten und Kommunisten; Verbot vieler religiöser Zeitschriften mit Ausnahme der rechten kirchlichen Presse |

| | |
|---|---|
| 23. März | Ankündigung des Abschlusses des Reichskonkordats |
| 7. Mai | Umstrukturierung des Köngener Bundes |
| 27./28. Mai | außerordentliche Tagung des *Verbandes der Freireligiösen Gemeinden Deutschlands* in Rüdesheim. Aufruf Hauers und der Freireligiösen zu einer gemeinsamen Tagung aller germanisch-deutschen Gemeinschaften |
| Mai/Juni | Streit um die Person des evangelischen Reichsbischofs Ludwig Müller; Wiedereintritt ganzer SA-Stürme in die evangelische Kirche |
| 17. Juni | Verbot der Bündischen Jugend |
| 20. Juli | Ratifizierung des Reichskonkordats |
| 23. Juli | Wahlen zur Nationalsynode der evangelischen Kirche |
| 29./30. Juli | Gründung der *Arbeitsgemeinschaft Deutsche Glaubensbewegung* in Eisenach |

*b) Überblick*

Die Jahre der ausgehenden Weimarer Republik hatten weite Kreise der Bevölkerung als eine wirtschaftlich und politisch schwierige Zeit empfunden. Immer mehr Wähler neigten zu den Lösungsangeboten der extremen Parteien NSDAP und KPD. In den Jahren wurde das öffentliche Bewußtsein der Republik ideologisch militarisiert. Ausdruck davon ist der "Frontkämpfermythos". Mit ihm sollte die bisherige Parteienpolitik gebrochen und ein neues Politikverständnis aufgebaut werden.[1] Damit ging die Ausbreitung einer "totalitären Sprache" einher, wie sie im Kreise um Möller van den Bruck geschaffen worden war.[2] Träger dieses Prozesses war die politische Rechte, die damit auch Erfolg hatte.

Die *Bündische Jugend* war für die ideologische Militarisierung geistig gut vorbereitet: Begriffe wie "Führer" und "Führung" waren aus der Ideologie der

---

1) K. ROHE, *Das Reichsbanner Schwarz Rot Gold. Ein Beitrag zur Geschichte und Struktur der politischen Kampfverbände zur Zeit der Weimarer Republik*, Düsseldorf 1966; zur Militarisierung der Weimarer Republik allgemein: K.-J. MÜLLER / E. OPITZ (HG.), *Militär und Militarismus in der Weimarer Republik*, Düsseldorf 1978; weiterführende Literatur bei B. WEGNER, *Hitlers Politische Soldaten. Die Waffen-SS 1933-1945*, Paderborn ²1983, S. 35, Anm. 46. Zur Geschichte des Pazifismus siehe KARL HOLL, *Pazifismus in Deutschland,* in der Reihe: Neue historische Bibliothek, hrsg. von Hans-Ulrich Wehler, edition Suhrkamp, N. F. Bd. 533, Frankfurt/M. 1988.

2) J. P. FAYE, *Totalitäre Sprachen*.

Frontkameradschaft entnommen worden, wie sie im Kultbuch der Jugendbewegung *Der Wanderer zwischen beiden Welten* von Walter Flex dargestellt ist. Militärisches Zeremoniell wie Flaggenhissen, Flaggenweihen, Morgenappelle und Geländespiele, oftmals auch als Kriegsspiele bezeichnet, gehörten zum Standardprogramm der *Bündischen Jugend*. Hinzu kommt die Auswahl kriegerischer Leitbilder als Normative wie "Nibelungen", "Ritter", "Kreuzfahrer" u. ä. Dennoch herrschte in der Jugendbewegung mehr Demokratie, als man auf Grund der Begriffe und des Zeremoniells meinen möchte. Die Bündische Jugend als Ganzes kann man nicht ohne weiteres als republikfeindlich bezeichnen, wie eine nichtrepräsentative Umfrage im liberalen *Zwiespruch* Anfang der 30er Jahre zeigte: 60 % der Befragten stimmten für die Regierungsparteien und 40 % dagegen.[3] Doch wie die Abstinenz der *Deutschen Freischar* bei den Anti-Young-Plan-Demonstrationen des März 1930, zu denen der Nationalbolschewist Ernst Niekisch aufgerufen hatte, zeigt, hatten zumindest die Führer ein ähnliches Politikverständnis wie die neue Rechte von damals: die Parteienpolitik sollte aus der Jugendarbeit herausgehalten haben werden.[4] Doch - und das war manchen Führern, unter ihnen der Köngener J. W. Hauer, bewußt geworden - die jüngere Jugend in der *Deutschen Freischar* und den Bünden überhaupt war politisiert[5], und zwar vor allem im Sinne des Nationalsozialismus.[6] Das zeigte sich auch im kleinen *Bund der Köngener*.[7] Ihr Leiter J. W. Hauer ging daher seit 1931 das Thema "Nationalsozialismus" auf den Jahrestagungen der Köngener an.[8] Das brachte ihn in Kontakt mit dem Nationalsozialismus und mit den völkischen Gemeinschaften.

Wie in der Politik der Kampf gegen die Sozialdemokratie geführt wurde, so führten die Kirchen ihren Kampf gegen die Kirchenpolitik der Regierungsparteien. Die verfassungsrechtliche Trennung von Staat und Kirche bewirkte einerseits gewisse Fortschritte im Zusammenschluß der evangelischen Lan-

---

3) Vgl. F. RAABE, *Die bündische Jugend*, S. 160.
4) KINDT, *III*, S. 476.
5) *BA Hauer* 13, 46, Hauer an Buske vom 27. 1. 1930.
6) I. GÖTZ VON OLENHUSEN, "Die Krise der jungen Generation und der Aufstieg des Nationalsozialismus", in: *Jahrbuch des Archivs der deutschen Jugendbewegung*, 12, 1980, S. 53-82; präsentiert und dokumentiert in I. GÖTZ VON OLENHUSEN, *Jugendreich, Gottesreich, Deutsches Reich*, Köln 1987.
7) BRANDENBURG, KÖNGEN, S. 132; H. BUDDENSIEG, "Bericht. Das Ringen um die Eingliederung des Menschen in die Lebensordnung", in: *KG*, 3. Jg., H. 2, 1931, S. 43-97.
8) *BA Hauer* 13, 309a, Hauer an Stockmeyer vom 9. 1. 1931; DIERKS, *Hauer*, S. 199.

deskirchen⁹ und andererseits den Kampf¹⁰ gegen die "Kirchenaustrittsbewegung", meist mit "Gottlosenbewegung" bezeichnet. Die evangelischen Landeskirchen hatten sogar vor, dieses Gottlosentum gemeinsam mit der katholischen Kirche zu bekämpfen.¹¹ Mit tendenziösen Berichten über Kirchenverfolgungen in der Sowjetunion sollte die "Gottlosenbewegung" in Deutschland getroffen werden: die Freidenker, die Sozialdemokratie und der Kommunismus, der Marxismus schlechthin.¹² Der *Freie Protestantismus* machte an diesem Spiel nicht mit, sondern kritisierte diese kirchlichen Bestrebungen.¹³ Religiös interessierte Kreise der Jugendbewegung sahen in der "Gottlosenbewegung" Gottes Walten. Sie verstanden das Proletariat und den Marxismus als notwendige Kritik an der Kirche.¹⁴

An neuen religiösen Entwürfen und organisatorischen Gründungen und Neugründungen fehlte es nicht. Zu den in unserem Zusammenhang stehenden Gründungen gehörten zum einen die verschiedenen Vereinigungsversuche im völkischen Lager und zum anderen die Gründung der *Deutschen Christen*, die am 28. Mai 1932 ihre Organisationsform veröffentlichten.¹⁵ Letztere ist in der Hinsicht von Bedeutung, als sie die seit 10 Jahren in der Luft liegende Diskussion um eine Reichskirche vorantreiben sollte. Weiter war für unser Thema von Bedeutung die *Arbeitsgemeinschaft Vogelhof* auf dem Alternativhof "Vogelhof" in Erbstetten bei Hayingen/Württemberg. Dort wurde die Idee geboren, eine junggermanische Tagung abzuhalten. Diese Idee stand in Beziehung zu den Überlegungen auf der Vogelhof-Tagung, eine deutschgläubige Gemeinschaft zu gründen.¹⁶

Alle diese kleinen hier erwähnten Begebenheiten und Ereignisse waren an sich belanglos. Ihre historische und politische Bedeutung erhielten sie erst

---

9) K. Heussi, *Kompendium der Kirchengeschichte* ¹⁴1976, S. 519.

10) Rechnet man die Zahlen der Kirchenaustritte pro Jahr, wie sie im Kirchlichen Jahrbuch abgedruckt sind, auf Prozent um, so ergibt sich bezogen auf die Gesamtbevölkerung ein Prozentsatz deutlich unter 1 %.

11) *Archiv des Ev. OKR in Stuttgart*, Altregistratur 50, DEKA an OKR vom 8. 5. 1930.

12) Dazu J.-Chr. Kaiser, *Arbeiterbewegung und organisierte Religionskritik*, Stuttgart 1981.

13) Vgl. Grabert, "Vom kirchlichen und religiösen Leben der Gegenwart", in: *KG*, 4. Jg., H. 1/2, 1932, S. 124-136, hier S. 126.

14) Die "Köngener" widmeten ein ganzes Heft der KG dem Thema "Gottlosenbewegung": "Die Gottesstürmer", *KG*, 4. Jg., H. 5/6, 1932; vgl. auch den "Jungnationalen Bund", der im Proletarier einen eigenen politischen Willen sah: Raabe, *Die bündische Jugend*, S.69-71.

15) Scholder, *Die Kirchen und das Dritte Reich*, I, S. 261, abgekürzt: Scholder, *I*.

16) *BA Hauer* 76, 257, Rundbrief Hauers vom Oktober 1932.

nachträglich durch die Übernahme der Regierungsverantwortung durch Adolf Hitler und seinen rücksichtslosen Regierungsstil. Ein Ereignis, das an sich politischer Natur war, wirkte sich auf das religiöse Gebiet aus: die Verfolgung und Inhaftierung von Sozialdemokraten und Kommunisten im März 1933 betraf die Freidenker und Freireligiösen nicht nur als Einzelpersonen, sondern auch als Organisation, denn diesen wurde gleichzeitig das Verbot angedroht.[17] Weiter beunruhigte viele kirchenkritische Staatsbürger die Ankündigung Hitlers vom 23. März 1933, mit dem Vatikan ein Reichskonkordat abzuschließen, um das sich die katholische Kirche seit Kriegsende vergeblich bemüht hatte. Dies bedeutete eine Aufwertung der Autorität der Kirche durch die Nationalsozialisten und eine positive Einstellung zur Papstkirche.[18] Irritiert waren viele aus der Jugendbewegung, als im März gerade die rechte kirchliche Presse vom Presseverbot verschont blieb, aber kleinere Zeitschriften aus dem völkisch-nationalen Lager wie die überbündische Zeitschrift *Die Kommenden* verboten wurden oder das Verbot wie im Falle der religiös unabhängigen *Kommenden Gemeinde* angedroht worden war.[19] Auch dies wurde in kirchenkritischen Kreisen als Stärkung der konservativen Kräfte in der Kirche interpretiert.[20]

Die Frage nach Gegenstrategien wurde bei Freireligiösen und in liberalen christlichen Kreisen gestellt. Ansatzpunkte zur Rettung der kirchenkritischen Intentionen hatten sich mit der Publikation von Ernst Bergmanns Buch *Die Deutsche Nationalkirche* angeboten, das Anfang 1933 auf den Markt gekommen war, und mit Hauers Vorschlag aus dem Jahre 1932, eine gemeinsame Tagung aller junggermanischer Gemeinschaften zu veranstalten. Einige Freireligiöse luden deshalb Hauer und E. Bergmann zur Besprechung dieser Frage am 27./28. Mai 1933 nach Rüdesheim zu ihrer außerordentlichen Tagung ein. Ergebnis war der Aufruf zur Eisenacher Tagung.[21] Erfolg war dieser Unternehmung insofern beschieden, als innerhalb der evangelischen Kirche durch die Aktivitäten der "Deutschen Christen" seit Ostern 1933 die Frage der Reichskirche forciert worden war, nicht zuletzt auch durch die Durchsetzung Ludwig Müllers als Reichsbischof.[22] Besonders positiv wirkte sich für die ins Auge gefaßte Tagung aus, daß ganze SA-Horden geschlossen in die Kirche

---

17) Vgl. BRONDER, "Geschichte des Bundes Freireligiöser Gemeinden bis 1945", in: *Wesen und Auftrag*, S. 83-84; K. WEISS, *125 Jahre Kampf um freie Religion*, Mannheim 1970, S. 170-172; vgl. auch DIERKS, *Hauer*, S. 214-217.
18) Vgl. SCHOLDER, *I*, S. 482-524.
19) *BA Hauer* 15, 79, Daur an Hauer vom 3. 3. 1933.
20) Ebd.
21) BRONDER, "Geschichte des Bundes Freireligiöser Gemeinden bis 1945", in: *Wesen und Auftrag*, S. 90-91.
22) SCHOLDER, *I*, S. 388-452.

marschierten, viele ausgetretene Parteigenossen auf Befehl sogar wieder in die Kirchen eintraten.[23]

Während dieser Zeit, von Ostern bis Ende Juli, wirkte sich Reventlows Zeitschrift *Der Reichswart* fördernd auf das Zustandekommen der Tagung aus, indem er die religiöse Toleranz auf sein Panier erhob. Er wirkte auch bei der Vorbereitung der Eisenacher Tagung selbst mit. Die Wahlen zur Nationalsynode vom 23. Juli in der evangelischen Kirche, ihr Ergebnis und die Ratifizierung des Reichskonkordats vom 20. Juli 1933 fielen für die Entstehung der ADG nicht sonderlich ins Gewicht, da die Vorbereitung zur Tagung zu diesen Zeitpunkten schon abgeschlossen war. Beides bestärkte die in Eisenach Versammelten nur in ihrem Glauben, auf dem richtigen Weg zur Verhinderung der Zwangskirchenmitgliedschaft für Beamte zu sein. Die Angst davor herrschte seit etwa Ende April und war ein wichtiges Motiv für die Gründung der ADG.[24] Vieles wie das Verbot des staatlich zugesicherten Religionsunterrichtes für Freireligiöse sprach sogar dafür, daß die gesamte Gesellschaft durch zwei Kirchen religiös versorgt werden sollte. Weiter kam der späteren "Arbeitsgemeinschaft" das Verbot der *Bündischen Jugend* vom 17. Juni 1933 zugute, denn viele, die nicht zur HJ übertreten wollten und sich deshalb selbst auflösten oder umstrukturierten, fanden Unterschlupf in der "Arbeitsgemeinschaft", wie die *Nordungen* und die *Adler und Falken*.

## 2. Die Bedeutung des Bundes der Köngener für die Entstehung der Arbeitsgemeinschaft Deutsche Glaubensbewegung

*a) Die Arbeitstagungen 1930-1933*

Für das Zustandekommen der *Arbeitsgemeinschaft Deutsche Glaubensbewegung* war der *Bund der Köngener* am bedeutsamsten und auch am aktivsten. Es erwies sich, daß er die tragfähigste Konzeption für die neue Gemeinschaft besaß. Dies kam nicht von ungefähr. Seit 1924 trafen sich die Mitglieder fast jedes Jahr in der ersten Januarwoche, um sich ein bestimmtes Thema zu erarbeiten.

---

23) DIERKS, *Hauer*, S. 217.
24) Zu den Gründungsprozessen siehe S. 114-154.

Die Themen lauteten im einzelnen:

1924:   Unsere Grundeinstellung
1925:   Was ist deutsches Wesen?
1928:   Der katholische und der protestantische Mensch
1929:   Krieg oder Frieden?
1930:   Die religiöse Wirklichkeit und die Kirche
1931:   Der Mensch als Maßstab der Gesellschaft
1933:   Die religiösen und geistigen Grundlagen einer völkischen Bewegung[25]

Auf diesen Tagungen ging es nicht darum, sich gegenseitig zu bestätigen, sondern um die Auseinandersetzung mit anderen Meinungen und Positionen. Die Tagungen wurden immer gründlich vorbereitet. Man wählte zu ein und demselben Thema verschiedene Redner aus, die oft aus unterschiedlichen Arbeitsbereichen kamen. Die Vorbereitung überließ der "Kanzler", wie Hauer von seinen Köngenern genannt wurde, weitgehend Jüngeren, die allerdings zum Teil schon im Berufsleben standen oder zumindest einige Semester studiert hatten. Die einzelnen Köngener brachten unterschiedliche Interessengebiete ein. In den Publikationsorganen findet man daher Aufsätze zu fast allen Themenbereichen, also von der Wirtschaft über Politik bis hin zur Religion. Der Schwerpunkt lag eindeutig bei religiösen Fragen. Wenn auch der Bund ein religiöser sein wollte, so hieß das nicht, daß in ihm nur kirchentreue Protestanten Mitglieder waren. Es gab fast von Anfang an auch aus der Kirche ausgetretene Mitglieder, ja sogar solche, die sich ungläubig nannten.[26] Das machte den Bund für viele reizvoll.

Die Köngener sahen sich durch die ganze Weimarer Republik hindurch gezwungen, ihr Verhältnis zur Amtskirche zu reflektieren, was in vielen theologischen Arbeitskreisen geschah. 1930 wurde dieses Thema sogar auf ihrer Jahrestagung auf der Comburg bei Schwäbisch Hall eigens behandelt. Die Tagung, die vom 2.-7. Januar 1930 dauerte, hatte das Thema *Die religiöse Wirklichkeit und die Kirche*. Außer Hauer, Rudolf Daur und Karl Küssner von den Köngenern hielten Nikolaus Ehlen (kath. *Großdeutsche Jugend*), Hermann

---

25) BRANDENBURG, *Köngen*, S. 167-169.
26) Bei BRANDENBURG, *Köngen*, S. 58 wird erwähnt, daß ein Teil der Ludwigsburger BK-Gruppe im Zusammenhang mit der Trennung der "Neuen" vom Schülerbibelkreis eine religiöse Entwicklung zum Atheismus hin vollzogen habe.

Schafft (*Neuwerk*) und der Ulmer Prälat Kurt Hoffmann Referate.[27] In den Diskussionen wurden Fragen angeschnitten wie "Die religiöse Lage der Arbeiter", "Religion und Marxismus", "Christentum und Gebildete", "Dogmen und Kult als christliche Sozialisationsformen für Unterschichten" sowie die Frage des Kirchenaustrittes. Im Grunde drehte sich die Diskussion um das Problem sichtbare und unsichtbare Kirche. Damit hing die Bedeutung der Art der Christusbegegnung und die Rolle des Evangeliums zusammen.[28] Da im Hinblick auf die spätere "Deutsche Glaubensbewegung" Hauers Motive für ihre Gründung bedeutsam wurden, sei hier ein Zitat von ihm angeführt, das seine persönliche religiöse Problematik beleuchtet und sein späteres Handeln verständlich macht. Er fragte in der Diskussion:

> Die "christlichen Kirchen stehen alle auf der Lehre von der Rechtfertigung, die im engsten Zusammenhang mit dem Tode Jesu Christi steht. Wenn nun jemand sagt: nach meiner eigenen Herzenserfahrung ging die Rechtfertigung *nicht* über Christus, - wie stellt sich die Kirche dazu? Entweder muß sie den Betreffenden *verketzern* oder doch wenigstens als im Irrtum befindlich bezeichnen - oder sie muß jedem die *Freiheit* geben, seine persönliche Erfahrung *über* das Evangelium zu stellen. Damit hätte sie aber ihre bisherigen Grenzen gesprengt!"[29]

Hauer ging es mit dieser Kritik um eine Weiterführung der Reformation Luthers.[30] Er sah eine religiöse Bewegung am Werk, die von den deutschen Mystikern über Renaissance, Aufklärung, die deutschen Klassiker und Philosophen bis zu Nietzsche hinführte, zu der die "innere Seite des Proletarischen Aufbruchs, den die Kirche so furchtbar ... mißverstanden hat", also die "Gottlosenbewegung", genauso gehörte wie die "nordische Bewegung" und der "Einbruch des Ostens" - das sind die "Weistümer der arischen Seher Altindiens".[31] An anderer Stelle hatte Hauer zuvor die Vorstellung einer zukünftigen Gemeindeform vorgestellt: eine "lose Gemeinschaft", die "alle anderen Religionsgemeinschaften im einzelnen durchdringen" sollte. Sie sollte eine "Ge-

---

27) *Kommende Gemeinde*, 2. Jg., H. 2/3, Oktober 1930, S. 3 (Inhaltsverzeichnis) und H. TEICHMANN, *Tagungsbericht*, S. 94-100 und R. DAUR, *Tagungsbericht*, Archiv des Köngener Bundes; KINDT, *III*, S. 1053.

28) H. TEICHMANN, "Tagungsbericht", in: *KG*, 2. Jg. 1930, H. 2/3, S. 96 f.; DERS., "Splitter von der Arbeitswoche auf der Comburg", in: *KG*, 2. Jg., Heft 2/3, Oktober 1930, S. 101.

29) K. KNOCH, "Die religiöse Krise der Gegenwart und die Kirche. Zusammenfassung der in den Ansprachen geäußerten Gedanken", in: *KG*, 2. Jg., H. 2/3, Oktober 1930, hier S. 108.

30) Vgl. DIERKS, *Hauer*, S. 176 f.

31) HAUER, "Das religiöse Ringen der Gegenwart und die Kirche", in: *KG*, 2. Jg., H. 2/3, 1930, hier S. 26 f.

genkraft" gegen "dogmatischen Pharisäismus und theologische und kirchliche Verhärtung und Lieblosigkeit" darstellen.[32]

Nach der Interpretation Hauers hatte sich die "Comburger Arbeitswoche" zu einem "Mittelpunkt des gemeinsamen Schaffens und gemeinsamen Erlebens der älteren Generation innerhalb der Jugendbewegung" entwickelt. Er meinte im Hinblick auf die Entwicklung der Jugendbewegung für die Zukunft feststellen zu können, daß die "Gemeinschaften, die nicht eine ganz bestimmte Aufgabe, sei es nun Ringen um geistigen Neubau, sei es eine politische, sei es eine religiöse, haben, werden sich auf die Dauer nicht mehr halten können."[33] Ihm schwebte für die Zukunft eine Gemeinschaft vor, die möglichst viele Aufgabengebiete der Gesellschaft durch Arbeitsgemeinschaften und Gilden abdecken sollte.[34] Er dachte dabei an eine erweiterte *Deutsche Freischar*[35]. Wenig später, im März 1930, erweiterte sich die *Deutschen Freischar* tatsächlich. Der *Deutsch-Nationale Jugendbund/Großdeutscher Jugendbund* unter der Führung des 62jährigen Admirals a. D. Adolf von Trotha schloß sich ihm an. Dieser Bund, der als Sammelbecken von Freikorps 1919 gegründet worden war und in dem General Ludendorff bis 1924 Ehrenpräsident war, pflegte den "Wehrgedanken"[36], der in der damaligen Ideologie mit dem Germanentum identifiziert wurde. Dieser Beitritt war der Grund dafür, daß Hauer das ursprüngliche Thema der Tagung für 1931, wie er es Ernst Buske, dem Führer der *Deutschen Freischar*, noch einen Monat vor dessen Tod im Februar 1931 vorgeschlagen hatte, "Aufbau der Gesellschaft aus letzter Verantwortung"[37], abänderte in "Germanischer Geist und Christentum"[38]. Dieses Thema wollte er, wie er Pfarrer Hermann Umfrid schrieb[39], aus zwei Gründen auf jeden Fall einmal behandelt wissen, einmal weil es ihn persönlich stark interessierte[40], und zum anderen, weil er es wegen der Entwicklung innerhalb der Jugendbewegung und des deutschen Volkes überhaupt für wichtig hielt. Doch aus diesem Thema wurde vorerst nichts.

---

32) DIERKS, *Hauer*, S. 176 mit Quellennachweis unter Anm. 132: Artikelfolge der Erwiderung Hauers auf D. W. Koepps Darstellung "Die Köngener Bewegung und das Christentum" in: *Das Evangelische Deutschland*, Nr. 11, 1929, S. 89.
33) *BA Hauer* 13, 78, Hauer an G. Drescher vom 27. 1. 1930.
34) *BA Hauer* 13, 46, Hauer an E. Buske vom 27. 1. 1930.
35) *BA Hauer* 13, 78, Hauer an G. Drescher vom 27. 1. 1930.
36) KINDT, *III*, S. 471-488.
37) *BA Hauer* 13, 78, Hauer an G. Drescher vom 27. 1. 1930.
38) *BA Hauer* 13, 343, Hauer an H. Umfrid vom 21. 6. 1930.
39) Ebd.
40) Hauers Vorlesungen und Seminare zeigen, daß ihn das Thema damals beschäftigt hat.

In der ersten Januarwoche 1931 wurde über das Thema "Der Mensch als Maßstab für die Gesellschaftsordnung" gesprochen. Das Thema war abgeändert worden, weil die Köngener aus der vergrößerten *Deutschen Freischar* unter der neuen Führung von Trothas ausgeschieden waren, womit der ursprüngliche Grund für das vorgesehene Thema weggefallen war, und weil die Köngener sich für das neue Thema mehr interessierten. Das neue Thema war aus dem Kontakt der Köngener mit Arbeitern auf der Comburg bei Schwäbisch Hall erwachsen. Dort leitete der Köngener Karl Küssner eine Arbeiter-Volkshochschule. Durch die Diskussion mit den Arbeitern, die zu den Vorträgen der Arbeitstagung von 1930 gekommen waren, hatte sich ein Interesse an Fragen einer Wirtschafts- und Sozialordnung ergeben.[41] Referenten dieser Tagung waren Prof. Eduard Heimann (Religiöser Sozialist), Peter Haurand (Industrieller), Karl Otto Paetel (Köngener Bund), Dr. Georg Schmitt (aus Frankfurt), Ernst Schneller (KPD, MdR), Marianne Weber, Martin Buber und J. W. Hauer.[42] In der ersten Zeit der Tagung, als Heimann, Paetel und Schneller ihre Reden vorgetragen hatten, wurde fast ausschließlich über das "Proletariat" und der "Kollektivismus" diskutiert.[43] Wenn man dem Berichterstatter Hermann Buddensieg Glauben schenken darf, dann gab es "nicht Wenige", die es bedauerten, "daß das "Völkische" auf der Tagung nicht genügend zu Wort" gekommen war. Auch er bedauerte,

> "daß der Nationalsozialismus ... nicht dem Kommunismus ebenbürtig vertreten war, daß überhaupt die aus Volkstiefen aufrauschende Gegenbewegung gegen den im Marxismus wie im Kapitalismus sich verkörpernden Geist des 19. Jahrhunderts nicht entschiedener laut wurde."[44]

Die übrigen Vorträge kamen bei den meisten Köngenern und sonstigen Jugendbewegten im Urteil besser weg.[45]

---

41) Hauer scheint sich Ende der 20er Jahre mit den Fragen, die im *Bund für religiösen Sozialismus* erörtert worden waren, stark beschäftigt zu haben, ebenso mit Werken Paul Tillichs; vgl. DIERKS, *Hauer*, S. 186. In der gleichen Zeit fühlten sich Hauer und die Köngener zum "Weltbund für Freies Christentum und religiöse Freiheit", den u. a. der holländische Religionswissenschaftler Bleeker leitete, hingezogen: *BA Hauer* 15, 231, Knoch an Hauer vom 3. 12. 1932.

42) *BA Hauer* 13, 135, Vorläufiges Tagungsprogramm; H. BUDDENSIEG, "Bericht. Das Ringen um die Eingliederung des Menschen in die Lebensordnung. Die Comburg-Tagung 1931", in: *KG*, 3. Jg. 1931, H. 2, S. 43-97.

43) H. BUDDENSIEG, "Bericht", in: *KG*, 3. Jg., 1931, H. 2, S. 90.

44) Ebd., S. 91.

45) Ebd., S. 76.

Bei den Köngenern war es üblich, seine Gedanken zur Tagung auch danach an Freunde und Verantwortliche per Brief weiter zu geben. So entspann sich ein Briefwechsel eines jungen Köngeners, der Nationalsozialist geworden war, mit Hauer. Der junge Mann kritisierte an der Tagung, daß die Köngener so liberal gewesen seien, mit einem Kommunisten wie Ernst Schneller und einem Juden wie Martin Buber zu diskutieren. Hauer machte ihm klar, daß man sich mit dem Kommunismus innerlich auseinandersetzen müsse. Er beruhigte ihn: "Ich glaube, es sind auf der Comburg soviel Gegenkräfte gegen diese Wirkung zum Durchbruch gekommen, daß die Leute die Woche verkraften können." Und weiter bekannte Hauer:

> "Auch was den Juden anbelangt, bin ich derselben Ansicht. Der innerste Kern von Martin Buber ist durchaus wesentlich und hat die Natur des innersten Kerns meines eigenen Seins. Das ist Gottergriffenheit. Und was sich empirisch darum herumlegt, ist jüdisch und mir in vieler Beziehung widerwärtig oder jedenfalls fremd."[46]

In einem weiteren Brief an denselben Köngener erläuterte Hauer am 25. Februar 1931 den Sinn, die Bedeutung und die Aufgabe des *Köngener Bundes*. Anlaß dazu gab ihm dessen Prophezeiung vom Untergang des Bundes, wenn dieser nicht seinen Kampf gegen Liberalismus und Kommunismus aufnehme und nicht der NSDAP beitrete. Aufgabe des Bundes sollte nach Hauer nicht die Tagespolitik sein, sondern das ständige Gespräch, das Ringen um Wahrheit. Dazu habe zu gehören, daß man sich Kommunisten anhöre und kennenlerne, was für die Köngener, die alle aus dem Mittelstand kämen, gut sei. Ohne den Liberalismus wäre das deutsche Reich von 1870 nicht entstanden, auch nicht die Jugendbewegung und letztlich auch nicht die Köngener. Charakteristisch für den Bund sei schon immer die Vielfalt gewesen. So sei H. Teichmann ein Sozialist, H. Umfrid Pazifist und H. Dannenmann ein Nationalsozialist. Hauer hielt es für sich für möglich, eines Tages gegen den Nationalsozialismus zu kämpfen - sogar mit der Waffe! Wichtig sei ihm, daß die vom Liberalismus erkämpfte Gewissensfreiheit garantiert bleibe. Der Bund habe das schon immer in seinem kleinen Rahmen praktiziert. So habe man jedem die eigene Entscheidung zugebilligt, auf welcher Seite der einzelne in Putschzeiten kämpfen wollte.[47]

Bei der Schlußsitzung der Comburger Tagung von 1931 wurde auf Grund des Verlaufs der Diskussion beschlossen, daß Karl Küssner, Nikolaus Ehlen, Fritz Stockmeyer und Hauer die nächste Tagung mit dem Thema "Nationalsozialis-

---

46) *BA Hauer* 13, 220, Hauer an Mande vom 21. 1. 1931.
47) *BA Hauer* 13, 204-206, Hauer an Mande vom 25. 2. 1931.

mus" vorbereiten sollten. In seinem Brief vom 9. Januar 1931 an Stockmeyer schrieb Hauer:

> "Mein Interesse geht natürlich vor allem um eine Auseinandersetzung mit dem Antisemitismus der Nationalsozialisten, mit ihrer Idee von Volk als letzte Realität, mit ihrer widerspruchsvollen religiös-kirchlichen Haltung und um die Frage 'Christentum und germanischer Geist'".

Um diesmal einen "wirklich" "kompetenten Vertreter" des Nationalsozialismus als Redner einladen zu können, beabsichtigte er, an Adolf Hitler persönlich zu schreiben, in der Hoffnung, daß dieser, wenn er schon nicht selbst kommen werde, "einen seiner Führer" dazu veranlassen könnte.[48] An einen anderen, vermutlich einen Freireligiösen, schrieb Hauer noch im Januar, daß nach der Tagung eine neue Auseinandersetzung unter den Köngenern aufgetaucht sei, "nämlich die zwischen Judentum und Nationalsozialismus dadurch, daß einige Köngener Nationalsozialisten geworden sind und in ihrer völkischen Ergriffenheit vom Antisemitismus fortgerissen worden sind."[49] Das Thema Nationalsozialismus wurde also für die jungen Köngener, die der NSDAP begeistert beigetreten waren, gewählt.

Auch Hauer hatte Interesse an dem Thema, das er komplexer sah, wie aus den folgenden Briefen hervorgeht. An den Mitorganisator Ehlen formulierte er am 25. Februar das Thema der Tagung so: "Die weltanschaulichen Grundlagen des Nationalsozialismus". Zu untersuchen wäre nach Hauer der

> "Satz vom positiven Christentum, den der Nationalsozialismus vorgibt zu vertreten, sein Verhältnis zum Katholizismus, seine Stellung innerhalb der protestantischen Welt, die nordisch-germanische Bewegung innerhalb des Nationalsozialismus, seine Stellung zur Judenfrage und dann seine ganze Auffassung von Volk und Menschheit, wobei die Frage einmal gründlich zu behandeln wäre, ob man überhaupt Volk als letzte Realität betrachten darf."

Politisch-wirtschaftliche Probleme sollten nicht eigens angegangen werden. Das Weltanschauliche sollte im Mittelpunkt stehen. Das Ganze sollte kein Kritisieren sein, sondern eine "Geburtshilfe" für den Nationalsozialismus zu "seinem wahren Wesen".[50] Hauers Vorhaben stieß nicht nur auf Zustimmung.

---

48) *BA Hauer* 13, 309a, Hauer an Fr. Stockmeyer vom 9. 1. 1931; vgl. auch DIERKS, *Hauer*, S. 199.

49) *BA Hauer* 13, 282, Hauer an Dr. Schäfer vom 21. 1. 1931. Namen handschriftlich ergänzt.

50) *BA Hauer* 13, 106, Hauer an N. Ehlen vom 25. 2. 1931.

Der Führer des *Bundes der Wandervögel und Kronacher*, G. Drescher, mit dem damals die Zusammenarbeit recht gut funktionierte, hatte Hauer gegenüber geäußert, daß man über den Nationalsozialismus nicht eine Woche lang diskutieren könne. Auf diese Kritik hin wies Hauer auf die Hebammenfunktion der Tagung hin, die die Köngener zu leisten hätten. Denn:

> "Entscheidend ist der Aufbruch des völkischen Willens, der sich mit Religion zu verbinden sucht und zunächst sehr in die Irre gegangen ist. Hier müssen wir, glaube ich, klärend eingreifen, denn dazu ist unsere Gemeinschaft ... befähigt. Es handelt sich vornehmlich um die weltanschaulichen Grundlagen des Nationalsozialismus, also seine Auffassung von Volk, vom Zusammenhang zwischen Volk und Religion und seine Auffassung von Rasse, Antisemitismus, schließlich um die Frage ob Führer oder Diktator und endlich um die Frage, ob der Wille zum Germanischen und der Wille zum Christentum sich vereinigen läßt und zwar in einer anderen Weise als das bis jetzt im Nationalsozialismus geschehen ist."[51]

Diese Ansicht Hauers, seine Überschätzung der Bedeutung der Comburger Tagung und der Köngener hing zusammen mit seiner Einschätzung der Rolle der Tagung: Die Arbeitswochen seien keine überbündischen mehr, das heißt die Jüngeren sollten nicht mehr wie bisher mitdiskutieren, sondern nur noch rezeptiv tätig sein. Denn nun sei die Arbeitswoche eine "Arbeitsgemeinschaft" - wenigstens aber auf dem Weg dorthin. Die Köngener hätten nun die Aufgabe, darauf hinzuarbeiten, daß die Comburger Arbeitswoche

> "zu einer wirklichen Arbeitsgemeinschaft wird, die sich mit ähnlichen Arbeitsgemeinschaften verbindet und schließlich die große deutsche Arbeitsgemeinschaft bilden kann, die, wenn es sein muß, auch gemeinsam kulturell und politisch in Aktion treten kann."[52]

Hauers Vorstellung einer deutschen Arbeitsgemeinschaft läßt sich also auf spätestens Februar 1931 datieren. Dabei dachte Hauer allerdings in großen Zeiträumen. Die Voraussetzung für eine qualitativ neue Arbeit war günstig, denn der Hirschfeld-Verlag hatte Hauer dazu überreden können, die *Kommende Gemeinde* regelmäßig erscheinen zu lassen. Außerdem wollte der Verlag für die Zeitschrift und die Arbeit der Köngener in der Öffentlichkeit werben.[53]

---

51) *BA Hauer* 13, 77, Hauer an G. Drescher vom 25. 4. 1931.
52) *BA Hauer* 13, 305-306, Hauer an Fr. Stockmeyer vom 25. 2. 1931.
53) *BA Hauer* 13, 331-332, Hauer an H. Umfrid vom 28. 2. 1931.

Bis zum Oktober 1932 war es Hauer und seinen Mitarbeitern nicht gelungen, einen Nationalsozialisten als Redner zu gewinnen.[54] Gertrud Bäumer, die Herausgeberin der von Friedrich Naumann begründeten Zeitschrift *Die Hilfe*, hatte schon im Sommer ihre Teilnahme als Rednerin zugesagt.[55] Auch Martin Buber wollte kommen.[56] Schwierigkeiten gab es eigentlich nur mit den Nationalsozialisten. Pikiert war Hauer vor allem wegen Alfred Rosenberg, den er im August angeschrieben hatte. Nachdem auf diesen Brief keine Antwort gekommen war, hatte er einen zweiten, diesmal eingeschriebenen Brief nebst einer Kopie des ersten Briefes geschickt. Auch darauf erhielt er keine Antwort. Enttäuscht darüber unterließ er es, an Hitler selbst zu schreiben, und wandte sich stattdessen an den württembergischen Parteileiter Mergenthaler[57], einem "Korntaler"[58]. Mergenthaler stellte für sein Kommen die Bedingung, daß Buber wieder ausgeladen würde und daß er sich mit G. Bäumer nicht auseinanderzusetzen hätte.[59] Darauf gingen Hauer und die Köngener nicht ein.

Nach diesen schlechten Erfahrungen mit den Nationalsozialisten sah Hauer für die Zukunft nur die Lösung der Probleme durch eine "Arbeitsgemeinschaft, die sich aus den Besten dieser verschiedensten Richtungen bilden muß, so wie sie auf der Comburger Arbeitswoche angedeutet ist".[60] Geschrieben hatte er diesen Satz im Zusammenhang mit seiner Behauptung, daß er vom Sozialismus wie vom Nationalsozialismus gleich weit entfernt sei. Diese Worte zeigen, daß Hauer im Jahre 1931 sich eine nationalsozialistische Gesellschaftsordnung für die Zukunft nicht vorstellen konnte. Zu diesem Zeitpunkt war die NSDAP nach der SPD die zweitstärkste Partei im Reichstag (18,3 %) und in den Landtagswahlen feierte sie riesige Erfolge. In Oldenburg wurde sie

---

54) *BA Hauer* 13, 194, Hauer an Mande vom 24. 10. 1931.
55) *BA Hauer* 13, 156, Hauer an G. Bäumer vom 9. 6. 1931; *BA Hauer* 13, 154, Hauer an G. Bäumer vom 24. 8. 1931 mit vorläufigem Programmablauf.
56) *BA Hauer* 13, 154, Hauer an G. Bäumer vom 24. 8. 1931; vgl. auch DIERKS, *Hauer*, S. 201.
57) *BA Hauer* 13, 194, Hauer an Mande vom 24. 10. 1931.
58) In Korntal befindet sich ein Internat der Herrnhuter Brüdergemeinde, in der eine ganze Reihe aus der Führungsschicht Württembergs zur Schule gegangen war. Einer von ihnen war auch Friedrich Schöll, der Mergenthaler von daher persönlich kannte. Doch dieser schätzte Schöll wenig und wußte es mehrere Jahre zu verhindern, daß Schöll Parteigenosse wurde. Auskunft: Matts Schwender, Vogelhof.
59) *BA Hauer* 13, 194, Hauer an Mande vom 24. 10. 1931.
60) Ebd.

am 17. Mai 1931 gar stärkste Partei (37,2 %). Dies ist der politische Hintergrund für das Thema der Köngener und für Hauers Interpretation der Hebammenfunktion bei einem völkischen Aufbruch, wobei dem Nationalsozialismus nur die Rolle des Problemanzeigers zugebilligt wurde.
Die für Januar 1932 geplante Tagung fand jedoch nicht statt, weil in Folge der sehr schlechten wirtschaftlichen Lage kaum ein Köngener das Geld für die Reise und die Unterbringungskosten aufbringen konnte. Das Thema hielten die Organisatoren aber für so wichtig, daß sie die ganze Tagung auf die erste Januarwoche 1933 verlegten. Sie fand als Tagung des *Freien Dienstes* nicht auf der Comburg statt, sondern in Kassel[61]. Bevor sich die Veranstalter endgültig für dieses Thema entschlossen, machten sie eine Umfrage bei den Köngenern, indem sie ein Alternativthema zur Auswahl stellten. Wie das Ergebnis, das Stattfinden der Tagung, zeigt, stimmte die Mehrheit für das Thema "Nationalsozialismus". Wie nachfolgender Briefauszug Pfarrer Hans Deppes aus Bielefeld vom 9. Februar 1932 zeigt, stimmten nicht nur die Nationalsozialisten unter den Köngenern dem Thema zu, sondern auch Kritiker. Man konnte also mit einer interessanten Auseinandersetzung auf der Tagung rechnen. Deppe schrieb:

> "Ich hatte ... gehofft, die führenden Kräfte der Nationalsozialisten würden sich doch zu einer gemeinsamen Arbeit an den Grundfragen freimachen - obgleich stärker und stärker klar wird, daß der Nationalsozialismus auch die 'Taktik' kennt, zu der gehört, daß man nur sagt, was man sagen muß oder was werbend wirkt. Ich glaube nicht, daß der Nationalsozialismus auf unserer Tagung die Probe bestehen würde - vielleicht noch weniger als Schneller von der KPD; es scheint mir, daß viel Wertvolles in dieser Bewegung Heimat sucht, aber nicht findet. Daß dort mancherlei nationale Kräfte miteinander ringen, aber vielleicht das nur Geltung behält, was von Hitler und durch ihn kommt - und einstweilen ist mir Hitler als Bild des deutschen Führers sehr fremd."

Nach Deppe war der Nationalsozialismus nicht in der Lage, die "geistige", die "religiöse" und die "kulturelle Not" zu meistern, weil die Bewegung zu schnell gewachsen sei. Weiter schreibt er Hauer:

> "Du meinst nun, daß zu dem Zeitpunkt, wenn er ans Ruder kommt, die Stunde da ist, daß er sich stellen muß. Ich glaube, dann ist es zu spät, dann gibt es wohl noch Opposition für diejenigen, die den Nationalsozialismus zur Stellungnahme zwingen, aber er kann dann nicht mehr von dem Wege ab, den er eingeschlagen hatte: den Weg der Wirkung durch Suggestion und Macht."

---

61) DIERKS, *Hauer*, S. 200.

Trotz dieser Bedenken schloß sich Deppe Hauers Themenvorschlag in der Formulierung "Die geistigen Grundlagen einer aufbauenden völkischen Bewegung" an.[62]

Bis zum November 1932 standen folgende Redner fest, wie Hauer an Strasser schrieb, den er bat, einige Mitglieder seines Kreises zur Tagung zu entsenden: die Nationalsozialisten Ernst Krieck, Friedrich Hielscher und Paul Krannhals, der Dichter Georg Stammler, die Quäkerin Elsbeth Krukenberg, Gertrud Bäumer und Nikolaus Ehlen.[63] Fest stand auch die Teilnahme Martin Bubers. Da auf der letzten Jahrestagung 1931 verschiedene Nationalsozialisten in der Diskussion angebliche Talmud-Texte zur Herabsetzung des Judentums vorgebracht hatten, war zwischen Hauer und Buber verabredet worden, daß Buber solche Talmud-Texte in der Vorbereitungsphase seines Vortrags, der über "Die Stellung des Judentums zu den Nationen"[64] gehen sollte, erhalten sollte, um sie besser kommentieren zu können.[65] So war es im Februar 1931 vereinbart worden. Als Hauer am 30. September 1932 Buber erneut einlud, stellte er ihm ein etwas erweitertes Thema, nämlich "über die Judenfrage im Zusammenhang mit der völkischen Bewegung und dem völkisch-staatlichen Aufbau" zu sprechen.[66] Buber lehnte dieses Thema ab, indem er Hauer auf den neuralgischen Punkt hinwies:

> "So wie Sie es wünschen, 'im Zusammenhang mit dem völkisch-staatlichen Aufbau', kann ich über die Judenfrage nicht referieren. Das hieße ja, daß ich einem solchen Aufbau grundsätzlich zustimme und von da aus Thesen und Vorschläge für die Behandlung der Judenfrage in seinem Rahmen formuliere. Ich halte

---

62) *BA Hauer* 13, 65, Deppe an Hauer vom 9. 2. 1932; vgl. auch die Beurteilung des Nationalsozialismus im Briefwechsel zwischen Buber und Bäumer bei DIERKS, *Hauer*, S. 205 f.

63) *BA Hauer* 13, 310, Hauer an Strasser vom 5. 11. 1932. Es handelt sich hier sehr wahrscheinlich um Otto Strasser und die Schwarze Front. Die Identifizierung der Redner mit Parteien und Gemeinschaften habe ich ergänzt. Sie stehen nicht im Brief.

64) *BA Hauer* 13, 32, Hauer an Buber vom 2. 2. 1931.

65) *BA Hauer* 13, 30, Buber an Hauer vom 5. 2. 1931; vgl. DIERKS, *Hauer*, S. 201, wo erwähnt ist, daß Hauer Vertreter des *Bundes für neues Judentum* einladen wollte, was von Buber mit dem Argument abgelehnt wurde, daß dadurch nur eine innerjüdische Kontroverse in die Tagung käme.

66) DIERKS, *Hauer*, S. 202 mit Quellenhinweis: BB II, S. 447. M. BUBER, *Briefe aus sieben Jahrzehnten*, Bd. II, 1918-1938, Lambert Schneider Verlag, Heidelberg 1973, S. 447, Brief Nr. 290.

aber, so wichtig mir auch das Volkstum ist, den Gedanken des völkischen *Staates* für problematisch und seine heute übliche Verabsolutierung für den geraden Weg zur kommenden Katastrophe ... Wozu Sie mich jetzt auffordern, ist etwas anderes; es schließt die Annahme einer andern, nicht mehr neutralen (im guten Sinn), sondern tendenzhaft bestimmten Grundlage ein, die aber eben nicht die meine sein kann."[67]

Buber unterstellte unausgesprochen Hauer, daß er zu einer "völkischen Veranstaltung", wie es Hauer dann in dem Brief an Buber vom 18. Oktober 1932 interpretierte, einladen würde.[68] Doch Hauers Motivation zu dieser Themenänderung war eine andere gewesen als Buber meinte: Er ging von der vermutlich ganz richtigen Annahme aus, daß auf der Tagung die "Judenfrage ... doch aufkommen" würde und daß Buber dann dazu Stellung nehmen müßte. Die Talmud-Texte, die die Nationalsozialisten u. U. zitieren würden, versprach Hauer, Buber vorher zukommen zu lassen.[69] Nachdem Hauer in einem zweiten ausführlichen Brief[70] Bubers Bedenken hatte zerstreuen können, sagte Buber sein Kommen zu mit einem Thema "über die Gemeinschaftsidee

---

67) *BA Hauer* 13, 44, handschriftlicher Brief Bubers an Hauer vom 4. 10. 1932. Vgl. DIERKS, *Hauer*, S. 202 f., wo sie wiederum auf BB II, S. 447 als Quelle verweist. Der Textvergleich ergibt die inhaltliche Identität der Briefe. Die Bemerkung von M. Dierks, daß dieser Brief nicht in Bubers Briefen veröffentlicht ist, kann damit erklärt werden, daß von diesem handschriftlichen Brief kein Duplikat im Briefnachlaß existierte. Die Numerierung des Hauer-Briefes bei Dierks ist zu korrigieren: 13,44 statt 13,14.

68) *BA Hauer* 13, 15, Hauer an Buber vom 18. 10. 1932. Vgl. DIERKS, *Hauer*, S. 203, wo der Brief abgedruckt ist.

69) *BA Hauer* 13, 43, Hauer an Buber vom 13. 10. 1932; vgl. DIERKS, *Hauer*, S. 202 f., wo sie die Themenänderung mit einer vermuteten Perspektivenänderung begründet. Aus der ganzen Entstehungsgeschichte dieser Tagung, angefangen bei der Tagung 1931 bis zu der Weigerung von Nationalsozialisten, mit Buber zu diskutieren, ergibt sich, daß Hauer das Problem Antisemitismus im Nationalsozialismus durchaus richtig gesehen hat, wenn er auch seine Tragweite nicht vorhersah. Sein Irrtum lag, wie die verschiedenen Briefe an Rosenberg und andere NS-Größen zeigen, die dazu dienen sollten, dem Nationalsozialismus zu seinem eigenen Wesen zu verhelfen, darin, daß er meinte, über Vorträge die antisemitischen NS-Propagandisten eines Besseren belehren zu können.

70) *BA Hauer* 13, 15, Hauer an Buber vom 18. 10. 1932, Teilabdruck bei DIERKS, *Hauer*, S. 203.

des Judentums oder auch über Israel und die Völker".⁷¹. "Israel und die Völker" hieß dann schließlich Bubers Vortrag auf der Tagung in Kassel.⁷² Will man sich über den Ablauf der Kasseler Tagung informieren, so stößt man bei den Quellen auf Ungereimtheiten. Als Quellen liegen vor: Die Vorträge mit Ausnahme von Bubers Vortrag⁷³, ein Tagungsbericht von Hermann Buddensieg⁷⁴ und einer von Werner Hülle⁷⁵. Vergleicht man die Inhaltsangaben über Hauers Vortrag bei Buddensieg und Hülle mit Hauers Aufsatz in der *Kommenden Gemeinde* "Vom totalen Sinn der Deutschen Revolution"⁷⁶ muß man zu dem Schluß kommen, daß Hauer einen anderen Vortrag gehalten hatte, als er dann abgedruckt worden ist. Die größte Abweichung zeigt Hülles knapper Bericht. Es ist ganz offensichtlich, daß sowohl Hauer als auch Buddensieg ihre Artikel nach dem 30. Januar abgefaßt haben. Belegstellen für Buddensieg: "Müssen im Hinblick auf den Tatensturm der jüngsten Vergangenheit die Verhandlungen dieses kleinen Kreises nicht beinahe unwichtig erscheinen? Und doch haben beide die gemeinsame Wurzel: wehrhaftes deutsches Leben!"⁷⁷ Hauers Aufsatz bringt Reflexionen der überwiegend negativen Erfahrungen der ersten Monate im neuen Reich. Mit Sicherheit ist er im Blick auf die ADG-Gründung geschrieben, wahrscheinlich sogar nach der Gründung, denn Hauer schreibt: "Eine der schwersten Aufgaben im Dritten Reich ist die *Neugestaltung des kirchlichen und religiösen Lebens* ... Wir haben darum diese Glaubensbewegung die *Deutsche Glaubensbewegung* genannt."⁷⁸ Weiter ist festzustellen, daß die Abfolge der Redner und der thematische Aufbau sich bei Buddensieg und Hülle in einzelnen Punkten unterscheiden:

---

71) BA Hauer 13, 44, Buber an Hauer vom 20. 10. 1932, Teilabdruck bei DIERKS, *Hauer*, S. 203.
72) Die meisten Vorträge sind in der *KG*, 5. Jg., 1933, H. 2/3 (Juli), abgedruckt. Nicht abgedruckt ist der Vortrag Martin Bubers. Diesen wollte Hauer zusammen mit anderen Aufsätzen, u. a. von Hans Kohn, in einem Extraheft zur Judenfrage abdrucken, woraus jedoch nichts mehr geworden ist. E. Krukenbergs Vortrag ist abgedruckt in *KG*, 5. Jg., H. 4/5, S. 51-65.
73) Ebd.
74) *KG*, 5. Jg., 1933, H. 2/3 (Juli), S. 91-122.
75) BA Hauer 13, 125-130, Die religiösen und geistigen Grundlagen einer völkischen Bewegung. Arbeitswoche des *Freien Dienstes* (Comburgwoche) vom 1.-7. Januar in Kassel.
76) *KG*, 5. Jg., 1933, H. 2/3 (= Juli), S. 4-25.
77) *KG*, 5. Jg., 1933, H. 2/3 (= Juli), S. 91.
78) *KG*., 5.Jg., 1933, H. 2/3 (= Juli), S. 23.

Buddensieg:                                 Hülle:

*Vom Wesen des Deutschen und*              *Grundlegendes zur geistigen*
*vom Glauben an das Reich*                 *Wirklichkeit des Deutschen*
Stammler                                    Stammler
Hielscher                                   Hielscher
*Volk als bestimmender Lebensgrund*        *Die metaphysischen Grundlagen*
                                            *der Wirklichkeit*
Krieck                                      Krannhals
                                            Ehlen

*Reich, Staat, Volk, Führung*
*im Lichte des deutschen Liberalismus*

Bäumer

*Mutter Erde und organisches Weltbild*     *Die Anwendung auf die Gestaltung*
                                            *von Volkstum und Staat*
Ehlen                                       Krieck
Krannhals                                   Bäumer
Krukenberg                                  Krukenberg
Buber                                       Buber

                                            *Schlußzusammenfassung*
Hauer                                       Hauer

Die Reihenfolge der Redner, wie sie Hülle angibt, ist identisch mit der, die Hauer an Strasser am 5. November 1932 mitgeteilt hat.[79] Dieses Datum zeigt, daß das Programm schon Ende Oktober festgestanden hatte. Es spricht also sehr viel dafür, daß Hülles Bericht, der kein Protokoll ersetzt, am genauesten den Ablauf wiedergibt[80] und deshalb als Ausgangspunkt für eine inhaltliche Interpretation zu nehmen ist.

---

79) *BA Hauer* 13, 310, Hauer an Strasser vom 5. 11. 1932.
80) R. DAUR, "Die Arbeitswochen der Jahre 1923-1933", in: BRANDENBURG, *Köngen*, S. 149 f. behauptet diese Abfolge: Buber, Krannhals, Krieck, Hielscher, Bäumer. Daur konstruiert hier im Rückblick den Gegensatz von tiefen, geistreichen, weitblickenden Rednern (Buber, Bäumer) und fanatischen Propagandisten einer heraufziehenden bösen Zeit.

Bemerkenswert ist, daß die Vorträge von Bäumer, Krukenberg, Buber und Hauer auf den letzten Teil der Tagung gelegt waren. Mit Ausnahme Bubers hoben sie den Wert der Freiheit des Individuums besonders im Raum des Religiösen hervor. Buber sah im Sinai-Bund den einzigartigen politischen Akt eines Vertrages, der eine Sonderstellung Israels begründete und der von den Propheten, Jesus und Israel gegen Verweltlichungstendenzen immer wieder erneuert wurde und wird. Das Problem der "Rezeption Israels in der abendländischen Welt" sei nur unter der Berücksichtigung der Reichsidee Israels, die Gewißheit, von Gott nicht verworfen zu sein und daher eine besondere Aufgabe unter den Völkern zu haben, zu lösen. Ehlen propagierte das katholische Dogma als Fundament, Stammler, Hielscher, Krannhals und Krieck das Deutschtum, das über dem Individuum zu stehen habe.[81] Bäumer forderte in den Worten Hülles:

"Von einem Führer zum Aufbau des Reiches müsse man verlangen, daß er die Menschen nicht in ein Abhängigkeitsverhältnis bringe und an sich binde."

E. Krukenberg ging von dem Gedanken einer Nachfolge Jesu aus. Sie behauptete, daß es dem Deutschen wesensmäßig sei, so zu glauben *wie* Jesus und nicht an ihn. Davon leitete sie u. a. die "religiöse Toleranz aus Achtung vor jeder Form des anderen Glaubens und die Verweigerung des Kriegsdienstes"[82] ab. Hauer ging das Problem von der Behauptung an, daß Staat und Religion "in einer polaren Spannung zueinander" stünden. Zur "religiösen Welt gehöre die Freiheit der persönlichen Entscheidung, der Staat dagegen berge in sich den Willen zur Einheit". Doch seien "Einheit" und "Uniformität" nicht identisch. Hauer forderte eine "Sammlung der religiösen Führersubstanz, die aus einem gläubigen, gegenseitigen Vertrauen gewagt werden müsse". Er betonte, daß es in Deutschland "verschiedene religiöse Typen" gebe, "die nicht einfach unter das Schlagwort des 'christlichen Staates' unterzuordnen seien".[83] Hier tritt uns wieder einmal die Köngener Idee von der sichtbaren und unsichtbaren Kirche, jetzt übertragen auf den Staat entgegen. Bezugsgröße ist die "letzte Wirklichkeit Gottes" als "letzte Einheit", dem jeder "religiöse Mensch" dienen müsse.[84]

---

81) *BA Hauer* 13, 125-130, Tagungsbericht von W. Hülle, hier Bl. 129.
82) Ebd., Bl. 128.
83) Ebd., Bl. 129.
84) Ebd., Bl. 129.

Die Kasseler Tagung war ein lebendiges Zeugnis - so wurde es von den Köngenern gefühlt - für diese Einheit in bzw. trotz der Vielheit und Gegensätze.[85] Genau das ist für die Rolle der Köngener beim Zustandekommen der ADG der Erlebnishintergrund. Ohne diese Erfahrung in den vielen Arbeitswochen, auf denen es immer sehr kontrovers zugegangen war, und ohne die Bereitschaft, sich mit Andersdenkenden auseinanderzusetzen - vielleicht war es vor allem diese Bereitschaft -, wäre die ADG nicht zustande gekommen, zumindest nicht in dieser historischen Form. Neben solchen Fähigkeiten war aber auch das handwerkliche Geschick, also das Organisieren notwendig. Auch darüber verfügten die Köngener. Im folgenden Kapitel soll aufgezeigt werden, wie groß "die Köngener", von denen hier nur global die Rede ist, tatsächlich waren und wie leistungsfähig sie waren.

Man würde Hauer unrecht tun, wenn man behauptet, daß er sein eigenes Religionsverständnis und seine eigene Interpretation den Köngenern aufgedrängt hätte. Die Köngener waren nicht einfach Hauers Handlanger, sondern Mitarbeiter, die die verschiedenen Tagungen mitgestalteten. Sie standen fast alle im Berufsleben und waren gewohnt, eigene Meinungen zu vertreten. Einige von ihnen waren Pfarrer, die immer am Rande der Kirchlichkeit standen wie Rudolf Daur oder Karl Knoch.[86] Ihre Sicht der Religion entsprach der Hauers. Ein Beispiel: Knoch hatte 1932 einen Artikel über das religiöse Urerlebnis im Religionsunterricht abgefaßt, den der *Evangelische Presseverband für Württemberg* an eine Zeitung weitergeben sollte. Der verantwortliche Sachbearbeiter, ein Duzfreund Knochs, konnte es nicht verantworten. Er monierte Knochs Behauptung, daß

> "die Bibel, Katechismus und Gesangbuch weniger geeignet seien als die aus indogermanischem Empfinden heraus gestalteten religiösen Erlebnisse, wie sie etwa die Edda, die deutsche Mystik, aber auch indische und griechische Schriften bieten".

Knoch wurde aufgefordert, sich in dem Artikel von der Ansicht Hauers abzuheben.[87] Knoch hatte in dem Artikel eine Position vertreten, wie sie auf der Arbeitstagung 1930 diskutiert worden war. E. Krukenberg hatte das auf der Tagung von 1933 auf die Formel gebracht: Glauben *wie* Christus statt *an* Christus. Als Beispiele dieses Glaubens hatte sie die deutschen Mystiker Meister

---

85) Darauf verwies sinngemäß W. Hülle in der Einleitung seines Tagungsberichtes, der nicht die Gegensätzlichkeiten auf der Tagung hervorhob wie Daur (siehe Anm. 80), sondern die Tagung harmonisch darstellte.
86) *BA Hauer* 16, 241, Hauer an Zapp vom 29. 4. 1933.
87) *BA Hauer* 15, 236, Ev. Presseverband für Württemberg an Knoch vom 21. 5. 1932.

Eckhart, Tauler, Hans Denck und J. Böhme genannt.[88] Diese spielen bekanntlich im Deutschen Glauben der Deutschen Glaubensbewegung eine wichtige Rolle. Das Ganze zeigt, daß Hauers Verständnis von Religion nicht allzu einzigartig war. Ihm kommt der Charakter eines Repräsentanten einer bestimmten Religionsinterpretation zu, die auch von den Quäkern oder von evangelischen Pfarrern geteilt werden konnte.

### b) Zur Umstrukturierung des Bundes der Köngener

Im Herbst 1930 traten die Köngener aus der *Deutschen Freischar* aus - jedoch nicht geschlossen. Im wesentlichen handelte es sich um die Württemberger und einige Mitglieder in Norddeutschland. Der Bund formierte sich neu. H. Grabert sammelte die verbliebenen Köngener zwischen Frankfurt a. M. und Kassel, P. Zapp die in Berlin und H. Winkelmann die in Nordwestdeutschland.[89] In dieser Zeit sollte nach Hauers Vorstellung der Bund seinen jugendbewegten Charakter dadurch verändern, daß auch nichtjugendbewegte Persönlichkeiten Mitglied werden konnten. Hauer versuchte in diesem Zusammenhang eine Namensänderung durchzubringen. Er hatte den Namen *Freier Dienst* vorgeschlagen. Doch war er auf Widerstand bei seinen Köngenern gestoßen. Er gründete deshalb einen *Freundeskreis des Freien Dienstes*, der mit einem Beiheft zur *Kommenden Gemeinde* an die Öffentlichkeit trat.[90] Es handelt sich um den Band *§218 - Eine sachliche Aussprache*, erschienen 1931 beim C. L. Hirschfeld-Verlag in Leipzig. Dieser Freundeskreis war weitgehend identisch mit dem alten Bund. Der *Freie Dienst* geht ideenmäßig auf ganz ähnliche Vorstellungen zurück, die R. Otto und sein Kreis, zu dem Hauer damals, 1923, schon gezählt hatte, sich überlegt hatten.[91] Ziel war der Aufbau einer unentgeltlichen Laienseelsorge.[92] Parallel zur Bildung dieses Freundeskreises wurde der *Bund der Köngener* neu strukturiert. Beides, Laienseelsorge und der neu organisierte Bund, spielten bei der Realisierung der ADG und DG eine Rolle.

---

88) E. KRUKENBERG, "Deutsches Volkstum, Christentum, Religiöse Gesellschaft der Freunde (Quäker)", in *KG*, 5. Jg., 1933, H. 4/5, S. 56.

89) BRANDENBURG, *Köngen*, S. 126.

90) DIERKS, *Hauer*, S. 178-179.

91) HAUER, "Der Freie Dienst", in: *KG*, 3. Jg., H. 3, 1931, S. 7.

92) HAUER, "Der Freie Dienst", S. 7-32 und A. WEIZSÄCKER, "Die Gesamtkrisis der Abendländischen Seelenführung und der 'Freie Dienst'", in: *KG*, 3. Jg., H. 3, 1931, S. 32-58.

Im Laufe des Jahres 1931 entwarf der Stuttgarter Regierungsrat Walter Kappus eine neue Bundes-Verfassung. Sie sah eine 16 Mann umfassende Bundesleitung vor, die einen Bundesausschuß von drei Mann wählen sollte. Dieser Ausschuß sollte die eigentliche Leitung übernehmen. Um möglichst schnell und effektiv arbeiten zu können, sollte er personell so besetzt werden, daß er sich bei Entscheidungen schnell zusammenfinden konnte. Sinn dieser Verfassung war die Entlastung des "Kanzlers" von der Bundesarbeit. Als juristische Person war eine Fördervereinigung vorgesehen.[93]

Die Einteilung in Bund und Fördervereinigung macht Sinn, wenn man weiß, daß ein Bund qua definitionem nicht verfaßt sein kann. Ein Bund ist kein Verein. Aus vereinsrechtlicher Sicht waren die Köngener aber ein Verein. Um sich Ärger mit staatlichen Behörden zu ersparen, wählte man den Ausweg über die Fördervereinigung. Dagegen erhob sich zunächst Widerspruch. Die Köngener, die zu Stellungnahmen aufgefordert waren, akzeptierten schließlich den Entwurf, wenngleich es allen widerstrebte, eine Verfassung für den Bund formuliert zu sehen. Friedrich Berger, der den Teil der "Bundesordnung" mitformuliert hatte, tröstete sich über das Dilemma mit einem Zitat von Paul de Lagarde hinweg:

> "Alles Geistige muß auf der Erde einen Leib haben, um in der Geschichte tätig sein zu können: dieser Leib baut sich von selbst auf, wo man den Geist nicht hindert, ihn zu bauen. Auf das Wegräumen der Hindernisse kommt es vorläufig, auf die Bildung einer Zucht und Treue haltende Gemeinde hauptsächlich an."[94]

Mit diesem Entwurf haben wir das Vorbild für die Satzung der ADG. Auch dort löste man den Widerspruch zwischen dogmenfreier ADG und den Anforderungen des Staates mit der Gründung eines eingetragenen Vereins.[95] Eine Wendung bahnte sich 1932 an, als der Kanzlist Hans Grischkat den Vorschlag machte, Kanzlei und Kassenamt in einer Person zu vereinigen. Die Idee kam aus der Praxis heraus. Oftmals mußten der Kanzlist und der Kassenobmann zusammenarbeiten, was aber durch die Entfernung Berlin (Zapp) - Reutlingen (Grischkat) erschwert war.[96] Aus diesem Wunsch wurde im Jahre 1933 das "Bundesamt" der Köngener.

Für die Umstrukturierung des *Köngener Bundes* war die Kasseler Arbeitstagung insofern von Bedeutung, als am 7. Januar 1933 in einer Kapitelsitzung über die Zukunft des Bundes diskutiert wurde. Das "Kapitel" ent-

---

93) *AKB*, Protokoll der Sitzung des Ausschusses zur Vorbereitung einer Neuordnung des Bundes vom 24. 1. 1932.
94) *AKB*, Entwurf zur Bundesordnung von Friedrich Berger vom 30. 2. 1932.
95) Vgl. S. 172-183.
96) *AKB*, Daur an Römer vom 10. 2. 1933.

sprach der Vorstandschaft eines Vereines. Auf dieser Sitzung wurde festgehalten, daß *Bund, Freier Dienst* und *Kommende Gemeinde* drei von einander getrennte Kreise seien, die man nicht zu einer einzigen Organisation zusammenfassen könne, da deren Charakter der organisatorischen Vereinheitlichung im Grunde widerspreche. Dennoch sollte die Einigung für die Zukunft anvisiert werden. Auch die Abfassung einer Bundesordnung, die für das Frühjahr 1933 in Aussicht gestellt war, wurde besprochen. Das "Kapitel" beschloß, ein Bundesamt mit einem hauptamtlichen Inhaber einzurichten.[97] Nicht zuletzt ausschlaggebend war für die Einrichtung dieses Bundesamtes Hauers für 1934 geplanter Studienaufenthalt in Indien.[98]

Im Januar 1933 wurde die Existenz von drei Kreisen festgeschrieben: eine Lesegemeinde, die nicht organisiert war, der *Freundeskreis des Freien Dienstes* und der *Bund der Köngener* einschließlich der *Fördervereinigung*. Der *Bund* bestand aus dem "Kanzler" Hauer, dem Kapitel von 16 Personen, dem "Kanzlisten", dessen Stelle neu zum Bundesamt aufgewertet worden war, und dem Kassierer. Der Kassierer mußte jeden Monat dem Vorsitzenden der *Fördervereinigung* eine Abrechnung vorlegen. Kanzlist und Kassierer waren in finanziellen Fragen gemeinsam dem Vorsitzenden der *Fördervereinigung* verantwortlich.[99] Der *Bund* bestand aus Ortsgemeinden, deren Größe in der Regel zwischen drei bis zehn Mitgliedern schwankte. Diese Ortsgemeinden waren in Gaue zusammengefaßt.[100] Es existierten lokal unabhängige Arbeitskreise wie die *Theologische Gilde*, die *Pädagogische Gilde* und die *Politischwirtschaftliche Gilde*[101]. Außerdem war dem *Bund* eine Buchhandlung in Stuttgart, *Dienst am Buch*, angegliedert.

Man ist leicht geneigt, von den Aufsätzen der *Kommenden Gemeinde* auf die soziologische Zusammensetzung der Köngener zu schließen. Da würde man vielleicht auf einen überwiegend von Religionslehrern geprägten Kreis oder auf etwas Ähnliches schließen. Doch dies scheint nicht der Realität entsprochen zu haben. Wohl ist es richtig, daß viele Artikel der Köngener von Akademikern, besonders Pfarrern geschrieben worden sind, doch das Lesepublikum setzte sich aus anderen Kreisen zusammen. Immer wieder kamen Kla-

---

97) *AKB*, Bundesbesprechung vom 7. 1. 1933.
98) *BA Hauer* 16, 258, Hauer an Zapp vom 9. 1. 1933. Dieser Plan ging nicht in Erfüllung.
99) §§ 9 und 10 der Satzung vom 28. 3. 1932: *AKB*, Protokoll der Sitzung vom 28. 3. 1932.
100) *AKB*, Bundesbesprechung vom 7. 1. 1933, S. 3.
101) Ebd., S. 2.

gen, daß es "die K. G. nicht verdauen" könne. Daur hatte dazu auf der Kapitelsitzung vom 7. Januar 1933 bemerkt:

> "Das sei selbstverständlich, daß jedes Heft der K. G. nicht von jedem Bundesmitglied verarbeitet werden könnte. Deswegen dürften wir aber nicht von der K. G. fordern, daß sie sich auf das Durchschnittsniveau des Bundes einstellt. Darum möchte er immer wieder bitten, ... daß der Rundbrief immer mehr ausgearbeitet würde.[102]

Die *Kommende Gemeinde* war auf Außenwirkung angelegt, war also eine Werbeschrift und keine Vereinszeitung für die eigenen Mitglieder mehr. Dies wird durch die Beobachtung des Hirschfeld-Verlages bestätigt, daß nur 1/4 der Exemplare von den Köngenern gekauft wurden[103], der Rest also von Lesern, die nicht zu den Köngenern zählten. Die Kritik mancher Köngener an der Zeitschrift ist zugleich auch ein Hinweis darauf, daß nicht alle Mitglieder die Artikel der *Kommenden Gemeinde* verstanden. Die verschiedenen Arbeitskreise waren nicht zuletzt deshalb eingerichtet worden, um diesen Mangel abzustellen. Manche Pfarrer, wie zum Beispiel Karl Knoch, exegetisierten sogar den Köngenern in ihrer Ortsgemeinde die *Kommende Gemeinde*![104]

Kritisiert wurde von einem Köngener auf der oben genannten Sitzung, daß man oftmals einen Autor hätte, der bereit wäre, in der *Kommenden Gemeinde* zu schreiben, doch wäre es für eine Vermittlung wichtig, wenn man das Programm der geplanten Themen vorher wüßte. Hauer versprach, dies ab sofort zu ändern und gab seine Themenpläne in Stichworten bekannt:

- "Grundproblem der religiösen Erziehung"
- "Geistige Führung"
- "Dissidenten"
- "Christentum und germanische Religion"
- "Kultische Neubil-dung"
- "Sinn und Widersinn des Dogmas"
- "Die geistigen und religiösen Grundlagen einer völkischen Bewegung"
- "Die Todesstrafe"
- "Der Gotteslästerungsparagraph"

In Absprache mit dem Verlag wollte Hauer die Zeitschrift zweimonatlich erscheinen lassen.[105] Dazu benötigte er eine Arbeitskraft. Dessen Arbeit sollte

---

102) Ebd., S. 2.
103) Ebd., S. 2.
104) *BA Hauer* 15, 210, Knoch an Hauer vom 31. 5. 1933.
105) *AKB*, Bundesbesprechung vom 7. 1. 1933, S. 2-3.

der beschlossene "Bundesamtmann" mit übernehmen. Die Köngener, die bisher alle ehrenamtlich gearbeitet hatten, schufen sich damit eine bezahlte Stelle. Sie leisteten sich einen Angestellten.

Das größte Hindernis für die Bewilligung des Bundesamtes war die Frage der Bezahlung. Nachdem der neue Verlag der *Kommenden Gemeinde*, der Kohlhammer-Verlag, zugesagt hatte, etwa die Hälfte des Gehaltes zu übernehmen, und weil die Kasse des Bundes es erlaubte, die andere Hälfte zu übernehmen[106], war die Bundesversammlung mit der Einführung eines Bundesamtes einverstanden. Dieses "Amt" erhielt Paul Zapp. Die Aufgabe Zapps bestand darin, im Interesse des Verlags die Auflagenzahl der Zeitschrift zu steigern. Er sollte kontinuierlich neue Zielgruppen wie Arbeitslager, pädagogische Akademien, Lesehallen, Bibliotheken usw. erschließen. Eine weitere Aufgabe sollte im Interesse des Bundes in der Mobilisierung der Mitglieder bestehen. Am 23. Januar 1933 schrieb Hauer an die Bundesleitung und die *Fördervereinigung*:

> "Ferner ist es mir heute nicht mehr möglich, in den verschiedenen Gauen des Reiches beim Treffen usw. zu sein. Und es wäre doch von großem Wert, wenn immer bei einem solchen Treffen einer dabei wäre, der die Lage im ganzen Bund übersieht. Ferner müßten meine Vorträge und Arbeitsgemeinschaften in Stuttgart noch in einer ganz anderen Weise auch organisatorisch betreut werden als es bis jetzt geschieht und geschehen kann. ... Endlich aber muß ich unbedingt im Dienste meiner Wissenschaft im Herbst 1934 für ein Jahr auf eine Forschungsreise nach Indien und Kaschmir (wozu mir der Urlaub schon gewährt ist). Es müßte dann jemand da sein, der die Arbeit der 'K.G.', des Freien Dienstes, des Bundes usw. wenigstens soweit fortführt, daß keine Unterbrechung eintritt".

Hauer hielt es im Januar 1933 "für nötig, daß vom Bunde aus eine ganz konzentrierte Arbeit geleistet wird in die verschiedenen Bereiche des deutschen Volkes hinein. Und dazu muß nun allerdings ein gewisses Minimum von Organisation geschaffen sein. Das gehört unbedingt zu der Möglichkeit, überhaupt wirken zu können."[107]

Zu Beginn des Jahres 1933 hatte er weitreichende Pläne sowohl mit der Zeitschrift, mit dem Bund als auch mit seinen Vorträgen. Um diese Vorhaben erfüllen zu können, brauchte er tatsächlich eine bessere Organisation, vor allem also einen Organisator. Hält man diesen Vorstellungen die Realität als Kontrast dagegen, also die Mitgliedergröße des Bundes, muß man sich fragen, in-

---

106) *BA Hauer* 15, 155, Hauer an die Bundesleitung und die Fördervereinigung vom 23. 1. 1933.
107) Ebd.

wieweit Hauers Pläne nicht illusorisch waren. Im Sommer 1933 hatte Paul Zapp eine Umfrage unter den Köngenern gemacht. Von etwa 400 Mitgliedern antworteten nur 120.[108] Man kann also davon ausgehen, daß nur 120 Mitglieder Interesse am Bund hatten, wobei der wirklich aktive Kreis noch kleiner war. Mit diesem wenigen Leuten hatte Hauer eine "Wirkung ins Volk hinein" vor, mit Leuten, die meist im Beruf standen. Mitarbeiten konnte da nur einer, der Idealist war und über nötige Freizeit verfügte.

Die Pläne Hauers, die er schon vor Hitlers Amtsantritt hatte, deuten trotz dieser Organisation eher auf einen religiösen Werbeverein hin als auf die Gründung einer neuen Religionsgemeinschaft. Hauer wollte durch sein Wort wirken, wozu er seine Köngener als Helfer und Multiplikatoren brauchte. Er suchte sich immer wieder neue Foren, auf denen er seine religiösen Überzeugungen weitergeben konnte. Zur Jahreswende 1932/33 hatte Hauer sich als ein neues Forum die "neugermanische" Bewegung ausgesucht. Dies scheint aber bei den meisten Köngenern zu dem Zeitpunkt unbekannt gewesen zu sein, denn in Hauers Schriftverkehr mit Köngenern findet man keine Spur einer Erwähnung der Kontakte mit den *Neugermanen*. Vermutlich haben diese Kontakte erst durch die nachfolgenden politischen Ereignisse bis hin zur Gründung der ADG diese historische Bedeutung erlangt, die sie heute für uns haben.

Der Plan, die *Kommende Gemeinde* in Arbeitslagern, Akademien, Lesehallen und Bibliotheken bekannt zu machen, zeigt, daß die Köngener ihr Publikum vor allem in jugendbewegten und alternativen Kreisen suchen wollten. Es handelt sich bei den Akademien und Lesehallen nämlich um solche Einrichtungen, wie sie von der Jugendkulturbewegung um Wyneken und Bernfeld[109] kreiert worden waren. Die Arbeitslager waren Einrichtungen der Jugendbewegung gewesen. Die Bibliotheken gehörten zur etablierten bürgerlichen Lesekultur. Es gibt Hinweise darauf, daß Zapp versucht hat, den Plan zu realisieren: er versuchte im Boberhaus in Löwenberg/Schlesien, dem Haus der "Kreuzfahrer" um Hans Dehmel und Hans Raupach, die er von der "Deutschen Freischar" her kannte, die *Kommende Gemeinde* als Abonnement zu verkaufen.[110] Auch Hauer selbst warb für den Bund und die Zeitschrift, wie folgendes Beispiel zeigt: Irgendwann im Februar 1933 hielt er einen Vortrag in der evangelischen Kirchengemeinde "Nicolai" in Bielefeld. Eingeladen hatte ihn der Köngener Hans Deppe, der dort als Ortsgeistlicher eine Vortragsreihe veranstaltet hatte, in der u. a. von Soden, Prof. Ritter aus Freiburg und

---

108) *BA Hauer* 63, 58, Zapps Dienstbericht Nr. 7 vom 17. 10. 1933.
109) Vgl. U. HERRMANN, "Die Jugendkulturbewegung", in: TH. KOEBNER, U. A. (HG.), *"Mit uns zieht die neue Zeit". Der Mythos Jugend*, S. 224-244.
110) *BA Hauer* 15, 2, Zapps Dienstbericht Nr. 1 vom 27. 4. 1933.

Schoeffel aus Hamburg gesprochen haben. Deppe ging es dabei vor allem darum, dem beginnenden Einfluß der *Deutschen Christen* und der Barthschen Theologie, die von einer nur kleinen Gruppe in Bethel gelenkt wurde, entgegenzuwirken, indem er den Geist des *Köngener Bundes* seinen Bielefeldern vorführen wollte. Dazu lud er Hauer ein, der über das Thema "Der deutsche Geist und das Christentum" referierte. Deppe hatte den Vortrag so organisiert, daß es einen öffentlichen Vortrag gab und anschließend in einem kleinen Saal eine Aussprache. Durch eine Buchhandlung ließ er die *Kommende Gemeinde* und Hauers Bücher auslegen.[111] Zum Vortrag waren 100 Personen gekommen.[112]

Die Lage änderte sich nach den Reichstagswahlen vom 5. März schlagartig. Dies machte sich auch auf die Arbeit im *Bund der Köngener* bemerkbar. Alle Bundesangelegenheiten ruhten vorerst. Hauer und Daur trafen sich jetzt öfter, um die politische Lage zu diskutieren.[113] Paul Zapp war bereit, ab April das Bundesamt hauptberuflich zu übernehmen.[114] Hauer teilte dies Daur am 14. März mit. In diesem Zusammenhang schrieb er hinsichtlich der Köngener und des neuen Bundesamtes:

> "Denn was sich jetzt vollzieht, legt uns so schwere Verpflichtungen für die Zukunft auf, daß wir, wenn wir nicht an unserer Aufgabe fahnenflüchtig werden wollen, unsere ganze Kraft einsetzen müssen ... Ich stehe unmittelbar vor einer wichtigen Entscheidung mit Beziehung auf das neue Heft der KG, wo ich den Fall Bäumer aufgreifen und von unserer Seite her beleuchten wollte. Ja ich hatte sogar im Sinn, über Maßnahmen gegenüber Marxismus ein deutliches Wort zu sagen. Es ist mir allerdings schon mitgeteilt worden, daß ich damit rechnen müsse, daß die Zeitschrift sofort verboten würde. Wir sind also an einen Punkt angelangt, wo es stärkster Urteilskraft bedarf, zu entscheiden, wo Klugheit aufhört und Feigheit oder falsche Rücksichtnahme beginnt. Und damit meine ich auch Rücksichtnahme auf Bund, Zeitschrift und unser ganzes Werk."[115]

Gewarnt durch Hauer agierte auch Daur sehr vorsichtig. So fragte er Hauer nach dessen Urteil zu seinem Schreiben, in der er nach links wie rechts Kritik üben wollte. Dieser antwortete:

---

111) *BA Hauer* 40, 76-78, Deppe an Hauer vom 28. 1. 1933.
112) *BA Hauer* 40, 74-75, Deppe an Hauer vom 1. 3. 1933.
113) *BA Hauer* 15, 79, Daur an Hauer vom 3. 3. 1933.
114) *BA Hauer* 15, 77, Hauer an Daur vom 14. 3. 1933.
115) Ebd.

"Ich halte diesen Schrieb im Augenblick nicht für heilsam und zwar aus 2 Gründen: Den Leuten von links tust Du mit ihm keinen Gefallen. Sie werden nur die Predigt, die Du ihnen hältst, lesen und verstimmt werden, werden sagen: Dieser Pfaff stößt jetzt natürlich in dasselbe Hörnchen wie alle ... Dann aber wird von der andern Seite mißverstanden werden, wenn Du sagst: Wir wollen helfen, Euch das Reich der Gerechtigkeit zu bauen. In der politischen Erregung des Augenblicks wird nicht der religiöse, sondern der politische Ton herausgehört werden ... Anstatt dieser direkten Ermahnungen nach links und rechts im Augenblick lieber eine namenlose (ohne Namen zu nennen) Betrachtung an Hand von einer Anzahl von Kernsprüchen des Evangeliums und deutscher Männer über das, was deutsch ist und was christlich ist. Deutsch ist nicht kleinliche Rachsucht, deutsch ist nicht, wenn man den Sieg errungen hat, dem Gegner noch nachtragen, was er während des Kampfes verbrochen hat. Deutsch ist, aufs Ganze gesehen, ist adlige Gesinnung, ist ein grenzenloses Vertrauen in den deutschen Bruder".[116]

Im Monat April sah es für kurze Zeit so aus, als würde der *Bund der Köngener* verboten werden. Anlaß dafür wäre die Person J. W. Hauers gewesen. Er hatte nämlich in der philosophischen Fakultät der Universität Tübingen gegen die Verleihung der Ehrendoktorwürde an Adolf Hitler votiert.[117] Wie ihm von "einer maßgebenden Persönlichkeit" angedeutet worden war, hatte Hauer mit der Möglichkeit seiner Amtsenthebung und Inhaftierung zu rechnen, wenn er seinen Widerstand nicht aufgeben würde. An Zapp, dem er dies am 29. April kurz mitgeteilt hatte, gab er folgende Anweisung:

"Zunächst bitte ich um strengstes Stillschweigen, höchstenfalls um mündliche Mitteilung an einige ältere Köngener in Berlin. Wir müssen uns in diesem Fall darüber klar werden, was das Beste ist, um unsere Gemeinschaft vor der Vernichtung zu bewahren. Es ist selbstverständlich, daß ein Bund, dessen Führer von der jetzigen Regierung abgesetzt und in Schutzhaft genommen ist, den Angriffen nicht lange widerstehen kann. Ich bitte Dich deshalb, den Anschluß an den Reichsausschuß der deutschen Jugendverbände *nicht* vorzunehmen und zwar einfach dadurch, daß Du Dich zu dem betreffenden Termin nicht einstellst außer Du werdest dazu aufgefordert ... Wenn die Befürchtung, die ich hege, eintrifft, ist es das Beste, wir lösen unseren Bund formal auf und werden eine religiöse Gemeinschaft des Freien Dienstes, die sich irgendwie um mich gruppiert und zunächst unter sich Gemeinschaft hält. Es wäre selbstverständlich sehr gut, wenn, da auch Rudi Daur und Hermann Umfrid, vielleicht auch Karl Knoch gefährdet sind, ein Mann da wäre, der die Möglichkeit einer persönlichen Verbin-

---

116) *BA Hauer* 15, 75, Hauer an Daur vom 27. 3. 1933.
117) *BA Hauer* 16, 236, Hauer an Zapp vom 2. 6. 1933: "...mein Einspruch gegen den Ehrendoktor für Hitler...".

dung zwischen den Bundesgliedern und Kreisen möglich machte, nämlich eben Du".[118]

Einen Tag vor diesem Brief, am 28. April, hatte Zapp einen Eilbrief an Hauer geschrieben. Darin erwähnte er, daß er wegen der neuen Situation im Reich in Kontakt getreten sei mit dem *Bund für Volksdienst*[119] und dem *Reichsausschuß der deutschen Jugendverbände*[120], in dem der Bund der Köngener noch nicht Mitglied war. Der *Reichsausschuß*, der 1919 als Ersatz für die jugendpflegerische "Zentralstelle für Volkswohlfahrt" gebildet worden war, war am 5. April 1933 von der Hitler-Jugend gewaltsam besetzt worden. Baldur von Schirach übernahm den Vorsitz.[121] Unter dem Punkt "Einordnung des Bundes in die neue Situation" schlug Zapp Hauer vor, daß, wenn der Bund "überhaupt noch die Möglichkeit zum Wirken haben soll", alle "Entscheidungs- und Beschlußgewalt in diesen Tagen völlig bei Dir zentralisiert sein" sollte.

> "Ich bitte Dich dringend, dem Führungsprinzip entsprechend zu handeln, unbekümmert darum, ob vielleicht morgen oder übermorgen der eine oder der andere deshalb vom Bund abspringt. Es gilt jetzt, den Bund und seine Idee zu erhalten".

Weiter schlug er eine "Zentralstelle" vor, "an der alle Fragen des Bundeslebens zusammenlaufen, so daß es unmöglich wird, daß die Haltung des Bundes nach außen hin den Eindruck der Uneinheitlichkeit erweckt." Als Begründung führte er an:

> "Wir brauchen das als Bollwerk gegen den in den nächsten Tagen einsetzenden Angriff der Hitlerjugend, der für die Monate April/Mai angesetzt ist; wir brauchen das aber vor allem auch der Verhandlungen wegen, die wir in den kommenden Tagen oder Wochen mit den Behörden zu führen haben werden. Wir werden uns viele Schwierigkeiten aus dem Weg räumen, wenn wir nicht mit unbestimmten Formulierungen über unsere Organisation zu sprechen brauchen, sondern kurz und knapp die Führung und die Amtsstelle des Bundes bezeichnen können. Intern bleibt vorerst alles beim alten."[122]

Zapp argumentierte von den Beobachtungen her, die er in Berlin selbst gemacht hatte. Ihm ging es also nicht um die Durchsetzung eines neuen Füh-

---

118) *BA Hauer* 16, 241, Hauer an Zapp vom 29. 4. 1933.
119) Dahinter verbirgt sich im wesentlichen die *Schlesische Jungmannschaft* um Dehmel und Raupach: *BA Hauer* 15, 5, Zapps Dienstbericht Nr. 3 vom 7. 6. 1933.
120) Allgemein: KINDT, *III*, S. 1613-1619.
121) KINDT, *III*, S. 1613.
122) *BA Hauer* 16, 242-243, Zapp an Hauer vom 28. 4. 1933.

rungsstils aus ideologischen Gründen, sondern eher um die *Anpassung* an die neuen Erfordernisse. So schlug er vor, bis zur Kapitelsitzung an Pfingsten an der eben beschriebenen Führungsart festzuhalten. Dann sollte dort beschlossen werden, daß ein nach außen hin strafferer Führungsstil festgeschrieben werden sollte:

> "Die Führung muß umfangreiche Vollmachten erhalten. Sie darf höchstens 3-4 Leute umfassen, die nahe beieinander wohnen. Sie wird dauernd aus dem gesamten Reich unterrichtet und gibt ihrerseits Informationsberichte ins Reich hinaus. Ihre erste Arbeit ist die Feststellung der Richtung, in die der Bund geht und in welcher Weise er sich einsetzt. Die Führung wählt aus dem Kapitel einen Führerkreis aus, dem nur solche Leute angehören, die sich mit Opfer an Zeit und Mühe an der Arbeit wirklich beteiligen werden. Mit ihnen bildet sie eine dauernde Arbeitsgemeinschaft."[123]

Als Zapp diese verbesserte Struktur der Bundesführung vorschlug, war er gerade in der Werbetätigkeit für den Bund erfolgreich gewesen. Er hatte mit Werner Kindt, dem Herausgeber von *Wille und Werk - Pressedienst der deutschen Jugendbewegung*, vereinbart, daß dem Bund und dem *Freien Dienst* der *Nachrichtendienst* der *Artikeldienst* jener Zeitschrift offenstünde.[124] Werner Kindt und Hans Dehmel waren sehr wahrscheinlich die wichtigsten Informanten für die geplanten Aktionen von Regierungsseite aus: Dehmel arbeitete schon in der Regierungszeit Schleichers in der Pädagogischen Abteilung des *Referates für Arbeitsläger*. Unter der nationalsozialistischen Regierung wurde ihm jedoch die *Nationalpolitische Abteilung* entzogen. Werner Kindt war unter der Regierung Schleichers für ein "Referat über das Schrifttum der Arbeitsdienstbewegung" vorgesehen gewesen, das er unter der neuen Regierung nicht erhielt. Kindt war im April 1933 "noch im Vorstand der Arbeitsgemeinschaft der Mitarbeiter im Reichsverband der Deutschen Presse". Seine Einflußnahme war nach Zapps Auskünften gering.[125] Der Kontakt Zapps mit Kindt, Dehmel und Raupach stand im Zusammenhang mit dem Auftrag des Bundesamtes, für die *Kommende Gemeinde* neue Lesekreise zu erschliessen. Diese Männer, die alle aus der bündischen Jugendbewegung stammten, waren wegen ihrer Stellung als Verantwortliche für die Arbeitslager bzw. für Pressewesen die beste Anlaufstelle für die Köngener. Doch so erfolgreich die Verhandlungen mit ihnen gelaufen waren, so düster waren die Aussichten auf eine freie Entfaltung der Werbetätigkeit. Dehmel und Raupach planten gerade den Ausstieg aus der Arbeitslagerbewegung, weil sie sahen, daß darauf die

---

123) Ebd.
124) *BA Hauer* 15, 2, Zapps Dienstbericht Nr. 1 vom 27. 4. 1933.
125) Ebd.

NS-Regierung ihren alleinigen Anspruch geltend machen wollte, und Werner Kindt konnte Zapp mitteilen, daß die "Uniformierung der Presse" "mit Konsequenz" fortgeführt würde und daß "in den nächsten Tagen in der Presse ein Aufruf erscheinen würde, nach dem sich alle journalistisch tätigen Personen dem Reichsverband der Deutschen Presse anschließen sollten". Wer danach noch eintreten wolle, hätte kaum Aussicht auf Aufnahme, was bedeuten würde, daß er in der gesamten deutschen Presse nicht publizieren dürfe. Vorsorglich war Zapp dort eingetreten, was er auch Hauer empfahl.[126]

Bei den großen Plänen, die Hauer hatte, war dieser Schritt natürlich nur konsequent. Eine solche Meldung, wie sie Zapp aus Berlin nach Tübingen übermittelt hatte, erschreckte die Bundesführung. Man wußte ja von den vergangenen Wochen her, daß Zeitschriften verboten wurden, sogar die von Nationalsozialisten wie die Erich Röths, der in der Nachkriegszeit verbotenerweise Waffen für einen möglichen Aufstand der NSDAP gelagert hatte. Sein Urquell-Verlag und seine Zeitschrift *Die Kommenden* sollten nun liquidiert werden.[127] Evangelische Zeitschriften, die man als konservativ einordnete, waren vom Verbot durch das neue Regierungsgesetz verschont geblieben. Daur war darüber verwundert und vermerkte es in einem Brief an Hauer vom 3. März 1933: eine Zeitschrift wie *Heilig dem Herrn*, die im Februar "in Seligkeit" schwelgte, "daß endlich wieder einmal Gott die Ehre gegeben wird", wird nicht verboten, aber liberale wie der *Christliche Volksdienst* oder *Der Jungdeutsche* des Jungdeutschen Ordens. Daur schreibt weiter:

> "Es können sogar Zeitungen verboten werden, die frühere Äußerungen von Nationalsozialisten über die Mitglieder der jetzigen Regierung abdrucken. Bald werden Zeitungen verboten werden, die die berühmte Regierungserklärung noch einmal veröffentlichen oder dran erinnern, die ich übrigens für den Gipfel der Dummheit und Verlogenheit halte."[128]

All diese Erfahrungen und Mitteilungen ließen es als klug erscheinen, vorsichtig zu agieren. Aus diesem Grunde wurde auch nichts aus dem geplanten Heft der *Kommenden Gemeinde* zum Thema "Judentum". Hauer hatte eine solche Herausgabe noch Mitte April vorgehabt, wie seine Verhandlungen mit Dr. Hans Kohn in Jerusalem wegen seines Artikels zeigen.[129] Kohn hatte am 9. März von sich aus eine Mitarbeit abgelehnt.[130] In diesem Heft hätte auch Bu-

---

126) Ebd.
127) *BA Hauer* 40, 374, Röth an Hauer vom 22. 3. 1933.
128) *BA Hauer* 15, 79, Daur an Hauer vom 3. 3. 1933.
129) *BA Hauer* 40, 278, Hauer an Kohn vom 25. 4. 1933.
130) DIERKS, *Hauer*, S. 207 mit Anm. 208.

bers Vortrag "Israel und die Völker" aufgenommen werden sollen.[131] Daß Hauer gerade im April an diesen Plan heranging, hatte seinen Grund in der 1. Welle von Judenverfolgung im März 1933. Hauer wußte von Pfarrer H. Umfrid in Niederstetten/Württ., wie eine solche Verfolgung ablief: Umfrid hatte in seiner Predigt am Sonntag Laetare Partei für die Juden der Stadt, die kurz zuvor von SA-Schlägertrupps überfallen worden waren, ergriffen, was ihm von NS-Seite aus sehr verübelt wurde.[132] Am 7. April schrieb Umfrid an Hauer und forderte von der Kirche ein öffentliches Wort zu den Judenverfolgungen, sonst würde er aus der Kirche austreten. Der evangelische Oberkirchenrat in Stuttgart tat dies nicht. Als Umfrid im Krankheitsurlaub weilte, betraute er einen DC-Pfarrer mit der Stellenvertretung.[133]

All diese düsteren Nachrichten und Aussichten - die Forderung einer Reichskirche durch die *Deutschen Christen* fiel da kaum ins Gewicht - haben wohl dazu beigetragen, daß Hauer das "Kapitel" des *Bundes* am 5. Mai kurzfristig zu einer Sitzung auf den 7. Mai 1933 nach Tübingen einlud. Es waren nur die Schwaben anwesend, weil sie wegen des kürzeren Reiseweges am ehesten kommen konnten. Auf der Sitzung wurde beschlossen, sich als Jugendbund aufzulösen, um der Gleichschaltung zu entgehen. Die Jungköngener sollten in die "Einheitsfront der deutschen Jugendverbände unter der HJ-Führung" eintreten. Den Einzelmitgliedern wurde empfohlen, in den nationalen Organisationen mitzuwirken, der Bund aber sollte eine religiöse Gemeinschaft sein, "die ihre Aufgabe darin sieht, der geistigen und religiösen Erneuerung des deutschen Volkes zum Durchbruch zu verhelfen". Die Versammlung folgte Hauers Interpretation, wonach die bisherige evangelische Kirche bedeutungslos werden würde und die Bewegung "Deutsche Christen" zur Reichskirche werden würde, während die altgläubigen Christen sich zusammenschliessen würden. Die Möglichkeit, innerhalb der neuen Reichskirche mitzuarbeiten, wurde zu Gunsten der Möglichkeit aufgegeben, als Oppositionsgruppe weiterzubestehen. Die Köngener sollten sich mit solchen religiösen Gemeinschaften, die nicht in die Reichskirche gehen konnten, zu einer Gemeinschaft zusammenschließen. Hauer nannte dabei die Freireligiösen, die Dissidenten und die nordische Glaubensbewegung. Grundlage dieser neuen Glaubensgemeinschaft sollte das Bekenntnis zum deutschen Volk sein und die "Verantwortung vor letztthinniger Wirklichkeit". Es wurde eine Namensänderung vor-

---

131) DIERKS, *Hauer*, S. 207.
132) Vortrag EBERHARD RÖHM: "'Pfarrer Umfrid' - 'Juden' und 'Christen' in Niederstetten", gehalten auf der Jahrestagung des Vereins für württembergische Kirchengeschichte am 14. 9. 1983; vgl. auch DIERKS, *Hauer*, S. 223.
133) Ebd.

genommen in *Freundeskreis der Kommenden Gemeinde*. Damit sollte Außenstehenden die Möglichkeit geboten werden, Mitglied dieses Kreises zu werden, ohne in den Bund einzutreten. Der Personenkreis umfaßte somit den eigentlichen Bund, die Mitglieder des *Freien Dienstes* und die Lesegemeinschaft der *Kommenden Gemeinde*. Als juristische Person wurde die Fördervereinigung bestimmt. Alle Mitglieder erhielten ab sofort die "Kanzleimitteilungen". Am bisherigen Stand wurde in der Tat nichts verändert, denn die drei Kreise *Bund, Freier Dienst* und Lesegemeinde, blieben weiterhin so bestehen wie bisher. Nach außen sah aber alles wie eine Umstrukturierung aus. Die Arbeitskreise sollten wie bisher arbeiten, das heißt die *Theologen-Gilde* bearbeitete weiterhin liturgische Fragen, die Kreise suchten nach Zeugnissen indogermanischen Glaubens. Einzig die *Politisch-wirtschaftliche Arbeitsgemeinschaft* erhielt eine neue Aufgabe: "die juristische Frage der religiösen Gemeinschaft in Deutschland" zu bearbeiten. Hauer war beauftragt, die nächste Arbeitswoche mit führenden Männern des deutschen Geisteslebens zu planen.[134]

Die Bedeutung der eben beschriebenen Sitzung lag darin, daß der *Köngener Bund* - unter Druck von außen - sich formal von der Jugendbewegung löste, sich eindeutig für eine religiöse Gemeinschaft entschied und neben und in der Kirche einen eigenen religionspolitischen Weg einschlagen wollte. Am Protokoll fällt auf, daß die Sitzung ganz unter dem Einfluß Hauers stand: Alle seine Vorschläge wurden akzeptiert, selbst die Interpretation der kirchlichen Lage. Es scheint kein ernsthafter Disput entstanden zu sein, was auf eine Übereinstimmung aller mit Hauer schließen läßt. Eine Interpretation, wonach Daur und seine späteren Gefolgsleute die Lage grundsätzlich anders gesehen haben, geht von der heutigen Situation aus. Die spätere Trennung hat andere Gründe als die unterschiedliche Entwicklung Hauers und Daurs oder gar einer nationalsozialistischen Gesinnung Hauers. Selbst Daurs Einschätzung Hitlers unterschied sich nicht von der Hauers: Daur wie Hauer waren, wie oben gezeigt, keine Parteigänger Hitlers. Bestimmend für den Fortgang der Geschichte wirkten sich Tatsachen aus wie der unterschiedliche Beruf, der politische Druck und das Verhalten der evangelischen Kirche. Eine weitere Bedeutung dieser Sitzung: ab dem 7. Mai laufen die Fäden *Köngener Bund* und Völkische Bewegung, mit der Hauer seit mehreren Monaten in Kontakt gestanden hatte, zusammen. Hinzu kommen dann später die Freireligiösen. Hauer erhielt am 7. Mai das Placet für sein Vorhaben, eine Tagung der junggermanischen Bewegung einzuberufen.

---

134) *AKB*, Protokoll der Kapitelsitzung vom 7. 5. 1933; Brandenburg, Köngen, S. 133-134. Diese von Hauer geplante Tagung wurde schließlich die Gründungstagung der DG in Scharzfeld.

Hatten die Schwaben der Lagebeurteilung Hauers nichts Ernsthaftes entgegenzusetzen, was an der anders gelagerten kirchlichen Situation in Württemberg gelegen haben kann, so kam Kritik aus dem Norden. Hans Deppe bezeichnete Hauers Interpretation als "äußerst subjektiv" und teilte mit, daß die "Deutschen Christen" in Wahrheit nicht zur beherrschenden Richtung innerhalb der Kirche werden würden. Er beschrieb die Situation folgendermaßen:

> "Einmal versuchen die altkirchlichen Bekenntnisgruppen das Bild der Deutsch-Evangelischen Kirche zu bestimmen. Sie haben die wenigsten inneren und äußeren Beziehungen zu den 'Deutschen Christen'. Sodann sind die jungen Gruppierungen in die Erscheinung getreten (Berneuchner, Altonaer, Sydower Bruderschaft usw.), welche aber gute Beziehungen um den Kreis zu Müller-Weichert verfügen. Demgegenüber steht der innerlich radikalere Flügel von Hossenfelder usw. Dabei nehmen die Freunde der Deutschkirche kaum einen hervorragenden Platz ein. Hossenfelder kommt mit seinen alten 10 Thesen nicht durch. Der Kampf geht um die altkirchliche Front und die 'ganz neue dritte Front', 'Mittelgruppe', die aber keinen Kompromiß darstellt, sondern etwas ganz Neues"!"

Deppe gibt Hauer unmißverständlich zu verstehen, daß er bei einer nichtchristlichen *Kommenden Gemeinde* nicht dabei sein werde. Er wollte wegen der "Plattform der Begegnung" in der Kirche bleiben.[135]

Hauer ließ sich von anderem leiten. In einem Brief vom 11. Mai schrieb er an den Münchner Künstler Steppes:

> "Sie werden sehen, daß wir in einem halben Jahr soweit sind, daß jeder, der eine Stelle von Staats wegen in Schule, Hochschule, Kunstakademie usw. bekleidet, sich unter diese Reichskirche oder unter das katholische Joch zu beugen hat."

In diesem Brief rechtfertigte er die Schaffung einer nichtchristlichen Deutschen Glaubensgemeinschaft damit, "daß wir vielleicht noch unser Recht auch der Regierung gegenüber anmelden können."[136] Er sah, daß es nicht um eine Frage der Kirchenverfassung ging, sondern um die religiöse Freiheit für Gemeinschaften und Einzelpersonen, für die Dissidenten zum Beispiel, die nicht mehr auf der Grundlage des Christentums standen. Im Mai war schon abzusehen, daß auch die *Deutschen Christen* den Bekenntnisstand wahren wollten, daß sie also keinen Fortschritt über das alte Kirchentum hinaus bedeuten würden. Hauer wollte mit der Planung einer Deutschen Glaubensgemeinschaft für einen Eventualitätsfall vorbeugen. Dies, so scheint mir, legt der

---

135) *BA Hauer* 15, 98-99, Deppe an Hauer vom 19. 5. 1933.
136) *BA Hauer* 40, 435, Hauer an Steppes vom 11. 5. 1933; im gleichen Sinne auch *BA Hauer* 52, 245, Hauer an Mande vom 18. 5. 1933.

Brief an Steppe nahe. An etwas sei hier erinnert: Hauer hatte schon einmal zu entscheiden, ob er sich der christlich-kirchlichen Jugendbewegung um L. Cordier, W. Stählin, E. Stange usw. anschließen sollte oder der freideutschen Jugendbewegung. Er entschied sich damals schon gegen die christliche Jugendbewegung und trat der *Deutschen Freischar* bei. Warum sollte er sich der "Mittelpartei" anschliessen, hinter der dieselben Kreise wie damals standen? Hauer dachte damals im Mai 1933 schon nicht mehr in kirchlichen Kategorien. Meines Erachtens muß man hier Hauers Frage von der Arbeitswoche 1930 ernstnehmen, wie es darum steht, wenn sein eigenes religiöses Erlebnis höher bewertet wird als die Autorität Jesu oder des Evangeliums.[137]

## 3. Die Vorbereitung der Eisenacher Tagung

*a) Hauers Sondierung bei Völkischen, Freireligiösen und Freiprotestanten*

aa) Völkische

Ein Interesse an Germanischem bestand bei Hauer schon von Berufs wegen. Als Privatdozent und Professor hielt er Vorlesungen über die "Religionen der Menschheit". Als Gliederungsprinzip der Religionsgeschichte war in Tübingen ein ethnologisch-geographisches schon im 19. Jahrhundert von Professor Rudolf Roth eingeführt worden.[138] Dies wurde weitertradiert. So las auch Hauer über "Die orientalischen Religionen" (WS 1923/24) und über "Die Religionen der indogermanischen Völker" (WS 1928/29)[139]. Hauers Vorlesung vom SS 1932 über "Indogermanischer Glaube, eine religionsgeschichtliche Betrachtung der germanisch-indogermanischen Bewegung der Gegenwart (Tannenbergbund usw.)", mit anschließendem Kolloquium[140] verdient Interesse, denn hier behandelt Hauer religiöse Strömungen der damaligen Gegenwart. Das ist bei einem Fach, das sich gewöhnlich mit alten Religionen befaßte, ungewöhnlich. Auf dieses Thema ist Hauer vermutlich im Zusammenhang mit der

---

137) Vgl. S. 85 f.

138) *Archiv der Universitätsbibliothek Tübingen*, Mh II 149a Vorlesungsnachschrift von A. Widmann zu R. Roths Vorlesung, Allgemeine Religionsgeschichte, 1881.

139) Vorlesungsverzeichnis der Eberhard-Karls-Universität Tübingen WS 1923/24 und WS 1928/29.

140) Vorlesungsverzeichnis der Eberhard-Karls-Universität Tübingen, SS 1932.

Rezeption Indiens in verschiedenen Werken der damaligen Zeit gekommen, wobei an die Anthroposophie Rudolf Steiners[141] und die Werke von Mathilde Ludendorff zu denken ist. Gerade mit letzterer hatte er sich über deren Indienrezeption öfter bei ihren öffentlichen Vorträgen gestritten, zuletzt in Tübingen am 21. Januar 1932[142]. Diese Auseinandersetzungen waren später ein Grund, weshalb Ludendorff bei der Gründung der ADG nicht dabei war.

Im Zusammenhang mit der Vorbereitung zur Vorlesung vom SS 1932 hatte sich Hauer mit der völkischen Bewegung beschäftigt. Datieren läßt sich der Beginn schwer. In der Jugendbewegung war die Diskussion um den "Deutschen Glauben" schon alt, ebenso die über Deutschtum, Volk usw. Bei den völkischen Bünden war Hauer 1932 kein Unbekannter, wie aus den verschiedenen Einladungen zu völkischen Tagungen hervorgeht. Der *Jungnordische Bund* lud Hauer zur Pfingsttagung am 16./17. Mai 1932 auf die Burg Hohenstein in der sächsischen Schweiz ein[143]. Hauer wurde auch zum studentischen Rostocker *Germanentag* vom 21.-25. Juli 1932 eingeladen, auf dem Reventlow, Seraphin und Freyer neben holländischen, skandinavischen und bretonischen Vertretern teilnahmen[144]. Zu diesen Veranstaltungen ging Hauer nicht. Er entschied sich für die 8. Tagung der *Arbeitsgemeinschaft Vogelhof*, zu der Friedrich Schöll und Walther Warneck für die Zeit vom 31. Juli bis 12. August eingeladen hatten.[145] Bei diesem Kreis handelt es sich um einen Kreis von Idealisten, der sich finanziell selbst trug und tragen mußte. Einen Mäzen gab es nicht. Schöll finanzierte die Tagung, indem er für die "nicht redenden Teilnehmer" einen Beitrag von 10,- RM pro Woche festsetzte. Mit diesem Geld bezuschußte bzw. ersetzte er die Reisekosten derer, "die als freie Schriftsteller oder aus anderen Gründen darauf angewiesen" waren.[146]

Auf dem Vogelhof traf Hauer Paul Krannhals, Ludwig Fahrenkrog, Rudolf Walbaum, Georg Stammler, Wilhelm Schloz und Theodor Scheffer[147]. Disku-

---

141) Damit hatte sich Hauer schon 1921 auseinandergesetzt in seinem Buch *Werden und Wesen der Anthroposophie*, Stuttgart 1922.
142) *BA Hauer* 76, 60, Hauer an Frau Garbe vom 22. 1. 1933. Siehe auch: B. SCHÖNHAGEN, *Tübingen unterm Hakenkreuz*, Stuttgart 1991, S. 78 f.
143) *BA Hauer* 76, 148, Einladung zum Pfingsttreffen auf Burg Hohnstein, ohne Datum.
144) *BA Hauer* 76, 1; *Reichswart* 1932, Nr. 32 vom 2. 8. 1932.
145) *BA Hauer* 76, 227, Schöll und Warneck an "Gesinnungsfreund" vom 10. 2. 1932.
146) *BA Hauer* 76, 227-228, Schöll und Warneck an "Gesinnungsfreund" vom 10. 2. 1932, Bl. 228.
147) *BA Hauer* 76, 258, Teilnehmerliste der 8. Arbeitsgemeinschaft Vogelhof.

tiert wurden die "Grundlagen für eine innere Einheit des deutschen Volkes". Die Arbeitsgemeinschaft auf dem Vogelhof verstand sich als ein Forum für Führer von Gemeinschaften und für Lehrer, die miteinander an den religiösen Grundlagen arbeiten wollten. Auf der Tagung wurde - vermutlich von Hauer selbst - die Gründung eines *Deutschen Arbeitskreises* vorgeschlagen. Georg Stammler sollte die organisatorische Arbeit übernehmen. Da er aber bis Jahresende 1932 nichts in dieser Richtung unternommen hatte, ergriff Hauer selbst die Initiative[148].

Kurz nach der Tagung auf dem Vogelhof erschien im September 1932 in der Monatsschrift *Der Wille* ein Aufsatz von Hauer, in dem er seine Gedanken zu einer deutschen religiösen Gemeinschaft darlegte. Diese Monatsschrift wurde seit 1932 von Heinz A. W. Kuntze, Ostrau, im Wölund Verlag, Leipzig, herausgegeben. Als Verein stand der *Bund nationaler Schriftsteller* dahinter.[149] Hauers Aufsatz stieß bei einigen völkischen Lesern auf Widerspruch wie bei Marie Eckert von der *Deutschgläubigen Gemeinschaft*, die eine Entgegnung schrieb. Horst Posern, den Inhaber des Edelgarten-Verlages, störte Hauers Bemerkung,

> "daß die um Ewige Wirklichkeit Ringenden in beiden Lagern von einem geheimen Band umschlungen seien, weil auf beiden Seiten der Ton des Glaubens zu vernehmen sei, in dem das deutsche Volk auch bei entgegengesetzten Glaubensformen des Glaubens leben könne."

Posern fragte Hauer nach der Grundlage einer solchen Gemeinschaft. Aus seiner völkisch-rassistischen Sicht weist er mit recht darauf hin, daß der "Jude", der "Buddhist" und der "Neger" auch zu dieser Gemeinschaft gehören, weil sie die Voraussetzung für die Mitgliedschaft einer solchen Gemeinschaft besäßen. Dem Hauerschen "Ton des Glaubens" setzte Posern die deutsche Art entgegen. Zur Förderung dieses Gedankens, schrieb er an Hauer, habe er den *Bund für deutsche Art* gegründet. Im Unterschied zu den völkischen Bünden sei für die Erlangung der Mitgliedschaft kein Austritt aus anderen Bünden erforderlich.[150] Damit kam er Hauers und der Köngener Idee nahe.

---

148) Briefwechsel Hauer/Schöll: *BA Hauer* 76, 229-230, Schöll an Hauer vom 9. 1. 1933; *BA Hauer* 76, 222, Schöll an Hauer vom 21. 1. 1933. Die Briefe an Schöll fehlen im Nachlaß, vgl. auch *BA Hauer* 76, 257, Rundbrief vom Oktober 1932.

149) *BA Hauer* 58, 221-222, Kuntze an Hauer vom 16. 4. 1932; MOHLER, *Konservative Revolution*, S. 298; Ostern 1933 wurde "Der Wille" mit der "Bündischen Reichsschaft" vereinigt: *BA Hauer* 40, 1, Liste der Austauschexemplare der Kommenden Gemeinde, handschriftliche Notiz.

150) *BA Hauer* 76, 169-170, Posern an Hauer vom 10. 9. 1932.

Dr. Viergutz, Inhaber des Presseamtes beim *Orden der Nordungen e.V.*, nahm ebenfalls Hauers Aufsatz im *Wille* zum Anlaß, einen Kontakt mit diesem aufzunehmen. Er begrüßte Hauers Aufforderung zur Bildung einer "gemeinsamen Tagung der junggermanischen Bewegung". Für ein Gelingen empfahl er, der seit 1924 viel Erfahrung mit Einigungen im völkischen Lager hatte, nur Männer zu wählen, "deren Ansehen sich jeder gern beugt, gleichviel, welchem Bunde er angehört". Seine Mitarbeit und die von H. Flurschütz und A. Lahn sagte er zu.[151]

Ebenfalls im September 1932 faßte Hauer einen Rundbrief ab, in dem er die Leser mit "Liebe Freunde" anredete. Aus dem Inhalt geht hervor, daß es sich dabei um Mitarbeiter des oben erwähnten *Deutschen Arbeitskreises* handeln muß[152]. Hauer schlug als Vorgehensweise konkret vor, daß jeder Mitarbeiter sich an die ihm persönlich bekannten Persönlichkeiten der junggermanischen Bewegung wenden und versuchen sollte, sie für die Unterschrift zu einer gemeinsamen Tagung zu gewinnen. Bis Weihnachten 1932 sollten die Antworten an Georg Stammler geschickt werden. Im Falle, daß er sich außer Stande sähe, dies zu koordinieren, wollte Hauer diesen Part selbst übernehmen. Als Organisator wollte er auf jeden Fall nur so lange fungieren, bis die Tagung zustande gekommen und ein "Führer" gewählt worden sei, der er aber "auf keinen Fall" sein wollte. Bis Ende 1932 hatte Hauer recht konkrete Vorstellungen von einer zukünftigen religiösen Arbeitsgemeinschaft: Sie sollte ein Glaubensbund von Deutschen sein, die Völkischen sollten ein fester Bestandteil sein und Führer sollte ein anderer als Hauer werden. Ob aus diesem Vorhaben bei einem anderen Geschichtsverlauf als dem der folgenden Jahre ein auf Dauer angelegtes Sozialgebilde geworden wäre, ist vermutlich negativ zu beantworten.

Der Briefwechsel Hauers mit den Völkischen geriet Anfang 1933 ins Stocken, weil Hauer seine Arbeitskraft zum einen auf die Vor- und Nachbereitung der Kasseler Arbeitswoche und selbstverständlich auf seine hauptamtliche Tätigkeit an der Universität richtete. Zudem beanspruchte der neue Regierungsstil und die neuen Ereignisse viel Zeit und Aufmerksamkeit. Im völkischen Lager war im 1. Quartal 1933 das Buch Ernst Bergmanns *Die deutsche Nationalkirche* sehr positiv aufgenommen worden. Im *Reichswart* gab es eine Reihe von Berichten und Diskussionen dazu.[153] Die Forderung der *Deutschen Christen* von Ostern 1933, eine Reichskirche zu errichten, sowie die Verfolgung und Inhaftierung von Marxisten und Sozialisten bewirkte in außerkirchlichen Kreisen die Suche nach neuen Rechtsformen, um als Gemein-

---

151) *BA Hauer* 76, 159, Viergutz an Hauer vom 17. 9. 1932.
152) *BA Hauer* 58, 462, Hauer an Freunde vom September 1932 = *BA Hauer* 76, 257.
153) BARTSCH, *Wirklichkeitsmacht*, S. 45.

schaft überleben zu können. Ab Mai 1933 nahm Hauer seine ins Stocken geratene Korrespondenz mit den Völkischen für die Vorbereitung einer "junggermanischen Tagung" wieder auf und forcierte sie sogar.

### ab) Verband der Freireligiösen Gemeinden

Die Korrespondenz mit den Freireligiösen, von denen Hauer schon früher einige persönlich kennengelernt hatte[154], stammt vom Mai 1933. Schon Ende der 20er Jahre hatte Hauer den Gedanken, der auf Rudolf Otto zurückgeht, verfolgt, außerkirchliche Religionsgemeinschaften und kirchlich liberale Vereine zu einer Organisation zusammenzufassen, die die Amtskirche religiös läutern sollte[155]. Inwieweit dieses Motiv 1933 tatsächlich noch bewußt war und ob es ernstzunehmen war, ist heute schwer festzustellen. Ich gehe davon aus, daß dieses Motiv schon vor 1933 in die Idee der Köngener "Arbeitswochen" als dem Zentrum eines neuen religiösen Wirkens und in die Idee der "junggermanischen Tagung" Eingang gefunden hat. Das ursprüngliche Motiv war dann spätestens 1933 vergessen oder in Form der Bereitschaft, mit den Freireligiösen zusammenzuarbeiten, höchstens latent vorhanden. Diese Bereitschaft ist in einem Brief Hauers vom 25. April 1933 an den rheinhessischen freiprotestantischen Pfarrer Rudolf Walbaum dokumentiert. Dieser hatte als Vertreter des *Bundes der Köngener* an einer Führertagung teilgenommen, die der *Ring religiöser Revolutionäre* um den Nervenarzt Carl Strünckmann im April 1933 in Blankenburg/Harz abgehalten hatte. Dort war Walbaum mit dem Vorschlag aufgetreten, Hauer zum Führer derjenigen Glaubensgemeinschaft zu küren, die in Blankenburg sich zusammengefunden hatte. Hauer, der dieses Ansinnen mit der Begründung abgelehnt hatte, daß er Führer einer Gemeinschaft nur dann sein könne, wenn er die Gruppen kennen würde, was am besten über Arbeit bzw. in einer Arbeitsgemeinschaft geschehen könne, gab in diesem Brief zu erkennen, daß er aber "sehr erfreut" wäre, "wenn wir mit der Freireligiösen Bewegung zusammenarbeiten könnten und wenn eine Reihe von ähnlichen Bewegungen sich zusammenfinden würden". Eine neue Kirche beabsichtigte er nicht zu gründen, auch nicht im Sinne Bergmanns:

> "Ich möchte aber vorsichtig sein mit dem Ausdruck Deutsche Nationalkirche. Dieser Ausdruck ist heute schon von einem Bereich als Schlagwort akzeptiert

---

154) Zum Beispiel Prediger Schramm aus Wiesbaden: *BA Hauer* 45, 193, Hauer an R. Otto vom 24. 9. 1929, Prediger Elling aus Pforzheim seit der Tagung 1932 auf dem Vogelhof: *BA Hauer* 52, 293, Hauer an Pick vom 18. 5. 1933.

155) *BA Hauer* 45, 193, Hauer an R. Otto vom 24. 9. 1929.

worden, mit dem ich mich nicht ohne weiteres identifizieren möchte, obwohl ich selbstverständlich bereit bin, auch mit denen zusammenarbeiten. Ich glaube, daß die gesamte jung germanische Bewegung in irgendeiner Weise hier mit hereingezogen werden müßte."[156]

Vermutlich in Kenntnis von Hauers Vorhaben einer "junggermanischen Tagung" nahmen die Freireligiösen mit Hauer Kontakt auf. Kenntnis konnten sie haben, weil es Freireligiöse gab, die in verschiedenen völkischen und deutsch-religiösen Gemeinschaften Mitglied waren und dadurch am dortigen Informationsaustausch teilhatten.

Historisch relevant wurde die Einladung des Mainzer Predigers und Vorstandes des *Verbandes freireligiöser Gemeinden Deutschlands* Dr. Georg Pick. Am 15. Mai 1933 lud Pick Professor Hauer zur Verbandstagung auf den 25. Mai nach Rüdesheim ein. Als Grund für das Interesse der Freireligiösen am Kommen Hauers gab Pick die "Frage des Zusammenschlusses aller religiösen Bestrebungen, die sich nicht an das Christentum binden wollen", an. Als aktuellen Anlaß für den Verbandstag nannte er den Druck durch die Kirchen, "der sich im Rahmen der Schule zunächst auswirkt"[157]. Gemeint ist hier die Diskussion um die Bekenntnis- und um die Gemeinschaftsschule sowie die Frage der Kontrolle von Religionsunterricht und Schule überhaupt. Zum politischen Hintergrund dieses Briefes gehörte auch die Verfolgung und Inhaftierung von Sozialisten und Marxisten. Da einige freireligiöse Gemeindeleiter gleichzeitig auch Mitglied der SPD waren, wurden sie bei dieser Gelegenheit gezwungen, von ihren freireligiösen Ämtern zurückzutreten. Einige Gemeinden wurden sogar verboten. Dies traf u. a. die Gemeinde Karlsruhe, die vom badischen Innenministerium aus politischen Gründen verboten worden war, und die Gemeinde Konstanz, die die Polizeidirektion verboten hatte.[158]

Hauer wollte ursprünglich wegen seiner beruflichen Verpflichtung auf der Tagung nicht erscheinen. In seinem Absagebrief betonte er die Notwendigkeit des Zusammenschlusses aller religiöser "Kreise und Menschen, die sich nicht mehr an das alte christliche Bekenntnis binden können, ... um ihre Rechte im neuen Reiche geltend machen zu können" in Anbetracht der "Bestrebungen, eine gemeinsame Reichskirche oder auch nur eine gemeinsame evangelische Reichskirche zu schaffen". Als Grundlage für eine Zusammenarbeit bot Hauer folgende Formulierung an:

"Bekenntnis zum deutschen Wesen und Leben und Denken in Verantwortung vor letztinniger Wirklichkeit, so wie sie sich für uns vornehmlich in den großen

---

156) *BA Hauer* 52, 487, Hauer an Walbaum vom 25. 4. 1933.
157) *BA Hauer* 52, 295, Pick an Hauer vom 15. 5. 1933.
158) K. WEISS, *125 Jahre Kampf für freie Religion*, S. 170-171.

Gestalten eigenständigen deutschen Glaubens geoffenbart hat. Wir haben in diesen Gestalten deutschen Glaubens von den Mystikern bis auf Nietzsche Richtkräfte genug, die uns den Weg weisen und unser Leben und Gestalten tragen können."

Im Postskriptum machte Hauer dann das Angebot, auf die Tagung doch noch zu kommen, wenn er am Rande der Tagung sein mit Dr. Hans Fuchs und Rudolf Walbaum geplantes Treffen verbinden könne. Dies Treffen sollte eine "Konferenz im kleinen Kreise wegen der Tagung über die *Deutsche Glaubensgemeinschaft*" sein.[159] Dieses Treffen fand statt, wie aus Hauers Anwesenheit in Rüdesheim geschlossen werden kann.

Eine Kopie dieses Briefs an Pick schickte Hauer an den Pforzheimer freireligiösen Prediger Georg Elling. Darin legte er, wie aus einem Brief Ellings an Hauer hervorgeht, "Richtlinien" bei[160], die Hauers Ideen zu einer *Deutschen Glaubensgemeinschaft* beinhalteten. Elling und Hauer kannten sich seit der Tagung auf dem Vogelhof vom Sommer 1932[161]. Dieser war mit Max Gehrmann, dem Gemeindeleiter von München, befreundet und dieser wiederum sowohl mit Walbaum als auch mit Pick. Im Verein mit Elling und Walbaum war für Rüdesheim geplant gewesen, Pick zum "autonomen Führer zu proklamieren, um der Gefahr, daß nach sattsam bekannter alter Vereinsmethode debattiert würde, vorzubeugen." Durch das Verhandlungsgeschick des Leiters der Tagung, Dr. Sprenger, Gemeindeleiter vom Mainz, und durch das Auftreten Hauers "als eines geradezu im rechten Augenblick gottgesandten Vermittlers" waren die äußeren Bedingungen geschaffen, die den drei Freunden dann solches Vorgehen nicht nötig machten[162].

Zwei Dinge sind an der Rüdesheimer Tagung abzulesen: Ein Kreis von Freireligiösen, die teilweise schon vor der Tagung in Kontakt mit Hauer gestanden hatten, versuchten innerhalb des Verbandes der Freireligiösen im Sinne einer *Deutschen Glaubensgemeinschaft* zu wirken. Andererseits hat Hauers Erscheinen und seine vorgetragene Idee einer kommenden *Deutschen Glaubensgemeinschaft* großen Eindruck hinterlassen, bei einem, Gehrmann, sogar derart, daß er Hauer mit einem "Christus" verglichen hat. Als Wertschätzung konnte Hauer auch die Einladung des Gemeindeleiters von Offenbach a. M. zu einem Vortrag über "Die 3. Kirche im 3. Reich", der am 11. Juni stattfinden sollte, auffassen[163]. Die ganze Tagung war aus der Sicht Hauers als Erfolg zu

---

159) *BA Hauer* 52, 293, Hauer an Pick vom 18. 5. 1933.
160) *BA Hauer* 52, 64, Elling an Hauer vom 24. 5. 1933.
161) *BA Hauer* 52, 293, Hauer an Pick vom 18. 5. 1933.
162) *BA Hauer* 52, 114, Gehrmann an Hauer vom 20. 7. 1933.
163) *BA Hauer* 52, 309, Raab an Hauer vom 5. 6. 1933.

bezeichnen, denn auf ihr wurde ausgehandelt, daß Hauer auch im Auftrag des *Verbandes der Freireligiösen Gemeinden* einen Aufruf zu einer gemeinsamen Tagung "einer germanisch-deutschen Glaubensbewegung" formulieren sollte[164]. Dieser Aufruf wurde ganz am Ende der Tagung aufgesetzt, als schon einige Teilnehmer gegangen waren[165]. Vermutlich bei dieser Gelegenheit hatte Hauer H. Fuchs, einen Völkischen, nach einem längeren Gespräch davon überzeugen können, daß Einzelaktionen in der Öffentlichkeit ein schlechtes Bild abgeben würde[166]. Diese Ermahnung läßt darauf schließen, daß die Zusammenarbeit innerhalb der Völkischen schon recht weit gediehen war. Nicht nur die Freireligiösen waren von Hauer und seinem Plan angetan, sondern Hauer umgekehrt auch von den Freireligiösen: am 2. Juni schrieb Hauer unter dem Eindruck eines Vortrages des Tübinger Theologieprofessors Fezer über die Loccumer Besprechungen an Zapp, daß er, Hauer, wenn die Entwicklung der Kirche weiter so laufe wie bisher, den Freireligiösen beitreten und es den Köngenern auch empfehlen wolle[167].

ac) Bund der Freireligiösen Gemeinden Deutschlands

Die Idee der religiösen Erziehung des Proletariats verfolgte Hauer zunächst über Ernst Bergmann, dessen Buch in die Nähe des Häkelschen Materialismus gerückt worden war[168]. Ernst Bergmann war nach eigenen Angaben zu jener Zeit, Ende Mai 1933, an keine Organisation angeschlossen, doch wurde er ständig von seinen Lesern gedrängt, "einen Zusammenschluß herbeizuführen". Bergmann antwortete auf Hauers Angebot der Zusammenarbeit, er glaube,

> "daß wir zum mindesten versuchen müssen, uns zu einigen und zwar auf dem Boden der *völkischen Forderung*, die in der Freireligiösen Bewegung ja nicht im Vordergrund steht ..., die aber der nationalsozialistischen Ideenwelt gegenüber eine starke Waffe ist."

---

164) *BA Hauer* 62, 264, An die Männer und Frauen einer germanisch-deutschen Glaubensbewegung, ohne Datum; *BA Hauer* 52, 24, Hauer an Bergmann vom 2. 6. 1933.
165) *BA Hauer* 52, 450, Hauer an Taesler vom 10. 7. 1933.
166) *BA Hauer* 52, 24, Hauer an Bergmann vom 2. 6. 1933.
167) *BA Hauer* 16, 236, Hauer an Zapp vom 2. 6. 1933.
168) PFENNIGSDORF, *Die Deutsche Glaubensbewegung. Rosenberg, Bergmann, Wirth, Hauer* (Deutschtum und Christentum, H. 4, hg. von Wilhelm Knevels), Frankfurt 1933, S. 9.

Bergmann war, veranlaßt durch die Folgen der "Machtergreifung" Hitlers, inzwischen von seiner Konzeption einer deutschen Nationalkirche, die er im Sommer 1932 zu Papier gebracht hatte, abgerückt. Deswegen wollte er sich gern einmal über das Thema Nationalkirche mit Hauer unterhalten. Er schlug Hauer vor, in Leipzig Station zu machen, wenn er zu Hitler nach Berlin fahre, um diesem seine Pläne vorzutragen. Bergmann bot sich sogar an, als langjähriges NSDAP-Mitglied, Hauer zu Hitler zu begleiten[169]. Bergmanns Brief vom 27. Mai 1933 ist der früheste Beleg für Hauers Plan, mit Hitler über eine *Deutsche Glaubensgemeinschaft* zu verhandeln.

Hauer und Bergmann, beide keine Freireligiösen, schmiedeten gemeinsam Pläne über die Zukunft der Religion außerhalb des Christentums, wobei dem *Bund der freireligiösen Gemeinden Deutschlands* eine besondere Rolle zufallen sollte. Der Nationalsozialist Bergmann beabsichtigte mit Hilfe der völkischen Vertreter innerhalb der Freireligiösen, den *Bund der Freireligiösen* als Oppositionsgruppe gegen den Nationalsozialismus zu benutzen. Hauer sah in den Freireligiösen das Missionsfeld für seine Köngener, um "volkspädagogische Aufgaben" wie die "Erziehung für Glaube und für das Reich" zu erfüllen[170]. Letztlich ging es beiden Professoren um die Beerbung der Körperschaftsrechte des *Bundes der Freireligiösen Gemeinden Deutschlands*.

Mit dem *Bund der Freireligiösen* selbst kam Hauer nachweislich erst am 10. Juli 1933 in Kontakt, und zwar mit dem Bundesgeschäftsführer Carl Peter in Leipzig. Aktueller Anlaß könnte der Erlaß der sächsischen Regierung vom Juli gewesen sein, wonach alle freireligiösen Kinder zum Besuch des evangelischen Religionsunterricht verpflichtet wurden[171]. Dies war nur eine der vielen Repressalien, die der Bund der Freireligiösen zu erleiden gehabt hatte. In der Zeit vom 25. Februar bis zum 23. Juni haben die 149 Ortsgemeinden 56 Beschlagnahmungen von Vermögen, Sachwerten und Bürounterlagen, die meist mit Haussuchungen verbunden waren, 13 Verbote von Religionsunterricht, 11 Verbote von geplanten Jugendweihen und 11 Tätigkeitsverbote für Ortsgemeinden erlebt. Die Zuschüsse wurden überall gestrichen, 15 Gemeinden aufgelöst, 80 Mitarbeiter des Bundes verhört, 37 kamen in Haft und drei in ein Konzentrationslager. Unter diesen Umständen hatte der Bund, der während dieser Verfolgungszeit noch *Bund für Geistesfreiheit* hieß, geglaubt, sich den Repressalien durch Namensänderung entziehen zu können. Am 21. Mai nannte er sich in "Deutscher Freireligiöser Bund" um und dann noch einmal

---

169) *BA Hauer* 52, 25, Bergmann an Hauer vom 27. 5. 1933.
170) *BA Hauer* 52, 483, Hauer an Walbaum vom 18. 7. 1933.
171) *BA Hauer* 52, 276-278, Peter an Hauer vom 13. 7. 1933.

am 4. Juni in *Bund Freireligiöser Gemeinden Deutschlands*[172]. Immerhin brachte der Bund 60-90.000 Mitglieder mit - aber auch Streitigkeiten mit dem "Verband der Freireligiösen"[173]. Am Prozeß der Vorbereitung war der *Bund* nicht beteiligt. Er hatte auf der Wartburg-Tagung nur Vertreter als Beobachter entsandt[174].

ad) Freiprotestantismus

Im Mai 1933 korrespondierte Hauer mit dem Kieler Professor für Systematische Religionswissenschaft Hermann Mandel, einem Mitglied des *Bundes für deutsche Kirche*, wegen eines Artikels in der *Kommenden Gemeinde*[175]. Hauer schrieb darin auch von seinem Plan. Als Motiv seines Handelns bezeichnete Hauer die schlechte Aussicht für "Lehrer, Hochschullehrer und Beamte, sofern sie nicht Katholiken sind". "Offenbar" sei geplant, diese Personengruppe auf die Reichskirche zu verpflichten, schrieb er an Mandel am 18. Mai 1933. Weiter teilte er mit, daß er vorhabe, zusammen mit den "freireligiösen Gemeinden in ihrem deutschbewußten und echt religiösen Teil" eine "große gemeinsame Front zu schaffen entweder innerhalb der geplanten Kirche, die dann dieses starre Festhalten am Bekenntnis aufgeben müßte, oder wenn das nicht geht, außerhalb als eine eigenständige Deutsche Glaubensgemeinschaft."[176] Den Völkischen hatte Hauer nie solche Überlegungen mitgeteilt. Nachdem Hauer die religiöse Grundlage für seine Zusammenarbeit mit Mandel formuliert hatte, die mit der oben zitierten Formulierung an Pick[177] übereinstimmt, machte er den neuralgischen Punkt deutlich: "Hier ist allerdings von Jesus nichts gesagt. Aber vielleicht wissen Sie hier Rat." Zu bedenken gab er: "Doch dürfen wir nicht vergessen, daß das ausdrückliche Bekenntnis zu Jesus wieder so und so viele zurückhalten würde. Wir brauchen das nicht ins Bekenntnis zu nehmen."[178] Hauer beschrieb hier eine neue Bekenntnisge-

---

172) D. Bronder, *Die Geschichte des Bundes Freireligiöser Gemeinden bis 1945*, S. 83-84. Das Datum 4. Juni könnte im Zusammenhang mit dem Zugriff der Gestapo auf den "Verband proletarischer Freidenker Deutschlands" vom 2. Juni stehen: vgl. Jochen Christoph Kaiser, *Arbeiterbewegung und organisierte Religionskritik*, S. 331.

173) *BA Hauer* 52, 282, Pick an Hauer vom 24. 7. 1933; *BA Hauer* 52, 114-115, Gehrmann an Hauer vom 20. 7. 1933.

174) *AKB*, Teilnehmerliste der Wartburg-Tagung.

175) H. Mandel, "Deutsche Frömmigkeit", in: *KG*, 5. Jg., H. 4/5, S. 24-38

176) *BA Hauer* 52, 245, Hauer an Mandel vom 18. 5. 1933.

177) Siehe oben S. 119 f.

178) *BA Hauer* 52, 245, Hauer an Mandel vom 18. 5. 1933.

meinschaft auf der Grundlage des Christentums, das Bekenntnis zu Jesus Christus, das ja dafür konstitutiv ist, wollte er aus dem neuen Bekenntnis verbannen. Eine solche Konstruktion mußte sowohl mit Kirchenanhängern als auch -gegnern zu Konflikten führen.

Tatsächlich dachte Hauer in den Monaten Mai und Juni daran, möglicherweise auch innerhalb der Kirche zu wirken. In dieser Zeit faßte er die Flugschrift *Verfassungsänderung oder Revolution der Kirche? Ein offener Brief an den Deutschen Evangelischen Kirchenausschuß und an die Reichsleitung der Glaubensbewegung "Deutsche Christen"*[179] ab. Im Zusammenhang mit einem Treffen des *Entschiedenen Protestantismus* in Frankfurt a. M. etwa Ende Mai oder Anfang Juni 1933 und anschließenden Gesprächen mit den Köngenern, Hauers *Stuttgarter Arbeitsgemeinschaft* und der Dichterin Anna Schieber, die auf dem Frankfurter Treffen gewesen war, hatte er die Idee entwickelt, mit dem *Freien Protestantismus* zusammen eine "Kampfgemeinschaft" zu bilden,

> "die imstande wäre, die freie gläubige Haltung ... in der neu zu bildenden Reichskirche so zur Geltung zur bringen, daß wir nicht einfach eine geduldete Minderheit, sondern eine rechtskräftige anerkannte Bewegung innerhalb der großen protestantischen Gemeinschaft im Reiche sein würden."[180]

Herbert Grabert, der damals in Kiel lebte, bestärkte auf diesem Weg Hauer. Hintergrund seiner Vorschläge bildete der Streit in der evangelischen Kirche um die Person des zukünftigen Reichsbischofs, der nach der Wahl Friedrich Bodelschwinghs am 27. Mai 1933 eingesetzt hatte[181]. Grabert interpretierte diesen Streit vorsichtig als ein beginnendes "Schisma". Er persönlich hielt nichts von den "Deutschen Christen", da ihre Dokumente nach seiner Meinung "keine Grundlage für den religiösen Neubau, wie ihn die Wartburg-Tagung erstrebt", böte. "Sie kommandieren die SA und ihre Organisationen zu Kundgebungen und dabei denken diese Menschen in ganz anderer Richtung." Hauers Plan, innerhalb der Reichskirche zu wirken, hielt Grabert aus taktischen Gründen für richtig, obwohl nach seiner Einschätzung früher oder später eine "Secession" anstehen würde. Mit H. Fuchs war er der Meinung, daß man gegenwärtig nicht mehr ohne Kirche auskommen wollte. Deshalb und

---

179) Vgl. DIERKS, *Hauer*, S. 222.
180) *BA Hauer* 15, 149, ohne Adresse, vom 12. 6. 1933. Vermutlich handelt es sich um ein Rundschreiben an verschiedene Personen. Dieses Schriftstück war dem "offenen Brief" beigelegt mit der Bitte um Korrektur und gegebenenfalls Unterschrift. Vgl. auch DIERKS, *Hauer*, S. 222.
181) *BA Hauer* 40, 133, Grabert an Hauer vom 21. 6. 1933; vgl. dazu MEIER, *II*, S. 97; DERS., *DC*, S. 22.

weil er nicht glaubte, daß Hitler ausgerechnet Hauers neue Gemeinschaft den beiden streitenden Kirchenparteien als Alternative den Vorzug geben würde, empfahl Grabert Hauer, mit einer "Deutschen Kirche" zu beginnen. Eine solche hatte Fuchs, wie aus diesem Brief Graberts an Hauer hervorgeht, in einem Rundschreiben vorgeschlagen und ihre Organisation umrissen.[182] "Doch", schrieb Grabert,

> "was wird zu dieser Kirche alles zusammenlaufen, vor allem an 'Pfarrern'!! Aber es soll ja so sein, daß im Laufe der Zeit aus dem Affen der Mensch geworden ist."

Im selben Brief erkundigte sich Grabert, ob Hauer seine Idee der Verbindung einer "Deutschen Kirche" mit dem Proletariat weiterverfolgen würde - womit er auf das Anliegen der Comburger Tagung der Köngener vom Januar 1931 anspielte:

> "Aber hier müßte man sich erst einmal über die tatsächliche, heute ganz bestimmt grundverkehrt gesehene innere Lage des Proletariats klar werden. Der Atheismus-Krampf [sic!] hat sich unter dem äußeren Zwang natürlich nur verstärkt und *deutsche* Kirche ist ihm verlängerter Faschismus und deutsche *Kirche* ein traditioneller Schrecken, wenn er nicht bereits im Blute liegt."[183]

Graberts Kalkül war taktischer Natur: in das Spannungsfeld der streitenden Kirchenparteien hinein sollte eine "Deutsche Kirche" mit der religiösen Konzeption Hauers als Alternative hineingestellt werden. Er erhoffte sich für diese Kirche Zulauf, wenn auch für den Anfang vor allem von Pfarrern. Hauer wie Grabert und die Köngener überhaupt vertrauten ganz auf die religiöse Substanz als stärkstes Werbungsmittel. Die geringsten Chancen räumten sie den *Deutschen Christen* ein, gerade deshalb, weil ihnen diese religiöse Substanz, wie sie meinten, fehlte. Den Kreisen, die hinter Bodelschwingh standen, sprachen sie das nicht ab. Dies taten übrigens auch Hauer und viele andere in der späteren ADG nicht.

ae) Die Klärung des Teilnehmerkreises

Am 31. Mai 1933 schlug Hauer Professor Hermann Wirth seinen Plan in der Form vor[184], eine Konferenz von solchen Persönlichkeiten abzuhalten, die bei

---

182) Siehe S. 140.
183) *BA Hauer* 40, 133, Grabert an Hauer vom 21. 6. 1933.
184) Vgl. S. 116 f.

allen Völkischen in hohem Ansehen standen, aber keine Führer von Gemeinschaften waren. Hauer nannte die Namen Hermann Wirth, Graf Ernst von Reventlow, Ernst Bergmann, Bernhard Kummer und Gustav Neckel. Zu diesem Kreis wollte er die "verschiedenen Führer der nordischen und germanischen Kreise" einladen. Als ein Motiv für seine Initiative bezeichnete Hauer die Schwerfälligkeit der nordischen Kreise bei der Vorbereitung der junggermanischen Tagung, wie er sie auf dem Vogelhof vorgeschlagen hatte. Der unmittelbare Anlaß zu diesem Vorschlag war aber der beginnende Streit um die Person des Reichsbischofs[185]. Hier zeichnete es sich bereits ab, daß die evangelische Kirche auf keinen Fall vom alten Bekenntnisstand abrücken würde. Bemerkenswert an diesem Brief an Wirth ist, daß Ende Mai 1933 Hauers Plan der junggermanischen Tagung bei den Nordischen und germanisch-religiösen Kreisen keinen Anklang gefunden hatte. Aber gerade mit diesen wurde und wird Hauer besonders von den Kirchen identifiziert. Mehr Erfolge hatte Hauer dagegen bei den Freireligiösen Süddeutschlands.

Die Annahme wäre jedoch falsch, daß sich bei den Völkischen nichts getan hätte. Der "Kaffee-Hag-König" Roselius, ein großer Verehrer Hermann Wirths, hatte auf Pfingsten 1933 (4./5. Juni) zu einem *Nordischen Thing* nach Bremen eingeladen, wozu auch Hauer eingeladen war. In seinem Absagebrief vom 1. Juni - wegen einer wichtigen Sitzung der Köngener - bat Hauer Roselius, er möge den Versammelten den Vorschlag einer gemeinsamen junggermanischen Tagung bekanntgeben, und er solle dafür Sorge tragen, daß die Versammlung einen Vertreter bestimme, mit dem Hauer deswegen verhandeln könnte. Als Ort schlug er die Wartburg bei Eisenach vor und nannte als Zeitraum die nächsten zwei Monate[186]. Als Ansprechpartner für Hauer scheint Wirth bestimmt worden zu sein, denn dieser schrieb Hauer am 7. Juni: "Bevor also irgendeine Stellungnahme unsererseits erfolgen kann, ist es unbedingt erforderlich, daß Sie hierher kommen." Daß Wirth so sehr auf den Ort, Bremen, insistierte, hatte seinen Grund in seiner Ausstellung, die er quasi als Visitenkarte bzw. Programm der "Nordischen" verstand: "Andererseits müssen Sie die Ausstellung sehen, bevor Sie sich oder wir uns äußern." Von Wirth erfahren wir, daß Ernst Bergmann und Gustav Neckel beim *ersten Nordischen Thing* anwesend gewesen waren und daß Wirth mit Kummer aus persönlichen Gründen nicht zusammenarbeiten konnte und wollte. Kummer hatte Wirth nachgesagt, er habe sich an die "Juden verkauft" und seine Arbeit sei eine

---

185) *BA Hauer* 52, 526, Hauer an Wirth vom 31. 5. 1933.
186) *BA Hauer* 52, 349, Hauer an Roselius vom 1. 6. 1933.

"katholische Aktion"[187] - gleich zwei für einen Völkischen unüberbietbare Beleidigungen.
An Pfingsten 1933 veranstalteten viele Gemeinschaften und Bünde der Jugendbewegung ihre Tagungen. Viele Bünde lösten sich in Kenntnis der bevorstehenden Zwangsmitgliedschaft in der HJ formal auf und suchten nach anderen Lösungsmöglichkeiten. Auch die *Germanische Glaubensgemeinschaft* (GGG) scheint Schwierigkeiten mit der neuen Regierung gehabt zu haben, weshalb sich ihre Mitglieder zu Pfingsten trafen. Daß es für die GGG Probleme gegeben hat, ist aus einem Rundschreiben Georg Picks an die Freireligiösen zu schließen. Pick schildert die Lage so: Er war Anfang Juni auf dem Reichsinnenministerium vorstellig geworden, wo ihm versichert wurde, daß die Regierung mit dem *Verband der Freireligiösen* keine "religiöse Gleichschaltung" vorhabe, da er den deutschen Idealismus vertrete. Der Beamte äußerte sich jedoch über den *Bund der Freireligiösen* auch wegen dessen Namenswechsels und über die GGG sehr negativ[188]. Die GGG wie alle nichtkirchlichen Gemeinschaften erlebten die neue Kirchenpolitik gleichermaßen negativ. Daß Kinder, deren Eltern nicht Mitglied einer Kirche waren, zwangsweise in den evangelischen Religionsunterricht zu gehen hatten, führten die GGG und die Freireligiösen zusammen. Aus dem Brief O. Wenzel-Ekkehards an L. Fahrenkrog vom 5. Juli 1933 geht hervor, daß die GGG wie alle Dissidenten von diesen Regierungsmaßnahmen betroffen waren[189]. Wegen dieser gemeinsamen Notlage und wegen der Suche nach gemeinsamen Gegenstrategien war der Freireligiöse Georg Pick, wie er selbst schrieb, als Gast bei der GGG eingeladen worden[190] - ein Hinweis auch darauf, daß unabhängig von Hauers Unternehmungen die einzelnen Gemeinschaften im Mai und Juni 1933 untereinander in Kontakt und Austausch gestanden hatten.

Die erste Monatshälfte im Juni erbrachte eine gewisse Klärung über den Teilnehmerkreis der zukünftigen Tagung: Der *Freie Protestantismus* zeigte kein Interesse, die *Ludendorff-Bewegung* wollte ihre eigene Politik machen, und von Reventlow war bereit, mit Hauer zusammenzuarbeiten. Die Mitglieder des *Entschiedenen Protestantismus*, einem beim *Freien Protestantismus* angegliederten Verband, reagierten auf Hauers Bitte, seinen offenen Brief an den Kirchenausschuß und die *Deutschen Christen* mitzuunterzeichnen, mit ei-

---

187) *BA Hauer* 52, 525, Wirth an Hauer vom 7. 6. 1933. Seine Ausstellung war zuvor in Berlin gewesen. Sie sollte Wirths These dokumentieren, daß die kanaanäische Religion die Megalithkultur Nordeuropas sei.
188) *BA Hauer* 52, 287, Pick an Kollegen und Freunde vom 15. 6. 1933.
189) *BA Hauer* 53, 599-600, Wenzel-Ekkehard an Fahrenkrog vom 5. 7. 1933.
190) *BA Hauer* 52, 287, Pick an Kollegen und Freunde vom 15. 6. 1933.

ner fast einhelligen Ablehnung: nur Prof. Mandel, Pfarrer Hennecke und Kurt Leese unterschrieben[191]. Andererseits rückte Hauer von sich aus immer mehr von der liberalen Richtung des Freien Protestantismus ab. Daß er vom *Freien Protestantismus* wenig hielt, daraus hatte er schon länger kein Hehl gemacht[192].

Einen wichtigen Anstoß für Hauers Distanzierung von der Kirche gab der Vortrag des Tübinger Theologieprofessors Fezer über die näheren Umstände der Wahl Friedrich Bodelschwinghs zum Reichsbischof, den er am 2. Juni 1933 morgens um 6.15 Uhr gehalten hatte[193]. An diesem Tag schrieb Hauer unter dem Eindruck dieses Vortrags mehrere Briefe. Gegenüber Ernst Bergmann: "Ich habe heute morgen einen Vortrag von Fezer gehört ... und kam schwer bedrückt nach Hause über dieses Schauspiel, daß der Deutsche Protestantismus heute der Welt bietet." Und weiter schrieb er:

> "Denn wir müssen unbedingt jetzt an die Sammlung einer deutschgläubigen Gemeinschaft gehen, das zeigt die Entwicklung der evangelischen Reichskirche nur zu deutlich. Sie haben uns ja noch eine Atempause gelassen dadurch, daß sie sich jetzt streiten über die Person des Reichsbischofs."

Als Grund für eine Gründung einer neuen Religionsgemeinschaft nannte Hauer den Zwang der verschiedenen Kirchenparteien zum Bekenntnis, auf das sowohl die altkirchlichen Kreise wie auch die Deutschen Christen insistierten. Über die authentische christliche Kirche urteilte er:

> "Im übrigen muß ich ja sagen, daß wenn man die Evang. Reichskirche nach dem beurteilt, worauf sie zu stehen vorgibt, nämlich nach Evangelium und Bekenntnis, dann scheint mir von Bodelschwingh der wirkliche Vertreter des evang. Christentum zu sein. Und daran krankt ja die ganze Sache, daß man eine christliche Kirche machen will, die dann doch nicht recht als Gesamtheit den Mut hat, sich auf das Evangelium festzulegen, anstatt eine große Gemeinschaft deutscher Nation, um die auch ich schon lange kämpfe. ... Ich habe zwar noch einmal an die Vertreter des Freien Protestantismus, ... die Aufforderung gerichtet, für die Erklärung einer freien Gläubigkeit innerhalb der protestantischen Gesamtkirche zu kämpfen, da wir uns nicht mehr mit Halbwahrheiten und bloßem Geduldetwerden begnügen können. Ich weiß aber nicht, ob sie innerlich und äußerlich kräftig dazu sind. Wir, die wir nicht kirchlich und dogmatisch an das Christentum gebunden sind, müssen jedenfalls jetzt versuchen, eine gemeinsame Front zu bilden."[194]

---

191) *BA Hauer* 15, 67, Hauer an Daur vom 22. 6. 1933.
192) *BA Hauer* 40, 467, Hauer an Werckmeister vom 20. 10. 1932.
193) *BA Hauer* 52, 153, Hauer an Hennecke vom 2. 6. 1933.
194) *BA Hauer* 52, 24, Hauer an Bergmann vom 2. 6. 1933.

Ähnliches, wenn auch nicht so ausführlich, schrieb er an Pfarrer Hennecke[195] und Paul Zapp. Letzterem teilte er mit, daß er seit der Rüdesheimer Tagung in den Freireligiösen die Religionsgemeinschaft gefunden habe, die bereit wäre mitzumachen und auch die Anlagen dazu hätte, seine Vorstellung einer *Deutschen Glaubensgemeinschaft* in die Tat umzusetzen. Bei dieser Gelegenheit äußerte Hauer seine Überlegung, den Freireligiösen beizutreten und das Gleiche seinen Köngenern zu empfehlen[196]. Doch blieb er vorerst in der Kirche, wenn auch mit immer größer werdender Distanz zu ihr.

Mit der *Ludendorff-Bewegung* war man nur mittelbar in Beziehung gestanden, und zwar über Kleo Pleyer, der wiederum den Kontakt zu den Ludendorff-Anhängern über seinen Freund Fritz Hugo Hoffmann pflegte. Hoffmann war Führer der Ludendorffjugend. Doch war Pleyer nicht sonderlich zuversichtlich, daß die Ludendorffs bei der Wartburg-Tagung mitmachen würden, denn die Erfahrung in einer anderen Angelegenheit - Ludendorff hatte sich geweigert, sich an die Spitze der aufständischen Landvolkbewegung zu stellen - hatte ihm diese Skepsis nahegelegt[197]. Man kann davon ausgehen, daß die Ludendorffs über Hauers Unternehmung unterrichtet waren. Informationskanäle zu ihnen gab es genügend. Sicherlich war dem Hause Ludendorff auch schon der Aufruf zur Wartburg-Tagung, der seit dem 17. Juni kursierte, bekannt. Ludendorff reagierte - für die Öffentlichkeit als Reaktion auf Hauers Unternehmung nicht erkennbar - mit dem Vorschlag der Gründung eines "Reichsschutzverbandes freier, nichtchristlicher Glaubensrichtungen"[198]. Diese Gründung erfolgte in Anknüpfung an einen Artikel Reventlows und Johann von Leers im *Reichswart* vom 9. Juli 1933. Mathilde Ludendorff hatte dies in einem Brief an Reventlow selbst mitgeteilt und den Grafen gebeten, ihrem Verband beizutreten[199]. Die Organisatoren der späteren ADG folgten dieser Aufforderung jedoch nicht. Nach längeren Überlegungen verzichtete man ganz auf eine Beteiligung der Ludendorff-Bewegung.

Anders verhielt es sich mit dem Aufruf Georg Grohs im *Rig* zur Einigung aller Völkisch-Religiösen bzw. zu einer "Deutschen Nationalkirche" vom 14. Juni 1933[200]. Bei ihm kann man mit Sicherheit davon ausgehen, daß er von Hauers

---

195) *BA Hauer* 52, 153, Hauer an Hennecke vom 2. 6. 1933.
196) *BA Hauer* 16, 236-237, Hauer an Zapp vom 2. 6. 1933.
197) *BA Hauer* 52, 299, Pleyer an Hauer vom 12. 7. 1933.
198) BARTSCH, *Wirklichkeitsmacht*, S. 45.
199) *BA Hauer* 52, 335-337, Reventlow an Hauer vom 14. 7. 1933. Darin ist der Brief M. Ludendorffs (nur im Auszug?) zitiert.
200) *BA Hauer* 52, 72, Fahrenkrog an Hauer vom 14. 7. 1933; H. BUCHHEIM, *Glaubenskrise*, S. 172.

Initiative gewußt hatte, denn zu tief steckte er im völkischen Beziehungsgeflecht drin. Sein Motiv zum Aufruf war, mehr Mitspracherecht bei der Vorbereitung der Tagung zu erhalten. Wichtig für den Erfolg der Wartburg-Tagung war, daß der Herausgeber des viel gelesenen *Reichswart*, Ernst von Reventlow, Anfang Juni sich zu der sich abzeichnenden Gemeinschaft hinzugesellt hatte. Er stand schon vor dem 11. Juni mit Georg Pick in Briefkontakt[201], also noch bevor er seinen Artikel "Gleichberechtigung für deutsche Nichtchristen. Der evangelische Kirchenstreit" veröffentlicht hatte. Die Bedeutung dieses Artikels liegt darin, daß hier die Idee der Gründung einer von den Kirchen unabhängigen Glaubensgemeinschaft in einer breiteren Öffentlichkeit vorgestellt worden war. Eine andere Bedeutung war die, daß Hauer und Reventlow, den Hauer als einen Mitkämpfer schon länger im Auge gehabt hatte[202], in Briefkontakt traten[203]. Diese beiden waren es denn auch, die dem Ganzen ihr Gepräge aufdrücken sollten. Das Reservoir der künftigen ADG bestand, da die Ludendorff-Bewegung ausgeschlossen war, zunächst wenigstens aus den Freireligiösen, den Völkischen und Nordischen.

*b) Die Einladung*

Daß die deutsch-religiösen Gemeinschaften Hauers Vorstellung einer gemeinsamen "junggermanischen Tagung" nicht von selbst in die Tat umsetzten, läßt sich mit deren Desinteresse an einer Gemeinschaft, in der völkische, freireligiöse und kirchliche Gruppen zusammengeführt werden sollten, erklären. Auch bei den Freireligiösen sah es nicht anders aus. Solchen Ideen standen am ehesten die Köngener nahe. Wie die knappe Organisationsgeschichte der deutsch-religiösen, der freireligiösen und der jugendbewegten Kreise gezeigt hat, war der Wille zu einer "Bündigung" oder einem größeren Verband vorhanden, freilich immer im eigenen Milieu. Doch scheiterten alle Versuche immer wieder an den Gruppenegoismen.

Wie im vorhergehenden Kapitel gezeigt, wirkten verschiedene Ereignisse, deren Urheber in jedem Fall die nationalsozialistische Regierung war, quasi gemeinschaftsbildend. Seitens der Regierung war das so nicht beabsichtigt. Die

---

201) *BA Hauer* 52, 287, Pick an Kollegen und Freunde vom 15. 6. 1933. Vgl. auch DIERKS, *Hauer*, S. 227.
202) *BA Hauer* 52, 526, Hauer an Wirth vom 31. 5. 1933.
203) DIERKS, *Hauer*, S. 227.

späteren Mitgliedsgemeinschaften der DG waren als Gemeinschaften teilweise Objekt dieser Staatsaggressionen und reagierten aus einer Besorgnis heraus. Ihre Lesart der Ereignisse des Jahres 1933 war eine andere, als von manchen heutigen Kirchenhistorikern angenommen wird: auf dem Gebiet der Religion hätten wie in der Weimarer Republik und im Kaiserreich die alten Mächte, das heißt die beiden offiziellen Kirchen, das Sagen, und der Nationalsozialismus Hitlers ließe sich das Geschehen durch diese Kirchen aufzwingen. Indiz dafür war ihnen das Abkommandieren von SA-Bataillonen in die Kirche und die Wiedereintrittskampagnen in die Kirche. Diese Sichtweise war das primäre Motiv und nicht die Propagierung der Rassenideologie. Daß in dem Moment, in dem die Anzeichen für eine totale Klerikalisierung der Gesellschaft konkreter geworden waren, die Gemeinschaften aufeinander zuzugehen begannen, bestätigt das eben gesagte. Den Beginn dieses Prozesses kann man auf Ende Mai datieren, als innerkirchlich um die Person des zukünftigen Reichsbischofs gestritten wurde. Da war schon klar, daß es, egal welche Partei siegen würde, in Zukunft wie bisher auch eine Kirche geben würde, die den alten Bekenntnisstand wahren wollte. Nun wäre das weiter nicht aufregend, denn damit hatte man als Dissident in der Weimarer Republik einigermaßen leben können. Doch das Besondere lag jetzt darin, daß diese Frage des Reichsbischofs und der damit zusammenhängenden Reichskirche gekoppelt werden sollte an eine Art Zwangschristianisierung zumindest der staatlichen Beamten. Eine Gegenreaktion mußte angesichts dieser Lage kommen. Sie ist für uns faßbar in dem Aufruf, den Hauer in Absprache mit den Teilnehmern der Rüdesheimer Tagung vom 27. Mai 1933 abgefaßt hatte.

Der Aufruf war an "die Männer und Frauen einer germanisch-deutschen Glaubensbewegung" gerichtet. Es wurde auf die Tendenzen der "kirchlichen Neuordnung" und die damit zusammenhängende Notwendigkeit hingewiesen, daß die "Führer einer germanisch-deutschen Glaubensbewegung Fühlung miteinander nehmen, um womöglich eine gemeinsame Front zu bilden." Den Kirchen wird streitig gemacht, "die alleinigen Vertreter der Religion im deutschen Volk zu sein", "während diejenigen, die einer freien germanisch-deutschen Gläubigkeit zugehören, zurückstehen, als ob *sie* nicht auch Pflicht und Recht hätten, dem Deutschen Volke den Weg zu seinem Glauben zu weisen." Es wird dann zu einem Treffen am 29.-30. Juli auf der Wartburg eingeladen. Als Zweck wird angegeben:

"1) Persönliche Fühlungnahme als Vorbedingung einer vertrauensvollen Zusammenarbeit.
2) Bildung einer germanisch-deutschen Arbeitsgemeinschaft, die nach einem bestimmten Plan das Erbgut der Bewegung heben und Kräfte sammeln soll, damit dieses für das gesamte deutsche Volk wirksam gestaltet werden kann.

3) Besprechung der Frage, ob es an der Zeit und möglich ist, eine zusammenfassende Glaubensgemeinschaft anzustreben, die im neuen Reich die ihr zu kommenden Pflichten und Rechte tragen müßte."

Es wurde darauf gedrungen, keine "Zukunftsbilder" zu thematisieren, auch sollte keiner versuchen, seine Gemeinschaft als die zukunftsweisende zu propagieren. Es sollte lediglich eine gemeinsame Basis gesucht werden. "Die Schwierigkeiten, die uns umdrängen, sind groß. Wenn wir aber alle bereit sind zu Opfer und Dienst, wird der in uns drängende Schöpferwille unseres Volkes, den wir als Gottes Willen erkennen, sie meistern." Damit endete der Text. Unterschrieben hatten ihn: Bergmann (Leipzig), Bentmann (Heidelberg), Drews (Karlsruhe), Elling (Pforzheim), Fuchs (Darmstadt), Hauer (Tübingen), Pick (Mainz), Raschke (Bremerhaven), Sprenger (Mainz) und Walbaum (Alzey)[204]. Datieren läßt er sich nur grob, da ein Datum fehlt, auf die Zeit nach der Tagung, denn von den Unterzeichnern war als einziger Bergmann nachweislich nicht auf der Tagung[205]. Da Hauer und Bergmann in den Tagen nach der Tagung miteinander korrespondiert hatten, ist anzunehmen, daß Bergmann sein Einverständnis zur Unterschrift in jener Zeit gegeben hat. Von den zehn Unterzeichnern waren sechs Freireligiöse. Bergmann kann wegen seines Buches als Symbolfigur für die Nordischen gelten. Hans Fuchs hatte seinen Anhängerkreis im völkischen Lager gehabt. Pastor Raschke war mit seinem Buch *Revolution um Gott* in weiteren freiprotestantischen und freireligiösen Kreisen bekannt gewesen. Vom Unterzeichnerkreis kann also nicht behauptet werden, daß er nordisch-germanisch akzentuiert gewesen wäre.

Anders sah es mit dem Aufruf vom 17. Juni aus, dessen Wortlaut dem des ersten Aufrufs entspricht. Mit diesem Datum ist ein Beibrief[206] zum Aufruf versehen. Darin werden 42 Personen aufgefordert, ihre Unterschrift zur Einladung zu einer germanisch-deutschen Tagung zu geben. Außer den 10 schon erwähnten Namen stehen 32 weitere, die man sowohl als Adressen auffassen muß als auch als Symbole für weltanschauliche Positionen und für Gemeinschaften. Zu denen, die ihre Unterschrift nicht geben wollten, gehörten Arthur Bonus[207], Niels Diederichs (er hielt die Tagung zum Zeitpunkt nicht für

---

204) *BA Hauer* 62, 264, An die Männer und Frauen einer germanisch-deutschen Glaubensbewegung, ohne Datum.
205) *BA Hauer* 52, 24, Bergmann an Hauer vom 27. 5. 1933.
206) *BA Hauer* 62, 262 und 62, 263. Im gedruckten Text sind beide Schriftstücke identisch, nicht in den handschriftlichen Zusätzen!
207) *BA Hauer* 62, 262.

opportun)[208], Prof. Hans Friedrich Karl Günther[209], Erwin Guido Kolbenheyer[210], Paul Krannhals[211], Kurt Leese[212], Otto Siegfried Reuter (ohne Begründung, aber Zusage zur Mitarbeit)[213], Wilhelm Schäfer[214], Walther Warneck und General Ludendorff[215]. Hinter dem Namen des Generals war von Anfang an ein Fragezeichen gedruckt worden. Man kann deshalb davon ausgehen, daß er keine Aufforderung zur Unterschriftsleistung unter den Aufruf erhalten hat. Möglich, daß er ein solches Schriftstück dennoch gesehen hat und dann den Aufruf Hauers in einem Artikel in der "Volkswarte" vom 9. Juli in unschöner Weise, wie Hauer meinte, publik gemacht hat. Genau das war aber nicht die Absicht der Organisatoren gewesen. Sie wollten nach Möglichkeit nicht an die Öffentlichkeit zu gehen[216]. Gegen Ludendorffs Beteiligung an der Tagung gab es eine ziemlich breite Front. Dazu gehörten auch Reventlow und Hauer, der immerhin trotz seiner persönlichen Vorbehalte bereit war, diese zugunsten der Allgemeininteressen zurückzustellen[217]. Das stärkste Argument gegen Ludendorff führte Reventlow an: Ludendorff habe sich in seiner Zeitung über Hitler und andere nationalsozialistische Führer derart geäußert, "daß es einem Angehörigen der N.S.D.A.P. nicht möglich gewesen ist, mit den Ludendorffs am Verhandlungstisch zu sitzen." Und eine weitere Überlegung Reventlows: "Stände der Name der Ludendorffschen Sekte unter einer Eingabe an die nationalsozialistische Regierung, so halte ich für sehr zweifelhaft, wie die Stellungnahme dort sein würde."[218] Also weil Ludendorff eine Belastung darstellte, verzichteten die Organisatoren auf seine Beteiligung. Ludendorffs Veröffentlichung der Vorbereitung der Eisenacher Tagung hatte für ihn den unerwünschten Nebeneffekt, daß einige seiner Anhänger sich interessiert an die Organisatoren wandten[219]. Ein Weiterer, der den Aufruf nicht unterschreiben wollte, war Alfred Rosenberg, der durch seinen

---

208) *BA Hauer* 62, 262; BA Hauer 53, 69, N. Diederichs an Hauer vom 23. 6. 1933.
209) *BA Hauer* 62, 262.
210) *BA Hauer* 62, 262; BA Hauer 66, 465, teilweise zitiert bei DIERKS, *Hauer*, S. 226.
211) *BA Hauer* 62, 262; *BA Hauer* 52, 199, Hauer an Juga-Krannhals vom 17. 7. 1933.
212) *BA Hauer* 62, 262
213) *BA Hauer* 62, 262; BA Hauer 52, 316, Reuter an Hauer vom 18. 7. 1933.
214) *BA Hauer* 62, 262.
215) *BA Hauer* 62, 262.
216) *BA Hauer* 52, 199, Hauer an Juga-Krannhals vom 17. 7. 1933. Datierung des Zeitungsartikels bei BARTSCH, *Wirklichkeitsmacht*, S. 5.
217) *BA Hauer* 52, 333-334, Hauer an Reventlow vom 17. 7. 1933.
218) *BA Hauer* 52, 335-337, Reventlow an Hauer vom 14. 7. 1933.
219) *BA Hauer* 52, 333-334, Hauer an Reventlow vom 17. 7. 1933.

Sekretär die Ablehnung mitteilen ließ. Hauers Kommentar dazu: "Ich habe das erwartet, denn Rosenberg hat die letzten Jahre herein ja ständig um taktischer Erwägungen willen seinen Standpunkt zwar nicht ausgesprochen verleugnet, aber er ist jedenfalls nie mehr für ihn eingetreten."[220]

Von den im Beibrief aufgeforderten Personen haben folgende fünf Professoren unterschrieben: L. Fahrenkrog (Biberach/Riß), B. Kummer (Berlin), H. Mandel (Kiel), G. Neckel (Berlin) und H. Wirth (Doberan/Mecklenburg). Weiter hatten unterschrieben: Th. Fritsch (Graz), G. Groh (Schweinfurt), Hennecke (Hamburg), Prinz zur Lippe (Drogelwitz/Schlesien), Frau Merck (Darmstadt), Reventlow (Potsdam), Röth (Flarchheim/Thür.), Schloz, Schmidt (beide Korntal/Württ.), Schöll (Vogelhof/Württ.), Fr. Schultze (Berlin), Schwaner (Rattlar), Sexauer (Karlsruhe) und Stammler (Oppershausen/Thür.). Diese Unterzeichner waren im Beibrief[221] gebeten worden, innerhalb von einer Woche, das hieß vom 17. Juni ab also bis etwa Montag, 25. Juni 1933, Vorschläge zur Tagung zu machen und weitere Namen, die für eine Einladung in Frage kommen würden, zu nennen[222].

Es wurden bis zum 10. Juli in den beiden Planungsstellen Darmstadt und Tübingen jeweils 300 Namen genannt. Die Tübinger gingen davon aus, daß es sich weitgehend um die gleichen Namen handeln würde und daß Fuchs in Darmstadt etwa 100 Namen angeben könnte, die den Tübingern nicht genannt wurden. Insgesamt gingen sie von einer Anzahl von 400-500 Personen aus, die einzuladen wären. Hauer rechnete mit etwa 100 Zusagen[223].

Bis zu diesem Datum, 10. Juli, war folglich die Unterschriftenaktion beendet. Nun konnte man die Einladungen abschicken. Beim Vergleich der Namen der endgültigen Einladungen mit den Namen der Einladungen, wie sie beim zweiten Aufruf vom 17. Juni zu finden sind, fällt auf, daß eine Akzentverschiebung im Personenkreis in Richtung auf Vertreter der Rassenkunde und des nordischen und germanischen Gedankenguts geschehen ist. Festzumachen ist das etwa an Namen wie L. F. Clauss, dem Rassenseelenkundler, Heinrich von Pudor, Theodor Scheffer oder Prof. Schultze-Naumburg. Streichen ließen sich Pfarrer Hennecke, aber auch Hermann Wirth. Neu hinzugekommen sind Kleo Pleyer, Carl Strünckmann und Ernst von Wolzogen[224], um nur drei Bedeutendere zu nennen. Wegen der besagten Akzentverschiebung zog Wilhelm Teudt seine ursprünglich gegebene Unterschrift wie-

---

220) *BA Hauer* 52, 136, Hauer an Groh vom 11. 7. 1933.
221) *BA Hauer* 62, 262, Beibrief zum Aufruf vom 17. 6. 1933.
222) Ebd.
223) *BA Hauer* 58, 445, ohne Absender, sicher nicht Hauer, an Zapp vom 10. 7. 1933.
224) *BA Hauer* 62, 260, Aufruf zu einem Treffen der gesamten germanisch-deutschen Glaubensbewegung auf der Wartburg am 29./30. Juli 1933.

der zurück. Ihm lag eine germanisch-deutsch-christliche Arbeitsgemeinschaft sehr am Herzen[225] wie auch Wilhelm Schwaner[226]. Um Teudts Unterschrift für die Einladung zu sichern, versuchte Hauer seine Strategie zu erklären:

> "Ich glaube nicht, daß es gut gewesen wäre, wenn wir germanisch-deutsch-christlich gesagt hätten. Denn damit hätten wir alle die ausgeschieden, die sich nicht mit dem Christentum identifizieren können ... Ich bin auch Ihrer Meinung, daß wir Vorbereiter einer neuen Reformation sein müssen. Aber dann muß dies eine Reformation sein, die in erster Linie aus dem Zentrum und nicht aus dem Zentrum des Christlichen geschieht. Daß das Christliche und vor allem Jesus als lebendiger Geist hier mitwirken wird, davon bin ich überzeugt".[227]

Hauer blieb mit seinem Werben erfolglos.

Es scheint für das Gelingen der Tagung weniger wichtig gewesen zu sein, ob es germanisch-deutsch oder germanisch-deutsch-christlich deklariert wurde. Vermutlich hätte sich dann nur der Personenkreis etwas verschoben. Viel wichtiger war, ob Nationalsozialisten beteiligt waren oder nicht. Diese Vermutung legt eine Bemerkung Hauers an Georg Groh nahe[228]. Ende Juni war man in der Durchführung der Tagung schon so weit fortgeschritten, daß man bei verschiedenen Ministerien vorgefühlt hatte, inwieweit sie der Sache gewogen waren. Vom "wichtigsten" Ministerium hatte man noch keine Entscheidung. "Ein Ministerium, das sehr wichtig" war, hatte "sehr zur Vorsicht" geraten und sich selbst hatte man Zurückhaltung in der Öffentlichkeitsarbeit vor der Tagung auferlegt[229]. Das war der Stand vom 27. Juni. Doch kurze Zeit später konnte man wie oben erwähnt alles in Ludendorffs "Volkswarte" nachlesen.

Während die organisatorischen Vorbereitungen zur Eisenacher Tagung im Gange waren, schlug Georg Groh vor, diese auf der Coburg statt der Wartburg abzuhalten. In seiner Antwort an Groh nennt Hauer als Grund für die Wahl der Wartburg nicht, wie man meinen möchte, den Bezug zu Luthers Reformation, sondern die zentrale Lage[230]. Dies ist glaubhaft, denn es findet sich im Nachlaß und im Schrifttum Hauers kein Hinweis, daß er extra wegen

---

225) *BA Hauer* 52, 463, Hauer an Teudt vom 3. 7. 1933; *BA Hauer* 52, 450, Hauer an Taesler vom 10. 7. 1933.
226) *BA Hauer* 53, 504, Schwaner an Hauer vom 27. 7. 1933.
227) *BA Hauer* 52, 463, Hauer an Teudt vom 3. 7. 1933.
228) *BA Hauer* 52, 137, Hauer an Groh vom 27. 6. 1933. Um welches Ministerium es sich genau handelt, geht aus dem Brief nicht hervor.
229) Ebd.
230) Ebd.

dieses Symbolgehaltes diesen Ort ausgewählt hat. Doch ist es auch nicht auszuschließen, daß er die Wartburg wegen des Bezuges von Luthers Reformation zur "Vollendung der Reformation" in der Deutschen Glaubensbewegung ausgesucht hat. Entscheiden läßt sich das wohl nie.

Bei einem Teil derer, die zur Wartburg-Tagung kommen wollten, herrschte die Befürchtung, daß die Polizei oder die SA die Versammlung auflösen könnte. Um sicher zu gehen, daß dies nicht einträfe, bat Hauer am 11. Juli Professor Hans H. F. K. Günther, der wie gezeigt den Aufruf nicht unterschrieben hatte, zum thüringischen Ministerpräsidenten und zum Polizeipräsidium zu gehen, um anzufragen, ob Bedenken gegen die Veranstaltung bestünden[231]. Dieser Besuch beim Ministerpräsidenten war durchaus notwendig, denn Günther hatte an Hauer von einem Gespräch mit jenem berichtet, in dem der Ministerpräsident die Angst geäußert hatte, daß Marxisten und Freidenker "irgendwo Unterschlupf" in dieser neuen Gemeinschaft finden könnten. Hauers Besorgnis bestand, wie er Günther am 27. Juni schrieb, weniger darin, als viel mehr in der Art und Weise, wie die Kirchen reagieren könnten, wenn das publik würde:

> "Ich fürchte, die Kirche in ihrer Machtgier nützt die Gelegenheit so kräftig aus und die deutschen Politiker sind dieser geistlichen Diplomatie und Taktik so wenig gewachsen, daß wir eines Tages unter der schönsten Pfaffenherrschaft stehen, ehe wir's uns versehen. Man sagt immer: nur jetzt keine Beunruhigung, nur warten, bis alles gefestigt ist. Aber wer sich dann am meisten festigt, das ist die Kirche. Und ich glaube, gerade dagegen müssen wir angehen ... Wir können ja in unseren Richtlinien irgendwie den Satz aufnehmen, daß wir ein Bekenntnis zur Deutschen Revolution und zum Deutschen Volk verlangen."[232]

Von der Wartburg-Tagung hatte nicht nur der thüringische Ministerpräsident erfahren. Am 14. Juli hatte Reventlow ein Gespräch mit Rudolf Heß. Ihm erzählte er, daß sich Hauer vergebens um eine Audienz bei Hitler bemüht hätte. Reventlow gab Heß als Hauptgesprächspartner in Sachen Deutsche Glaubensbewegung Hauers Adresse an, sagte aber seine Gesprächsbereitschaft auch weiterhin zu[233]. Damit hatte Reventlow Hauers Position - mit Absicht - gegenüber der Regierung gestärkt und gleichzeitig Sorge getragen, daß andere Richtungen, die sich ebenfalls auf die Wartburg-Tagung vorbereiteten, wie zum Beispiel die Kreise um Hans Fuchs, schlechtere Aussichten als Hauer haben würden, bei Regierungsstellen vorgelassen zu werden. Zu Hitler ist

---

231) *BA Hauer* 52, 147, Hauer an Günther vom 11. 7. 1933.
232) *BA Hauer* 52, 149, Hauer an Günther vom 27. 6. 1933.
233) *BA Hauer* 52, 335-337, Reventlow an Hauer vom 14. 7. 1933.

Hauer trotz vieler Bemühungen nie vorgedrungen[234]. Seine Bemühungen liefen über Dr. Hans Fuchs und über Frau Geheimrat Merck, die mit Frau Wagner in Bayreuth befreundet war[235], einer Vertrauten Hitlers. Eine andere Verbindung zu Hitler versuchte die Dichterin Anna Schieber, eine Köngenerin, über das ihr befreundete Verlegerehepaar Bruckmann in München herzustellen[236].

Nicht nur Hauer und sein Köngener Mitarbeiterstab hatten sich auf die Tagung vorbereitet, auch die GGG, die Kreise um Groh und die um Fuchs. Die GGG arbeitete ein Programm einer "Tagung der arischen Glaubensbewegung" aus. Mit dem Wort "Bewegung" wollten sie bewußt "eine gewisse Gleichschaltung zum Ausdruck" bringen. Höchst aufschlußreich ist die Bemerkung desjenigen, der das Programm entworfen hatte, am Ende seines Briefes an Fahrenkrog: " - Gibt es noch freireligiöse Gemeinden ...?"[237] Dies zeigt, daß auf der Wartburg Gemeinschaften zusammenkommen würden, die sich zum Teil gar nicht kannten. Dr. Fuchs hatte Ende Juni seinen Satzungsentwurf an die "Nordungen" geschickt. Der "Nordunge" Viergutz hatte, als er den Entwurf zurückschickte, im Beibrief den Vorschlag gemacht, Reventlow zum 1. Vorsitzenden zu erklären und Hauer zum geistigen Führer[238]. Doch wie gerade gezeigt, hatte Reventlow diese Ambitionen nicht.

Die Einladungen waren am 15. Juli 1933 versandbereit. Anmeldungen zur Tagung mußten bis zum 22. Juli bei P. Zapp in Berlin eingegangen sein. Die Tagung sollte am Samstag 29. Juli eröffnet werden[239].

Die unvollständige Liste der Eingeladenen, die 224 Namen umfaßt und mit dem Buchstaben "R" endet[240], zeigt, daß sich mindestens 38 %, das heißt über ein Drittel, hauptberuflich in irgendeiner Weise mit weltanschaulichen Fragen beschäftigte. Es handelt sich hier um Berufe wie Schriftsteller, Dichter und Verleger (35 Personen), Professoren (27), Lehrer (13) und Pfarrer (11). Von den 224 Personen waren etwa ein Drittel promoviert. Aus anderen Berufszweigen kamen ein Jurist, drei Mediziner, drei aus der Industrie, fünf aus dem Militär und vier aus der Landwirtschaft. Bei der letzten Gruppe handelt es sich um Bauern aus der Siedlungsbewegung. Es waren auch einige Beamte (10), die nicht Lehrer waren, angeschrieben worden. Bei etwa einem Drittel

---

234) DIERKS, *Hauer*, S. 225.
235) *BA Hauer* 53, 106, Fuchs an Hauer vom 16. 7. 1933.
236) DIERKS, *Hauer*, S. 225.
237) *BA Hauer* 53, 599-603, Wenzel-Ekkehard an Fahrenkrog vom 5. 7. 1933.
238) Ebd.
239) *BA Hauer* 62, 261, Organisatorisches vom 15. 7. 1933.
240) *BA Hauer* 58, 463-465, unvollständige Liste der Eingeladenen ohne Datum.

konnte nicht herausgefunden werden, welchen Beruf sie bekleideten. Vermutet wird, daß in dieser Gruppe noch einige Lehrer und kleinere Beamte zu finden sind. An hochrangigen NS-Politikern hatten die Organisatoren Walter Darré, Alfred Rosenberg, Diedrich Klagges und Prof. Alfred Bäumler eingeladen. Eingeladen waren auch zwei Nationalsozialisten, die aus ihren Parteiämtern vertrieben worden waren: Arthur Dinter und Hanno Konopath, der bei der Gründung der "Deutschen Christen" 1932 zusammen mit Hossenfelder deren Richtlinien erarbeitet hatte, die den Anschluß zum *Bund für Deutsche Kirche* und ähnliche Gemeinschaften ermöglichen sollten[241]. Insgesamt kann gesagt werden, daß der Kreis der Eingeladenen der alten oberen Mittelschicht, dem Bildungsbürgertum, zuzuordnen ist.

*c) Die Abklärung der zukünftigen Organisationsform*

Schon sehr früh wurde Hauer mit einem Problem, das die Frage der Organisation betraf, konfrontiert, nämlich mit der Frage nach der Mitgliedschaft von Juden im nationalsozialistischen Sinn. Die Fragestellung kam von den Freireligiösen des Verbandes, die solche Glaubensgenossen als Mitglieder hatten. "Und hier", schrieb Hauer an Elling am 14. Juni 1933 zu dieser Frage,

> "liegt das schwere Problem vor uns, ob wir diese Schuld auf uns laden müssen um des Ganzen willen. Denn daß die meisten, die zur Deutschen Glaubensgemeinschaft kommen, gegen Juden als Mitglieder sich wenden werden, scheint mir ganz klar. Sind wir hier nicht imstande, einen Weg zu finden, so scheitert daran die ganze Sache."

Als Ausweg hatte er Dr. Pick, mit dem er schon darüber gesprochen hatte, vorgeschlagen, die Juden als "Gastsassen" in den Gemeinden zu belassen und sie vom aktiven Gemeindeleben abzuhalten. Hauer erkannte das Dilemma:

> "Auf der anderen Seite steht natürlich die religiöse Forderung, daß eine Gemeinde, die Gott dienen will, eben keinen Unterschied der Rassen haben sollte, wie es ja auch die *Kommende Gemeinde* will."

Hauer tröstete sich und Elling mit einem Erlebnis, das er öfters im *Bund der Köngener* gehabt hatte:

> "In unseren Bund sind im Anfang ab und zu Juden hereingekommen. Sie sind aber alle wieder freiwillig verschwunden. Nicht etwa, weil wir gegen sie un-

---

241) Vgl. SCHOLDER, *I*, S. 260-262.

freundlich waren oder sie gar weggewiesen hätten. Im Gegenteil ... Aber der Geist in unserem Bunde war so typisch deutsch, daß sie offenbar hier keine Heimat fanden und darum wieder von uns gingen."[242]

Der völkisch-ideologische Rahmen von Hauers Antijudaismus geht aus seiner Charakterisierung seines Verhältnisses zu Martin Buber hervor, wenn Hauer am 2. Juni 1933 an Pfarrer Hennecke schreibt:

"Ich stehe mit Buber ganz offen. Wenn er vom Allerinnersten Zeugnis ablegt, fühle ich mich mit ihm verbunden. So wie er es ablegt und besonders wenn er dann auf seine israelitische Auserwähltheit kommt, stehe ich ihm als Deutscher schroff entgegen. Das weiß er auch."[243]

Hauer setzte, wie das letzte Zitat deutlich macht, beim religiösen Individuum an: im religiösen Erlebnis, der Gotteserfahrung, sind alle gleich.[244] Diese religiösen Individuen schaffen besondere Gesellschaftsformen, die tradiert werden. Diese Formen interpretierte Hauer von der Biologie her. Er glaubte, daß es deutsche Formen des Zusammenlebens gibt, die sich von denen anderer Völker unterscheiden. Seine Meinung ist im Auge zu behalten, denn er greift immer wieder darauf zurück, unter anderem während der Wartburg-Tagung.

Als Organisationsformen der künftigen Gemeinschaft standen von Anfang an drei Modelle im Raum: die Arbeitsgemeinschaft, mit der Hauer geworben hatte, die "Deutsche Kirche", deren Verfechter Dr. Fuchs und Georg Groh waren, und ein Zweckverband, an den Reventlow gedacht hatte. Ursprünglich hatte man Fragen der Organisationsform erst auf der Tagung diskutieren wollen. Doch wurde dieses Thema plötzlich um den 18. Juli herum akut, weil bekannt geworden war, daß die Kreise um Fuchs und Groh eine kleine Tagung vor der Tagung einberufen hatten. Sie planten für den 29. Juli, daß der Kreis sich um 14.00 Uhr im "Thüringer Hof" in Eisenach treffen sollte, um die "Nationalkirche" zu gründen. Der Wortlaut des Telegramms an Hitler stand am 18. Juli bereits fest. Nach dieser Gründung wollte man zur Hauptversammlung um 17.00 Uhr gehen und dort die Gründung bekannt geben. Erfahren hatte das Hauer von den Initiatoren selbst[245].

---

242) *BA Hauer* 52, 63, Hauer an Elling vom 14. 6. 1933.
243) *BA Hauer* 52, 133, Hauer an Hennecke vom 2. 6. 1933.
244) Vgl. seine wissenschaftlichen Werke bes.: *Die Religionen. Ihr Werden, ihr Sinn, ihre Wahrheit.*
245) *BA Hauer* 52, 332, Hauer an Reventlow vom 18. 7. 1933; *BA Hauer* 52, 333, Hauer an Reventlow vom 17. 7. 1933.

Was unter *Deutscher Kirche* zu verstehen war, war weitgehend bekannt, denn der Initiator Hans Fuchs hatte am 22. Mai 1933 seine Vorstellungen in einem 2. Rundschreiben an seine Bekannten verschickt. Er wollte eine Gemeinschaft gründen, in der alle Einzelgemeinschaften ihre bisherige Gruppenidentität behalten sollten. Das Gewissen des einzelnen sollte nicht dogmatisch gebunden werden[246]. Daß Fuchs am Begriff "Kirche" festhalten wollte, begründete er folgendermaßen:

> "Gegenüber anderen Bezeichnungen, etwa 'deutsche Glaubensgemeinschaft', hat die 'Kirche' den Vorzug, im Bewußtsein der Allgemeinheit eine machtvolle Organisation darzustellen, während Gemeinschaften stark an Sekten erinnern."[247]

Konkret stellte er sich die Organisationsform so vor: Basis bilden autonome Gemeinden mit einem Pfarrer an der Spitze. Entsprechend von 12 Landschaften werden diese Gemeinden in 12 Landesgruppen eingeteilt. Jede Landesgruppe entsendet einen Vertreter in den Reichskirchenrat, der die inneren und äußeren Angelegenheiten regeln sollte. In Kultfragen wollte man sich an moderne Gegebenheiten halten. Nicht in Hainen wie bei den Germanen sollte der Gottesdienst stattfinden, sondern in "schlichten" Weihe-Häusern:

> "Von Waldbäumen überragt und umrauscht erhebt sich in Eisenkonstruktion auf schlichten Säulen ein kuppelförmiges Dach, mit mattblauem Glas gedeckt. Das Symbol der Weltesche. Im Winter werden die Zwischenräume zwischen den Säulen durch Türeinsätze ausgefüllt. Zentralheizung erwärmt den Raum."[248]

Gegen diese Konzeption einer "Deutschen Kirche" nahm sich Hauers Vorstellung einer Arbeitsgemeinschaft, in der jede religiöse Gemeinschaft und Kirche eine gleichberechtigte Stimme haben sollte[249], geradezu realistisch aus. Den pragmatischsten Standpunkt vertrat Reventlow mit seinem Zweckverband, den Hauer auch ohne weiteres mittragen konnte[250].

Nachdem Hauer von dem Vorhaben der Gründung einer Nationalkirche noch vor der Wartburger Hauptversammlung erfahren hatte, sowohl durch Fuchs, dem er daraufhin ein Ultimatum gestellt hatte[251], als auch durch

---

246) *BA Hauer* 52, 109-112, 2. Rundschreiben, S. 2.
247) Ebd.
248) Ebd.
249) Vgl. Hauers Flugschrift *Verfassungsänderung oder Revolution der Kirche?*
250) *BA Hauer* 52, 333, Hauer an Reventlow vom 17. 7. 1933.
251) Ebd.

Groh[252], unterrichtete er am 18. Juli 1933 Reventlow über seine Korrespondenz mit diesen beiden[253]. Hauers Brief erreichte Reventlow am selben Tag wie die Nachricht von Dr. Hans Fuchs, von einer Kirchengründung absehen zu wollen. Am Sonntag zuvor hatte Reventlow Besuch von den "Nordungen" gehabt, die ihm erklärt hatten, daß sie die Auffassung von Reventlow und Hauer vom "Wesen des zu erreichenden Zusammenschlusses" teilen würden[254]. Dies ist ein Hinweis, daß das Thema "Nationalkirche" in den verschiedenen Kreisen diskutiert worden war. Trotz des Einlenkens von Fuchs und Groh schrieb Reventlow am 20. Juli an beide. Er riet noch einmal dringend, von der Gründung einer "Kirche" abzulassen:

> "Unser Hauptzweck ist doch, die Gleichberechtigung der Nichtchristen vom Staate zu erreichen, das ist in der Hauptsache doch eine strategische und taktische Aufgabe. Tritt man als Nationalkirche auf, so ist das zunächst, den tatsächlichen Verhältnissen gegenübergestellt, eine Unwahrheit. Außerdem liegt in dieser Bezeichnung ein Anspruch, von dem ich beinahe fürchte, daß die maßgebenden Faktoren des nationalsozialistischen Staates ihn sich nicht gefallen lassen und vielleicht schon deshalb unsere berechtigte Forderung zurückweisen werden."

Die evangelische Kirche hätte da viel eher Anspruch auf die Bezeichnung "Nationalkirche". Es wäre bei dem Einfluß des "Pfarrer Müller" bei der Staatsführung leicht auszurechnen, auf wessen Seite sich Hitler stellen würde. Reventlow schlug als Namen etwas vor, was der Realität näher kommen sollte: "Bund : Deutsche Glaubensbewegung". Zum Schluß bat er beide, nur den einen Hauptzweck in Eisenach verfolgen zu wollen: "die Erreichung der Gleichberechtigung"[255].

In ähnlichem Sinn hatte auch Hauer schon an Groh am 17. Juli geschrieben. Er machte Groh klar, daß es sich bei "Kirche" um einen juristischen Begriff handele. Damit sei eine "öffentliche Körperschaft" gemeint. Für eine Gründung einer "Nationalkirche" bedürfe man deshalb der vorhergehenden Genehmigung durch die Regierung. Als Kompromiß schlug Hauer vor, erst zu tagen, und dann, wenn man immer noch überzeugt sei, die Nationalkirche zu gründen, die Genehmigung dazu bei der Regierung zu erwirken[256]. Groh ließ

---

252) *BA Hauer* 52, 332, Hauer an Reventlow vom 18. 7. 1933.
253) Ebd.
254) *BA Hauer* 52, 328, Reventlow an Hauer vom 19. 7. 1933.
255) *BA Hauer* 52, 330, Abschrift der Briefe Reventlows an Fuchs und Groh vom 20. 7. 1933.
256) *BA Hauer* 52, 132, Hauer an Groh vom 17. 7. 1933.

sich überzeugen: "Ich tröste mich mit dem Gedanken, ... daß Sie eine überstürzte Gründung vermeiden wollen", antwortete er am 20. Juli 1933 Hauer[257]. Mit diesem Kompromiß war das Problem lediglich vertagt. Das Treffen im kleinen Kreis wurde dennoch durchgeführt. Hauer und Reventlow überlegten es sich, ob sie zu dieser Besprechung nicht doch hingehen sollten. Auf alle Fälle war Bergmann dort anwesend[258].

Diese Auseinandersetzungen hatten Hauer und Reventlow derart zugesetzt, daß sie wenig Lust an der weiteren Arbeit hatten. So war Hauer am 18. Juli bereit, die Leitung der ganzen Arbeit an Reventlow abzugeben, um damit den Angriffen der Kreise um Fuchs und Groh auf seine Person zu entgehen[259]. Eine solche Veränderung in der Spitze der Organisationsleitung wäre von den Nordischen mit Sicherheit begrüßt worden, denn Reventlow war immer ihr Wunschkandidat gewesen. Die Nachricht Reventlows, daß es unter den Nationalsozialisten im Reichstag keine Dissidenten geben würde[260], ermunterte Hauer sicherlich auch nicht. Auf solche hatte er nämlich gehofft, um mit deren Hilfe die Anerkennung zu erreichen. Auch bei Reventlow stellte sich Resignation ein. Am 24. Juli bekennt er Hauer gegenüber:

> "Ich muß gestehen, daß die Lust nach Eisenach zu gehen, mir mit jedem Tag geringer wird ... Alle diese Leute wollen das Pferd vom Schwanz aufzäumen. Ich sehe schon ein endloses Gerede voraus, und daß jeder Einigkeit verlangt und dabei selbst ein Element von Uneinigkeit ist."

Er befürchtete, daß ein antichristliches "Propagandafeuerwerk" inszeniert werden würde, was er für etwas Grundfalsches und Unkluges hielt[261].

Am 25. Juli war Hauer dann schon wieder zuversichtlicher. Für die künftige Arbeit schlug er Reventlow ein "Dreimännerkollegium" vor: Reventlow, Hauer und Bergmann. Das Problematische an diesem Vorschlag war die Person Bergmanns, den Reventlow als Philosophen nicht schätzte. Trotzdem wollte Hauer bei diesem Vorschlag bleiben, weil dieser eine Autorität im nationalkirchlichen Lager darstellte[262]. Da später dieser Vorschlag unter der Bezeichnung "innerer Führerkreis" umgesetzt wurde, ist sicher, daß Reventlow seine Abneigung Bergmann gegenüber hintangesetzt hat.

---

257) *BA Hauer* 52, 131, Groh an Hauer vom 20. 7. 1933.
258) *BA Hauer* 52, 321-322, Hauer an Reventlow vom 25. 7. 1933.
259) *BA Hauer* 52, 332, Hauer an Reventlow vom 18. 7. 1933.
260) *BA Hauer* 52, 328, Reventlow an Hauer vom 19. 7. 1933.
261) *BA Hauer* 52, 323, Reventlow an Hauer vom 24. 7. 1933.
262) *BA Hauer* 52, 321-322, Hauer an Reventlow vom 25. 7. 1933.

Die ganze Diskussion um die Organisationsfragen hat Hauer und Reventlow enger zusammengeführt. Beide schätzten die Lage, wonach eine antichristliche Propaganda der Sache nur schaden könnte, durchaus richtig ein. Ihre Skepsis gegenüber den Nordischen war nur zu berechtigt, wie die Diskussion auf der Tagung zeigen sollte.

## 4. Die Eisenacher Tagung

*a) Die Hauptversammlung*

Am 29. Juli 1933 versammelten sich zur festgesetzten Zeit um 17.00 Uhr die Vertreter der eingeladenen Vereine und Gemeinschaften in Eisenach zur Hauptversammlung der Tagung der germanisch-deutschen Glaubensgemeinschaft. Nach einem einleitenden Vortrag schlug Hauer als Tagungsplan fünf Punkte vor:[263]

> "1) Welches soll das mindeste Ziel der Tagung sein?
> 2) Welche Möglichkeiten bestehen für einen Zusammenschluß der hier vertretenen Gemeinschaften und der Einzelnen?
> 3) Die grundsätzliche Frage, welche Gemeinschaften sich zusammenschließen können (Frage der Rasse, des Marxismus und des Christentums)
> 4) Das Verhältnis zum Staat und zum Führer
> 5) Aufbau der Gemeinschaft (Welche gemeinsamen Aufgaben sind zu erfüllen?)"[264]

Als der Gießener Privatdozent Prof. Schmied-Kowarzik (*Verband des Freien Protestantismus*) den Vorschlag gemacht hatte, die neue Gemeinschaft in eine germanische und eine christliche Sektion zu teilen, erhoben die Nordischen wie Prinz zur Lippe, Fahrenkrog, Kusserow, Kapitän zur See a. D. Müller-Berneck, Konopath und Reuter lauthals Widerspruch. Der Prinz formulierte ihn so: "Wir wollen uns freimachen von der inneren Bindung der Kirche." Hauer dagegen meinte, daß man das Ziel erst ausarbeiten müsse, und Reventlow sah als einziges Ziel der Tagung die Gleichberechtigung der Nichtchristen mit den Christen. Kusserow (*NRAG*) antwortete, daß die Grundlagen

---

263) *BA Hauer* 63, 31-38, Protokoll der Eisenacher Tagung der Deutschen Glaubensbewegung (29.-30. Juli 1933).
264) Ebd., Blatt 31.

nicht erarbeitet werden müßten, da sie bei der NRAG bereits vorlägen, und sagte zu Reventlow, daß die NRAG nur noch die Anerkennung benötige. Müller-Berneck brach darauf in heftige Emotionen aus und rief zur "Tempelreinigung" auf. "Nur mit Mühe kann ihm das Wort entzogen werden", vermerkte der Protokollant. Hauer wies Kusserow darauf hin, daß keine Gemeinschaft den Anspruch erheben dürfe, die Grundlagen für die neue Gemeinschaft zu besitzen. Darauf schilderte Kusserow die anerkannten rechtlichen Vorzüge der NRAG, und der ehemalige Ministerialrat Konopath riet, Kusserow unterstützend, keine zusätzliche "Dachorganisation" zu schaffen[265].

Muck-Lamberty (*Jugendbewegung*) und Friedrich Schöll (*Arbeitsgemeinschaft Vogelhof*) brachten die Debatte wieder auf die Frage nach der "Einbeziehung von Christen" in die neue Gemeinschaft. Sie zeigten sich als Sprecher für eine solche Einbeziehung. Mit dem Hinweis auf die "Seelennot vieler Deutscher" lenkte auch O. S. Reuter von der Organisationsfrage ab. Otto Petras forderte "Geistesfreiheit" in Anbetracht dessen, daß der Religionsunterricht allein den Kirchen zugebilligt worden sei. Darauf entgegnete A. Dinter, nachdem er erst einmal seine Geistchristenkirche vorgestellt hatte, von Hitler solle man nicht "Gewissensfreiheit" fordern, denn die habe er ja ohnehin schon gewährt. Johannes von Leers (*Adler und Falken* und in der Reichsleitung der NSDAP tätig) korrigierte, daß "Geistesfreiheit" ein liberaler Begriff sei und daß eine "Gewissens- und Bekenntnisfreiheit" schon bestünde. Das eigentliche Ziel müsse der Kampf darum sein, daß der nordische Mensch nicht in den "Geruch der Freidenkerei" komme. An dieser Stelle griff der Freireligiöse Dr. Pick in die Diskussion ein und rügte den wenig feinen Umgangston. Dann stellte er den Versammelten die Freireligiösen vor. Hauer erklärte daran anschließend die Bedeutung der Freireligiösen für die neue Gemeinschaft: ihre proletarischen Mitglieder[266].

Die Diskussion erbrachte die allgemeine Ablehnung der Mitgliedschaft von Christen in der neuen Gemeinschaft. Als Organisationsformen ergaben sich nun drei Möglichkeiten: 1) Ludendorffs Rechtsschutzverband (Vorschlag Gronaus vom "Wandervogel/Völk. Bund"), 2) die Freireligiösen und 3) der Nordische Ring, der schon sieben Organisationen umfaßte (Vorschlag Kusserows und Konopaths). Das aus der NSDAP ausgeschlossene ehemalige Mitglied Konopath gab zu bedenken, daß Hitler den Zusammenschluß aller Organisationen wünsche, aber nicht eine Neugründung. Hauer ließ die Versammlung diese Frage selbst entscheiden. Ludendorffs Rechtsschutzverband wurde abgelehnt, nachdem Reventlow dessen Entstehung geschildert hatte

---

265) Ebd., Blatt 31-33.
266) Ebd., Blatt 33-34.

und dem General alleinige Führungsabsichten nachgesagt hatte. Nachdem Hauer die Versammlung gefragt hatte, ob die Dinter-Bewegung aufgenommen werden könne, brach zwischen ihm und Dinter ein heftiger Disput aus. Schlichtend griff der Kieler Professor Hermann Mandel (*Bund für deutsche Kirche*) in den Streit ein. Da seiner Erfahrung nach viele innerhalb der Kirche auf den Ruf der Deutschen Glaubensbewegung warten würden, sollte denjenigen Christen, die in der Kirche arbeiten, die Mitgliedschaft in der neuen Gemeinschaft ermöglicht werden, damit sie innerhalb der Kirche für die Deutsche Glaubensbewegung werben könnten. Dieser Vorschlag stieß auf wenig Begeisterung, und so blieb Hauer als Resümee des ersten Tages übrig: "Wer sich zum Christentum bekennt, wird keinen Raum in der deutschen Glaubensgemeinschaft haben."[267]

Zu Beginn des zweiten Tages faßte Georg Stammler den Vortrag folgendermaßen zusammen: "Eine Reihe von geistig fertigen Kreisen haben uns gestern aufgewartet. Aber dieser Fertigkeit steht ein Stück urtümlichen Geistes gegenüber. Wir wollen uns aber nicht unter dem Zeichen der Fertigkeit zusammenschließen. Denn deutsches Volk ist ewig blutende Gewissenskraft." Nach diesen Worten schlug Reventlow vor,

"die Versammlung möge Hauer ermächtigen, 1. an die Reichsregierung sich zu wenden, 2. einige Persönlichkeiten zur Mitberatung hinzuzuziehen, 3. den Versammelten das Ergebnis mitzuteilen, 4. einen Ausschuß zur Förderung der Arbeit zu bilden."

Dr. Fuchs schlug darauf ein "Mindestmaß an Bekenntnis" vor. Hauer wurde zum Führer nominiert. Darauf eröffnete Hauer der Versammlung "zu deren größten Erstaunen, daß er bis zur Stunde noch nicht aus der Kirche ausgetreten sei." Nach seiner Rechtfertigung wurde Hauer nach seiner Parteizugehörigkeit gefragt. Darauf antwortete er, daß der § 24 des Parteiprogramms ihn vom Beitritt zur NSDAP abgehalten habe sowie das Verbot, in der Partei für die Deutsche Glaubensbewegung zu arbeiten. Im "Antrag auf Zustimmung zur Führerschaft Hauers" war die Forderung eingeschlossen, daß er anerkenne, daß der Führerrat zu mindestens 2/3 aus Mitgliedern der NSDAP zu bestehen hätte. "Hauer stimmt zu und stellt an die Versammlung die Frage, ob man ihm das *Vertrauen* schenke, ohne daß er sich von der Aufgabe zurückziehen müsse." Der *Nordunge* Arthur Lahn wollte dies verweigern. Erst nachdem Hauer versichert hatte, die Führung im Sinne eines "Sachverwalters" versehen wolle, stimmte auch Lahn zu.[268]

---

267) Ebd., Blatt 34-36.
268) Ebd., Blatt 36-37.

Aus dem Sitzungsprotokoll gehen die näheren Umstände zur Forderung der Besetzung des Führerrates mit 2/3 von Nationalsozialisten nicht hervor. Für die Vereinnahmung der ADG und DG ist diese Episode jedoch die wichtigste. Glücklicherweise findet sich dazu eine knappe Darstellung im Brief Otto Petras vom 11. August 1933. Der Forderung vorausgegangen war demnach die Bemerkung von Hans Fuchs, wonach die ganze Besprechung von der Regierung "gewünscht" sei, um "eine ihren Tendenzen entsprechende Organisation der Nichtchristen zu erhalten." Daraufhin - so Petras - hätte die in Eisenach versammelte nationalsozialistische Jugend die "Gleichschaltung" gefordert und auch erreicht.[269]

Nach dieser Entscheidung diskutierte man die Besetzung des Führerrates. Der "Falke" Stengel von Rutkowski forderte, daß die SA und die SS vertreten sein müßten. Dann stand noch einmal die Aufnahme der Freireligiösen, die laut Hauer nicht mehr "in die Kirche zurück könnten", zur Debatte. Lahn votierte dagegen, Reventlow wollte die "vorläufige Aufnahme" durchsetzen. Dr. Pick zeigte sich verstimmt. Arthur Dinter wollte dazu etwas sagen, doch ihm wurde das Wort entzogen. Nach dieser Diskussion schlug Hauer als vorläufigen Namen vor: "Arbeitsgemeinschaft Deutsche Glaubensbewegung". Da während der Diskussion abfällige Bemerkungen über Freimaurer und Marxisten gefallen waren und die Bedeutung des Arierparagraphen für die Deutsche Glaubensbewegung diskutiert worden war, umriß Hauer sein Verständnis der Aufgabe der Deutschen Glaubensbewegung: Unter den Freimaurern wie auch unter den Marxisten befänden sich Menschen, die

> "eine Sehnsucht nach einer religiösen Gemeinschaft in sich tragen ... An diesen Menschen ist eine wichtige pädagogische Aufgabe zu erfüllen. Diese Menschen müssen zurückgeführt werden zu Volk, Reich und Glauben."

Hauer wollte die Arbeitsgemeinschaft nicht als eine "peinliche Untersuchungskommission" verstanden wissen:

> "Wir sind für *organische* Ausscheidungen aller Kräfte, die ihrer ganzen Art nach es gar nicht bei uns aushalten können."

Dies gelte auch beim Arierparagraphen. "Die Arierfrage ist eine politische und wir haben es mit dem Religiösen zu tun." Nach diesen Ausführungen wurde Hauer zum "Führer und Bevollmächtigten akklamiert"[270].

---

269) *BA Hauer* 57, 198-204, Petras an Hauer vom 11. 8. 1933.

270) *BA Hauer* 63, 37-38, Protokoll der Eisenacher Tagung der Deutsche Glaubensbewegung (29.-30. Juli 1933).

Am Ende der Tagung setzte sich der Führerrat wie folgt zusammen: Prof. Ernst Bergmann (ohne Gemeinschaft), Prof. Arthur Drews (Verband der Freireligiösen Gemeinden Deutschlands), Dr. Wolfgang Elbert (Deutschgläubige Gemeinschaft), Prediger Georg Elling (Verband der Freireligiösen Gemeinden Deutschlands), Prof. Ludwig Fahrenkrog (Germanische Glaubensgemeinschaft), Prof. Hans H. F. K. Günther (ohne Gemeinschaft), Dr. Werner Kulz (Armane), Friedrich Wilhelm Prinz zur Lippe (Jungnordischer Bund), Arthur Lahn (Nordungen), Prof. Hermann Mandel (Bund für Deutsche Kirche), Margarete Müller-Senftenberg (Stille Front), Franziska von Porembski (NS-Rednerin), Otto Siegfried Reuter (Deutschgläubige Gemeinschaft), Graf Ernst von Reventlow (ohne Gemeinschaft), Friedbert Schultze (Nordische Glaubensgemeinschaft), Norbert Seibertz (Nordisch-religiöse Arbeitsgemeinschaft), Lothar Stengel von Rutkowski (Adler und Falken), Matthes Ziegler (Adler und Falken) und Prof. Hermann Wirth[271].

In der ersten Sitzung des Führerrates, die am Nachmittag des 30. Juli 1933 stattgefunden hat, war um die Person Sophie Rogge-Börners ein Streit entstanden, nachdem Hermann Wirth sie für den Führerrat vorgeschlagen hatte. Ihre Kandidatur hatte auch der Prinz zur Lippe unterstützt. Prof. Günther und J. von Leers lehnten sie "unter Hinweis auf die Ablehnung durch Minister Darré" ab. Nach diesem Argument zog Wirth seinen Vorschlag zurück. Der Prinz selbst war noch nicht in den Führerrat aufgenommen, hatte aber schon daran teilgenommen. Auf Antrag Lahns mußte der Prinz und Werner Kulz, der ebenfalls noch nicht in der Führerrat gewählt war, den Saal verlassen. Hauer bestimmte beide unter Hinweis auf das Führerprinzip zu Mitgliedern. Die Mitgliedschaft von Werner Kulz wollte Stengel von Rutkowski jedoch durch die Behauptung verhindern, Kulz gehöre der Geheimgesellschaft der Skalden an. Kulz konnte jedoch nachweisen, daß die Regierung gegen die Skalden nichts einzuwenden hätte. Arthur Lahn interessierte sich für die Freimaurer im Führerrat und notierte sich deren Namen. J. von Leers und Arthur Lahn setzten dann gegen die Bedenken Hauers und Bergmanns die Bezeichnung "arteigen" im Namen der neuen Gemeinschaft durch. Für eine Audienz bei Hitler wurde als Kontaktmann Jäger empfohlen. Der von W. Elbert verfaßte Text der Denkschrift an Hitler wurde akzeptiert[272].

Den Freireligiösen empfahl Bergmann in derselben Sitzung, sich statt "freireligiös" "deutsch-religiös" zu nennen. Darauf belehrte Hauer Bergmann,

---

271) *AKB*, Anwesenheitsliste. Die Zugehörigkeit der Mitglieder zu ihren Gemeinschaften wurde von mir ergänzt.
272) *BA Hauer* 63, 68-70, Protokoll der 1. Sitzung des Führerrates am Nachmittag, hier Blatt 68.

daß die Regierung selbst die Beibehaltung des alten Namens empfohlen hatte. Hauer teilte den Freireligiösen mit, daß er mit ihnen solange zusammenarbeiten wolle, "bis es nicht mehr geht." Auf Hauers Vorschlag hin, zwei Freireligiöse, nämlich Pick und Elling, in den Führerrat aufzunehmen, sprach sich Lahn gegen eine grundsätzliche Aufnahme von Freireligiösen aus. Doch lenkte er nach einiger Zeit ein und schlug an Stelle Picks Arthur Drews vor[273]. Daran schloß sich ein Gespräch separat der Versammlung an, an dem nur Hauer, Pick und Elling teilnahmen. Pick erklärte sich mit der Wahl Drews nur unter der Bedingung einverstanden, daß die Freireligiösen volle Gleichberechtigung in der Deutschen Glaubensbewegung zugesichert bekommen würden.[274] Wenn im Protokoll von den Freireligiösen gesprochen wird, ist in organisatorischer Hinsicht immer der bürgerliche Verband gemeint. Drews und Elling repräsentieren diesen Zweig der Freireligiösen. Geht es um die Frage der religiösen Erfassung des Proletariats über die Freireligiösen, so ist der "marxistische" Bund gemeint. Der ist aber im Führerrat nicht vertreten gewesen, obwohl der Vorsitzende Dr. Georg Kramer und der Geschäftsführer Carl Peter auf der Tagung waren[275]. Noch im Plenum der Führerratssitzung wurde eine Arbeitswoche im Januar 1934 (Vorschlag Hauers) ins Auge gefaßt, die auf Wunsch von Leers in Verden/Aller stattfinden sollte. Von Leers schlug weiter vor, ein Mitgliedsbuch einzuführen, einen Mitgliedsbeitrag von 50 Pf zu erheben und eine Begräbniskasse einzurichten. Hauer schlug die Einrichtung von Vorträgen "zur Werbung und Bildung von Arbeitskreisen" vor. Beschlossen wurde auf dieser Sitzung jedoch nur die Einrichtung einer Verbindungsstelle zwischen der Arbeitsgemeinschaft und der Kirche, womit Prof. Mandel betraut wurde[276]. Laut Rundschreiben der ADG Nr. 1 vom 1. August 1933 hatten sich folgende Gemeinschaften der ADG angeschlossen:

*Germanische Glaubensgemeinschaft*
*Deutschgläubige Gemeinschaft*
*Nordische Glaubensgemeinschaft*
*Nordisch-Religiöse Arbeitsgemeinschaft*
*Nordungen*
*Freundeskreis der Kommenden Gemeinde*

---

273) Ebd., Blatt 69.
274) Ebd., Blatt 70.
275) *AKB*, Anwesenheitsliste.
276) *BA Hauer* 63, 69, Protokoll der 1. Sitzung des Führerrates am Nachmittag, Blatt 69.

Weitere Kreise waren durch Einzelmitglieder vertreten:

*Adler und Falken*
*Stille Front*
*Edda-Gesellschaft*
*Artamanen*
*Deutscher Bund*

Der Beitritt der Freireligiösen wurde als noch nicht erfolgt angegeben[277].

### b) Reaktionen auf die Tagung

Noch vor der Tagung gab es ein Votum zu diesem Ereignis: Wilhelm Schwaner, der wegen Krankheit nicht anwesend sein konnte, warnte in einem Brief an Hauer vom 27. Juli:

> "Ich bitte Sie dringend, bei den Verhandlungen keinen Beschluß aufkommen zu lassen gegen den Kern der christlichen Lehre, gegen die Bergpredigt Jesu. Man kann nicht aus der Geschichte unseres Volkes, auch nicht aus der Geschichte der gesamten Kulturmenschheit durch einen Wartburgbeschluß ausmerzen, was seit tausend - zweitausend Jahren die feinsten und tiefsten Seelen bewegt und beglückt hat. Würde ein solcher christusfeindlicher Beschluß zustande kommen, so würde ich meinen Namen nicht mehr neben denen mir sehr ehrenwerten Freunde der Germanischen Glaubensgemeinschaft sehen wollen."[278]

Durch das Ergebnis der Tagung - Christen wurden ausgeschlossen - erhält diese Warnung nachträglich den Charakter einer Ablehnung. In der Tat tauchte der Name Schwaners nicht mehr in der ADG bzw. DG auf.

Ungewöhnlich schnell reagierte Hauers Freund aus der Marburger Zeit, Rudolf Otto. Er hatte von der Tagung und ihrem Ergebnis vom gemeinsamen Freund Birger Forell gehört. Am 2. August schrieb Otto eine Karte an Hauer:

> "Ich bin sehr bewegt von der Sache, und gleichwohl halte ich sie für schlechthin notwendig und segensreich, wenn Du die Führung dabei behältst. Die Lage in den jungen Gemütern auch hier ist so, daß ich auch um ihrer willen wünschen würde, daß wir uns darüber aussprechen."[279]

---

277) *BA Hauer* 62, 251-255 Rundschreiben Nr. 1 vom 1. 8. 1933.
278) *BA Hauer* 53, 504, Schwaner an Hauer vom 27. 7. 1933.
279) *BA Hauer* 53, 353, Otto an Hauer vom 2. 8. 1933.

Otto sah eine gefährliche Tendenz in der Religiosität der Studenten und Jugendlichen des Jahres 1933. Von daher begrüßte er Hauers Versuch, auf dem nichtkirchlichen Sektor eine religiöse Schulung zu versuchen. Beitreten wollte Otto dieser Arbeitsgemeinschaft jedoch nicht. Er wollte Hauer aber in dessen Bemühungen unterstützen und bot diesem einige seiner Schriften an, die in der neuen Reihe der Deutschen Glaubensbewegung aufgenommen werden sollten. Hauer lehnte das am 29. August 1933 mit der Begründung ab, daß er dadurch innerhalb der Arbeitsgemeinschaft den Anschein erwecken würde, die ADG zum Christentum hinüberzuziehen. Als Kompromiß schlug er Otto vor, diese Schriften im Kohlhammer-Verlag erscheinen zu lassen, wodurch sie auch innerhalb der ADG bekannt würden und so dort wirken könnten. Im Kohlhammer-Verlag erschienen auch die *Kommende Gemeinde* und andere Schriften, die in diesen Gedankenkreis paßten. Hauer bot im selben Brief Rudolf Otto an, Mitglied des "Freundeskreises der ADG" zu werden, dem Kreis, dem Prof. Mandel vorstand[280].

Am 29. August empfahl Hauer den Beitritt zum *Freundeskreis der ADG* auch dem ehemaligen Neuwerker Norman Körber. Hauers Brief war die Antwort auf einen Brief Körbers, in dem dieser Hauers Aufforderung zur Mitgliedschaft in der ADG selbst mit der Begründung abgelehnt hatte, die ADG sei heidnisch. Dazu bemerkte Hauer in seinem Antwortschreiben: "Und ich möchte Dich daran erinnern, daß Du mich erstens in den christlichen Bereich eingereiht hast und Dich mit Deinem Kreis als den heidnischen Bereich abgegrenzt hast. Nun scheinen sich die Rollen vertauscht zu haben."[281]

Absagen erhielt Hauer auch von Teilnehmern der Wartburg-Tagung. Einer davon war Dr. med. Carl Strünckmann, Nervenarzt, Leiter der *Biologischen Wochen*, ehemaliger Präsident der Pali-Gesellschaft und Führer der *Stillen Front*. Sein Motiv zur Absage war nach seiner Interpretation Hauers "antithetische" Haltung auf der Tagung, womit er die antichristliche Position meinte. Er hielt Hauer auf Grund seines dortigen Verhaltens nicht für reif, um "religiöser Führer sein zu können"[282]. Verwundert hatte sich Strünckmann schon am 4. August 1933 darüber gezeigt, daß Hauer eine christentumsnahe Religionsgemeinschaft wie die Freireligiösen der ADG zuführte, eine andere wie die Dinter-Bewegung aber hinausdrängte. In Hauer sah er einen Mann, der "Offiziere ohne Heer gesammelt" hätte, da er die kleinste Gruppe der Antichristlichen neben den Marxisten, Freidenkern und Tannenbergbündlern

---

280) *BA Hauer* 53, 341, Hauer an Otto vom 29. 8. 1933.
281) *BA Hauer* 53, 237, Hauer an Körber vom 29. 8. 1933.
282) *BA Hauer* 53, 532-533, Strünckmann an Hauer vom 4. 9. 1933.

um sich geschart habe, nämlich die Nordischen. Damit - so Strünckmann - habe Hauer sein Ziel, wie er es vor Jahren mit seiner *Kommenden Gemeinde* angedeutet hatte, den Aufbruch zu etwas Neuem, nicht erreicht. "Nun bleibt das große Heer derjenigen übrig, welche die Kirchen ablehnen, welche aber andererseits zu einem antichristlichen Standpunkt sich nicht durchringen können."[283] Hoffnung für diese Leute sah Strünckmann in der beginnenden Bildung einer Arbeitsgemeinschaft zwischen den Köngenern und der Freireligiösen[284]. Enttäuscht vom Ergebnis der Wartburg-Tagung zeigten sich die Köngener Freunde. Gerhard Römer, der Vorsitzende der Fördervereinigung, war zusammen mit seiner Frau in Eisenach gewesen. Am 6. August 1933 schrieb er an Gustav Rörich:

> "Du weißt vielleicht noch, wie ich in Denkendorf[285] dem 'Kanzler' eindringlich gesagt habe, wie dankbar nicht nur wir, sondern viele Zehntausende ihm wären, wenn er seinen Kampf innerhalb des Bereiches des Christlichen führte. Du weißt auch, wie schmerzlich es mir ist, daß es nun anders gekommen ist."

Römer hatte von Anfang an erkannt, daß die ADG in "öffentlich-rechtlicher Hinsicht" auf eine Gleichstellung mit den Großkirchen hinauslaufen würde. Er gab der ADG wenig Zukunftschancen. Enttäuscht war Römer auch, weil Hauer nicht im freiprotestantischen Raum wirken wollte. Allerdings verstand er dessen Motiv zur Gründung ganz gut: Unterschlupf zu bieten für diejenigen, die wegen ihres Kirchenaustritts ihre Beamtenstelle verlieren sollten[286]. Römer hatte, was im "Köngener Bund" üblich war, einen Durchschlag seines Briefes auch Rudi Daur zukommen lassen. In seinem Brief an Römer nahm Daur darauf Bezug, als er über den zukünftigen Weg des "Freundeskreises der Kommenden Gemeinde" schrieb: "Es ist meines Erachtens eigentlich eine Unmöglichkeit, daß der Freundeskreis der *Kommenden Gemeinde* einer größeren Gemeinschaft angehört, in der Christen keinen Raum haben." Zunächst wolle er auf Hauers Informationen warten und dann mit den älteren Köngenern eine Konferenz abhalten[287].

Die schnellste Reaktion jedoch kam vom *Verband der Freireligiösen*. Noch am 31. Juli teilte Pick Hauer telegraphisch mit, daß der *Verband* der ADG nicht

---

283) *BA Hauer* 53, 539-540, Strünckmann an Hauer vom 4. 8. 1933.
284) *BA Hauer* 53, 532-533, Strünckmann an Hauer vom 4. 8. 1933.
285) Denkendorf bei Eßlingen war ein weiterer traditioneller Tagungsort. Dort hatte sich an Pfingsten 1933 der Theologen-Arbeitskreis der Köngener getroffen.
286) BRANDENBURG, *Köngen*, S. 186-188, Dokument 7: Brief Römers an Rörich vom 6. 8. 1933.
287) BRANDENBURG, *Köngen*, S. 137, Daur an Römer vom 16. 8. 1933.

beitreten würde[288]. Ausschlaggebend für diesen Schritt waren zwei Dinge: erstens die Behandlung der Freireligiösen durch die Nordischen und zweitens die Frage der Mitgliedschaft von "Juden", die letztendlich im Sinne des Arierparagraphen gelöst worden war[289]. Hauer nahm diese Reaktion ernst und entwickelte im Laufe des Monats August, in dem sich abzuzeichnen begann, daß auch seine Köngener ihm nicht folgen wollten, die Vorstellung einer *Deutschen Glaubensgemeinschaft* innerhalb der ADG, die aus Freireligiösen, Köngenern und der *Stillen Front* um Strünckmann und Walbaum bestehen sollte[290].

Die treffendste Kritik, wie man es aus heutiger Sicht bezeichnen muß, kam von dem Direktor einer Provinzialerziehungsanstalt in Schlesien, Otto Petras. Ihn hatte Hauer in einem Brief vom 1. August für eine besondere Aufgabe vorgesehen. Petras sollte mitwirken an der "Weitung zum Deutschen im tiefsten und umfassendsten Sinn", womit Hauer einen Typ von Mensch meinte, den er den Typ der "religiösen Moderne" nannte. Damit war nicht der an germanischen Göttern orientierte Typ der "unentwegten Nordungen" gemeint, wie Hauer an Petras schrieb, sondern Dichter wie Binding oder Kolbenheyer[291]. Am 11. August antwortete Petras mit einem siebenseitigen Brief[292]. Er stellte zunächst seine Erwartungen dar, mit denen er nach Eisenach gereist war, und die für viele Dissidenten typisch waren:

"die Forderung der rechtlichen Achtung und Sicherung der deutschen Nichtchristen der Reichsregierung gegenüber auszusprechen, die zu den vielen Schikanierungen und wirtschaftlichen Schädigungen nichtchristlicher Deutscher bisher geschwiegen hat."

Dies habe er in der Diskussion[293] dadurch zum Ausdruck gebracht, daß er "Geistesfreiheit" von der Regierung gefordert habe.

"Mich machte schon sehr stutzig, daß ich hierauf von nationalsozialistischer Seite (v. Leers) ... darüber belehrt wurde, daß ich den Ausdruck "Geistesfreiheit" als "liberalistisch" und daher verfemt nicht gebrauchen dürfe. (Mir ist der Kampf um die Freiheit des deutschen Geistes ... das Hauptanliegen meines Lebens, und ich finde es wunderlich, sich seine Ausdrucksweise vorschreiben lassen zu sollen ...). Noch mehr verblüffte mich, daß mehrere Herren, u. a. Dr.

---

288) DIERKS, *Hauer*, S. 231.
289) *BA Hauer* 54, 131, Elling an Bentmann vom 15. 9. 1933.
290) Vgl. S. 183-208.
291) *BA Hauer* 52, 280, Hauer an Petras vom 1. 8. 1933.
292) *BA Hauer* 57, 198-204, Petras an Hauer vom 11. 8. 1933.
293) Vgl. S. 144.

Dinter, in schärfster Weise dagegen protestierten, daß man die Freiheit des deutschen Geistes (die man aber nur "Gewissensfreiheit" nennen dürfe) für irgendwie gefährdet halte. Ich sagte Ihnen daher nach Schluß der Sonnabendveranstaltung, daß ich nicht recht wüßte, wozu wir eigentlich ... zusammengekommen seien, wenn die Dinge in voller Ordnung und nichts zu befürchten sei. Sie erwiderten, daß Sie selbst mehr als 100 Fälle von Unrecht gegen Nichtchristen kannten, daß Sie aber aus pädagogischen Gründen, vor allem um die anwesenden Nationalsozialisten nicht noch mißtrauischer gegen Ihre Leitung zu machen, dies nicht gleich zur Sprache bringen könnten ... Dies erschien mir schon als eine starke Einschränkung einer wirklich offenen und aufrichtigen Verhandlung. Nun aber belehrte mich vollends der Sonntag-Vormittag darüber, daß ich unter ganz falschen Voraussetzungen hingefahren war. Herr Dr. Fuchs, Darmstadt plauderte - so darf man wohl sagen - aus der Schule, indem er mit dürren Worten erklärte, die ganze Besprechung sei von der Regierung gewünscht, um eine ihre Tendenzen entsprechende Organisation von Nichtchristen zu erhalten. Und alsbald war ja auch bei diesem einen Engel 'die Menge der himmlischen Heerscharen', nämlich die Vertreter der nat.soz. Jugend, die die sofortige Gleichschaltung des noch zu bildenden Ausschusses verlangten und erreichten."

Zum Thema Gleichschaltung führte Petras aus:

"Die Gleichschaltung bedeutet doch, daß im *Ernstfall* - und in der Religion ist nur mit dem Ernstfall zu rechnen - in einer *religiösen* Gemeinschaft Befehle von außen her empfangen werden, denen sich zu fügen jedes Mitglied von vorneherein gelobt. Ich wüßte nicht, wie ich mir die Zuversicht zu der Aufrichtigkeit meiner eigenen Überzeugung erhalten sollte, wenn ich mich in diese Lage hineinließe. Daß diese Lage für die evangelischen Kirchen schon besteht, macht mir diese Aussicht nicht verlockender, zumal sie für die katholische Seite nicht beabsichtigt erscheint. Die sich hiermit auftuende Möglichkeit zur "Beendigung der Kirchenspaltung" erscheint mir erschreckend, nicht verlockend."

Zu dem Versuch, das Einigende in einem "Bekenntnis" zu einem "nordisch-germanischen Gottglauben" hervorzuheben, bemerkte Petras:

"... bei einer Aussprache hierüber hätte sich alsbald gezeigt, daß dies Wort nur äußerlich und formal einigte, nicht inhaltlich - als der Absicht entsprungen, vor der *Regierung* mit einem *Ausweis* zu erscheinen. Herr v. Leers machte darüber ja Bemerkungen, die an - für mich erschreckender - Deutlichkeit nichts zu wünschen übrig ließen: die Regierung fragte nach gültigen Papieren (also nicht nach Gesinnungen). - Versteht man nicht, daß unter solchen Umständen nicht nur jede Aufrichtigkeit des Glaubens gefährdet, sondern das Ziel der Regierung selbst verfehlt werden kann, indem Menschen ganz anderer Art sich in einem solchen Bunde tarnen können? Ich sah einige mir flüchtig bekannte Gesichter aus freireligiösen Kreisen in der Versammlung, deren Denken tief liberal ist.

Meint man, die würden 'von neuem geboren', wenn sie die Leers'schen Papiere erst haben?"

Petras hielt das ganze Unternehmen für verfehlt, weil die ADG durch die Erlangung der Rechte einer Körperschaft des öffentlichen Rechts wie die Kirche eine "bevorzugte Weltanschauung" werden würde. Petras erschien es richtiger zu sein,

"der Staat unterstützte - d. h. bevorzugte - *gar keine religiöse Richtung.* Ich wünschte nicht, daß *wir* die Rechte der *Kirchen* erreichten, sondern daß die Kirchen ebenso auf ihre bloßen *eigenen* Kräfte verwiesen werden, wie wir. Alles andere führt zu geistiger Korruption und zur Verstärkung der Macht des Pfaffentums. Und glauben Sie doch nicht, daß 'germanische' Pfaffen erträglicher sein werden als christliche."

Als weitere Ungereimtheit nannte Petras die, daß der Führer einer nichtchristlichen Gemeinschaft - Hauer also - Mitglied einer christlichen Kirche sei und daß ein Theologieprofessor - Mandel -, der von Berufs wegen auf das Bekenntnis seiner Kirche verpflichtet sei,

"in tiefster Ergriffenheit erklärte, er wolle für die Ziele der Tagung - also für den 'nordisch-germanischen Glauben' - wie er sagte, 'die Kirche erobern'! Und mit diesem Wundermann sollte ich, wie ich nachher hörte, in eine Kommission gewählt werden!"[294]

Diese Kritik Petras charakterisierte die Probleme der ADG treffend, wie der weitere Verlauf der Geschichte zeigte. Vieles mutet heute an wie eine präzise Analyse. Doch darf dabei nicht vergessen werden, daß manches so gekommen ist, weil genau die Leute nicht Mitglied geworden sind, auf die Hauer vor allem gehofft hatte. So blieben Hauer nur die Nordischen - vorerst - und die nationalsozialistische Jugend. Aus diesen Reihen kamen durchweg positive Stimmen und vor allem Angebote zur Mitarbeit. Bis in den Oktober hinein bemühte sich Hauer weiterhin um die Erweiterung dieser überwiegend nordisch geprägten Arbeitsgemeinschaft, indem er aus den Köngener Freunden und den Freireligiösen eine Deutsche Glaubens*gemeinschaft* innerhalb der ADG als Gegengewicht zu den Nordischen aufbauen wollte.

---

294) *BA Hauer* 57, 198-204, Petras an Hauer vom 11. 8. 1933.

## 5. Soziologische Interpretation

Die Wartburg-Tagung in Eisenach war von Anfang an als eine Führertagung geplant gewesen. Das bedeutet, daß es sich hier nicht um eine Religionsgründung im traditionellen Sinn handelt, bei der eine Stifterpersönlichkeit ihre religiösen Ideen propagiert und eine Anhängerschar um sich schart.[295]. Nach der Selbstbeurteilung der ADG ging es überhaupt nicht um eine Religionsgründung, sondern um ein Defensivbündnis gegenüber der Allianz von Thron und Altar.

Das Wort "Bündnis" beinhaltet die Vereinigung von zwei oder mehreren Vertragspartnern. Für eine soziologische Interpretation der Deutschen Glaubensbewegung eignet sich daher eine Soziologie, die sich mit diesem Problem der Bildung eines Bündnisses oder eines ähnlichen Gebildes befaßt. Die Soziologie von Kleingruppen wäre in unserem historischen Beispiel naheliegend, da es sich bei den späteren Mitgliedsgemeinschaften der ADG um kleine Gruppen handelt. Doch die ganze Gruppensoziologie ist für uns deshalb nahezu unbrauchbar, weil sie die *lokale* Gruppe untersucht. In unserem Falle geht es aber um Gruppen, die *keine* Lokalgruppen sind. Es geht um den Prozeß der Bildung einer neuen überörtlichen Gruppe, die man als Bündnis oder als Verband bezeichnen kann. Das Hauptproblem, das bei diesem Prozeß auftritt, ist die Einbindung der verschiedenen Gruppenegoismen in das neue Gruppen- bzw. Verbandsselbstverständnis. Eine wichtige Rolle kommt dabei den Vertretern der Einzelgruppen beim Zustandekommen des neuen Bündnisses zu. Sie haben eine doppelte Funktion zu erfüllen: gegenüber der eigenen Gruppe sind sie die Vollstrecker der Beschlüsse der Führung der neuen Gruppe, gegenüber der neuen Gruppe sind sie die Delegierten ihrer Kleingruppe. In der soziologischen Literatur geht auf diesem Themenkomplex der Berliner Soziologe Dieter Claessens mit seinem Buch *Gruppe und Gruppenverbände. Systematische Einführung in die Folgen von Vergesellschaftung* ein[296]. Seine Erkenntnisse, die er aus völlig anderem Material gewonnen hat als dem in unserer Untersuchung verwendeten, sind auf das Material der Deutschen Glaubensbewegung ohne größere Schwierigkeiten anwendbar. Claessens Grundidee ist die, daß sich bei einer Verbandsbildung eine Lokalgruppe bildet, die jedoch nur für kurze Zeit als solche existiert. Diese nennt Claessens Gruppe zweiter Ordnung. Doch besteht diese Gruppe immer nur aus Vertretern von verschiedenen anderen Gruppen, die nicht unbedingt Lokalgruppen

---

295) Vgl. zum Bespiel *Wörterbuch der Religionen*, s. u. "Stifterreligion".
296) Vgl. D. CLAESSENS, *Gruppenverbände*, Darmstadt 1977.

sein müssen. Diese Vertreter repräsentieren ihre jeweilige Gruppe, die Gruppe erster Ordnung. Dies verkompliziert die Findung eines neuen Gruppenselbstverständnisses, denn der Delegierte seiner Gruppe, der Führer also, spricht einerseits für seine Person und andererseits für die Gruppe, der gegenüber er verantwortlich ist. Er muß immer wieder seine Gruppe informieren und sich gleichzeitig rückversichern, wieweit seine Gruppe ihm folgen werde. Die Vertretergruppe und die vielen anderen Gruppen bilden als Ganzes genommen eine dynamische Einheit, Claessens spricht von einer "vibrating unit"[297].

Bei der Bildung eines Gruppenverbandes gibt es nach Claessens vier notwendige Prozesse, denen sich die Mitglieder nicht entziehen können:

1. der Zwang zur Selbstdarstellung;
2. der Zwang, den anderen zu registrieren;
3. der Zwang zur Bildung eines Binnenselbstverständnisses;
4. der Zwang zur Außendarstellung.[298]

Dies alles ist nicht einfach auf das historische Material der ADG übertragbar. Die beiden ersten Punkte beziehen sich auf das äußere Erscheinungsbild der Teilnehmer und auf ihr Auftreten in der Gruppe zweiter Ordnung. Claessens hat hier die empirischen Untersuchungen der Gruppensoziologie rezipiert. Seine Erkenntnis muß auch für die ADG-Gründung als gegeben hingenommen werden, wobei festzuhalten ist, daß der Einfluß des äußeren Erscheinungsbildes auf die Gründung nicht nachweisbar, wenn nicht sogar historisch irrelevant ist. Immerhin haben wir Belege dafür, daß das Auftreten und der Umgangston auf der Eisenacher Tagung für einzelne, wie Georg Pick oder Otto Petras, mit ein Grund dafür war, auf Distanz zu diesem Unternehmen zu gehen. Freilich war ihr Motiv, der ADG fernzubleiben, ein anderes, was den Schluß zuläßt, daß sie über solche Äußerlichkeiten hinweggesehen hätten, wenn andere für sie viel wichtigere Punkte, etwa die Aufnahme der freireligiösen "Juden" in die ADG, vom Plenum aufgegriffen worden wären. Historisch relevant gerade für das Handeln waren inhaltliche Fragen. Daß die Selbstdarstellung und das Registrieren des anderen auf der Eisenacher Tagung eine ziemlich untergeordnete Rolle gespielt haben mag, lag sicherlich auch daran, daß diese Prozesse zu einem großen Teil schon früher abgelaufen waren, zum Beispiel bei den verschiedenen Bündigungsversuchen.

---

297) Ebd., S. 12.
298) Ebd., S. 10, ausgeführt bes. auf S. 9-18.

Claessens nennt als einen wichtigen Faktor für die Bildung der Gruppe zweiter Ordnung das ursprünglich angegebene Ziel und ob es erreicht wurde.[299] Das wichtigste Ziel der ADG war, einen Verband zu gründen, der die kirchliche Zwangsmitgliedschaft verhindern sollte. Dieses Ziel ist erreicht worden. Damit ist ein Bestandteil zur Ausbildung eines neuen Gruppenselbstverständnisses gegeben. Ein zweiter Bestandteil bestand in der antidogmatischen Haltung. Beides ist negativ bestimmt gewesen. Einigkeit herrschte weitgehend in dem, was man nicht wollte. Für den Anfang war das zunächst einmal ein ausreichender Grund, jedoch nicht auf Dauer. Das Binnenselbstverständnis mußte auch positiv formuliert sein. In unserem historischen Falle ist das sogar schon vor der eigentlichen Gründung vorgegeben gewesen: latent im Auswahlkriterium der Einzuladenden, nämlich einer religiös oder weltanschaulich gefärbten deutschen Gesinnung, und in den verschiedenen Vorüberlegungen zur künftigen Organisationsform.

Nach Claessens ist das erste Ziel, der erste Kompromiß keine "ewige Besiegelung", sondern nur als das Zurückstellen der verschiedenen Gruppeninteressen zu verstehen. Sie können zu einem späteren Zeitpunkt wieder in die Debatte geworfen werden, wenn die Kompromißformel als nicht mehr notwendig erachtet wird. Claessens charakterisiert die Gruppenverbände als "vibrating units"[300]. Die Gründer der ADG hatten auch diesen Aspekt mit im Auge, als sie sich für die Bezeichnung "Bewegung" im Namen entschieden. Inwiefern die Diskussion um die zukünftige Organisationsfrage noch einmal zur Sprache kam und in welcher Form, muß auf die folgenden Kapitel verschoben werden. Die Diskussion auf der Gründungsversammlung drehte sich um inhaltliche Fragen, das heißt das Binnenselbstverständnis schälte sich allmählich heraus. Hauers Resümee am ersten Tag, wonach keiner, der sich zum Christentum bekennt, in der neuen Gemeinschaft Platz haben werde, stellt eine wichtige Entscheidung dar: einerseits grenzte er Freiprotestanten aus und solche, die noch irgendwie positiv zum Christentum gestanden haben, und andererseits entschied er sich für die Nordischen und Nationalsozialisten. Mit dieser Entscheidung und mit der Bestimmung, daß zwei Drittel des Führerrates aus Nationalsozialisten zu bestehen hätten, war die inhaltliche Bestimmung des Binnenselbstverständnisses im groben vorgegeben: der Arierparagraph wurde denn auch gleich durchgebracht. Hauer überschätzte vermutlich seine eigene Rolle - er war in der ADG nicht mehr die anerkannte Autorität, die er in seinem kleinen Köngener Kreis war oder in seinem indologischen Seminar. Claessens verweist immer wieder auf die wichtige Bedeu-

---

299) Ebd., S. 12 und S. 28-30.
300) Ebd., S. 12

tung der Beziehung zur Umwelt[301]. Sie begünstigte natürlich im Falle der ADG ein Binnenselbstverständnis, das der nationalsozialistischen Ideologie entsprach. Zwei Dinge seien dazu angeführt: die große Anzahl der Nationalsozialisten in der ADG und die Tatsache, daß der Zusammenschluß der Nichtchristen von der Regierung erwünscht sei. Die Gleichschaltung war also von außen schon eingeleitet worden.

Der Zwang zur Außendarstellung beginnt nach Claessens bereits in dem Moment, in dem etwa einer Behörde die Mitteilung gemacht wird, daß ein Treffen stattfindet. Dabei gibt man seine Zielsetzung an, die nicht unbedingt die richtige sein muß. Außendarstellung und Binnenselbstverständnis müssen nicht identisch sein[302]. In einem solchen Staat wie dem NS-Staat konnte es, wollte man irgendwann einmal an die Öffentlichkeit treten, nur ratsam sein, nicht konspirativ zu werden. Unter dem Deckmantel der Kirchen wäre das noch möglich gewesen, doch für die ADG fiel diese Alternative aus. Die Aussendarstellung kann an den Gesprächen Reventlows mit Rudolf Heß festgemacht werden sowie an der Konsultation des thüringischen Ministerpräsidenten durch Hans Friedrich Karl Günther. Der erste Text, für die Außendarstellung war die von Wolfgang Elbert formulierte Eingabe an Adolf Hitler. Der Beschluß, sich als Religionsgemeinschaft staatlich anerkennen lassen zu wollen, mußte für die weitere Entwicklung der ADG Konsequenzen haben, denn die staatliche Anerkennung konnte man nur erhalten, wenn man seine "Lehre" vorlegte, konkret seine Lehrpläne.

Allgemein kann man festhalten, daß die ADG bei ihrer Gründung Wege eingeschlagen hatte, die auf eine neue Religionsgemeinschaft hinführen mußte. Ein ganz wichtiger formierender Faktor waren kirchenpolitische Verhältnisse, also die Außenwelt. In den folgenden Kapiteln wird der Frage weiter nachgegangen, inwiefern die ADG eine Religionsgemeinschaft geworden ist.

---

301) Ebd., S. 33-37.
302) Ebd., S. 16.

# III. Die ADG während des Kirchenkampfes

## 1. Historischer Überblick

*a) Chronologie der Ereignisse*

*1933*

| | |
|---|---|
| 23.3. | Hitler kündigt den Abschluß des Reichskonkordats an |
| 13.4. | DC fordert Urwahlen |
| 16.4. | Sachsen: christlicher Religionsunterricht auch für Dissidenten |
| 24.5. | DC will Müller zum Reichsbischof |
| 26./27.5. | DEKA wählt von Bodelschwingh zum Reichsbischof |
| 4.6. | Umbenennung des *Volksbundes für Geistesfreiheit* |
| 6.7. | Hitler verkündet den Abschluß der Revolution |
| 14.7. | Verabschiedung mehrerer Gesetzesvorlagen |
| 20.7. | Wahlen zur Nationalsynode |
| 23.7. | Abschluß des Reichskonkordats |
| 29./30.7. | Gründung der ADG |
| 9.9. | Tagung der *Freireligiösen Landesgemeinden Badens* in Heidelberg; Tagung des *Bundes der Freireligiösen Gemeinden Deutschlands* in Leipzig |
| 21.9. | Gründung des Pfarrernotbundes |
| 27.9. | Wittenberger Nationalsynode |
| 13.10. | "Heß-Erlaß" |
| 23.10. | Offener Brief Hauers an Müller |
| 27.10. | DC ruft zur Volksmission und Einführung des "Arierparagraphen" auf |
| 12.11. | Volksabstimmung |
| 13.11. | "Sportpalastskandal" |
| 24.11. | Koalition zwischen Pfarrernotbund und Wurm, Marahrens und Meiser |
| 25.11. | Beginn des Einflusses Oberheids auf Müller |
| 29.11. | Hitler unterstützt Müllers Kirchenpolitik nicht mehr |
| 6.12. | "Bekenntnisfront" gegen Müllers Angebote |

*1934*

| | |
|---|---|
| Januar | Beginn der Öffentlichkeitsarbeit der ADG |
| 2.-4.1. | 1. Freie Synode in Barmen |
| 25./26.1. | Alle Landesbischöfe stellen sich im Beisein Hitlers hinter Müller |
| 26.1. | Verordnung zur Sicherung einheitlicher Führung der evangelischen Kirche |
| 28.1. | Führerratssitzung der ADG |
| 31.1. | Promemoria des Vatikans; Rosenberg wird mit der Überwachung der weltanschaulichen Schulung betraut |
| 7.2. | Rosenbergs *Mythos* und Bergmanns *Nationalkirche* auf dem Index |
| März | Lehrplan der ADG dem Reichsinnenministerium vorgelegt |
| 1.3. | Landesbischof Müller (APU) dehnt seine Befugnisse auf die Deutsche Evangelische Kirche aus |
| 20.4. | Abbruch der deutsch-vatikanischen Verhandlungen |
| 22.4. | "Ulmer Bekenntnistag" |
| 27.4. | Verbot der Doppelmitgliedschaft im DAF und konfessionellen Gesellenvereinen |
| 14.5. | Promemoria des Vatikans |
| 18.-21.5. | Tagung der ADG: Gründung der DG |
| 29.-31.5. | 2. Barmer Synode: Vereinigung der kirchlichen Opposition |
| 5.6. | Bischofskonferenz in Fulda |
| 17.6. | Hauer legt Vorsitz des *Bundes der Freireligiösen Gemeinden Deutschlands* nieder |

*b) Überblick*

Die Kritik der in der ADG angeschlossenen Gemeinschaften bezog sich in erster Linie auf das Bündnis von Thron und Altar. Die Diskussion innerhalb der evangelischen Kirche - die katholische Kirche hatte sich nur um die Wahrung des Besitzstandes und seiner rechtlichen Absicherung zu kümmern - drehte sich im wesentlichen um die Form der zukünftigen Gestaltung der Landeskirchen im deutschen Reich. Das soziale Gebilde Kirche war im Sommer 1933 natürlich nicht in Gefahr. Der innerkirchliche Streit ging nur darum, welche religiöse Richtung sich durchsetzen würde. Ganz anders sah es bei den Freireligiösen aus. Sie, besonders aber der Bund der Freireligiösen, waren durch die staatlichen Kampagnen gegen Marxismus und Sozialdemokratie im Bestand gefährdet. Die Verfolgung von Sozialdemokraten und Kommunisten spielte bei den Kirchen eine geringere Rolle, da in ihnen der Prozentanteil dieser geächteten Gruppen wesentlich kleiner war als bei den zahlenmäßig ziemlich unbedeutenden Freireligiösen. Zum Teil waren von den Verfolgungen ganze Gemeinden betroffen, wie unten noch zu zeigen sein wird.[1] Für die außerkirchlichen Religionsgemeinschaften spielten also teilweise andere Ereignisse eine lebenswichtige Rolle als für die beiden Großkirchen. Manche Ereignisse, die das Kirchenleben betrafen, wirkten allerdings auch auf das Leben von religiösen Gemeinschaften außerhalb der Kirchen ein. Dazu gehörte zweifelsohne das, was man nach 1945 als Kirchenkampf bezeichnet hat, was damals von der NS-Regierung als Kirchenstreit abgetan worden war.

Zur Erinnerung: Am 23. März 1933 gab Hitler bekannt, daß er ein Reichskonkordat mit dem Vatikan abschließen wolle. Damit wurde die Reichskirchendebatte innerhalb der evangelischen Landeskirchen in Gang gesetzt.[2] Herausragende Ereignisse, die zur Vorgeschichte des eigentlichen Kirchenkampfes gehören, waren

1. die Forderung der DC vom 13. April[3] nach kirchlichen Urwahlen,
2. die Besprechungen des Kapler-Ausschusses mit Professor Fezer und dem ungeladenen Wehrkreispfarrer Müller vom 16.-20. Mai, bei denen es um die Frage des künftigen Reichsbischofs ging[4],
3. und die Wahl von Bodelschwinghs zum Reichsbischof durch die Bevollmächtigten der Landeskirchen vom 26. und 27. Mai.

Letzteres war die Antwort auf die der Öffentlichkeit am 24. Mai bekannt gegebene Benennung Müllers zum Kandidaten für das Amt des Reichsbischofs durch die DC[5].

Im selben Zeitraum ging es bei den Freireligiösen um ihre Existenz schlechthin. Das Verbot einzelner Gemeinden des *Verbands der Freireligiösen Gemeinden* ließ die Angst vor dem totalen Verbot aufkommen[6]. Die Verfügung der sächsischen Regierung vom 16. April, wonach alle Kinder, auch die

---

1) S. 183-208.
2) SCHOLDER, *I*, S. 357-358.
3) MEIER, *I*, S. 92; MEIER, DC, S. 21 u. 96; G. SCHÄFER, *Dokumentation zum Kirchenkampf*, II, S. 14. Zit. als SCHÄFER, *II*.
4) SCHÄFER, *II*, S. 14; MEIER, *DC*, S. 22; MEIER, *I*, S. 96-97.
5) MEIER, *DC*, S. 22.
6) *BA Hauer* 54, 122-125, Freireligiöse Landesgemeinde Baden an die Freireligiöse Gemeinde Pforzheim vom 3. 9. 1933, S. 2.

von Dissidenten, den christlichen Religionsunterricht zu besuchen hätten[7], sieht harmlos aus, muß aber im Zusammenhang mit dem Existenzkampf des *Bundes der Freireligiösen* gesehen werden. Auch seine Namensänderung von *Volksbund für Geistesfreiheit* in *Bund der Freireligiösen Gemeinden Deutschlands* bei der Bundesversammlung vom 4. Juni 1933 in Leipzig gehörte zu diesem Existenzkampf[8]. Die Rüdesheimer Tagung des bürgerlichen *Verbandes der Freireligiösen* vom 27./28. Mai[9] hatte auch etwas mit diesem Kampf ums Überleben zu tun. Doch die Tatsache, daß die Vertreter des badischen Zweigs dort mit Absicht nicht erschienen waren[10], zeigt, daß diese Tagung, auf der dann bekanntlich der Aufruf zur Wartburg-Tagung formuliert worden war[11], nicht von allen Mitgliedern als notwendig erachtet wurde. In Rüdesheim wurde mit Hilfe der bürgerlichen Freireligiösen ein Prozeß eingeleitet, der seinen ersten Höhepunkt in der Gründung der ADG hatte. Die kirchlichen Ereignisse wie die Wahl zur Nationalsynode oder der Abschluß des Reichskonkordats waren für die Gründung nur insofern von Bedeutung als sie die Richtigkeit des eingeschlagenen Weges lediglich bestätigten. Die Gründung selbst wäre auf jeden Fall erfolgt.

Klaus Scholder datiert den neuen Kurs der NSDAP gegenüber der evangelischen Kirche auf den 5. August 1933, als Hitler in Obersalzburg vor den Reichs- und Gauleitern den Rückzug "aus dem Kampf der konfessionellen Fragen" angeordnet hatte.[12] Für die Öffentlichkeit faßbar war dieser neue Kurs in dem Leitartikel Alfred Rosenbergs "Politik und Kirche" im *Völkischen Beobachter* vom 16. August 1933. Rosenberg knüpfte dort seine Ausführungen jedoch nicht an Hitlers Ansprache vom 5. August 1933 an, sondern an eine Verfügung des DC-Gaues Badens, wonach alle Geistlichen der DC ihre Parteiämter niederzulegen hätten, um sich ganz ihres eigentlichen Berufes wid-

---

7) "Christliche Welt", Nr. 9, vom 6. 5. 1933, Sp. 430.
8) *BA Hauer 79*, 377, Protokoll der Bundesversammlung vom 4. 6. 1933; zu den Freidenkern siehe H. STRÜNING, "Die Geschichte der deutschen-sozialistischen Freidenkerbewegung", in: J. KAHL/ E. WERNIG (HG.), *Freidenker - Geschichte und Gegenwart*, Köln 1981.
9) *BA Hauer 52*, 295, Pick an Hauer vom 15.5.1933.
10) *BA Hauer 54*, 122-125, S. 3.
11) Vgl. S. 114-130.
12) SCHOLDER, *I*, S. 668; Scholder bringt hier Hitlers Rede auf dem Obersalzberg direkt in Zusammenhang mit dem "Vertraulichen Runderlaß des Reichsministers des Innern" vom 26. 9. 1933. Scholders angeführtes Zitat auf S. 668 stammt, aber ohne Nachweis, aus dem Leitartikel Rosenbergs im *VB* vom 16. 8. 1933. Ausführliche Interpretation: SIEGELE-WENSCHKEWITZ, *Nationalsozialismus und Kirche*, S. 127-131.

men zu können. Damit habe - so Rosenberg - die DC eine Praxis in die evangelische Kirche eingeführt, die schon durch das Reichskonkordat in die katholische Kirche eingeführt worden war. Mit dieser Trennung von Partei- und Kirchenamt sei die Konfessionalisierung der Parteien, die mit Gründung des Zentrums begonnen hatte, beendet worden. Der Abschluß des Konkordats bedeute das Ende des "liberalistischen Kulturkampfes". Wie die Kirche sich aus der Politik heraushalte, "ebenso wird sich auch die politische Bewegung aus dem Kampf der konfessionellen Fragen herausziehen". Den Konfessionen stünden nun nicht mehr die Machtmittel des Staates und der Partei zur Verfügung, sie müßten jetzt aus eigener Kraft um die deutschen Seelen ringen.[13] Diese Rosenbergsche Position ist noch in einem anderen Zusammenhang zu sehen: am 6. Juli verkündete Hitler den NS-Reichsstatthaltern den sogenannten "Abschluß der Revolution". K. Meier interpretiert das als den "Umschwung" in der Religionspolitik.[14] Hauptmotiv dazu war jedoch nicht die Kirchenpolitik, sondern Hitlers Wehr- und Wirtschaftspolitik.[15] Hitler erteilte im Grunde schon hier eine Absage an Röhms SA, die entscheidend zum Sieg der DC in den Kirchenwahlen beigetragen hatte. Er unterstützte gleichzeitig die Gruppe um von Blomberg, Schacht und Göring, also letztendlich die Reichswehr.[16] Das Ganze paßt in sein konservatives Konzept, das man schon in seiner Regierungserklärung vom 23. März 1933 findet.[17] Als Rosenberg seinen Artikel abfaßte, wußte er mit Sicherheit von der Existenz der ADG, denn er wie auch Darré war von Hauer nach Eisenach eingeladen worden.[18] Beide waren dort nicht erschienen. Das kann man wie in der DG üblich als Rücksichtnahme den Kirchen gegenüber interpretieren, richtiger aber als Ausdruck des neuen Kurses. Damit ist die Gründung der ADG ebenfalls als ein Teilmoment des neuen Kurses zu verstehen. Der Beginn des neuen Kurses ist somit auf den Monat Juli zu datieren, genauer auf den 6. Juli.

Aus der Sicht der ADG war nichts von einem neuen Kurs zu spüren, schon gar nicht für die Freireligiösen in den Ortsgemeinden. Viele Ortsge-

---

13) A. ROSENBERG, "Politik und Kirche", in: *VB*, norddt. Ausg., 16. 8. 1933; Interpretation bei SIEGELE-WENSCHKEWITZ, *Nationalsozialismus*, S. 127-129.

14) MEIER, *I*, S. 126.

15) MEIER, *I*, S. 126; MEIER, *DC*, S. 29-30; Meier folgt beide Mal A. BULLOCK, *Hitler. Eine Studie über Tyrannei*, Düsseldorf 1969; SIEGELE-WENSCHKEWITZ, *Nationalsozialismus*, S. 133, zeigt diese Rede als gegen die SA gerichtet auf.

16) MEIER, *DC*, S. 319, Anm. 104 verweist auf PICK/DIMITROFF/TOGLIATTI, S. 87, Meier erwähnt in "Der evangelische Kirchenkampf I" diese Quellen nicht mehr unter diesem Aspekt. Eine Rechtfertigung dafür gibt er nicht.

17) CANCIK, "Neuheiden", S. 183 mit Anm. 28 u. 29.

18) Beleg für Rosenberg: *BA Hauer* 55, 179, Hauer an Rosenberg vom 23. 11. 1933.
Beleg für Darré: *BA Hauer* 58, 463, Liste der Eingeladenen.

meinden, besonders die des Bundes in Preußen, Bayern und Sachsen, blieben verboten. Vielerorts wurde ihnen darüber hinaus von den Kirchen verboten, ihre Toten auf evangelischen Friedhöfen zu beerdigen. Zu allem Überfluß machte der "Verband" der Freireligiösen auch dem "Bund" das Leben schwer, indem er letzteren wegen seines neuen Namens bei den Landgerichten Leipzig und München verklagte.[19] Hauer versuchte im August seine Vorstellung einer Arbeitsgemeinschaft, in der die Völkischen nicht so sehr dominieren sollten, näher zu kommen. Doch die Personen und Gemeinschaften, auf die er gesetzt hatte, machten nicht mit wie Rudolf Otto, Marianne Weber, der *Verband der Freireligiösen* und ein großer Teil seiner Köngener Freunde.[20] Immerhin versuchten die Köngener um Pfarrer Daur innerhalb des kirchlichen Rahmens die Vision der "Religiösen Arbeitsgemeinschaft Deutscher Nation" irgendwie aufrecht zu erhalten.[21] Die Zusammenarbeit der ADG mit dem *Verband der Freireligiösen* zerschlug sich endgültig seit der Heidelberger Tagung der *Freireligiösen Gemeinden Badens* vom 9. September 1933.[22] Erfreulicher entwickelte sich die Zusammenarbeit mit dem verbotenen "Bund", der am selben Wochenende wie der *Verband* seine Bundestagung in Leipzig abhielt. Hier wurde Hauer als Nachfolger des SPD-Mitglieds Georg Kramer zum neuen Vorsitzenden gewählt.[23] Die Reise nach Leipzig hatte Hauer mit seiner Reise nach Berlin, wo er im Reichsministerium wegen der Anerkennung der ADG verhandeln wollte, verbunden.[24] So als Führer des *Bundes der Freireligiösen* legitimiert, begann Hauer die schwierigen Verhandlungen mit der Regierung, um die Verbote gegen den *Bund* aufheben zu lassen. Im September und Oktober war er noch mehrmals in Berlin: Das Reichsministerium verwies ihn dann am 26. Oktober 1933 in der freireligiösen Sache an die Gestapo in Berlin.[25]

Noch im September wurden zwei Regierungserlasse bekanntgegeben, die für die ADG und den *Bund der Freireligiösen* wichtig waren. Der eine kam am

---

19) *BA Hauer* 53, 213, Hauer an Anonymus vom 28. 8. 1933; Der mit Bleistift angegebene Name auf dem Brief, Keibel, kann nicht richtig sein, da Hauer im Brief *über* ihn spricht und ihn nicht anredet.

20) Vgl. oben S. 149-154 und unten S. 183-208.

21) Im Archiv des "Köngener Bundes" gibt es ein paar wenige Briefe, die auf eine solche Fortführung dieser Arbeit schließen lassen.

22) *BA Hauer* 68, 458, K. Weiß an die Lehrer der "Badischen Landesgemeinden" vom 20. 12. 1933.

23) BRONDER, *Geschichte des Bundes Freireligiöser Gemeinden bis 1945*, S. 85.

24) *BA Hauer* 62, 239, Hauer an den Führerrat vom 3. 10. 1933.

25) *BA Hauer* 55, 4-10, C. Peter an die Gestapo in Berlin vom 6. 11. 1933.

26. September 1933 vom Reichsinnenminister Frick und besagte, daß Beamte, die aus der Kirche ausgetreten seien, nicht mit Gewalt zum Wiedereintritt gezwungen werden dürften.[26] Dieser Erlaß - von der heutigen Kirchengeschichtsschreibung als Teil des neuen Kurses der NSDAP gedeutet[27] - nahm den verbeamteten Mitgliedern der ADG die Angst vor Maßnahmen zum Wiedereintritt. Erstaunlicherweise spielte dieser Erlaß nie eine Rolle in der gegenkirchlichen Propaganda! Der zweite Erlaß war besonders für die Freireligiösen äußerst bedrohlich. Denn im Ministerialerlaß vom 15. September 1933 über "neue Richtlinien für die Erteilung von Unterrichtserlaubnisscheinen und Privatschulkonzessionen" war es nun für diejenigen freireligiösen Lehrer, die Nichtarier oder SPD- oder KPD-Mitglieder waren, verboten, Unterricht zu erteilen.[28]

Der September 1933 kann als Monat gelten, in dem innerhalb der evangelischen Kirche die Weichen für den sogenannten "Kirchenkampf" gestellt wurden. Nach den Wahlen zur Nationalsynode vom 20. Juli wurden die Leitungsämter der Landeskirchen in Preußen mit DC-Mitgliedern besetzt. Am 4. September bestimmte der neue Landesbischof des altpreußischen Kirchensenats Ludwig Müller entgegen altem Brauch die Vertreter zur Nationalsynode nicht entsprechend der Stärke der innerkirchlichen Parteiung. So wurden der Bekenntnisrichtung *Evangelium und Kirche* nur drei statt sechs Abgeordnete zugebilligt. Außerdem berücksichtigte Müller bei der Besetzung des Geistlichen Rates des altpreußischen Kirchensenats diese Bekenntnisrichtung überhaupt nicht. Dies wie auch die drohende Einführung des sogenannten "Arierparagraphen" in die ev. Kirche führte am 21. September zur Gründung des Pfarrernotbundes[29]. Auf der Wittenberger Nationalsynode vom 27. September geschahen dann zwei bedeutsame Dinge: Kein Minister war als Reichsvertreter erschienen, dafür Dr. Buttmann und Dr. Conrad. Das kann mit dem neuen Kirchenkurs erklärt werden: Die DC-dominierte Nationalsynode wurde nicht durch einen Minister aufgewertet. Das zweite war der Protest des Pfarrernotbundes am Rande dieser Synode.[30] Da tags zuvor der vertrauliche Erlaß des RIM Frick betreffs Glaubensfreiheit für Beamte bekannt gege-

---

26) *BA Hauer* 82, 182, Abschrift des vertraulichen Erlasses vom 26. 9. 1933; vgl. auch KRETSCHMAR/NICOLAISEN, *Dokumente zur Kirchenpolitik des Dritten Reiches*, I, S. 134-135; SCHOLDER, *I*, S. 668 mit Anm. 13.
27) MEIER, *I*, S. 562 mit Anm. 472; Scholder, I, S. 668.
28) *Christliche Welt*, Nr. 18, vom 16. 9. 1933, Sp. 860; *BA Hauer* 68, 332, Abschrift eines amtlichen Briefes des Schulrats Mayrhofer der Stadt Görlitz an Dr. J. Schiller vom 18. 10. 1933.
29) MEIER, *DC*, S. 26-27; MEIER, *I*, S. 109-110, 115, 121; SCHOLDER, *I*, S. 624.
30) MEIER, *I*, S. 114-115; SCHOLDER, *I*, S.624; MEIER, *DC*, S.27-28.

ben worden war, kann alles als in engem Zusammenhang stehend interpretiert werden. K. Meiers Interpretation, daß dieses Verhalten der Regierung bereits eine Auswirkung der Proteste seitens der ADG dargestellt habe[31], scheint im Hinblick auf Hauers Verhandlungen im Reichsinnenministerium im selben Monat sehr plausibel, stellt aber wohl eine Überbewertung der ADG durch Meier dar. Das Ganze ist in einem anderen Rahmen zu sehen, wie aus der Empfehlung des Ministerialdirektors Buttmann an Hauer, eine ausführliche Denkschrift abzufassen, hervorgeht: sie sollte bei der geplanten Reichsgesetzgebung berücksichtigt werden[32].

Die Bemühungen Hauers und Reventlows um eine Audienz bei Hitler hatten insofern einen Erfolg, als Hauer wenigstens mit dessen Stellvertreter Rudolf Heß sprechen konnte[33]. Den Heßschen Erlaß vom 13. Oktober mit dieser Unterredung in Verbindung zu bringen, ist naheliegend, aber keineswegs zwingend. Hauer jedenfalls interpretierte ihn als den Sieg der ADG gegenüber den Kirchen im Kampf für die Glaubens- und Gewissensfreiheit, wie er am 22. November 1933 an den Dichter Hermann Hesse schrieb.[34] In Wirklichkeit ist der "Heß-Erlaß" in einer Linie mit dem Rosenberg-Artikel vom 16. August und dem Erlaß des Reichsinnenministeriums vom 26. September[35] zu sehen. Er gehört also zum neuen Kurs der Kirchenpolitik. Mit diesem Heßschen Erlaß ist das Ende der DC eingeläutet[36]. Am 27. Oktober riefen Müller und Hossenfolder unter Bezugnahme auf diese Verfügung vom 13. Oktober zur "Volksmission" auf und setzten sich für eine beschleunigte Einführung des "Arierparagraphen" ein[37]. Am Aufruf zur Volksmission anknüpfend hatte dann der Deutschkirchler Reinhold Krause die Forderung gestellt, einen Propagandafeldzug zu starten, um die Abwanderung der DC-Mitglieder ins Völkische Lager zu verhindern. Den Höhepunkt dieses Feldzuges bildete der berühmte Sportpalastskandal vom 13. November[38], eine Kundgebung, die eine

---

31) MEIER, *I*, S. 124-125 und Anm. 472 auf S. 562.

32) *BA Hauer* 62, 239, Hauer an den Führerrat vom 3. 10. 1933.

33) *BA Hauer* 62, 146-150, Teile der Unterlagen des Gesprächs Hauers mit Heß; *BA Hauer* 62, 239, Hauer an den Führerrat vom 3. 10. 1933.

34) *Schweizerische Landesbibliothek, Bern*, Briefe an Hermann Hesse, Hauer an Hesse vom 22. 11. 1933. Der "Heß-Erlaß" ist im Dokumententeil abgedruckt.

35) Auf diese Verbindung machte zuerst H. BUCHHEIM, *Glaubenskrise*, S. 167, aufmerksam. DIERKS, *Hauer*, S. 236, äußert sich dazu eher zurückhaltend.

36) SCHOLDER, *I*, S. 669.

37) SCHOLDER, *I*, S. 676; MEIER, *I*, S.122.

38) MEIER, *DC*, S. 31-32, 38-39; SCHOLDER, *I*, S. 703-705. Der Skandal bestand darin, daß Krause Rosenbergs völkische Religion vertrat.

Antwort der DC[39] auf die Reformationsfeier der kirchlichen Opposition vom 30./31. Oktober[40] darstellen sollte. Eine Stärkung hatte die Opposition am 31. Oktober dadurch erfahren, daß der Beauftragte des Ökumenischen Weltrates der Kirchen, MacFarland, in einem Gespräch bei Hitler deren Position vertreten hatte[41]. Die Androhung der Kirchenspaltung seitens des Pfarrernotbundes am Tag nach dem Sportpalastskandal[42] spielte zwar eine Rolle innerhalb der Auseinandersetzungen, wirkte sich aber nicht direkt auf die Spaltung der DC aus. Die DC spaltete sich am 24. November in Folge der großen Spannungen innerhalb der DC, die sich aus der Sportpalastkundgebung ergeben hatten. Die Thüringer DC spaltete sich ab und nannte sich "Kirchenbewegung Deutsche Christen"[43]. Am selben Tag begann durch die Zusammenkunft des Pfarrernotbundes und der Landesbischöfe der sogenannten intakten Landeskirchen in Stuttgart die Geschichte der Bekenntnisfront[44]. Diese Zeit seit dem Heß-Erlaß war für die religiöse Landschaft eine bewegte Zeit.

Am 11. November, dem Vortag der Volksabstimmung, deren Bedeutung darin lag, daß es das erste Mal in der deutschen Wahlgeschichte einer Partei gelungen war, das konfessionell bestimmte Wahlverhalten zu brechen[45], verkündete Vizekanzler von Papen, ein Befürworter der Amalgamierung von NS-Bewegung und katholischer Kirche, daß eine dritte Konfession nicht geduldet werden würde[46]. Dies war ganz offensichtlich gegen die ADG gerichtet, denn Hauers offener Brief an Reichsbischof Müller vom 23. Oktober[47] wurde nicht nur in Journalistenkreisen als die Bekanntgabe einer dritten Konfession verstanden[48]. Hier wurde schon Front gemacht gegen eine Religionsgemeinschaft, die es juristisch gesehen noch gar nicht gab, denn der ADG fehlte die Anerkennung. Sie stand erst im Begriff, einen organisatorischen Apparat und eine gemeinsame Glaubenslehre aufzubauen.

---

39) SCHOLDER, *I*, S. 703-705.
40) Ebd., S. 685-688.
41) Ebd., S. 689.
42) Ebd., S. 705 f.
43) Ebd., S. 715-718.
44) Ebd.
45) SCHOLDER, *II*, S. 11.
46) *BA Hauer* 68, 458, K. Weiß an die Lehrer des "Verbandes der Freireligiösen" vom 20. 12. 1933.
47) Abgedruckt in: J. W. HAUER, *Grundlinien einer deutschen Glaubensunterweisung*, Stuttgart ²1935.
48) *BA Hauer* 56, 312, Grabert an Hauer vom 9. 11. 1933.

Zwei größere Probleme hatte Hauer zur selben Zeit zu bewältigen. Zusammen mit dem Geschäftsführer Carl Peter und dem neuen Beisitzer Prof. Ernst Bergmann versuchte er, den Bund der Freireligiösen vom staatlichen Verbot zu befreien[49], und gleichzeitig mußte er sich gegen die Angriffe der Nordischen innerhalb der ADG wehren[50]. In den November 1933 fiel sein offizieller Kontakt mit der SS und dem Sicherheitsdienst (SD). SS-Leute waren ihm schon vom Führerrat her bekannt gewesen. Vor allem hatte er es mit dem Leiter des Oberabschnittes Süd des SD, Dr. Werner Best[51], zu tun. Bei den Gesprächen mit der SS ging es um die Freigabe der freireligiösen Gemeinden Bayerns, namentlich um die Gemeinde Nürnberg. Bis Weihnachten 1933 hatten Hauer, Bergmann und Peter insoweit Erfolg, als die Gemeinden wenigstens ihr Weihnachtsfest feiern konnten.[52]

Für die evangelische Reichskirche begann am 25. November ein neuer Abschnitt ihrer Geschichte. An diesem Tage besuchte der deutschchristliche Bischof von Köln-Aachen, Dr. Heinrich Oberheid, den Reichsbischof, der sich ab diesem Zeitpunkt von Oberheid beraten ließ. Hossenfelders Rolle als Müllers Ratgeber war ausgespielt nicht zuletzt wegen des Sportpalastskandals und dem Scheitern der DC als Volksbewegung. Die Bedeutung Oberheids lag in seiner Konzeption eines "Ministers in evangelicis". Darin ging es um die Übertragung der Kirchenhoheit auf den Staat, aber nicht in der Weise des Landesherrlichen Kirchenregiments der Weimarer Verfassung, sondern als politische Oberaufsicht über die Kirche, was 1933 der Gleichschaltung mit der NS-Ideologie gleichkam[53]. Oberheids Besuch kam Müller gelegen, denn vier Tage später eröffnete Hitler dem Reichsbischof, daß er die bisherige Kirchenpolitik nicht weiter unterstützen wolle[54]. Mit der Zurückweisung des Angebotes Ludwig Müllers vom 6. Dezember an die *Bekenntnisfront*, Präses Koch in das Geistliche Ministerium aufzunehmen[55], begann die eigentliche Eskalation zwischen DC und Reichskirchenführung einerseits und der *Bekenntnisfront* andererseits, deren Höhepunkte die 1. Barmer Synode vom 2./4. Januar 1934, der "Ulmer Bekenntnistag" vom 22. April 1934 und die 2. Barmer Synode vom 29.-31. Mai 1934 bildeten.

---

49) *BA Hauer* 55, 4-10, C. Peter an Gestapo in Berlin vom 6. 11. 1933; *BA Hauer* 55, 1-3, Hauer an Gestapo in Berlin vom 7. 11. 1933.

50) *BA Hauer* 63, 57, Zapps Dienstbericht Nr. 7, S. 5 vom 17. 10. 1933.

51) Erster nachweisbarer Kontakt Hauers mit Best: *BA Hauer* 56, 66, Hauer an Best vom 19. 11. 1933.

52) *BA Hauer* 68, 436, Tschirn an Hauer vom 5. 12. 1933.

53) SCHOLDER, *II*, S. 13-29.

54) SCHOLDER, *I*, S. 721-722; SCHOLDER, *II*, S. 14.

55) SCHOLDER, I, S. 729-730.

In der religiösen Landschaft war die kritischste Zeit der Januar und Februar 1934. Denn da gab es sehr starke Bestrebungen in der *Bekenntnisfront*, namentlich um Martin Niemöller, aus der Reichskirche auszutreten und eine Freikirche zu bilden, was ja einer Kirchenspaltung gleichgekommen wäre. Von diesem Vorhaben hielt der zuständige Referent im Reichsinnenministerium Dr. W. Conrad Niemöller erfolgreich ab.[56] Derselbe Mann, also Conrad, hatte in derselben Zeit gegenüber Hauer geäußert, daß die Anerkennung der ADG abhängig sei von der möglichen Bildung einer evangelischen Freikirche.[57] Mit dieser Hoffnung lebte die ADG. Sie trat nun, nachdem sie die organisatorischen Voraussetzungen geschaffen hatte, in die Öffentlichkeit. Reventlow erweiterte seinen *Reichswart* um eine *Beilage der Arbeitsgemeinschaft Deutscher Glaubensbewegung*, in der regelmäßig die Ereignisse in der ADG und den Ortsgemeinden wie den Vortragsveranstaltungen bekanntgegeben wurde. Auch im *Deutschen Glauben*, der neuen Zeitschrift Hauers in der ADG, wurden wichtige Mitteilungen bekannt gegeben. Nach eigenen Angaben umfaßte die ADG im Januar 1934 etwa 150 Ortsgemeinden und Stützpunkte.[58] Vieles sprach für die kommende Kirchenspaltung wie die verschiedenen "Freien Synoden", der Kampf gegen den sogenannten "Maulkorberlaß" Müllers vom 4. Januar 1934, der Verwerfung des "Arierparagraphen" vom 7. Januar von den Kanzeln herab[59], die Forderung des Landesbischofs von Chichester im Auftrag des Ökumenischen Rates, der Reichsbischof müsse den "Arierparagraphen" zurückziehen, und die Bekanntgabe eines Briefes der Londoner deutschen evangelischen Pfarrer an Reichspräsident Hindenburg, daß sie sich von der Reichskirche lossagen müßten, wenn Müller nicht seines Amtes enthoben würde.[60] In diese Situation griff Hitler am 25. und 26. Januar selbst ein. Er erreichte es, daß sämtliche Landesbischöfe sich per Unterschrift hinter den Reichsbischof Müller stellten. Der Pfarrernotbund galt als aufgelöst[61] wie nach der Interpretation des RIM Frick alle Gebilde der sogenannten *Bekennenden Kirche*.[62]

---

56) W. CONRAD, *Der Kampf um die Kanzeln*, S. 64; vgl. auch *Junge Kirche*, 1934, H. 4, S. 141.
57) *BA Hauer* 63, 72-78, Protokoll der Führerratssitzung vom 28. 1. 1934. Für die Beurteilung der DC durch die ADG vgl. *Deutscher Glaube*, I, 1934, S. 43. (Zit. als *Dt. Gl.*)
58) *Mitteilungen der Reichsgeschäftsstelle der ADG Nr. 1*, Dezember 1933, H. 1.
59) *Dt. Gl.*, I, 1934, S. 43; MEIER, *DC*, S. 58.
60) *Dt. Gl.*, I, 1934, S. 139.
61) *Dt. Gl.*, I, 1934, S. 93; MEIER, *DC*, S. 59-60.
62) MEIER, *I*, S. 259.

Zwei Tage nach der Unterredung der Führer der beiden Kirchenparteiungen mit Hitler vom 25. und 26. Januar traf sich der Führerrat der ADG in Berlin zu einer Sitzung. Dort wurden die Weichen gestellt zu einer eigenen Religionsgemeinschaft, wobei nun der ursprüngliche Plan Hauers, mit Hilfe der Körperschaftsrechte des *Bundes der Freireligiösen* der ADG zur Anerkennung zu verhelfen, aufgegeben wurde. Stattdessen wollte man darauf hinarbeiten, daß in einer künftigen *Deutschen Glaubensgemeinschaft* alle bisherigen Gemeinschaften, also auch die Freireligiösen, aufgehen sollten. Weiter wurde beschlossen, daß an Pfingsten in Scharzfeld eine große Tagung stattfinden sollte.[63] Im Anschluß an diese Sitzung führte die ADG ein Gespräch mit dem Vertreter des *Bundes für deutsche Kirche*, dem *Freundeskreis der ADG* und der *Glaubensbewegung Deutsche Volkskirche*, deren Leiter der im Zusammenhang mit dem Sportpalastskandal genannte Reinhold Krause war.[64]

Im ersten Quartal 1934 bemühten sich Hauer und Carl Peter zum Teil getrennt voneinander um die endgültige Aufhebung des Verbotes der Freireligiösen[65]. Dabei arbeitete Hauer mit Werner Best, der seit dem 28. Januar 1934 Mitglied des Führerrates war[66], zusammen. Mit Himmler und Heydrich traf er sich einmal in München. Dabei war man soweit übereingekommen, daß der *Bund der Freireligiösen* solange zunächst einmal unangetastet bleiben würde, wie er von Hauer in die ADG überführt würde.[67] Himmler wollte jedoch noch genauere Instruktionen bekannt geben, unter welchen Bedingungen der Bund fortbestehen dürfe.[68] Diese hatte Hauer jedoch nie erhalten und nach der Trennung des Bundes von Hauer auf der Bundestagung vom 17. Juni 1934 und schließlich nach dem Verbot vom November 1934 erübrigte sich dies. In der Zwischenzeit allerdings versuchte Hauer zusammen mit Carl Peter, den Bund langsam in die ADG überzuführen - trotz Widerstände seitens der Völkischen und der jungen Nationalsozialisten.

Am 31. Januar 1934 übergab der Vatikan der deutschen Regierung ein Promemoria. Bemerkenswert daran war, daß der Vatikan hier ein neues Feld der

---

63) *BA Hauer* 63, 72-78, Protokoll der Führerratssitzung vom 28. 1. 1934.
64) *BA Hauer* 63, 79-82, Protokoll des Gesprächs vom 28. 1. 1934.
65) *BA Hauer* 68, 201-206, Peter an Hauer vom 24. 4. 1934.
66) *BA Hauer* 63, 72-78, Protokoll der Führerratssitzung vom 28. 1. 1934.
67) *BA Hauer* 62, 219-221, Hauer an der Führerrat vom 22. 3. 1934.
68) *BA Hauer* 60, 77, Hauer an Best vom 7. 5. 1934. H. BUCHHEIM, *Glaubenskrise*, S. 185, nimmt, gestützt auf Hauers mündliche Mitteilung, Heydrich als denjenigen, der die Bedingungen gestellt habe. Vgl. *BA Hauer* 79, 52-63, Protokoll des Interviews Buchheim/Hauer, hier Bl. 57.

zukünftigen Auseinandersetzungen bestimmte, nämlich das des Neuheidentums. Die Bespitzelung von katholischen Priestern etwa wurde überraschenderweise nicht thematisiert.[69] Am selben Tage wurde bekanntgegeben, daß Alfred Rosenberg mit der Überwachung der weltanschaulichen Schulung betraut worden sei[70]. Die Kritik daran kam postwendend: am 7. Februar wurde Rosenbergs Buch *Der Mythos des 20. Jahrhunderts* auf den Index gesetzt - und gleichzeitig auch Ernst Bergmanns Buch *Die deutsche Nationalkirche!*[71] Damit machte die katholische Kirche Front gegen die Völkischen innerhalb der Partei und gegen die ADG.

Seit den letzten Monaten des Jahres 1933 hatte die ADG immer mehr eine Eigendynamik entwickelt, die sie von den Vorgängen in der evangelischen Kirche unabhängiger werden ließ. Ausdruck davon war der Aufbau einer Organisation, die Ausarbeitung eines Lehrplanes, der im März dem Reichsinnenministerium vorgelegt wurde[72], die vielen Werbeveranstaltungen vor Ort und schließlich die Pfingsttagung in Scharzfeld vom 18.-21. Mai 1934, auf der die Deutsche Glaubensbewegung offiziell gegründet wurde.[73] Zeitlich fiel diese Tagung fast in denselben Zeitraum wie die 2. Barmer Synode, die vom 29.-31. Mai 1934 stattfand. Diese Tagung ist für die Geschichte der evangelischen Kirche, aber auch für die der DG, von großer Wichtigkeit, denn hier vereinigte sich die ganze kirchliche Opposition und akzeptierte ein Grundsatzpapier (Barmer Erklärung), dessen Urheberschaft vor allem Karl Barth zukommt. Damit wurde aber nicht, wie lange auch in der DG erwartet, eine Freikirche ausgerufen, sondern eine "Sonderkirche neben der Reichskirche", wie es Herbert Grabert im *Deutschen Glauben* formulierte.[74] Juristisch war die Spaltung also nicht vollzogen worden und sie wurde nie vollzogen. Das bedeutete für die DG, daß die Anerkennung bis auf weiteres nicht erfolgte.

Auf katholischer Seite sind folgende Ereignisse erwähnenswert: Am 20. April wurden die Verhandlungen über die Ausführungsbestimmungen zum Reichskonkordat zwischen dem Vatikan und der deutschen Regierung abgebrochen. Der Vatikan überließ zunächst die weiteren Verhandlungen dem deutschen Episkopat. Am 5. Juni 1934 fand eine Bischofskonferenz in Fulda statt[75]. Ein

---

69) SCHOLDER, *II*, S. 122.
70) Ebd., S. 134.
71) Ebd., S. 137.
72) Siehe S. 218-236.
73) Siehe S. 236-241.
74) *Dt. Gl.*, I, 1934, S. 283.
75) SCHOLDER, *II*, S. 221.

besonders strittiger Punkt in den Verhandlungen war der § 31 des Reichskonkordats gewesen, der sich auf die katholischen Vereine bezog. Bei diesem Streit ging es um die Definition eines katholischen Vereins. Am 27. April verschärfte sich die Situation mit der Bekanntgabe, daß eine Doppelmitgliedschaft in DAF und einem konfessionellen Gesellenverein, wie es zum Beispiel der Kolping-Verein war, nicht möglich sei[76]. Am 14. Mai hatte der Vatikan eine weitere Prememoria verfaßt, die von der Enzyklika *Mit brennender Sorge* aus dem Jahre 1938 her gelesen eine erste vorsichtige Warnung an die deutsche Regierung darstellt[77].

## 2. Die versuchte Gleichschaltung der Freireligiösen durch Integration in die Arbeitsgemeinschaft Deutsche Glaubensbewegung

*a) Die organisatorische Entwicklung der Arbeitsgemeinschaft*

Bisher wurde ständig von der ADG gesprochen, als wäre sie eine organisatorisch feste Größe wie die Kirchen. In diesem Kapitel soll nun der organisatorische Apparat der ADG in seiner tatsächlichen Entwicklung einerseits und in den Zukunftsplänen andererseits dargestellt werden. Dabei wird der Aberwitz des Planes der Integration der Freireligiösen in die ADG überdeutlich: Die beiden alten, großen Organisationen der Freireligiösen sollten in die neue, kleine ADG eingebaut werden, die sich in der Aufbauphase befand und sich selbst ständig veränderte.

Durch die Proklamation Hauers zum Führer der ADG und durch ihr Votum für eine Führergemeinschaft ersparte sich die Versammlung in Eisenach einen wenn nicht den wichtigsten Diskussionspunkt, nämlich den, wie die ADG im einzelnen aufgebaut werden sollte und wer dafür in Frage käme. Hauer konnte als Führer zunächst einmal seinen Mitarbeiterstab, der die ganze organisatorische Planung der Wartburg-Tagung durchgeführt hatte, übernehmen. Er bestand eigentlich nur in der Person Paul Zapps. Dieser be-

---

76) Ebd., S. 157 f. und S. 232.
77) Ebd., S. 229 f.

kleidete damit weiterhin die bisherige Geschäftsstelle und das Kassenamt.[78] Damit war die Grundvoraussetzung für eine funktionierende Vereinsarbeit gegeben. Die erste Aufgabe, die die Führung zu erledigen hatte, war die Herausgabe des 1. Rundschreibens vom 1. August 1933, das ausdrücklich nur für die in Eisenach Anwesenden bestimmt war, also nicht für die Öffentlichkeit. Die wichtigsten Vorhaben waren demnach:

1. Die Bestandsaufnahme der beigetretenen Vereine in ihrem organisatorischen Aufbau, in der Mitgliederzahl, ihrer Zeitschriften und ihrem zukünftigen finanziellen Beitrag für die Arbeit der ADG.
2. Die Einrichtung von folgenden Arbeitskreisen: Rassenfragen - Germanistik und Religionsgeschichte - Religiöse und philosophische Grundlegung - kultische Fragen - Musik - Kunstgestaltung - Literatur - Unterricht und Erziehung - Siedlungsfragen - Rechtsfragen - Politische Fragen.
3. Die Planung einer Pressestelle und einer Werbestelle.

Die Leiter der Arbeitskreise und der neuen wie der alten Ämter waren der "Gemeinschaft durch den Führerrat verantwortlich", der diese auch zu bestätigen hatte.[79]

Neben der Geschäftsstelle und der Kasse existierte als weiterer wichtiger Baustein der Organisation ADG der in Eisenach gewählte Führerrat, eine Art Kardinalskollegium bzw. Beraterstab. Hauer sprach sich bei wichtigen Entscheidungen und Plänen mit den Mitgliedern des Führerrates ab, wobei Graf von Reventlow der wichtigste Gesprächspartner war. Diese Absprache geschah zum Teil durch Führerratssitzungen, zum Teil durch persönliche Gespräche, entweder über Telephon oder bei Besuchen und zum Teil über Briefe. Von Mal zu Mal informierte Hauer die Mitglieder durch seine "Mitteilungen an den Führerrat". Die Mitglieder waren so ausgewählt, daß die einzelnen Gemeinschaften durch ihre Vorsitzenden vertreten waren. Darüber hinaus gab es einige, die wegen ihres Bekanntheitsgrades in der Öffentlichkeit aufgenommen worden waren wie Graf Ernst von Reventlow, Ernst Bergmann und H. F. K. Günther. Letzterer schied aber schon am 9. August 1933 freiwillig aus. Für ihn wurde Johann von Leers aufgenommen.[80] Doch darf man das Ausscheiden nicht so genaunehmen, denn mitgearbeitet hatte Günther auch weiterhin. So war er bei der Führerratssitzung vom 28. Januar 1934 anwesend - und zwar nicht als Gast, was bestimmt vermerkt worden wäre.[81] Dies sei als

---

78) *BA Hauer* 62, 254-255, Rundschreiben Nr. 1 vom 1. 8. 1933.
79) Ebd.
80) *BA Hauer* 62, 252, Hauer an den Führerrat vom 9. 8. 1933.
81) *BA Hauer* 63, 72-78, Protokoll der Führerratssitzung vom 28. 1. 1934.

ein Indiz dafür angeführt, daß es die ADG mit allem, was zum Organisatorischen gehörte, nicht so genau genommen hat.

In den ersten Wochen nach der Gründung hatten die Führer allerhand Schwierigkeiten zu beheben, die interner Art waren. Noch im August 1933 rief der Mitorganisator der Wartburg-Tagung, Dr. Hans Fuchs aus Darmstadt, zu einem 2. Treffen in Eisenach am 3. September 1933 auf. Auf der Tagesordnung stand "Einigung über Name, Bekenntnis und Satzung unserer Glaubensgemeinschaft". Anmelden konnte man sich bei der Geschäftsstelle - aber nicht der in Tübingen, sondern der in Darmstadt.[82] Beigelegt war dem Aufruf ein Entwurf eines Bekenntnistextes, einer Satzung und eines organisatorischen Aufbaus der "Deutschen Kirche - Nordisch-freie Glaubensgemeinschaft".[83] Dieser Aufruf brachte einige Verwirrung in die ADG. Die Geschäftsstelle und auch Hauer mußten viele Anfragen beantworten. Das Ganze wurde immer wieder als eine "Quertreiberei" des Dr. Fuchs abgetan.[84] Mangels Quellen kann über den Erfolg dieser Tagung nichts gesagt werden. Sicher ist, daß Fuchs und seine Freunde von der *Deutschen Gemeinde* weiterhin ihre Ziele verfolgten, was verbandssoziologisch gesehen normal war. So ließ Fuchs an Rudolf Heß, mit dem er zuvor schon eine Unterredung gehabt hatte, über Dr. Gauch von der "Dt. Gemeinde", einem engen Mitarbeiter Darrés, im November 1933 Vorschläge zu einer Einigung der "Deutschen Glaubensbewegung" übermitteln.[85] Ende November gab es deswegen - einem Brief von Fuchs an Mulert (Herausgeber der *Christlichen Welt*) zufolge - eine Auseinandersetzung in Berlin zwischen Hauer und Fuchs.[86]

Die Probleme, die im Zusammenhang mit den Freireligiösen entstanden waren und die im Führerrat unterschiedlich beurteilt wurden, werden an anderer Stelle behandelt.[87] Eine weitere interne Schwierigkeit verbirgt sich, obwohl in der Quelle nicht erkennbar, hinter folgender Mitteilung Hauers an den Führerrat vom 24. Oktober 1933:

> "Graf Reventlow hat sich nicht dazu entschließen können, den Vorsitz der ADG zu übernehmen. Ich mußte mich schließlich seinen Gründen fügen und habe den Vorsitz darum behalten. Doch habe ich ihn gebeten, dauernd den *stellver-*

---

82) *BA Hauer* 62, 249, Aufruf "An die Männer und Frauen der nordischen und freien religiösen Glaubensbewegung" vom 12. 8. 1933.
83) *BA Hauer* 62, 250-251, Deutsche Kirche (Satzung, Organisation).
84) Zum Beispiel *BA Hauer* 54, 553, H. Schröder an Hauer vom 12. 10. 1933.
85) *BA Hauer* 55, 292, H. Schröder an Hauer vom 23. 11. 1933.
86) *BA Hauer* 56, 314, Grabert an Hauer vom 30. 10. 1933, wo besagter Brief erwähnt ist.
87) Siehe S. 183-208.

*tretenden* Vorsitz zu übernehmen. Zugleich mache ich von der mir in Eisenach zugestandenen Vollmacht Gebrauch und ernenne Prof. Bergmann in Leipzig als Mitglied des *engeren Führerrates*. Dieser Führerrat wird von jetzt ab gebildet vom Vorsitzenden J. W. Hauer, vom stellvertretenden Vorsitzenden, Graf Reventlow und von Prof. Bergmann als Beisitzer."

Als Grund für die Wahl Bergmanns nannte Hauer dessen gegenwärtigen Kampf "in der vordersten Linie"[88]. Hintergrund dieser Bekanntgabe war folgendes: Am 17. Oktober 1933 schrieben der Vorsitzende und der stellvertretende Vorsitzende der NRAG, N. Seibertz und Dr. W. Kusserow, an Graf Reventlow, daß Hauer von der Leitung der ADG zurückgetreten sei und einverstanden sei, daß Reventlow sein Nachfolger werde. Sie beglückwünschten Reventlow darin zum "neuen Geschäftsführer und Vorsitzenden".[89] Zu diesem Zeitpunkt hatte tatsächlich Reventlow die Führung inne, denn Hauer war mehrere Wochen ernsthaft krank. Er hatte schon die ersten Gespräche mit Regierungsstellen vom September 1933 im Krankenstand geführt und daraufhin die Verhandlungen mit dem Reichsinnenministerium und mit Rudolf Heß an Reventlow übertragen.[90] Unter diesen Voraussetzungen und in der Enttäuschung über die Freireligiösen sowie wegen der "Quertreiberei" des Dr. Fuchs ist es durchaus möglich, daß Hauer bereit war, die Führung an Reventlow zu übergeben, zumal dieser ja auch immer der Wunschkandidat der Nordischen gewesen war. Außerdem hatte Hauer die Führung im politischen bzw. organisatorischen Bereich nie übernehmen wollen, sondern nur im religiösen. Wie schon vor Eisenach so nahm Reventlow auch jetzt die von der NRAG angebotene Führung nicht an.[91] So blieb Hauer weiterhin Führer der ADG. Reventlow hatte mit seinem Verzicht die Führerposition Hauers wie auch den eingeschlagenen Weg der ADG bestätigt. In dieser Situation führte Hauer den engeren Führerrat ein und schwächte durch seine Auswahl der Mitglieder den unmittelbaren Einfluß der Nordischen etwas ab. Auf lange Sicht handelte er sich allerdings auch Ärger ein. Der oben angeführte Brief der NRAG offenbart nämlich etwas über den Stand der Organisation. Ein Motiv zur Herbeiführung des Führungswechsels war für die NRAG die Beobachtung gewesen, daß unter Hauers Leitung eine neue Organisation entstanden war. Und genau das hatte man nach der Sicht der Nordischen in Eisenach nicht beschlossen. Als Kriterium für diese neue Organisation nannten Seibertz und Kusserow die Aufnahme von Einzelmitgliedern und die Werbung für Einzelmitgliedschaften in der ADG statt der Ver-mittlung einzelner an

---

88) *BA Hauer* 62, 231, Hauer an den Führerrat vom 24. 10. 1933.
89) *BA Hauer* 115, 187, NRAG an Reventlow vom 17. 10. 1933.
90) *BA Hauer* 115, 205-208, Reventlow an Heß vom 12. 10. 1933, S. 4.
91) *BA Hauer* 62, 231, Hauer an den Führerrat vom 24. 10. 1933.

bestehende Gemeinschaften durch die ADG. Die Nordischen bezweifelten also, daß der Charakter der Arbeitsgemeinschaft Anfang Oktober noch bestünde. Ihre Vorstellung sah so aus, daß die Führung lediglich die Voraussetzung dafür schaffen sollte, daß die Einzelgemeinden wie bisher weiterleben und -wirken konnten. Den neuen Einzelmitgliedern sollte bei Eintritt in die ADG das ganze Spektrum der Gemeinschaften vorgelegt werden, aus dem der einzelne sich seine Gruppe, der er sich anschließen wollte, nur auszuwählen hätte. An einer anderen Briefstelle räumten die Unterzeichner ein, daß sie wüßten, "daß der Zeitpunkt gekommen ist, in dem eine Anerkennung als dritte Konfession erfolgen muß".[92] Die Beobachtung der NRAG, die sie an der Behandlung der Einzelmitglieder gemacht hatten, sind Indiz dafür, daß im Oktober die ADG bereits an der Schwelle von einer losen Arbeitsgemeinschaft zu einer Religionsgemeinschaft stand.

Die eben behandelte Kritik der NRAG wurde auf die Tagesordnung der Führerratssitzung, die Hauer kurzfristig auf den 29. Oktober 1933 nach Berlin einberufen hatte, gesetzt. Dabei lud er nur die in der Umgebung Berlins wohnenden Mitglieder ein. Der Grund für die kurzfristige Einberufung ist darin zu suchen, daß Hauer erst am 24. oder gar 25. Oktober von Reventlow erfahren hatte, daß Dr. Conrad vom Reichsinnenministerium am 26. und 27. Oktober zu einer Unterredung mit Hauer wegen der Anerkennung der ADG zur Verfügung stünde.[93] Es leuchtet ein, daß er nur die eingeladen hat, die er schnell erreichen konnte und die ihrerseits schnell in Berlin sein konnten. Die Debatte um die Einzelmitglieder erbrachte einen Kompromiß: Hauer setzte sich grundsätzlich mit seiner Sicht durch, daß das "organische Wachstum" die Aufnahme der Einzelmitglieder erfordert habe. Er kam den Nordischen insoweit entgegen, als er ihnen für das nächste Mitteilungsblatt zwei Seiten einräumte, auf denen die Einzelgemeinschaften sich selbst vorstellen konnten. Allerdings sollte es den Einzelmitgliedern freigestellt bleiben, ob sie sich einer Gemeinschaft anschließen wollten oder nicht. Für die Arbeit in den Ortsgemeinden wurde empfohlen, daß die Einzelgemeinschaften nicht unter ihrem jeweiligen Namen werben sollten, sondern unter dem der ADG. Als Ziel wurde die Schaffung der "einen großen Deutschen Glaubensgemeinschaft" von den Nordischen akzeptiert. Die Gemeinschaften sollten nicht "angetastet", das heißt nicht zwangsaufgelöst werden, aber sie sollten das Ziel, "organisch in das Gesamte" hineinzuwachsen, nicht vergessen.[94] Mit diesem Kompromiß konnte Hauer zufrieden sein, denn damit hatte er die Nordi-

---

92) *BA Hauer* 115, 187, NRAG an Reventlow vom 17. 10. 1933.
93) *BA Hauer* 115, 174, Reventlow an Hauer vom 23. 10. 1933.
94) *BA Hauer* 62, 225-228, Mitteilungen an den Führerrat vom 6. 12. 1933.

schen für seine Zielvorstellungen gewinnen können. Damit war - jedenfalls fürs erste - eine Beruhigung innerhalb der ADG-Führung erreicht.

Ende Oktober war die ADG auf folgendem organisatorischen Stand: Führer, engerer Führerrat, Führerrat, Geschäftsstelle und Kasse - die beiden letzten weiterhin in Personalunion - auf der einen Seite, wobei die Hauptarbeit von Hauer, Reventlow und Zapp geleistet wurde, und auf der anderen Seite eine ständig größer werdende Mitgliederzahl. Am 29. Oktober wurden zum Beispiel folgende Gemeinschaften neu aufgenommen: *Gemeinschaft deutscher Erkenntnis*, die *Braunen Falken* (eine Spielschar in Süddeutschland), die *Gesellschaft für biozentrische Forschung* sowie die *Opfergruppe der Bundesschwestern deutscher Sturmsoldaten*, die früher *Wehrwolf-Schwestern* hießen.[95] Neben all diesen Gemeinschaften kamen noch viele Einzelmitglieder, die in der Regel Parteigliederungen angehörten. Die eigentliche organisatorische Arbeit leisteten Hauer und Zapp allein. Von August bis November 1933 errechnete Zapp eine Steigerung des täglichen Posteingangs von anfangs 25 auf zuletzt 45 Briefen. Mit Nachrichten versorgt werden mußten außer den Mitgliedern der Gemeinschaften noch 400 Einzelmitglieder und 1600 Interessenten. Ihre Arbeit wurde dadurch erschwert, daß die Gemeinschaften wenig oder gar nichts finanziell beitrugen. Hauer[96] wie Zapp[97] appellierten daher Anfang Dezember an die Zahlungsmoral der Gemeinschaften. Laut Kassenbericht, der den Zeitraum 30. Juli bis 27. November umfaßte, war ein Barbestand von 62,29 Mk in der Kasse, der sich vor allem wegen des Gewinns von 52,21 Mk durch die Tagung in Eisenach ergeben hatte. Zu den Hauptzahlern gehörten an 1. Stelle die Einzelmitglieder mit 606,43 Mk, an 2. Stelle die Freireligiösen mit 400 Mk, an 3. Stelle der Köngener Bund mit 280 Mk sowie die GGG mit 100 Mk, die Nordungen mit 50 Mk, die NGG und die *Adler und Falken* mit jeweils 20 Mk.[98] Die Nordischen zahlten also am wenigsten. Die laufenden Einnahmen und die laufenden Kosten hielten sich in etwa die Waage: Der Einnahmenseite von 1869,85 Mk stand eine Ausgabenseite von 1807,56 Mk gegenüber.

---

95) Ebd.
96) Ebd.
97) *BA Hauer* 62, 229, Geschäftsbericht, undatiert; wegen der beiliegenden Kassenabrechnungen, die bis zum 27. 11. 1933 reichen, kann als Datum Ende November angenommen werden.
98) Ba Hauer 62, 230, vorläufiger Kassenbericht für die Zeit 30. 7.-27. 11. 1933

Im Dezember gab es soviel an Arbeit zu bewältigen, daß trotz der knappen Geldmittel weitere Ämter geplant wurden. Als erstes wurde im Dezember das Reichspresseamt eingerichtet und Ernst Precht als Leiter bestimmt.[99] Zu dieser Stelle gehörte der Leiter der Abwehrstelle - das war Reventlow - und der Zentralpressewart. Aufgabe des Presseamtes war es, alle Veröffentlichungen und Mitteilungen, die die ADG betrafen, an die Öffentlichkeit zu bringen sowie den eigenen Gliederungen bekannt zu geben. Das Presseamt sollte alle Mitteilungen wie zum Beispiel die Berichte von Vorträgen in den Ortsgemeinden erhalten. Eilige und wichtige Informationen wie etwa falsche Darstellungen über die ADG in der Öffentlichkeit sollte die Abwehrstelle, also Reventlow, direkt erhalten, damit die ADG im "Reichswart" sofort eine Gegendarstellung drucken konnte. Die Aufgabe des Zentralpressewartes bestand darin, Kontakte mit allen wichtigen Stellen und Behörden in Berlin zu pflegen. Um die ganze Arbeit effektiver gestalten zu können, sollte über ganz Deutschland ein "Netz von Pressemitarbeitern", den Gau- und Ortspressewarten der Ortsgemeinden, ausgebreitet sein. Diese sollten nach Möglichkeit selber Presseleute sein.[100] Ein Blick auf die Ortsgemeinden belehrt, daß es nur wenige Ortsgemeinden gab, die Obleute für die Presse besaßen.

Eine Erleichterung für Zapp sollte das Reichsorganisationsamt werden, das im Dezember 1933 eingerichtet wurde. Als Leiter hatte sich der Herausgeber der Zeitschrift *Wehrwolf*, Fritz Kloppe, angeboten[101], der kein Parteimitglied war. In einer Unterredung am 3. Dezember 1933 machte ihn Graf Reventlow darauf aufmerksam, daß seine Art der aggressiven Werbung der Situation nicht angepaßt sei und bat ihn, sich zu zügeln.[102] Es hatte im Laufe der Zeit noch weitere Schwierigkeiten mit Kloppe gegeben, so daß man nach einem Weg der Trennung in beiderseitigem Einverständnis suchte. Am 15. Januar 1934 gab Kloppe die Leitung an Reventlow mit der Begründung zurück, daß er durch Übernahme eines anderen Amtes zu sehr in Anspruch genommen sei und deshalb von der Leitung des Reichsorganisationsamtes zurücktreten müsse.[103] Diese Stelle wurde am 28. Januar 1934 endgültig aufgelöst.[104]

---

99) *Dt. Gl.*, I, 1934, S. 38.
100) *BA Hauer* 63, 91, Gliederungen und Richtlinien des Reichspresseamtes der DG, undatiert.
101) *BA Hauer* 62, 225-228, Mitteilungen an den Führerrat vom 6. 12. 1933, S. 5.
102) *BA Hauer* 115, 122, Reventlow an Hauer vom 5. 12. 1933.
103) *BA Hauer* 115, 103, Reventlow an Hauer vom 15. 1. 1934; *BA Hauer* 115, 101, Hauer an Reventlow vom 19. 1. 1934.
104) *BA Hauer* 63, 72-78, Protokoll der Führerratssitzung vom 28. 1. 1934.

Ein weiteres Amt war das der Betreuung der Hochschulgruppen, das Herbert Grabert unter sich hatte.[105] Wegen der neuen Verfassung der Dt. Studentenschaft, die es den Gemeinschaften verbot, eigene Hochschulgruppen zu pflegen, wurde diese in "Studentischer Arbeitskreis" umbenannt und der jeweiligen Ortsgemeinde eingegliedert.[106]

Im März 1934 ging man nun, nachdem man propagandistisch in die Öffentlichkeit getreten war, daran, die Redner besser zu organisieren.[107] Außer der besseren Koordination der Redner wollte man die Gewähr einer gewissen Einheitlichkeit in der ideologischen Ausrichtung und die Sicherheit, daß keine extremen, politisch unerwünschten Redner im Namen der ADG sprachen. Diese Organisation war Reventlow ein Greuel. Er befürchtete, daß die ADG wie viele andere Gruppen lediglich die Kampfmethoden der NSDAP aus den zwanziger Jahren kopieren würden. In seinen Augen würde das einen Substanzverlust der ADG bedeuten. Er hielt die Übertragung der Kampfweise aus dem politischen in den religiösen Bereich für eine Unmöglichkeit. Man würde am Ende gerade bei den Äußerlichkeiten landen, die die ADG den Kirchen, insbesondere aber der DC, vorwarf.[108]

Ein Begriff wie "Amt" erweckt den Eindruck als handelte es sich bei der ADG um eine große bürokratische Organisation. Doch dem war nicht so. Zwar wurden Zahlen von 200.000 - Reventlow gegenüber Heß am 12. Oktober 1933[109]- oder 500.000 Mitgliedern - Hauer beim Reichsinnenministerium Ende Januar 1934[110] - genannt, doch wurde vermutlich die Zahl von 100.000 nur wenig überschritten. Läßt man die 60.000 bis 90.000 Freireligiösen und die 40.000 Mitglieder der *Gemeinschaft Deutscher Erkenntnis*[111] außer acht, dann schrumpft die Mitgliederzahl der ADG sehr zusammen. A. Conn gibt bei seinem Austritt aus der ADG im Mai 1934 die Zahl 5300 an.[112] Wahrscheinlich ist die Zahl nahe an der Realität. Alle Nordischen in der ADG umfaßten wohl nur etwa 2000 Personen[113], der Köngener Bund bestand 1933 aus etwa 450 Personen, von denen nur etwa 120 aktiv waren.[114] Nach der Trennung

---

105) Ebd.
106) *Dt. Gl.*, I, 1934, S. 132.
107) *Reichswart*, Nr. 11, vom 18. 3. 1934.
108) *BA Hauer* 115, 122, Reventlow an Hauer vom 5. 12. 1933.
109) *BA Hauer* 115, 205-208, Reventlow an Heß vom 12. 10. 1933.
110) *BA Hauer* 63, 74.
111) *BA Hauer* 115, 117, Hauer an Reventlow vom 21. 12. 1933.
112) BARTSCH, *Die Wirklichkeitsmacht*, S. 71.
113) *BA Hauer* 115, 67, Hauer an Reventlow vom 23. 4. 1934.
114) *BA Hauer* 63, 58, Zapps Dienstbericht Nr. 7 vom 17. 10. 1933.

ging nur ein Teil zur ADG, sicherlich keine 100 Köngener. Vergleicht man diese Zahlen mit der von Conn angegebenen, so erscheint es ratsam für die ADG eine Größenordnung vom 6000-10.000 Mitgliedern anzunehmen. Bedenkt man die tatsächliche Größe der ADG, erscheint die Planung der DG, wie sie nach der Scharzfelder Tagung vorgenommen worden war, geradezu als phantastisch. Dieses ausdifferenzierte Organisationsgebilde war nicht auf die Realität der kleinen ADG zugeschnitten. Der zahlenmäßig starke Bund der Freireligiösen war da noch in die Überlegungen einbezogen worden. Die Planer stellten sich die zukünftige Deutsche Glaubensbewegung schematisch folgendermaßen vor:[115]

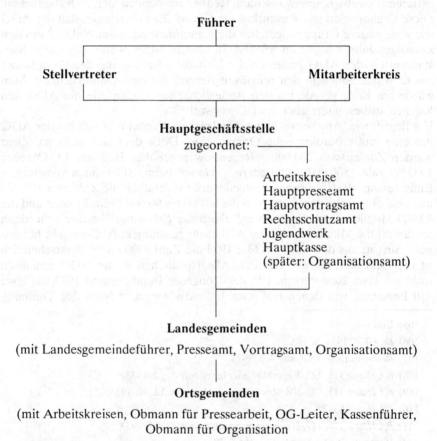

Führer

Stellvertreter — Mitarbeiterkreis

Hauptgeschäftsstelle
zugeordnet:

Arbeitskreise
Hauptpresseamt
Hauptvortragsamt
Rechtsschutzamt
Jugendwerk
Hauptkasse
(später: Organisationsamt)

Landesgemeinden
(mit Landesgemeindeführer, Presseamt, Vortragsamt, Organisationsamt)

Ortsgemeinden
(mit Arbeitskreisen, Obmann für Pressearbeit, OG-Leiter, Kassenführer, Obmann für Organisation

---

115) *BA Hauer* 63, 24-27, Rundschreiben Nr. 6, undatiert, S. 3, vermutlich Mai/Juni 1934.

Die Einzelwohnenden, also diejenigen, die in ihren bürgerlichen Gemeinden ohne Glaubensbrüder allein lebten, sollten allmählich den Ortsgemeinden angegliedert werden.

Dieses Schema, das im Rundschreiben Nr. 6 der Hauptgeschäftsstelle abgedruckt ist, erfuhr verschiedenartige Kritik. Um Klarheit zu schaffen, gab das Hauptorganisationsamt ein Rundschreiben heraus, das die Unklarheiten beseitigen sollte. Demnach unterschieden die Verfasser zwischen einem Ist- und einen Soll-Zustand. Der Ist-Zustand der DG sah nach eigenen Angaben kurz so aus: Auf der untersten Ebene sind die Ortsgemeinden. Sie sind den verschiedenen Ämtern der Reichsführung der DG untergeordnet. Diese "Ämter" ihrerseits unterstehen dem Reichsorganisationsamt, das wiederum der Kanzlei zugeordnet ist. Letztere ist eine Koordinationsstelle zwischen Führung und den Ämtern. Die Führung selbst geschieht in der Regel durch den Führer in Absprache mit dem Stellvertreter und dem Mitarbeiterkreis, dem ehemaligen Führerrat.

Der Soll-Zustand unterschied sich vom Ist-Zustand dadurch, daß später die Landesgemeinden zwischengeschaltet werden sollten. Vorgesehen war, daß die Ortsgemeinden einer Region eine Verwaltungseinheit bilden sollten, die man Landesgemeinden nannte. In der Zukunft sollte sie die Aufgaben der Reichsämter übernehmen und die reichsrelevanten Probleme an die weiterhin bestehenden Reichsämter weiterleiten. Die Landesgemeinden waren wie die Reichsämter gegliedert. Die Mitteilungen der Führung sowie die der Reichsämter sollten über diese Landesgemeinden an die Basis weitergegeben werden.[116] Dieser Soll-Zustand wurde in der DG-Führung nur für den Fall diskutiert, daß die DG infolge schnellen und großen Wachstums organisatorisch nicht mehr mit den wenigen bestehenden Reichsämtern geführt werden könne. Wenn die DG vom Ist-Zustand sprach, so war damit nicht gemeint, daß die Organisation so funktioniert hat wie es auf dem Papier stand. Als Grundsatz galt: "Die Organisation darf nicht Selbstzweck werden, sie ist dazu da, die zu leistende praktische Arbeit in einem Rahmen zu halten, der alle Kräfte zusammenschließt und wirkungsmächtig macht".[117]

Als Ämter wurden festgeschrieben bzw. neu eingerichtet:

1) Die Hauptgeschäftsstelle mit dem Leiter Paul Zapp, die unterteilt war in ein Hauptarbeitsamt und ein Organisationsamt. Das Hauptarbeitsamt war dabei die wichtigste Stelle, denn hier wurden die Grundsatzfragen behan-

---

116) Ebd.
117) Ebd.

delt und hier liefen alle wichtigen Informationen zusammen. Das Organisationsamt behandelte alle organisatorischen Belange.
2) Die Hauptkasse wurde von Robert Dorn geführt. An diese Stelle hatte man die Neuanmeldungen zu richten.
3) Leiter des Hauptvortragsamtes war Dr. Bruno Jöckel. Er organisierte Redner, Versammlungen und Vorträge.
4) Die Mittelstelle für die studentischen Arbeitskreise hatte Herbert Grabert unter sich.
5) Das Rechtsschutzamt war gedacht für Beratung und Vertretung in Rechtsfällen der DG und von DG-Mitgliedern, sofern sie die Zwecke der DG berührten. Daneben wurde eine Schlichtungsstelle eingerichtet, die für interne Schwierigkeiten gedacht war.
6) An Arbeitskreisen gab es den AK für philosophische und religiöse Grundlegung in drei Gruppen, den AK für Erziehung und Unterricht in zwei Gruppen, den AK für Fest- und Feiergestaltung, den AK für praktische Gestaltung, den AK für Rassefragen und das Jugendwerk der DG.[118]

Die Satzung der Deutschen Glaubensbewegung bewegte sich im wesentlichen im Rahmen des Vereinsrechtes. Als Besonderheit, die sich aber aus der Glaubenslehre der DG leicht erklären läßt, ist zu erwähnen, daß Mitglied

> "ohne Rücksicht auf die Staatsangehörigkeit jeder unbescholtene männliche oder weibliche deutsche Volksgenosse werden kann, der das achtzehnte Lebensjahr vollendet hat und folgende Bedingungen erfüllt:
> 1. Er und sein Ehegatte müssen frei sein von jüdischem und farbigen Bluteinschlag.
> 2. Er darf weder einem Geheimbund noch einer Freimaurerloge, noch einem kirchlichen Orden (Jesuitenorden) angehören.
> 3. Er darf keiner anderen Glaubensgemeinschaft (Kirche) angehören."[119]

Ein Kuriosum stellten die §§ 33 und 38 dar. Sie lauten: "Das Vermögen des Vereins wird vom Kampfring 'Deutsche Glaubensbewegung' E. V. verwaltet, der allein verfügungsberechtigt ist" und "Eine Eintragung des Vereins in das Vereinsregister soll nicht erfolgen. Den Gliederungen des Vereins ist es untersagt, sich in ein Vereinsregister eintragen zu lassen."[120] Dieser Passus läßt sich nur damit erklären, daß sich ein Glaube nicht in Paragraphen fassen läßt, daß alles Juristische dem Religiösen grundsätzlich widerspricht. Dagegen stand die praktische Erfordernis, sich ins Vereinsregister eintragen zu lassen,

---
118) Ebd.
119) *BA Hauer* 62, 158-165, Satzung der DG, hier § 3.
120) Ebd., §§ 33 und 38.

wenn man nicht als illegale Einrichtung erscheinen wollte. Um aus diesem Dilemma herauszukommen, gründete man einen *Kampfring Deutsche Glaubensbewegung*, der für alle finanziellen und juristischen Angelegenheiten zuständig war.

Den beschriebenen Soll-Zustand erreichte als erste Landesgemeinde die *Nordmark* mit Sitz in Kiel bereits im Sommer 1934. Binnen kurzer Zeit hatten die Kieler eine Ortsgemeinde aufgebaut und gleichzeitig Werbung in der Umgebung betrieben, so daß schnell hintereinander mehrere neue Ortsgemeinden gegründet werden konnten.[121] Diese Landesgemeinde, aus der Hauers Antipoden Wilhelm Heßberg und Paul Orlowsky hervorgingen, spielte auf Grund ihrer vorbildlichen Arbeit innerhalb der DG eine gewichtige Rolle.

*b) Die gescheiterte Integration der Freireligiösen in die Arbeitsgemeinschaft*

ba) Der Kampf um den *Verband der Freireligiösen Gemeinden*

Ausgangspunkt zum Verständnis der Handlungsweise des *Verbandes* wie des *Bundes der Freireligiösen*, sich auf das Experiment ADG einzulassen, ist die Angst vor der Liquidation gewesen. Doch wie das Beispiel der Leitung der Badischen Landesgemeinde, Paul Lubberger und Dr. Karl Weiß, zeigt, teilten nicht alle Freireligiösen diese Angst.[122] Dennoch ist als Faktum festzuhalten, daß offizielle Vertreter des *Verbandes* und des *Bundes* sich auf das Unternehmen ADG eingelassen haben. Als Hauer und die Freireligiösen Süddeutschlands miteinander in Kontakt kamen, schwebte Hauer noch die Idee einer "Religiösen Arbeitsgemeinschaft deutscher Nation" (RADN) vor, bei der die religiösen Fragen der Gegenwart verhandelt werden sollten. In diesem Diskussionsforum sollte jede Religionsgemeinschaft, gleichgültig wie stark ihre Mitgliederzahl auch war, eine Stimme besitzen.[123] Diese Idee ging zurück auf einen Gedanken Rudolf Ottos, den Hauer aufgegriffen und weiterentwickelt hatte: über die Vereinigung von religiösen Gemeinschaften, denen es am Gedanken des Religiösen gelegen war, wobei es gleichgültig war, ob sie innerhalb oder außerhalb der Kirche standen, sollte die Amtskirche zu einer Religiosität geläutert werden.[124] Dieser Gedanke war noch unter anderen Be-

---

121) *BA Hauer* 63, 155-159.
122) *BA Hauer* 54, 122-125, Der Landesvorstand der "Landesgemeinde Baden" an die Gemeinde Pforzheim, vom 3. 9. 1933.
123) HAUER, *Verfassungsänderung oder Revolution der Kirche?*, Stuttgart, Juni 1933.
124) *BA Hauer* 45, 193, Hauer an R. Otto vom 24. 9. 1929.

dingungen als denen des 3. Reiches im Jahre 1933 entstanden. Es konnte leider nicht festgestellt werden, inwieweit diese Idee Hauer bei der Zusammenarbeit mit den Freireligiösen noch bewußt war. Dazu gesellte sich eine zweite, naheliegende Idee, nämlich die "Rückgewinnung" des vom Marxismus fehlgeleiteten deutschen Arbeiters für das Religiöse. In diesem Punkt traf Hauer sich mit Reventlow.[125] Beide glaubten, daß die freireligiösen Mitglieder von Beruf aus Arbeiter waren. Daher sahen Hauer und Reventlow in den Freireligiösen das Betätigungsfeld für eine Missionierung, denn aufgrund ihrer Mitgliedschaft bei den Freireligiösen hatten diese Arbeiter einen Sinn für Religion und zwar für eine Religion, die der Hauers und Reventlows sehr nahe kam. Außerdem beeindruckte es beide, daß sie eine Tradition besaßen, die von Anfeindungen seitens der Amtskirchen und des Staates gekennzeichnet war. Sie galten bei Hauer als opferbereit und kampferfahren.[126] Das Wichtigste, was die Freireligiösen der ADG bieten konnten, war ihre Mitgliederstärke und ihre Körperschaftsrechte. Die große Mitgliederzahl war für die Frage der Anerkennung der ADG insofern wichtig, als der Staat um so eher gewillt ist, auf Anerkennungsforderungen einzugehen, als die Antragsteller nachweisen können, daß hinter ihnen eine recht große Anzahl von Mitgliedern steht und daß ihre Existenz dauerhaft sein werde. Die Übernahme der Körperschaftsrechte der Freireligiösen hätte darüber hinaus die Anerkennung erleichtert und den Zugang zum Religionsunterricht in den Schulen eröffnet. Solche Dinge spielten bei Hauers Erwägungen eine Rolle, aber auch die Tatsache, daß hinter dem Verbot der Freireligiösen nicht zuletzt die Kirchen standen. Heute ist nicht mehr das Motivationsbündel zu entwirren, das Hauer so lange an den Freireligiösen festhalten ließ. Historisch ist jedenfalls, daß er sich sehr um die Integration der Freireligiösen in die ADG bemüht hat. Wie und warum er letzten Endes scheiterte, soll im Folgenden gezeigt werden.

Bei diesem ganzen Prozeß gibt es zwei Phasen. Die erste reicht bis etwa Januar 1934 und die zweite von Januar bis zum 17. Juni 1934. In der ersten Phase ging es vor allem um die Abklärung des Verhältnisses zwischen Freireligiösen und ADG sowie um die Befreiung des Bundes der Freireligiösen vom staatlichen Verbot. In die zweite Phase fiel die eigentliche Integration. In die erste Phase fiel auf Seiten der ADG der organisatorische Aufbau, der dann die Möglichkeit bot, die Freireligiösen in diese Organisation hinein zu integrieren. Wie das konkret aussah, wird weiter unten dargestellt. Zunächst folgt die Auseinandersetzung um den Anschluß des *Verbandes der Freireligiösen*

---

125) Vgl. Reventlows Buch *Deutscher Sozialismus. Civitas Dei Germanica*, Weimar 1930.
126) *BA Hauer* 52, 458, Hauer an Teichmann vom 2. 6. 1933.

*Gemeinden* an die ADG und der Kampf um die Befreiung des *Bundes der Freireligiösen Gemeinden Deutschlands* vom Verbot.

Der *Verband* war noch in Eisenach der ADG beigetreten. Doch widerrief sein Vorsitzender Georg Pick kurz danach am 4. August 1933 diesen Schritt per Telegramm.[127] Motiviert und ermächtigt war er dazu geworden durch die Diskussion auf der Verbandsratssitzung vom 2. August 1933 in Mainz. Dort hatte die überwiegende Mehrzahl der Mitglieder gegen den Beitritt mit der Begründung votiert, daß ihre Vertreter nicht gut behandelt worden seien, was sich an den Umständen der Nichtaufnahme Picks in den Führerrat deutlich gezeigt habe, und daß der "Arierparagraph" eingeführt werden sollte.[128] Diese Rücknahme des Beitritts stieß bei einigen Freireligiösen auf Unverständnis. Es handelte sich hierbei durchweg um Mitglieder der *Freireligiösen Landesgemeinde Baden*, die als eigenständige Gemeinschaft dem Verband angeschlossen war. Die Auseinandersetzung um den Beitritt bzw. um den Austritt, der bis in die Einzelgemeinden hinein ging, wurde in der badischen Landesgemeinde geführt und nur zum Teil in der Verbandsspitze. Im einzelnen handelte es sich um die Gemeindevorsteher und Prediger Barber, Bühler (Heidelberg), Elling (Pforzheim), Brecht (Lörrach), Sexauer (Karlsruhe) und Lämmer (Freiburg).[129] Sie interpretierten den Beitritt als vollzogen, wenigstens für die Landesgemeinde Baden.[130] Als Argument führten sie an, daß sie nach Eisenach vom Vorstand der *Landesgemeinde* delegiert worden wären und daß die Mehrheit in Baden für den Anschluß an die ADG sei. Doch hatte sich nach der Interpretation der Landesgemeindeleitung die Delegation nur auf eine Beobachterfunktion ohne weiterreichende Kompetenzen beschränkt.[131] Wegen dieser unterschiedlichen Interpretation war der Kontakt zwischen Hauer und dem Verbandsrat nicht abgebrochen worden.[132] Der *Verband*, dem nicht an einer Spaltung gelegen war und der deshalb die abweichende Position ernst nahm, suchte nach einer für alle annehmbaren Lösung. So stand die Verbandsführung im Zentrum zweier divergierender Richtungen, deren eine die ADG-Anhänger waren. Zu den Wortführern der Beitrittsgegner zählte die badische Landesgemeindeleitung, Lubberger und

---

127) DIERKS, *Hauer*, S. 231.
128) *BA Hauer* 54, 131, Elling an Bentmann vom 15. 9. 1933.
129) *BA Hauer* 79, 240-248, Protokoll der außerordentlichen Tagung der "Landesgemeinde Baden" in Heidelberg vom 9./10. 9. 1933.
130) Wie Anm. 127, darin Zitat des Briefes Bentmanns an Elling vom 5. 8. 1933.
131) *BA Hauer* 54, 122-125, Der Landesvorstand der "Landesgemeinde Baden" an die Gemeinde Pforzheim vom 3. 9. 1933.
132) *BA Hauer* 62, 147-148, Rundschreiben der ADG Nr. 2 vom 21. 8. 1933.

Weiß. Sie wollten die Eigenständigkeit des Verbandes erhalten. Daß dies möglich sein würde, ergab sich ihnen aus dem, was den Freireligiösen sowohl im badischen Kultusministerium als auch im Reichsinnenministerium gesagt worden war: Der Verband bliebe unbehelligt, solange er sich um rein religiöse Angelegenheiten wie in der Satzung festgeschrieben kümmern würde und solange er mit dem "Volksbund" - dem *Bund der Freireligiösen Gemeinden Deutschlands* also - keine Kontakte pflegen würde. Der Grund für dieses Entgegenkommen der Regierungsseite läge in deren Förderung der Ideen des Deutschen Idealismus, die nach Ansicht der Regierung auch der Verband fördere. Als einzige Auflage erteilte die Reichsregierung dem Verband, die Mitglieder, die der SPD angehörten, aus Leitungsämtern zu entfernen.[133] Neben diesen beiden Gruppen gab es noch eine dritte, die zwischen den beiden anderen mäßigend einwirken wollte. Zu dieser zählte E. Bentmann.[134]

Ende August sah es so aus, als könnte eine allseits befriedigende Lösung gefunden werden. Man wollte sich am 9. September 1933 in Heidelberg im Hause Marianne Webers treffen. Dort sollte darüber verhandelt werden, wie eine Zusammenarbeit des "Verbandes", des "Bundes der Freireligiösen" und des "Köngener Bundes" organisatorisch gestaltet werden sollte.[135] Die Initiative zur Einladung war von Hauer ausgegangen. Doch dieses Gespräch fand nicht statt. Irgend jemand vom *Bund der Freireligiösen* hatte Hauer am 27. August ein vertrauliches Rundschreiben Picks zukommen lassen, in dem die Ereignisse seit der Rüdesheimer Tagung so dargestellt wurden, daß Hauer in einem negativen Lichte stand. Über diese Sichtweise empörte sich Hauer und schrieb Pick umgehend, am 28. August einen Brief. Picks vertrauliches Rundschreiben und andere Vorkommnisse in der ADG hatten bei Hauer eine Krise ausgelöst. Seine Verärgerung über den *Verband* führte jetzt dazu, daß er auch das ihm angebotene Führeramt an den *Bund*, der ja eigentlich mit dem Verband nicht verwechselt werden durfte, wieder zurückgab und überhaupt keine Initiative in der freireligiösen Angelegenheit ergreifen wollte. Er überdachte in einem langen Spaziergang, ob er sich nicht ganz aus der Arbeit der ADG zurückziehen sollte. Doch blieb er schließlich bei seinem eingeschlagenen Weg, weil er sich verpflichtet fühlte, für die religiöse Freiheit zu kämpfen.[136] Diese Entscheidung kann man damit erklären, daß Hauer derar-

---

133) *BA Hauer* 54, 122-125, Der Landesvorstand der "Landesgemeinde Baden" an die Gemeinde Pforzheim vom 3. 9. 1933.
134) *BA Hauer* 54, 68-71, Tagungsbericht Bühlers vom außerordentlichen Verbandstag in Frankfurt a. M. vom 15. 10. 1933.
135) *BA Hauer* 53, 595, Hauer an Marianne Weber vom 23. 8. 1933.
136) *BA Hauer* 53, 213, Hauer an Anonymus vom 28. 8. 1933. Der handschriftliche Zusatz "Keibel" kann nicht stimmen, da im Brief *über* ihn berichtet wird.

tig viel in die ADG investiert hatte, daß er nicht ohne weiteres aussteigen wollte.

Nachdem die Leitung des Verbandes durch Pick ein Erscheinen zur geplanten Heidelberger Tagung vom 9. September abgesagt hatte und es dem Heidelberger Gemeindeleiter Barber bekannt geworden war, daß sich der Landesvorstand der Badischen Landesgemeinde überhaupt nicht eingeladen gefühlt habe, ergriff Barber eigenmächtig die Initiative und lud für den 9. September zu einer Landestagung nach Heidelberg ein. Auf die Tagesordnung setzte er die Abwahl Lubbergers und Weiß' von ihren Ämtern.[137] Auf diese Einladung reagierte der Landesvorsteher Paul Lubberger mit einem am 3. September abgefaßten Rundschreiben, in dem die ganze bisherige Vorgeschichte des Jahres 1933 aus seiner Sicht dargestellt wurde.[138]

Auf der Heidelberger Tagung waren alle Gemeinden vertreten. Auch war die Leitung mit Lubberger und Weiß, die ja abgewählt werden sollten, anwesend! Als Gäste waren Elisabeth Krukenberg von den Quäkern und Hermann Buddensieg als Vertreter des Köngener Bundes erschienen. Zu Beginn rechtfertigte Barber sein eigenmächtiges Vorgehen mit dem Argument, daß im neuen Staat der Parlamentarismus "erledigt" sei und er damit sich nicht mehr an das in der Landesgemeindesatzung vorgeschriebene Verfahren halten müsse. Über dieses Verständnis wurde nicht lange debattiert. Man ging schnell zum wichtigsten Tagesordnungspunkt, der Frage des Beitritts zur ADG, über. In der Diskussion zeigte es sich, daß die Parteien die allgemeine politische Lage, die Aussichten der Anerkennung der ADG und die Chancen des Bestehens des Verbandes unterschiedlich bewerteten. Die ADG-Anhänger argumentierten mit der Erfahrung des Jahres 1933, in dem die Gemeinde Karlsruhe verboten, der Gemeinde Pforzheim die Jugendweihe untersagt und der Staatszuschuß gestrichen worden sei, was zu der großen Befürchtung geführt habe, daß der ganze Verband verboten würde. Darauf entgegnete Weiß, daß diese Befürchtung eine extreme Interpretation gewesen sei, die nur von einem Teil der Freireligiösen geteilt worden war. Er verwies auf die Erfahrung der Geschichte, die die Freireligiösen gemacht hätten. Schon oft seien sie vor der gleichen Frage gestanden, ob sie, um sich zu retten, sich nicht einem anderen Verband anschließen sollten. Dies hätten sie jedesmal verneint und seien damit letztlich besser gefahren. Den Anschluß an die ADG empfände er und seine Freunde deshalb als unangebracht, weil er nicht glaube, daß Hitler die ADG anerkennen werde. Die Anerkennung des Verbandes sei ihnen von der

---

137) *BA Hauer* 54, 122-125, Der Landesvorstand der *Landesgemeinde Baden* an die Gemeinde Pforzheim vom 3. 9. 1933.

138) Ebd.

Regierung dagegen zugesichert worden. Den Aspekt, daß es der ADG gerade um die Wahrung der religiösen Freiheit, einem Anliegen auch der Freireligiösen, ginge, bewegte Weiß zum Einlenken. Dennoch beharrte er auf seinem Nein zum Beitritt. Ausschlaggebend dafür war ihm, daß der *Bund der Freireligiösen Gemeinden Deutschlands*, der "früher geradezu der Schrittmacher der Antireligiosität" gewesen sei, in der ADG Mitglied war. Sein Nein begründete er u. a. mit einem Zitat aus *Mein Kampf*, das auf den Antidogmatismus der ADG anspielte: "Eine Religion ohne Dogma kann die Menschen nicht erfassen." Weiß verwies weiter auf Hitlers Abneigung gegenüber Arbeitsgemeinschaften. Gegen obiges Hitler-Zitat führte ein ADG-Anhänger ein anderes Hitlerwort an, wonach diesem "ein Reformator nur erwünscht sei". Gegen Ende der ersten Sitzungsperiode wurde der Verbandsleitung zu verstehen gegeben, daß die Chancen der Anerkennung der außerkirchlichen ADG nur dann steigen könnten, wenn diese Richtung Geschlossenheit zeigen würde. Schließlich wurde beschlossen, daß man noch einmal mit Hauer ins Gespräch kommen wollte. Nachdem Lubberger und Weiß die Tagung vorzeitig verlassen hatten, beschlossen die Gemeinden Freiburg, Heidelberg, Konstanz und Lörrach ihren Beitritt zur ADG. Die Wahlen bzw. Abwahlen wurden wegen Abwesenheit von Lubberger und Weiß auf einen späteren Termin verlegt.[139]

In der folgenden Zeit bearbeitete der Vorstand der Badischen Landesgemeinde die Gemeinden, wobei sie ähnliche Mittel anwandten, wie es Barber bei der Einberufung der Landesgemeindetagung getan hatte: In Pforzheim, der Gemeinde Ellings, lud nicht Elling wie üblich zu einer Versammlung ein, sondern ein Vertrauensmann des Landesvorstandes. Auf dieser Gemeindeversammlung stellte Landesprediger Karl Weiß persönlich die Problematik dar. Elling wurde dabei immerhin die Darstellung seiner Sicht zugebilligt. In der Diskussion hatte er gegenüber Weiß, wie er selbst Hauer mitteilte, die schwächeren Argumente. Nach der Darstellung Ellings in einem Brief an Hauer war es dabei bis zu persönlichen Beleidigungen gegangen.[140]

Nach der Heidelberger Tagung ist es noch einmal zu Kontakten zwischen dem Verband und der ADG gekommen. Die Vermittlung besorgte E. Bentmann.[141] Die Verbandsspitze, Dr. Pick und Dr. Sprenger aus Mainz, reisten nach Tübingen zu Hauer, um noch einmal über einen Eintritt des Verbandes zu sprechen. Hauer bot ihnen nur an, entweder sich voll oder gar nicht einzugliedern. Für die Heidelberger Tagung hatte er noch den Plan gehabt, die Freireligiösen und die Köngener dem *Freundeskreis der ADG* anzuschlie-

---

139) *BA Hauer* 79, 240-248, Protokoll der außerordentlichen Tagung der "Landesgemeinde Baden" in Heidelberg vom 9./10. 9. 1933.
140) *BA Hauer* 54, 129-130, Elling an Hauer vom 19. 9. 1933.
141) *BA Hauer* 54, 132, Elling an Hauer vom 15. 9. 1933.

ßen,[142] jetzt, da die Freireligiösen damit einverstanden gewesen wären, schlug er ihnen das ab. Aber das war nicht der einzige Hinderungsgrund des Nichtbeitritts, sondern die Behandlung der "Judenfrage". Zunächst einigte man sich darauf, für die jüdischen Mitglieder bei Reventlow eine Ausnahmeregelung zu erbeten. Am 15. Oktober 1933, bei der außerordentlichen Verbandstagung des *Verbandes* in Frankfurt/Main, erreichte Pick die Antwort Reventlows, in der jener dies abschlug. Als Alternative empfahl er, einen Freundeskreis der nichtarischen Freireligiösen zu bilden[143], diese also halb auszuschließen. Darauf ging Pick mit der Unterstützung der Mehrheit des Verbandes nicht ein.[144] Damit war das Ende des Kontaktes der offiziellen Verbandsführung und der ADG besiegelt.

Hauer und die freireligiösen ADG-Sympathisanten auf der einen Seite und Lubberger, Weiß und ihre Anhänger auf der anderen Seite kämpften aber noch weiterhin um die einzelnen Gemeinden. Die ADG-Leute betonten dabei ihre Interpretation des rechtsgültigen Beitritts in Eisenach und des Beschlusses von Heidelberg. Sie spekulierten darauf, daß die Mehrzahl der Mitglieder in den Gemeinden sich der ADG anschließen würde. Die Landesgemeindeführung blieb bei ihrer Version. Man ging so weit, daß sogar das badische Ministerium des Kultus und Unterrichts in diesen Streit hineingezogen wurde. Der Streit ging über die Erteilung des freireligiösen Religionsunterrichts. Das Ministerium stellte sich dabei auf die Seite des Landesvorstandes, der den Standpunkt vertrat, daß die Gemeinden, die sich der ADG angeschlossen hätten, als aus der Landesgemeinde ausgeschlossen gälten und damit das Recht auf Erteilung des Religionsunterrichtes verwirkt hätten.[145] Dieser Streit hatte im November stattgefunden. Im selben Monat hatte die Landesgemeinde eine neue Satzung ausgearbeitet und sie am 30. November dem badischen Innenministerium vorgelegt, das sie genehmigte. Am 17. Dezember überraschte der Vorstand die ADG-Anhänger unter den Freireligiösen mit dieser neuen Satzung:[146] Lubberger richtete am 18. Dezember ein Schreiben an die ADG-Gemeinden, in dem er auf die Haltung der Landesregierung in der Frage des Religionsunterrichts hinwies. Er bemerkte auch, daß

---

142) *BA Hauer* 53, 595, Hauer an Marianne Weber vom 23. 8. 1933.

143) *BA Hauer* 54, 68-71, Tagungsbericht Bühlers von außerordentlichen Verbandstag in Frankfurt a. M. vom 15. 10. 1933.

144) Ebd.

145) *BA Hauer* 68, 72, Landesvorstand der *Landesgemeinde Baden* an die Vorstände derjenigen freireligiösen Gemeinden Badens, die sich der ADG angeschlossen haben, vom 18. 12. 1933.

146) K. WEISS, *125 Jahre Kampf um freie Religion*, S. 17.

die Behauptung, die Regierung würde die ADG in Bälde anerkennen, nicht stichhaltig sei. Seine Meinung würde auch die badische Regierung teilen. Lubberger gab den Gemeinden bis zum 15. Januar eine Bedenkzeit. Wer danach nicht von der ADG ablasse, sei dann aus der badischen Landesgemeinde ausgeschlossen.[147]

Hauer erfuhr von diesen Vorgängen spätestens kurz vor Weihnachten durch den Gemeindeleiter in Lörrach.[148] Am 26. Dezember 1933 schrieben Barber und Bühler an das badische Kultusministerium, in dem sie den Vorstand als illegal hinstellten. Außerdem verwiesen sie auf ihre eigene richtige Ideologie.[149] Hauer seinerseits schrieb ebenfalls an das Ministerium in Karlsruhe und beschritt darüber hinaus einen weiteren Weg: Er bat Werner Best, den Leiter des Oberabschnittes Süd des SD, sich für die freireligiösen Gemeinden, die sich der ADG angeschlossen hätten, einzusetzen und ihm im Kultusministerium "die Wege zu bahnen".[150] Mit Best war Hauer über seine Bemühungen, den Bund der Freireligiösen in Bayern vom Verbot zu befreien, erst seit November 1933 in Kontakt gewesen.[151] Noch Ende 1933 empfing der Fachreferent im Kultusministerium die ADG-Sympathisanten Barber, Elling und Bühler zu einem Gespräch. Doch konnte es nichts Positives für die Drei erbringen, da dieser Beamte ein Schüler Lubbergers war und diesen noch immer persönlich und fachlich schätzte.[152] Hauer seinerseits wandte sich noch mehrmals an das Ministerium. Am 8. März und noch einmal am 9. April 1934 legte der Referent des badischen Kultusministeriums Hauer dar, daß den Staat die inneren Kämpfe einer Religionsgemeinschaft nichts angehen würden. Wenn einzelnen Lehrern der Freireligiösen die Lehrbefugnis durch die Leitung der badischen Landesgemeinde "in ordnungsgemäßer Weise" entzogen worden sei, so habe der Staat dies nur zur Kenntnis zu nehmen.[153] Damit waren die anfänglichen Pläne Hauers mit dem Verband der Freireligiösen endgültig gescheitert. Das einzige, was es für die ADG gebracht hatte, waren einige Mitglieder.

---

147) *BA Hauer* 68, 72, Landesvorstand der "Landesgemeinde Baden" an die Vorstände derjenigen freireligiösen Gemeinden Badens, die sich der ADG angeschlossen haben, vom 18. 12. 1933.

148) *BA Hauer* 68, 44, Hauer an Brecht vom 27. 12. 1933.

149) *BA Hauer* 68, 12-14, Barber und Bühler an das badische Ministerium des Kultus und Unterrichts vom 26. 12. 1933.

150) *BA Hauer* 68, 40, Hauer an Best vom 27. 12. 1933.

151) *BA Hauer* 56, 66, Best an Hauer vom 19. 11. 1933.

152) K. WEISS, *125 Jahre Kampf um freie Religion*, S. 176.

153) *BA Hauer* 68, 1, Der Minister des Kultus, des Unterrichts und der Justiz, Abt. Kultus und Unterricht an Hauer vom 9. 4. 1934.

### bb) Der Eingliederungsversuch des *Bundes der Freireligiösen Gemeinden Deutschlands*

Erfolgreicher als die Zusammenarbeit mit dem Verband der Freireligiösen ließ sich die mit dem Bund der Freireligiösen an. Im Unterschied zum Verband zeigte sich die Leitung des Bundes kooperativer. Allerdings war die Ausgangslage eine andere. Das Selbstbewußtsein des Verbandes rührte daher, daß seine Mitglieder praktisch kaum von den Verfolgungen der ersten Zeit betroffen waren. Der Bund dagegen wurde von zwei Seiten arg bedrängt. Die Kirchen bezichtigten seine Mitglieder der Gottlosigkeit und die NS-Regierung bekämpfte sie als Marxisten. Viele Gemeinden wurden deshalb in Preußen, Sachsen und Bayern verboten. Unter diesen Voraussetzungen war man nach Eisenach gegangen.

Um den Bund zu retten, trat der Sozialdemokrat Georg Kramer bereitwillig von der Bundesführung zurück. Dieser Rücktritt gehörte zum Plan Hauers zur Rettung des Bundes. Dabei hatte er vorgesehen, daß der Stettiner Prediger Erich Tschirn Nachfolger Kramers werden sollte[154], der als SPD-Mitglied in dieser Position eine große Belastung für den Bund gewesen war. Kramer erfuhr am 5. August 1933, wie er selbst bekundete, telegraphisch, daß Hauer hoffte, die staatliche Anerkennung für den Bund zu erhalten, wenn Tschirn zum Vorsitzenden gewählt würde. Darauf hatte Kramer von sich aus seinen Rücktritt dem Geschäftsführer Carl Peter brieflich und Tschirn telegraphisch mitgeteilt.[155] Letzterer nahm das Amt jedoch nicht an.[156] Daraufhin bot man - vermutlich war es Dr. Keibel aus Nürnberg - Hauer die Führung an. Zunächst hatte er sie angenommen, doch in der Verärgerung über den Verband und der anschließenden persönlichen Krise Hauers gab er sie wieder zurück.[157]

Am 3. September 1933 fand in Stuttgart eine Besprechung zwischen dem *Bund der Freireligiösen* und dem *Köngener Bund* statt.[158] Inhalt des Gespräches war Hauers Plan, beide Bünde zu einer "Deutschen Glaubensgemeinschaft" zusammenzuschließen und damit dann geschlossen in die ADG einzutreten.[159] Das Gespräch blieb ohne Ergebnis, weil die Köngener Pfarrer für sich

---

154) *BA Hauer* 53, 242, Hauer an Kramer vom 7. 9. 1933.
155) *BA Hauer* 54, 280, Kramer an Hauer vom 5. 8. 1933.
156) *BA Hauer* 53, 242, Hauer an Kramer vom 7. 9. 1933.
157) *BA Hauer* 53, 213, Hauer an Anonymus vom 28. 8. 1933.
158) *BA Hauer* 53, 625, Hauer an Zapp vom 31. 8. 1933; *BA Hauer* 53, 206, Hauer an Keibel vom 4. 9. 1933.
159) *BA Hauer* 53, 625, Hauer an Zapp vom 31. 8. 1933.

und ihren Beruf erhebliche Schwierigkeiten gesehen hatten.[160] Daur nannte es in einem Brief an Walbaum vom 9. September konkreter: er bedauerte, daß Hauer sich für die geistig engere, aber personell größere ADG festgelegt habe. Am 8. September trat das Kapitel des Köngener Bundes noch einmal in Stuttgart wegen derselben Frage zusammen und beschloß, den bisherigen Köngener Kreis "aufrecht zu erhalten als eine Art 'Stilles Symbol' der Hoffnung auf eine kommende Einheit".[161] Damit war auch dieser Plan Hauers gescheitert.

Hauer reiste am 9. September nach Leipzig, um auf der Bundestagung der Freireligiösen anwesend zu sein. Dort wurde ihm die Bundesführung durch die Bundesmitglieder übertragen, Carl Peter blieb Geschäftsführer und Prof. Ernst Bergmann, Dr. Ludwig Keibel und Ernst Küster wurden Beisitzer.[162] Mit diesem neuen Amt bekleidet reiste Hauer weiter nach Berlin, wo er wegen der Anerkennung der ADG mit dem Referenten im Reichsinnenministerium verhandelte. Während er in Berlin weilte, wurde zu Hause in Tübingen sein Haus durchsucht und Paul Zapp verhört. Es hätte sogar schlimmer kommen können: Eigentlich hätten beide nach Wunsch der Polizei verhaftet werden sollen. In Leipzig wurde Carl Peter inhaftiert, die Bundeskasse beschlagnahmt und die Gemeinden verboten. Grund dieser Aktionen war die Verteilung eines Flugblattes, das Kramers Sohn am Rande der Leipziger Bundestagung verteilt hatte.[163] Carl Peter saß noch in Haft, als aus Breslau am 25. September die Nachricht kam, daß auch Georg Kramer verhaftet und die Kasse beschlagnahmt worden sei. Nähere Umstände und auch der Inhalt des Flugblattes blieben unbekannt.[164] Hauer, der sich um die Freilassung Peters und anderer freireligiöser Häftlinge aus Gefängnissen und Schutzhaftanstalten bemühte[165], erhielt am 26. September von Dr. Buttmann die Nachricht, daß er nichts in der Sache Kramer-Peter unternehmen könne, weil es sich bei der Flugblattaktion nicht um eine "rein religiöse Betätigung" gehandelt hätte.[166] Im September und Oktober führte Hauer außer den Gesprächen wegen der Anerkennung der ADG einen Kampf um die Aufhebung des Verbots des Bundes und um die Freilassung der Inhaftierten. In diesen

---

160) *BA Hauer* 53, 206, Hauer an Keibel vom 4. 9. 1933.
161) *BA Hauer* 54, 88, Daur an Walbaum vom 9. 9. 1933.
162) *BA Hauer* 55, 1-3, Hauer an die Geheime Staatspolizei in Berlin, vom 7. 11. 1933; BRONDER, S. 85.
163) *BA Hauer* 40, 453-454, Hauer an Marianne Weber vom 14. 10. 1933.
164) *BA Hauer* 68, 43, Bosse an Zapp vom 25. 9. 1933.
165) *BA Hauer* 40, 453-454, Hauer an Marianne Weber vom 14. 10. 1933.
166) *BA Hauer* 54, 72, Buttmann an Hauer vom 26. 9. 1933.

Zeitraum fiel Hauers Krankheit, so daß Reventlow die Arbeit auf sich nehmen mußte. Am 26. Oktober verhandelte Hauer wieder selbst in Berlin und zwar mit W. Conrad. Dieser riet ihm, wegen der Freireligiösen mit der Gestapo in Berlin Kontakt aufzunehmen.[167] Dort hatte man sich schon am 19. September mit den Belangen der freireligiösen Gemeinde Stettin auseinandersetzen müssen, weil der Stettiner Gemeindeleiter Tschirn bei der Gestapo an diesem Tag vorstellig geworden war.[168] Da Hauer sich nur ungenügend im Leben des Bundes auskannte und somit den Vorwürfen der Polizei nicht entgegnen konnte, reiste er zurück nach Leipzig und sprach zusammen mit Carl Peter und Ernst Bergmann im dortigen Polizeipräsidium vor. Dort erreichte man, daß der inzwischen freigelassene Peter sowie Bergmann die Gelegenheit bekamen, in Berlin über die Angelegenheit selbst zu verhandeln. Dieses Gespräch fand am 31. Oktober 1933 statt. Peter nahm am 6. November schriftlich Stellung zu den vorgebrachten Beschuldigungen: Bei allen Gemeinden war entweder ihre marxistische Zugehörigkeit oder pazifistische Betätigung oder beides zusammen vorgebracht worden. Peter versuchte das zu entkräften, indem er den religiösen Charakter des Bundes und die nationale und soziale Gesinnung seiner Glaubensgenossen betonte.[169] Dieser Kampf war erfolgreich: das Verbot wurde in Preußen um Weihnachten aufgehoben, in der preußischen Provinz Westfalen noch vor dem 29. Dezember 1933.[170]

Wegen der bayrischen und Pfälzer Gemeinden mußte Hauer mit der bayrischen Polizei verhandeln. Dort war seit 1. April 1933 oberster Chef Heinrich Himmler. Mit offiziellen SS-Stellen kam Hauer erst im November 1933 in Kontakt. Natürlich kannte er SS-Leute, denn einige saßen ja im Führerrat. Sein Kontakt mit dem SD kam folgendermaßen zustande: Am 19. November schrieb der Leiter des Sicherheitsdienstes Oberabschnitt Süd-West SS-Obersturmführer Dr. Werner Best einen kurzen Brief, in dem er Hauer um ein Informationsgespräch wegen der ADG bat.[171] Hauer verabredete sich mit Best für den 24. November im "Bürgermuseum" in Stuttgart im Anschluß an seine Rede "Was will die Deutsche Glaubensbewegung?"[172] Über dieses Gespräch und die ADG hatte Best später einen Bericht für die Münchner

---

167) *BA Hauer* 55, 1-3, Hauer an die Geheime Staatspolizei in Berlin vom 7. 11. 1933.
168) *BA Hauer* 68, 449-452, Tschirn an das Geheime Staatspolizeiamt in Berlin vom 20. 9. 1933.
169) *BA Hauer* 55, 4-10, Peter an die Geheime Staatspolizei in Berlin vom 6. 11. 1933.
170) *BA Hauer* 68, 412.
171) *BA Hauer* 56, 66, Best an Hauer vom 19. 11. 1933.
172) *BA Hauer* 56, 65, Hauer an Best vom 22. 11. 1933.

Zentrale angefertigt.[173] Hauer und Best korrespondierten seither öfters miteinander.

Im Dezember gab es einen Briefwechsel zwischen Hauer und Best, über dessen Inhalt nichts gesagt werden kann, weil sie im Nachlaß Hauers fehlen. Aus einer handschriftlichen Notiz Bests in einem Brief Hauers mit Datum vom 19. Januar 1934 kann geschlossen werden, daß Hauer über Best Beschwerde wegen polizeilicher Ermittlungen gegen die ADG eingelegt hatte. Best hatte diese Beschwerde Hauers an die Bayrische Politische Polizei (BPP) weitergegeben. Hauer wurde der Grund der Ermittlungen bekannt gegeben: Die BPP hatte sich demnach am 14. Dezember 1933 von der Württembergischen Politischen Polizei Erkenntnisse über den Stuttgarter Vortrag Hauers "Der freie deutsche Glaube" erbeten. Denselben Vortrag hatte die Nürnberger Gemeinde des Bundes der Freireligiösen im Auftrag Hauers am 14. Januar 1934 zu organisieren. Die BPP hatte über die Genehmigung des Vortrags zu entscheiden. Dieser Vortrag war auf ausdrücklichen Wunsch Rudolf Heß' gehalten worden. Im Zusammenhang mit diesem Briefwechsel wurde Hauer Bescheid gegeben, daß alle Informationen über die ADG ab sofort zuerst an die Leitung des SD-Oberabschnittes Süd-West, also an Best, geleitet werden müßten. Im Falle der Nürnberger Gemeinde und seines ehemals sozialdemokratischen Leiters erbat sich Best von Hauer eine Stellungnahme. Diese war erwünscht, weil zu entscheiden war, ob der Nürnberger Gemeinde ihr religiöses Leben wieder erlaubt werden könne.[174] Wie die Stellungnahme ausgefallen ist, kann nur vermutet werden: Hauer verbürgte sich für die Gemeinde und spielte die frühere Betätigung der Mitglieder in sozialistischen Parteien herunter. Er argumentierte vermutlich so: die Freireligiösen seien von deutscher Art, seien aber religiös irregeführt.

An Hand der Ereignisse in Bayern und besonders in Nürnberg kann gezeigt werden, wie Hauer teilweise unter Einwilligung und Mitarbeit Peters den Bund der Freireligiösen in die ADG zu überführen versucht hat. Dabei muß man sich vergegenwärtigen, daß im Januar 1934, während des Höhepunktes des "Kirchenkampfes", die ADG organisatorisch soweit gefestigt war, daß sie einigermaßen funktionieren konnte, daß im Führerrat beschlossen worden war, eine neue Gemeinschaft gründen zu wollen, und daß man deshalb nicht mehr so sehr nach den Körperschaftsrechten des Bundes zu schielen brauchte. Man wähnte sich der Anerkennung nahe und erhoffte sich in diesem Falle eigene Körperschaftsrechte. Für die Freireligiösen bedeutete das wie für die anderen Gemeinschaften auch Eingliederung in die ADG. Als die

---

173) *BA Hauer* 56, 64, Best an Hauer vom 2. 12. 1933.

174) *BA Hauer* 68, 39, Best an Hauer vom 19. 1. 1934; darin ist ein Schreiben der BPP an die württembergische Politische Polizei zitiert.

Schaffung der neuen Gemeinschaft beschlossen worden war, war der Bund der Freireligiösen im Führerrat nur durch Hauer und Bergmann vertreten gewesen, nicht aber durch einen alten Freireligiösen wie etwa C. Peter! Das heißt die Freireligiösen konnten sich leicht als im Führerrat nicht vertreten, also auch nicht bei den Beschlußfassungen berücksichtigt, fühlen,
    Die Zusammenarbeit zwischen Hauer und Best, der seit dem 28. Januar zum Führerrat der ADG gehörte, klappte gut. Hauer übergab ihm alle Briefe Peters, in denen er über die Schwierigkeiten der Gemeinden unter dem Verbot berichtet hatte.[175] Hauer und Best trafen sich auch gelegentlich zu Gesprächen.[176] Im Februar scheint Hauer mehrmals zu Gesprächen bei SS-Stellen und der Politischen Polizei in München gewesen zu sein. Auch hatte er eine oder mehrere Unterredungen mit Himmler und Heydrich. Einen ersten Erfolg konnte er Anfang März verbuchen: die Gemeinde Nürnberg erhielt ihre "volle Freiheit" zurück. Nun ging es darum, ihre Lokale zurückzuholen. Hauer verfaßte deswegen eine Eingabe an die Politische Polizei in München. Weitere Eingaben schickte Hauer an das Reichsinnenministerium und die Politische Polizei in Berlin. Darin ging es um die Befreiung der pfälzischen und schlesischen Gemeinden. Alle Eingaben legte er sowohl Peter als auch Best vor.[177]

Ende Februar 1934 war bezüglich der Eingliederung des Bundes folgender Stand erreicht: Peter sollte Geschäftsführer werden, für die Gemeinden Bayerns war ein Gauobmann geplant, der Parteigenosse sein sollte, für Ludwigshafen sollte Hauer einen geeigneten Mann als Gemeindeleiter suchen.[178] Am 9. März unterbreitete Hauer Peter einen neuen Plan: Hauer hatte erfahren, daß die Reichsregierung zuerst die Kirchenfrage erledigen, dann das neue Reichsgesetz angehen wollte, in dem die ADG berücksichtigt werden sollte. Mit anderen Worten, es hätte noch lange gedauert, bis die Regierung sich für die ADG eingesetzt hätte. Darum sollte nach dem Willen Hauers die ADG ohne reichsgesetzliche Grundlage schon jetzt aktiv werden. Hauer schlug vor, in jedem Gau des Bundes einen Gauwart einzusetzen, der zugleich auch Gauwart der ADG sein sollte. Dieser Gauwart sollte ein jüngerer Parteigenosse sein. Er sollte "immer am Hauptort" sitzen und versuchen

> "mit Hilfe der Organe, die uns zur Verfügung stehen, wozu jetzt auch, wie ich hoffe, mehr und mehr die SS kommen wird, auf die Behörden einzuwirken, daß unsere Gemeinden freie Tätigkeit bekommen."

---

175) *BA Hauer* 68, 244-245, Peter an Hauer vom 9. 3. 1934.
176) *BA Hauer* 68, 39, Best an Hauer vom 19. 1. 1934.
177) *BA Hauer* 68, 244-245, Peter an Hauer vom 9. 3. 1934.
178) Ebd.

Solche Gauwarte sollte es in Bayern, Schlesien, Westfalen, am Niederrhein und in der Pfalz geben.[179] Auf diesen Vorschlag antwortete Peter am 25. März: im Grundsätzlichen hätte er nichts einzuwenden, nur wollte er an seiner Maxime festhalten, möglichst viel ehrenamtlich zu tun und möglichst keine Posten zu schaffen, die von den Gemeinden bezahlt werden müßten.[180] Hauers Vorschlag lief dagegen auf bezahlte Stellen hinaus. Die von Hauer genannten Männer, Backofen und Brink, wollte Peter unterbringen, aber er wollte in der Wahl der Stellen freie Hand behalten.[181]

Peter hatte diese Antwort auf dem Hintergrund *seiner* Konzeption der ADG gegeben, falls er wie vorgesehen Bundesgeschäftsführer der ADG werden sollte. Er stellte sich die zukünftige ADG so vor: alle Gemeinschaften geben ihre Reichsämter auf, nicht aber ihren Gemeindecharakter. Gibt es an einem Ort mehrere Gemeinden, die nicht ihre Eigenständigkeit aufgeben wollen, so dürfen sie bestehen bleiben, sofern sie nachweisen können, daß sie selbständig leben können. Einzelmitglieder müssen sich einer Gemeinde anschließen. Alle diese Ortsgemeinden besitzen einen Bundesvorsitzenden, einen Geschäftsführer und drei Beiräte. Diese Fünf bilden den örtlichen Bundesrat. Bei wichtigen Fragen wird der große Bundesrat bestehend aus maximal 15 Mitgliedern zur Beratung hinzugezogen. Die Bundesversammlung besteht aus dem großen Bundesrat und den Vorsitzenden der Bundesgemeinden. In Tübingen sollte ein Bundesamt mit einer Bundesschule eingerichtet werden, die zur Ausbildung des Nachwuchses dienen sollte. Die Bundesgeschäftsstelle sollte in Leipzig sein.[182] Dieser Plan stellte in modifizierter Weise den Zustand des Bundes der Freireligiösen dar. Er war so großzügig angelegt, daß die verschiedenen Gemeinschaften Platz darin finden konnten. Ganz ähnlich waren auch die Vorstellungen Hauers und Zapps. Einen wichtigen Unterschied gab es allerdings: Peter ging von der Ortsgemeinde als dem autonomen Grundelement aus, das nur gelegentlich mit der Bundesführung zu tun hätte. Zu Hauers Vorstellungen und denen der ADG gehörte jedoch die propagandistische Seite dazu, also die Organisation der Redner. Die ADG war inzwischen mehr an einer Kampforganisation orientiert als an einer traditionellen Religionsgemeinschaft, wie sie Peter vor Augen hatte. Peter konvergierte im Grunde nur mit Reventlow. Gauwarte, wie sie Hauer vorschwebten, lagen ihm nicht nur wegen der Bezahlung nicht. Wegen dieses Punktes, aber nicht nur deswegen allein, trennten sich die Wege.

---

179) Ebd.
180) *BA Hauer* 68, 216-218, Peter an Hauer vom 25. 3. 1933.
181) Ebd.
182) *BA Hauer* 68, 247-249, Peter an Hauer vom 2. 3. 1934.

In den Monaten März und April verhandelte Hauer oft mit SS-Stellen wegen des Bundes und der ADG. Die wichtigste Verhandlung fand am 17. April 1934 statt. Hauer wurde da von Heydrich und Himmler nach München bestellt. Dort wurde vermutlich die ganze religionspolitische Lage besprochen. Hauer war zum Schweigen verpflichtet worden, teilte aber Carl Peter in einem Brief vom 19. April den Teil des Gespräches mit, der sich auf die Freireligiösen bezogen hatte: Das Ganze müsse im Zusammenhang damit gesehen werden, "daß mit Beziehung auf die Politische Polizei in der nächsten Zeit wichtige Veränderungen vor sich gehen werden"[183], teilte er Peter mit. Bekanntlich wurde Himmler am 20. April 1934 die gesamte Leitung der Politischen Polizei übertragen. Hauer vermutete richtig, wie man auf Grund heutiger historischer Forschung weiß,[184] daß "die Entscheidung in diesen Dingen (scil. die Freigabe des Bundes) nicht beim Reichsinnenministerium" läge. Die Hauptmitteilung an Peter in Hauers Worten:

> "Leider hat der Bund das Vertrauen der hier maßgebenden Organe noch nicht völlig gewonnen. Die radikalere Richtung möchte immer noch die Gemeinden aufgelöst haben. Die in letzter Zeit sich mehrenden Eingriffe in das Leben der Gemeinden sind nicht ohne Zusammenhang mit dieser Strömung. Ich wurde sogar von Brigadeführer Heidrich [sic!] aufgefordert, den Bund der Freireligiösen fallen zu lassen. In der Besprechung mit dem Reichs-SS-Führer Himmler habe ich noch einmal im Zusammenhang alle die Gründe dargelegt, warum ich die Führung des Bundes der freireligiösen Gemeinden übernommen habe. Ferner habe ich die Grundzüge meiner Führung entwickelt. Ich habe nochmals betont [daß ich] der Überzeugung bin, daß diese Gemeinden der Losung von Volk und Glauben Gehorsam leisten würden. (Es ist übrigens völlig zwecklos zu versuchen, den Erweis dafür zu erbringen, daß die Gemeinden dafür eingestanden seien.) Ich habe mich für das Wohlverhalten und die Bereitwilligkeit der Gemeinden persönlich verbürgt und habe den Reichs-SS-Führer gebeten, mir noch einige Zeit das Vertrauen zu schenken, daß ich den Bund in der von maßgebenden Persönlichkeiten gewünschten Richtung führe, und daß sich der Bund führen läßt. Erfreulicherweise hat sich Herr Himmler dazu bereit erklärt. Er hat mir in diesem Versuch seinen Beistand versprochen. (Ich habe z. B. die Sache Iggelbach, Haberer, wieder hervorgebracht, die nun sehr rasch untersucht werden wird.)"[185]

Iggelbach ist eine noch heute bestehende freireligiöse Gemeinde in der Pfalz. Sie war damals ein Bergbauerndorf mit einem hohen Anteil an Freireligiösen.

---

183) *BA Hauer* 68, 208-209, Hauer an Peter vom 19. 4. 1934.

184) H. BUCHHEIM, "Die SS - das Herrschaftsinstrument", in: *Anatomie des SS-Staates*, I, S. 42.

185) *BA Hauer* 68, 208-209, Hauer an Peter vom 19. 4. 1934.

In der Umgebung wurde es das "gottlose Dorf" genannt. 1931 hatten die Pfälzer Gemeinden dort ein Grundstück gekauft und ein Haus für Versammlungszwecke gebaut. Es sollte als "Kultzentrum" dienen. Darin war auch ein Kinderhort untergebracht. Früher hatten sie immer sozialistisch gewählt, 1933 jedoch nationalsozialistisch. Im Zuge der Verfolgung der Marxisten besetzte die SA das Haus und verbot jede Aktivität der Gemeinde. So durften noch nicht einmal die Beiträge für die Bundessterbekasse einkassiert werden![186] Für diese Gemeinde wollte sich also Himmler einsetzen.

Der Brief an Peter zeigt den geringen Spielraum, den Hauer hatte. Heydrich, der Vertreter der radikaleren Richtung in der SS, wollte den Bund sofort auflösen. Nur Himmler verhinderte dies zunächst noch. Die Verdienste des Bundes in der Geschichte zählten in den Augen der SS überhaupt nichts, diese aber hatte Hauer immer wieder hervorgehoben. Die Lockerung des Verbotes ging letztlich auf einen Vertrauensvorschuß Himmlers und auf ein Versprechen Hauers zurück, im Sinne der SS den Bund umzustrukturieren und zu führen. Das war aber nichts anderes als das Versprechen, den Bund gleichzuschalten.

In dem Gespräch mit Himmler wurde Hauers folgender Plan, den er Peter als Vorschlag unterbreitete, besprochen:

1. Zentralismus: alle Gemeinden müssen die Beschlüsse der Bundesleitung durchführen. Dazu gehört die Anstellung von Sprechern und Gemeindeleitern.
2. Verjüngung der Führung: Die alten Leiter und Prediger sollen durch junge abgelöst werden, die nach Möglichkeit Mitglied der Partei sein sollten. Neue Akzente in der Werbung sollen gesetzt werden: "Volk und Reich als Inhalt und Ziele der Erziehung und der Feiern müssen mehr in den Vordergrund treten."
3. Einführung von Gauobmännern: Diese Gauobmänner sollten möglichst aus der NS-Bewegung kommen.
4. Backofen und Brink sollten ganz schnell als Gauobmänner eingesetzt werden. Sie sollten Heydrich empfohlen werden. Der Beitritt zur SS wurde für alle Gauobmänner erwogen.
5. Einberufung einer außerordentlichen Bundestagung.

Damit Himmler auf dem Laufenden bleiben konnte, wünschte er sich einen detaillierten Bericht über den Bund der Freireligiösen.[187] Hauer war eigentlich keine andere Wahl als die Gleichschaltung gelassen worden, wenn er den

---

186) *BA Hauer* 68, 258-262, Peter an Hauer vom 2. 3. 1934.
187) *BA Hauer* 68, 208-209, Hauer an Peter vom 19. 4. 1934.

Bund freibekommen wollte. Dies wird am daran anschließenden Briefwechsel zwischen Hauer und Peter deutlich.

Peter zeigte in seinem Brief vom 24. April seine Enttäuschung über Hauers Abmachungen mit der SS. Er sah, daß ein fundamentaler Eingriff in das Wesen der freireligiösen Gemeinden vorgenommen werden sollte. Bei Hauers Vorschlägen war nicht klar, wie diese Pläne in Anbetracht der Tatsache, daß viele freireligiösen Gemeinden noch nicht einmal soviel Geld besaßen, um sich einen Prediger leisten zu können, zu realisieren waren. Die Finanzlage ließ es nur eine kurze Zeit zu, daß man Gauobmänner einstellte, aber dies ging doch auch schon an die Substanz. Peter selbst beurteilte die Lage grundsätzlich weniger pessimistisch als Hauer. Er glaubte, daß man die Freireligiösen zu Lebzeiten Hitlers nicht liquidieren würde. Er sah im Nationalsozialismus die große Chance, die Vormacht der Kirchen zu brechen, besonders in der Schule. Statt eines kirchlichen Religionsunterrichts sah er eine Zukunft für die freireligiöse Glaubensunterweisung, einem Glauben ohne Zwang. Für den Fall, daß Hauers Sicht richtig wäre und die Freireligiösen liquidiert werden sollten, zöge er es vor, lieber ehrenvoll unterzugehen, als solche gravierenden Veränderungen vorzunehmen, wie sie Hauer Himmler und Heydrich gegenüber versprochen hatte.[188]

Hauer wertete diesen Brief als eine Art Distanzierung. Er meinte sogar, daß eine Formulierung im Brief ihm den Rücktritt nahelegen würde. Er rechtfertigte sich, warum er nicht zurücktreten wolle: seit einem dreiviertel Jahr würde er um den Bestand des Bundes kämpfen und dächte jetzt nicht daran, so plötzlich von der Führung zurückzutreten, nachdem er soviel Zeit und Kraft geopfert hätte. Er nahm sich nun das Recht des Bundesführers heraus und befahl Peter, einen außerordentlichen Bundestag auf den 17. Mai 1934 einzuberufen.[189] Der reguläre Bundestag war jedoch schon für den 16. und 17. Juni 1934 vorgesehen.[190] Warum also diesen um einen Monat vorziehen? Hauer gibt die Erklärung selbst: "Ich muß vor Scharzfeld wissen, wie der Bund zu mir und ich zum Bund stehe."[191]

Da innerhalb der ADG gerade wieder einmal eine kritische Zeit war, wollte Hauer natürlich wissen, wie sehr er sich auf die Freireligiösen verlassen könnte. Die Schwierigkeiten machten erneut die Nordischen, diesmal besonders die *Deutschgläubige Gemeinschaft* um Alfred Conn und Otto Siegfried Reuter, aber auch wieder die NRAG. Sie waren schon immer gegen die Ein-

---

188) BA *Hauer* 68, 201-206, Peter an Hauer vom 24. 4. 1934.
189) BA *Hauer* 68, 198, 200, Hauer an Peter vom 28. 4. 1934.
190) BA *Hauer* 68, 201-206, Peter an Hauer vom 24. 4. 1934.
191) BA *Hauer* 68, 198-200, Hauer an Peter vom 28. 4. 1934.

beziehung der Freireligiösen gewesen. Auch diesmal war das einer der Gründe, weswegen sie von Austritt sprachen. Der andere Grund war die Person Hauers, gerade auch deshalb, weil er so fest an den Freireligiösen festhielt. Reventlow befürchtete, daß er wieder wie schon im Oktober 1933 gegen Hauer ausgespielt werden sollte.[192] Außer bei den Nordischen waren die Freireligiösen und damit auch Hauers Strategie bei den jungen Nationalsozialisten unpopulär. Ein Führerratsmitglied, ein junger SS-Mann, hatte Hauer schon kurz nach der Eisenacher Tagung zu erkennen gegeben, daß er die Argumentation, über die Freireligiösen den deutschen Arbeiter für die Religion zurückzugewinnen, nicht verstehen könne. Seiner Meinung nach, könne man die Arbeiter über die NSDAP viel besser erreichen.[193] Weiter war in der ADG der sanfte Kampfstil gegenüber dem Christentum auf Kritik gestoßen. Reventlow war in Anbetracht dieser Kritik dafür, jetzt erst recht auf das Religiöse das Gewicht zu legen.[194] Seinen Vortrag in Scharzfeld wollte er gegen diese Kritiker in den eigenen Reihen halten.[195]

Wenig Erfreuliches wußte auch der Prinz zur Lippe zu berichten. In den letzten Monaten habe sich um die Nordischen Seibertz und Kusserow eine Gruppe zusammengefunden, die gegen Hauer und die ADG arbeiten wolle. Zu ihnen hatte sich zum Schluß auch der ehemalige Ministerialdirigent Konopath gesellt. Der Prinz lieferte weitere Bestätigung für Hauers Einschätzung des Reichsinnenministeriums, nämlich daß dieses gegen die ADG und für die Kirchen arbeite. Er gab vor, im Besitz von Geheimerlassen zu sein, die eben dies bestätigen würden. In diesem Zusammenhang seien auch eine Reihe von Artikeln der ADG-Mitglieder für die ADG von großem Nachteil, weil sie den Kirchen Angriffsflächen böten. In diesen Artikeln würde bewußt die Betonung des "Einzelmenschlichen" als Positivum der ADG gegenüber den Kirchen hervorgehoben, das sei - auch nach des Prinzen Meinung - "Liberalismus" oder "Vereinzelung", also Schlagworte, die im Gegensatz zum NS-Ideologem "Gemeinschaftsbildung" standen. So, meinte der Prinz, mache man es der Kirche leicht, die ADG erfolgreich zu bekämpfen.[196]

Im April 1934 sah die Lage innerhalb der ADG nach dem, was man aus dem Brief Reventlows an Hauer vom 21. April erschließen kann, sehr kritisch aus. Reventlow hatte in Erfahrung gebracht, daß die "Deutschgläubige Ge-

---

192) *BA Hauer* 115, 82, Reventlow an Hauer vom 12. 3. 1934.
193) *BA Hauer* 115, 297-299, Stengel-von Rutkowski an Hauer vom 14. 8. 1933.
194) *BA Hauer* 115, 82, Reventlow an Hauer vom 15. 3. 1934.
195) Vgl. S. 237 f.
196) *BA Hauer* 58, 238-239, Prinz zur Lippe an Hauer vom 24. 4. 1934.

meinschaft" die Scharzfelder Tagung sprengen wollte.[197] Es gab jedoch auch positive Entwicklungen. Im März schied Prof. Bergmann auf eigenen Wunsch aus dem engeren Führerrat aus.[198] Bergmanns religiöse Position - er galt als Materialist - war von vielen als Belastung empfunden worden. Christliche Theologen und Journalisten identifizierten die ADG geradezu mit Bergmann. Nun konnte man sich als ADG-Redner leichter von Bergmann distanzieren.[199] Seine freigewordene Stelle besetzte Hauer nun nicht, wie Reventlow erwartet hatte, mit einem Freireligiösen, sondern mit einem Nordischen.[200] Hauer rechtfertigte diese Besetzung damit, daß er selbst die Freireligiösen vertreten würde und Reventlow ja auch für ihre Integration sei.[201] Reventlows Wunsch war von jeher gewesen, Freireligiöse und Nationalsozialisten in der ADG zusammenzubringen. Von den Völkischen und Nordischen hielt er nichts[202] - und gerade die sahen in ihm ihren Führer. Der innere Zustand der ADG sah schlecht aus. Hauer mußte befürchten, daß ihm die Nordischen davonliefen. Um dies zu verhindern, berief er einen Nordischen in den engeren Führerrat. Damit waren sie zunächst zufrieden.

Die Gefahr bestand zu diesem Zeitpunkt, daß die Freireligiösen die ADG verlassen würden - und das zu einem Zeitpunkt, da Hauer in einer schwierigen Situation einen gangbaren Weg entdeckt und Kompromisse für sie ausgehandelt hatte. Das wurde ihm jetzt auch noch vorgeworfen. Hauer war klar, worauf er sich mit der SS einließ. In seinem Brief vom 28. April an Carl Peter verdeutlichte er ihm die Sachlage, wie sie sich ihm stellte:

> "Im Reiche sind verschiedene Tendenzen wirksam, radikalere und weniger radikale, sowohl in politischer wie in religiöser Hinsicht. Die SS gehört zu den radikalen Elementen ... Die radikaleren Elemente sind gegen die früheren Marxisten noch mißtrauischer eingestellt als viele andere. Sie fürchten, daß durch einen gewissen passiven Widerstand das Durchdringen des deutschen Volkes mit der nationalsozialistischen Weltanschauung gehindert würde. Darum wollen sie von allen bestehenden Gemeinschaften die unbedingte Gewähr haben, daß diese Durchdringung auch geschieht."

Eingeleitet hatte Hauer diese zitierte Passage damit: "Durch die Übernahme der gesamten Politischen Polizei durch die SS ist eine neue Lage gegeben, die

---

197) *BA Hauer* 115, 68-70, Reventlow an Hauer vom 21. 4. 1934.
198) *BA Hauer* 115, 79, Reventlow an Hauer 15. 3. 1934.
199) Ebd.
200) *BA Hauer* 115, 68-70, Reventlow an Hauer vom 21. 4. 1934.
201) *BA Hauer* 115, 67, Hauer an Reventlow vom 23. 4. 1934.
202) *BA Hauer* 115, 93-95, Reventlow an Hauer vom 9. 2. 1934.

ich nicht voraussehen konnte."[203] Beide, Hauer und Peter, wußten, worum es ging. Nur zogen beide verschiedene Schlüsse. Peter wollte lieber den Bund vom Staat liquidieren lassen, als einen solchen Eingriff in die Autonomie der Einzelgemeinden vorzunehmen, wie es Hauer wollte. Hauer ging es um die Rettung des Bundes unter Preisgabe des Gewachsenen im Bunde. Der Preis, den er zahlen wollte, war die Zusammenarbeit mit der SS unter *deren* Bedingung. Hauer erkannte richtig, daß für das Überleben des Bundes allein die Politische Polizei, das heißt letztlich die SS, die den Gemeinden das Leben unmöglich gemacht hatte, der Garant für den Fortbestand war, denn sie besaß die Mittel der Unterdrückung. Wie Historiker nachgewiesen haben, lief der nationalsozialistische Staat auf einen SS-Staat hinaus. Die SS wurde je länger je mehr das Herrschaftsinstrument, das die traditionellen Regierungsämter wie zum Beispiel das Reichsinnenministerium zur Bedeutungslosigkeit werden ließ.[204] Hauer gelangte durch beschriebene Umstände an diese radikale Richtung im Nationalsozialismus. In dieser Zeit wurde er auch gefragt, ob er nicht Mitglied des SD werden wollte.[205] Seine Mitarbeit sagte er zu. Den Eintritt vollzog er dann schließlich im Juni 1934.[206]

Da Peter nicht, wie schon Anfang März in Leipzig Hauer versprochen, Rudolf Backofen als Gauobmann in Bayern und Brink, nach eigenem Bekunden ein Bekannter Julius Streichers, in der Pfalz eingesetzt hatte, griff Hauer Peters endgültigen Entscheidungen vor und setzte Backofen als Gauobmann der ADG in Bayern ein. Backofens Aufgabe bestand außer im Aufbau von ADG-Gemeinden in der Betreuung der Freireligiösen.[207] Dieser ganze Plan, verbunden mit der Person Backofens, datiert vom Januar 1934. In einem Gespräch mit Backofen am 24. Februar bei Hauer in Tübingen war Peter damit auch einverstanden gewesen, allerdings unter der Voraussetzung, daß die Gemeinde Nürnberg nichts dagegen hätte. Am 15. März beauftragte Peter, jedoch ohne Backofen zu informieren, einen anderen mit dieser Stelle, nämlich den 1. Vorsitzenden der freireligiösen Gemeinde Fürth, Wilhelm Klimm. An Backofen schrieb er am 27. März 1934, daß er ihn für eine andere Aufgabe und einen anderen Ort vorgesehen habe. Für Backofen war diese Stelle insofern wichtig gewesen, als er bis zum 30. April dem Oberschulamt hätte Mitteilung machen sollen, ob er weiter im Schuldienst, wozu er allerdings we-

---

203) *BA Hauer* 68, 198-200, Hauer an Peter vom 28. 4. 1934.
204) Vgl. dazu H. BUCHHEIM, "Die SS - das Herrschaftsinstrument", in: BUCHHEIM, H. / BROSZAT, M. / JACOBSEN, H.-A. / KRAUSNICK, H.: *Anatomie des SS-Staates*. Bd. 1. S. 15-212, bes. 49-59.
205) *BA Hauer* 60, 73, Hauer an Best vom 2. 6. 1934; DIERKS, *Hauer*, S. 279.
206) *BA Hauer* 60, 73, Hauer an Best vom 2. 6. 1934.
207) *BA Hauer* 68, 198-200, Hauer an Peter vom 28. 4. 1934.

nig Lust hatte, bleiben würde.[208] Wohl auch wegen dieses Zeitdrucks hatte Hauer Backofen kurzerhand auf die Gauobmannstelle der ADG gesetzt. Nach demselben Muster der Personalunion von Freireligiösen- und ADG-Amt sollte auch in der Pfalz verfahren werden. Aber auch da ging im April nichts mehr vorwärts, so daß Hauer Peter auch da zur Einhaltung der Abmachungen ermahnte.[209]

Bei dieser unklaren Angelegenheit der Doppelbesetzung ein und derselben Stelle versuchte Backofen selber Klarheit zu schaffen. Er ging nach München und besprach sich dort mit Dr. Best, der mittlerweile dort arbeitete. Daraufhin schrieb er an Carl Peter, daß er die von Hauer übertragene Aufgabe angenommen habe und deshalb die bayrischen Gemeinden der Freireligiösen sich seiner "Führung zu unterstellen" hätten. Peter bestätigte dagegen in einem Brief vom 11. Juni noch einmal die Einsetzung Klimms zum Gauwart. Aus diesem Brief meinte Backofen herauszulesen, daß Peter ihn nur als Gauwart der ADG betrachtete. Klimm selbst meinte in einem Gespräch gegenüber Backofen, daß er die organisatorische und Backofen die "weltanschauliche Führung übernehmen" sollte. Auf der Tagung am 13. Mai in Nürnberg, auf der die Vorstände von Nürnberg, Fürth und Schwabach versammelt waren, schlossen sich die Freireligiösen der Klimmschen Sichtweise an. Ihr Argument war, daß es keine gültige Satzung gäbe, die die Richtigkeit der Backofenschen Behauptung bestätigen könnte. Deshalb würden sie sich den Standpunkt der Abmachung des Bundestages vom 9./10. September 1933 zu eigen machen, daß im Organisatorischen Carl Peter das Sagen hätte und im Religiösen Hauer. Das heißt Beschlüsse Hauers, die organisatorische Maßnahmen beinhalteten, galten ihnen nicht als bindend. Dagegen vertrat Backofen den Standpunkt, da Hauer mit seinem Ehrenwort sich bei Himmler für den Bund verbürgt habe, müsse ihm auch die Führung im Organisatorischen zuerkannt werden. Backofen leitete aus dem Umstand, daß Hauer mit der obersten Stelle der Politischen Polizei erfolgreich verhandelt hatte, für Hauer das Recht ab, Maßnahmen innerhalb des Bundes ergreifen zu dürfen, die der Abmachung zwischen dieser Polizeistelle und Hauer entsprachen, auch wenn die betroffenen Freireligiösen diese nicht akzeptieren wollten. Beide Seiten zeigten sich schließlich kompromißbereit. Sie vereinbarten für eine Übergangszeit bis 31. Mai, Backofen zu akzeptieren, wenn Peter die "Beauftragung Klimms zum Gauvorsitzenden" zurücknähme. Die Zurückhaltung der Freireligiösen hatte nach Backofens Eindruck ihren Grund auch im

---

208) *BA Hauer* 60, 22-27, Bericht Backofens über das Gau Bayern der ADG, besonders über die freireligiöse Gemeinde Nürnberg, vom 15. 5. 1934, unvollständig.
209) *BA Hauer* 68, 198-200, Hauer an Peter vom 28. 4. 1934.

Geld. Sie befürchteten, daß sie Backofens Stelle bezahlen müßten.[210] Peters Konzept mit dem Fürther Vorsitzenden Klimm als Gauwart war in der Tat billiger als das Hauers. Backofen hat mit den Freireligiösen sogar noch nach der 75-Jahr-Feier vom 16./17. Juni 1934 zusammengearbeitet.[211]

Der von Hauer gewünschte außerordentliche Bundestag der Freireligiösen fand vor der Scharzfelder Tagung nicht statt. Auf der Pfingsttagung der ADG vom 18.-21. Mai 1934 in Scharzfeld hätte Carl Peter seine Vorstellungen zum Aufbau der Deutschen Glaubensbewegung zur Diskussion stellen sollen.[212] Doch hatte Hauer diesen Tagungspunkt abgesetzt.[213] Welchen Grund er dafür hatte, kann nur vermutet werden: innerhalb der ADG war der Widerstand gegen die Freireligiösen so groß geworden, daß Hauer die verantwortlichen Nordischen und auch Nationalsozialisten nicht verärgern wollte. Vertreter der Freireligiösen waren nachweislich in Scharzfeld dabeigewesen, wie beispielsweise der Vorgänger Hauers im Bundesvorsitz, Dr. Georg Kramer.[214] Den Freireligiösen wurde dort wegen ihrer Körperschaftsrechte die sofortige Auflösung nicht zugemutet.[215] Man räumte ihnen einen größeren Zeitraum bis zur völligen Integration ein. Außerdem wurde dies gekoppelt an die erhoffte Anerkennung der Deutschen Glaubensbewegung.

Die Eingliederung des Bundes in die ADG bzw. DG ist immer mit den Verhandlungen Hauers mit der SS zu sehen. Da viele Berichte fehlen, man also heute nichts mehr über die Inhalte der Verhandlungen aussagen kann, muß man ersatzweise die einzelnen Korrespondenzen erwähnen. Im folgenden sollen ein paar Themen, die verhandelt wurden, angeführt werden. Dabei wird auch deutlich, wie die Freireligiösen gleichgeschaltet werden sollten. Am 7. Mai ließ Hauer über Backofen ein Schreiben bezüglich der Freireligiösen an Best überreichen, das dieser an Himmler weitergeben sollte. Wie er im Begleitschreiben betonte, hatte Dr. Best viel dazu beigetragen, daß der Bund Freiheiten zurückbekommen hatte.[216] Da dies nicht dokumentarisch belegt werden kann, muß man davon ausgehen, daß Hauer und Best vieles in Ge-

---

210) *BA Hauer* 60, 22-27, Bericht Backofens über das Gau Bayern der ADG, besonders über die freireligiöse Gemeinde Nürnberg, vom 15. 5. 1934.
211) *BA Hauer* 60, 13-16, Backofen an Hauer vom 19. 6. 1934.
212) Ebd.
213) Ebd.
214) *BA Hauer* 77, 68-86, hier 82, Protokoll der Aussprache über den Vortrag Reventlows in Scharzfeld vom 19. 5. 1933.
215) *BA Hauer* 63, 83-84, Protokoll der Sitzung des Führerrats in Scharzfeld vom 25. 5. 1934.
216) *BA Hauer* 60, 77, Hauer an Best vom 7. 5. 1934.

sprächen ausgehandelt hatten. Von solchen Gesprächen ist immer wieder die Rede.[217] So bat er Best, ihn zu beraten, was er tun solle und wie er sich verhalten solle in Anbetracht dessen, daß viele freireligiöse Prediger in einer Freimaurerloge Mitglied seien.[218] Dabei handelte es sich um die Loge *Zur aufgehenden Sonne*, die nicht zur internationalen Freimaurerei gehörte, sondern streng national geblieben war.[219] Außer Hauer verhandelte auch Backofen mit Best. Dabei ging der Austausch von Informationen nicht nur in eine Richtung . Im Mai erhielt Backofen von Best Material über die "marxistische Belastung" der Gemeinde Fürth, die die Polizeidirektion Nürnberg-Fürth erstellt hatte. Nach deren Rechnung waren 44 % belastet, nach der Einschätzung Backofens, der "stille SPD-Anhänger" und "vermutete marx. Anhänger" nicht wie die Polizeibehörde mitzählte, waren es nur 32 %. Die freireligiöse Gemeinde bestand aus 270 zahlenden Mitgliedern, davon hielt die Polizeibehörde 119 Mitglieder für staatsgefährdend, Backofen dagegen nur 87.[220] Solches Material diente als Grundlage für die Gespräche Backofens und Hauers mit Best bzw. Himmler über die Art und Weise, wie die Gemeinden für den Nationalsozialismus bzw. die SS akzeptabel gemacht werden könnten. Hauer konnte diese Zahlen als Druckmittel gegenüber der übrigen Bundesführung benutzen, um die Notwendigkeit anzuzeigen, die Gemeindeführung nationalsozialistischen Mitgliedern zu übergeben.

Der Marxismusvorwurf gegenüber den Freireligiösen wurde auch vom Reichsinnenministerium gemacht. Auf Bitte Hauers vom 9. März 1934 hatte das Reichsinnenministerium am 15. März den Erlaß bekannt gegeben, wonach die freireligiöse Jugendweihe reichsweit gestattet sei. Dennoch kam es in verschiedenen Gemeinden, besonders in Schlesien, zu Verboten. Hauer informierte das Ministerium und bat um Aufklärung. Am 22. Mai schrieb das Reichsinnenministerium an Hauer u. a.: "Es läßt sich nicht verkennen, daß sich zahlreiche Marxisten der ADG angeschlossen haben, die - zur Zeit jedenfalls noch - in, wenn auch vorsichtiger Form ihren alten Zielen nachstreben." Am 28. Mai bat Hauer um Beweismaterial zu dieser Behauptung. Hauer wollte damit prüfen, ob es sich dabei um Vermutungen oder Tatsachen handelte. Die Antwort vom 7. Juni scheint eine teilweise Rücknahme der Behauptung gewesen zu sein, denn das Ministerium versicherte, von "weiteren Maßnahmen" absehen zu wollen. Daraufhin bat Hauer noch einmal um das Tatsachenmaterial und wollte wissen, unter welchen Bedingungen das

---

217) Ebd.
218) Ebd.
219) *BA Hauer* 68, 370-378, TSCHIRN, *Was wollte der Freimaurerbund zur aufgehenden Sonne?*
220) *BA Hauer* 60, 18, Backofen an Hauer vom 3. 6. 1934.

Reichsinnenministerium den Bund unbehelligt weiterarbeiten lassen würde.[221] Hauer hatte am 11. Juni 1934 das sächsische Innenministerium um eine Stellungnahme zur geplanten Umbildung des Bundes gebeten und wollte ebenfalls Auflagen dafür genannt bekommen. Am 16. Juni teilte das Ministerium unter Hinweis auf die Anordnung des Reichsinnenministers, "grundsätzlich" nicht in "die religiös-weltanschaulichen Kämpfe der Gegenwart" einzugreifen, die Antwort mit, von einer Stellungnahme abzusehen.[222] Die gleiche Bitte hatte Hauer schon früher an Himmler gerichtet.[223] Anfang Juni, kurz vor der 75-Jahr-Feier des Bundes, erhielt er Himmlers Forderungen.[224] Da dieses Schriftstück bisher nicht aufgefunden werden konnte, kann über Himmlers Forderung nichts Sicheres gesagt werden. Man kann davon ausgehen, daß die Liebe zum nationalsozialistischen Deutschland Bestandteil der Forderung war ebenso der Rassegedanke. Sehr wahrscheinlich gehörte zur Forderung, die Ämter mit SS-Leuten oder zumindest mit NS-Leuten zu besetzen.

Auf der Bundestagung vom 16./17. Juni 1934 trug Hauer die Bedingungen Himmlers vor. Der Versammlung teilte Hauer mit, daß er den Bund nur dann weiterführen werde, wenn man ihm das Vertrauen aussprä che.[225] Er wurde nicht wiedergewählt.[226] Gründe dafür gab es mehrere. Die Forderungen Himmlers scheinen noch nicht einmal die wichtigsten gewesen zu sein. Ausschlaggebend war wohl die Summe verschiedener Dinge. Für Carl Peter hatte Hauer zu wenig Sinn für Kleinigkeiten in der organisatorischen Arbeit, die letztlich für Hauers große Pläne zuerst einmal hinderlich sein mußten. Andere kritisierten, daß im *Deutschen Glauben* und im *Reichswart* niemals etwas über die Freireligiösen berichtet worden sei. Besonders verärgert war man, weil in den Berichten über die Scharzfelder Tagung der große *Bund der Freireligiösen* nicht erwähnt worden sei, aber die vielen sehr kleinen völkischen Grüppchen. Bedauert wurde auch, daß Hauer in der freireligiösen Zeitschrift *Glaubenswarte* niemals persönlich die Leser angesprochen habe.[227]

---

221) *BA Hauer* 68, 187, Hauer an Peter vom 13. 6. 1934.
222) *BA Hauer* 82, 133, Sächsisches Ministerium des Innern an Hauer vom 16. 6. 1934.
223) *BA Hauer* 60, 80, Hauer an Best vom 26. 4. 1934.
224) *BA Hauer* 68, 187, Hauer an Peter vom 13. 6. 1934; nach H. BUCHHEIM, *Glaubenskrise...*, S. 185, hatte Heydrich seit Anfang 1934 die Bedingungen gestellt, wie die ADG/DG zu führen sei.
225) *BA Hauer* 60, 72, Hauer an Best vom 11. 6. 1934.
226) *BA Hauer* 68, 184, Peter an Hauer vom 20. 6. 1934; DIERKS, *Hauer*, S. 246.
227) *BA Hauer* 60, 13-16, Backofen an Hauer vom 19. 6. 1934.

Auf der Tagung wurde zweierlei beschlossen: erstens die personelle Zusammensetzung des Bundesvorstandes und zweitens der Beitritt als förderndes Mitglied der Deutschen Glaubensbewegung. Zum Bundesvorstand gehörten Prof. Ernst Bergmann, Wilhelm Klimm, Carl Peter und der SS-Standartenführer Dr. Eckert. Alle vier waren Mitglied der NSDAP.[228] Aus diesem Kreis wurde später Ernst Bergmann, der schon längere Zeit seinen Einfluß ausgeübt hatte, zum Führer gewählt.[229] Es ist festzuhalten, daß Hauer zwar nicht mehr als Führer der Freireligiösen bestätigt wurde, daß es aber dennoch bei der Zusammenarbeit mit der DG blieb. So sollte der oben erwähnte Brink nach seinem Examen in Schlesien eingesetzt werden. Auch sollten weiterhin Veranstaltungen vor Ort gemeinsam mit der Ortsgemeinde der DG unter dem Namen "Deutsche Glaubensbewegung" angekündigt werden.[230] Der Bund hatte also eine klarere Grenzziehung zur DG vorgenommen, wobei der ideologische Einfluß Bergmanns von Bedeutung gewesen zu sein scheint.[231] Dieser Zustand hielt nur bis November 1934 an, als der Bund endgültig verboten wurde[232]. Nach einem Ende 1934 abgefaßten Bericht für das Reichssicherheitshauptamt war der *Bund* wegen Durchsetzung mit Marxisten verboten worden. Als besonders betroffene Gemeinden wurden Schweinfurt, Erlangen, Speyer, Ludwigshafen, Iggelbach, Oppau-Edigheim, Fürth, Augsburg und Schwabach genannt. In Sachsen seien Hunderte von Freidenkern zu den Freireligiösen hinübergewechselt. Als Grund für den Bruch Hauers mit den Freireligiösen, der, wie eben geschildert, kein so gravierender war, gibt der Bericht an, daß es Hauer nicht gelungen sei, das Führerprinzip im Bund durchzusetzen. Hauer wurde in diesem Bericht als ein Mann hingestellt, der jeden ehemaligen Marxisten, der politisch belastet war, ausgeschlossen habe.[233]

Die mißlungene Integration des Bundes der Freireligiösen in die ADG bzw. DG ist gerade wegen ihres Scheiterns, einschließlich des späteren Verbots der Freireligiösen, für die Entstehungsgeschichte der DG in mehrfacher Hinsicht erhellend: Sie ist ein Beispiel für den Prozeß der Gleichschaltung einer Religionsgemeinschaft mit der SS. Das Schicksal der Freireligiösen, die der

---

228) Ebd.
229) *BA Hauer* 79, 52-63, Niederschrift Buchheims vom Interview mit Hauer, undatiert, sicher vor 1953, da dieses Protokoll die Grundlage für Buchheims Kapitel über die DG in seinem Buch *Glaubenskrise im 3. Reich* abgab.
230) *BA Hauer* 60, 13-16, Backofen an Hauer vom 20. 6. 1934.
231) *BA Hauer* 79, 52-63, Niederschrift Buchheims vom Interview mit Hauer, undatiert.
232) *BA Hauer* 68, 171-174, Peter an Hauer vom 4. 12. 1934.
233) *BA* R 58/233 Sicherheitshauptamt.

Forderung der SS insoweit entgegengekommen waren, als sie die Führungspositionen mit NSDAP-Mitgliedern besetzten und dennoch verboten wurden, zeigt den minimalen Handlungsspielraum, den eine relativ kleine Religionsgemeinschaft gegenüber der SS hatte. Zudem zeigt es, daß der ganze Prozeß vom Diktat der SS bestimmt war. Der Fortbestand der DG läßt den Schluß zu, daß sie von der SS geduldet wurde, also auch ihre Religion mit der SS-Ideologie konform ging. Hauers Religionsverständnis erwies sich bei diesem Gleichschaltungsprozeß als flexibel genug, um die DG vor dem Verbot zu bewahren, allerdings um den Preis der Anpassung, das heißt es war so weitgefaßt, daß es gegen die SS-Ideologie nicht immun war. Ausdruck dafür war schließlich Hauers Aufnahme in die SS.

### c) Zur Situation des Gemeindelebens in den Ortsgemeinden

ca) Allgemeine Bemerkungen

Heute erscheint die Tatsache, daß Hauer mit Peter verhandelt hat, als ausreichend für eine Zusammenarbeit von ADG und Freireligiösen. Doch das heißt, das Wesen der Freireligiösen zu verkennen. Wenn an der Verbandsspitze etwas beschlossen worden ist, hieß das noch lange nicht, daß dieser Beschluß von den Gemeinden mitgetragen wurde. Die Freireligiösen hatten und haben einen ausgeprägten Sinn für Eigenständigkeit. Jede Gemeinde betrachtete sich zunächst einmal als autonom. Diese Eigenständigkeit war bis in liturgische Formen spürbar. Für den Verband der Freireligiösen wurde eine Angleichung im Kultus gegen manche Widerstände der Gemeinden erst in den 50er Jahren begonnen.[234]

Das Beispiel der badischen Gemeinden Pforzheim und Heidelberg ist typisch für die Verhältnisse bei den Freireligiösen. Nur ein *Teil* ging mit ihren Führern mit zur ADG. In anderen Gemeinden sind vielleicht einzelne Mitglieder ausgetreten, nicht aber die Gemeindeleitung. Es ist schwer, generelle Aussagen zu machen. Man müßte die örtlichen Verhältnisse jeder einzelnen Gemeinde gesondert untersuchen und erst dann Urteile fällen. Da aber das Material dazu fehlt, muß man mit Einzelbeispielen vorlieb nehmen. Hier ist Stettin und Leipzig ausgesucht worden, weil relativ viel Material im Nachlaß Hauers liegt.

---

234) Gespräch mit den früheren Predigern der "Badischen Landesgemeinde" Dr. Heinz Schlötermann und Dr. Lilo Schlötermann vom 16. 7. 1984.

cb) Stettin

Die freireligiöse Gemeinde Stettin umfaßte etwa 3000 Mitglieder. Sie besaß ein Haus mit Grundstück.[235] Bis zum 18. August 1933 leitete ein ehemaliger "Konsum-Kleinbonze", wie sein Nachfolger Erich Tschirn ihn charakterisierte, die Gemeinde. Dr. Erich Tschirn war als Prediger eingestellt. Ab 18. August 1933 übernahm er nach Beschluß der Gemeindeleitung den Schriftverkehr mit Behörden. Der Gemeindeleiter war aber nicht formal abgesetzt, wenn er es de facto auch war.[236] Der Grund dafür lag in folgendem Ereignis: Am 18. August wurde die Gemeinde vom Stettiner Polizeipräsidium informiert, daß ein Verfahren gegen sie eingeleitet worden sei und daher jede Glaubensbetätigung untersagt sei. Nähere Angaben wurden nicht gemacht. Am 24. August 1933 bat Prof. Hauer als "Treuhänder der Deutschen Glaubensbewegung gegenüber der Reichsregierung" um die Rücknahme der Behinderungsverfügung. Hauer war zu diesem Zeitpunkt noch nicht zum Leiter proklamiert worden. Da nichts geschah, wurde diese Bitte mit einer 20 Seiten starken Beilage über die Freireligiösen am 4. September erneut vorgetragen. Auch darauf wurde nicht reagiert. Am 5. September wurde die Bitte noch einmal dem Stettiner Polizeipräsidium vorgetragen, wobei die Denkschrift der ADG an den Reichskanzler mit beigelegt wurde. Auch darauf reagierte die Behörde nicht. Am 18. September sprach Tschirn dann schließlich persönlich im Polizeipräsidium vor. Er bat um die Aufhebung der Behinderung, damit der 88. Jahrestag der Freireligiösen Stettins gefeiert werden könnte. Tschirn legte das gesamte Programm der Feier einschließlich der Liedtexte vor. Darauf teilte das Polizeipräsidium mit, daß es solange nicht zu einer Rücknahme des Verbots befugt sei, als nicht eine Entscheidung der Geheimen Staatspolizei aus Berlin vorläge. Eine persönliche Rücksprache lehnte Regierungsrat Molsen ab. Am 19. September reiste Tschirn daher zur Gestapo nach Berlin. Dort stellte es sich heraus, daß keinerlei Akten zur Stettiner Angelegenheit vorlagen. Diese seien, so wurde ihm versichert, im Berliner Polizeipräsidium abgegeben. Dort aber erfuhr Tschirn, daß diese Akten nicht vorhanden wären, und daß die ganze Angelegenheit allein in der Zuständigkeit des Stettiner Polizeipräsidiums läge. Vom Berliner Polizeipräsidium ging Tschirn noch einmal zur Gestapo, wo er beim Polizei-Assistenten Wittig einen kurzen Bericht abgab und die Durchschläge verschiedener Schriftstücke, die er an das Stettiner Polizeipräsidium überreicht hatte, vorlegte. In dem Bericht äußerte Tschirn die Vermutung, daß gegen einen nebenamtlich angestellten Lehrer "denunziert" worden sei. Wittig versprach, die Akten von Stettin kommen zu

---

235) *BA Hauer* 68, 411, Tschirn an Hauer vom 22. 1. 1934.
236) *BA Hauer* 68, 436-437, Tschirn an Hauer vom 5. 12. 1933.

lassen und bis zum 25. September eine Entscheidung zu treffen. Am 20. September 1933 faßte Tschirn ein Schreiben an die Gestapo ab, in dem er den ganzen Vorgang schilderte und zum Schluß um folgende Entscheidung bat: 1. ob die 88. Jahrfeier der Gemeinde abgehalten werden könne, 2. ob die Behinderung der Glaubensausübung aufgehoben werden könne, wenn der fraglichen Person bis zur Klärung die Unterrichtserlaubnis seitens der Gemeinde entzogen würde, und 3. ob das Polizeipräsidium in Stettin überhaupt berechtigt sei, einer ganzen Gemeinde ihre Religionsausübung zu verbieten, ohne zu den Anschuldigungen den betreffenden Gemeindeleiter anzuhören.[237]
Bis zum 5. Dezember hatte sich die Gestapo nicht mehr gemeldet. Die 88. Jahrfeier vom 8. Oktober konnte nicht stattfinden. Tschirn hatte von der ganzen Situation Hauer Mitteilung gemacht, der ihm riet, die alte Gemeindeleitung, die aus älteren Gemeindemitgliedern bestand und mit der SPD mindestens sympathisierte, auszuwechseln gegen junge Leute, die in den Augen der NS-Regierung unverdächtig waren. Auf diesen Vorschlag hin antwortete Tschirn am 5. Dezember, daß das aus zwei Gründen nicht machbar sei: Erstens dürfe die Gemeinde wegen des polizeilichen Verbots nicht zu einer Versammlung, auf der so etwas beschlossen werden müßte, zusammentreten und zweitens würde sich bei einem solchen Vorgehen die Gemeinde sofort spalten. Letzteres aber entspräche ganz und gar nicht seinen jahrelangen Bestrebungen, eine Harmonie in der Gemeinde herzustellen. Dies alles müsse langsam gemacht werden. In den Monaten des Verbotes hatte sich nach Meinung Tschirns der Gemeindeleiter in der Gemeinde unbeliebt gemacht, weil er trotz eines Gemeindebeschlusses auch weiterhin Trauerfeiern bei Gottlosen, die zu seinem persönlichen Anhängerkreis gehörten, abgehalten habe. Dadurch habe er die ganze Gemeinde gefährdet.[238]

Aus heutiger Sicht scheint ein Grund für ein Religionsverbot nichtig zu sein. Doch damals empfand man anders. Dieser Vorgang gehörte, wie das Folgende belegt, einerseits zur kirchlichen Bekämpfung der "Gottlosenbewegung" und andererseits zur staatlichen Verfolgung von Marxisten. Am 2. August 1933 erschien im *Stettiner Generalanzeiger* ein Artikel über die "Aufgaben der evangelischen Beratungsstelle", die vom evangelischen Landesbischof Karl Thom eingerichtet worden war.[239] Thom, kurz zuvor noch Pfarrer, gehörte zu den Deutschen Christen. Er war im Zusammenhang mit der Umstrukturierung der APU zum Bischof ernannt worden.[240] Unter Berufung auf Adolf

---

237) *BA Hauer* 68, 449-452, Abschrift des Schreibens Tschirns an die Gestapo in Berlin vom 20. 9. 1933.
238) *BA Hauer* 68, 436-437, Tschirn an Hauer vom 5. 12. 1933.
239) *BA Hauer* 68, 429, *Stettiner Generalanzeiger* vom 2. 8. 1933.
240) SCHOLDER, *I*, S.454.

Hitler, der die "Volksgemeinschaft aller deutschen Volksgenossen" erstrebe, sei laut Zeitungsbericht die genannte Stelle für all jene eingerichtet worden, die durch "marxistische Verhetzung, durch gewerkschaftlichen Zwang" den Kirchen den Rücken gekehrt und noch nicht wieder zurückgefunden hätten. Ihnen sollte diese Stelle helfen.

"Ihre erste Aufgabe bestand darin, bei der Stadt Stettin zu erwirken, daß die weltlichen Feiern in dem Krematorium und auf den Friedhöfen im Sinne des neuen deutschen Reiches abgehalten werden, und nicht mehr so, wie es in den letzten 15 Jahren üblich war. Gern und freudig wurde diese Maßnahme von den amtlichen Stellen aufgenommen."[241]

Dies dürfte sogar stimmen, denn in der für die Erteilung von Genehmigungen für Totenfeiern zuständigen "Friedhofsdeputation" war die evangelische Kirche durch Pastoren sehr stark vertreten.[242]

Aus einem Flugblatt der Beratungsstelle vom 10. Dezember 1933, das für eine Weihnachtsfeier mit dem Reichsleiter warb, geht hervor, für wen diese Beratungsstelle eingerichtet worden war und welche Aufgabe sie zu erfüllen hatte: Adressat waren die Mitglieder des ehemaligen Freidenkerverbandes. Für diese wollte die Beratungsstelle im Trauerfalle die Redner stellen und die "weltlichen Feiern veranstalten und zwar so, wie sie in unserem heutigen Deutschland gehalten werden müssen."[243] Über das Verhältnis der Stettiner Freireligiösen zu den Freidenkern kann mangels Materials nichts gesagt werden. Es ist durchaus möglich, daß ein großer Teil mit dem Freidenkerverband über die Bestattungskasse verbunden war. An sich hatte der "Bund der Freireligiösen" eine eigene Bestattungskasse. Doch waren die Grenzen der Mitgliedschaft nicht eng gezogen. Der Freidenkerverband hatte sich jedoch am 20. Juli 1933 auf Geheiß Rudolf Diels von der Gestapo in *Neue Deutsche Bestattungskasse für Erd- und Feuerbestattung* umbenannt, war also schon gleichgeschaltet.[244] Doch sah manches in der Praxis vor Ort noch anders aus als an der Verbandsspitze. Der Kampf um die nicht kirchlich organisierten Volksgenossen wurde seitens des Staates und der Kirche wenig pietätvoll sogar auf dem Felde der Bestattung geführt. Dazu ein Beispiel:

Ende November / Anfang Dezember hatte Tschirn eine Trauerfeier zu halten. In der Vorbereitungszeit dazu erhielt er von Hauer ein Telegramm, des-

---

241) *BA Hauer* 68, 429, *Stettiner Generalanzeiger* vom 2. 8. 1933.
242) *BA Hauer* 68, 436-437, Tschirn an Hauer vom 5. 12. 1933.
243) *BA Hauer* 68, 428, Ev. Beratungsstelle Stettin an Deutsche Volksgenossen und Volksgenossinnen vom 10. 12. 1933 (Zeitungsausschnitt).
244) J.-CHR. KAISER, *Arbeiterbewegung und organisierte Religionskritik*, S. 334; s. a. die Zeitungsnotiz in *Christliche Welt*, Nr. 16, vom 19. 8. 1933, Sp. 765.

sen Inhalt uns unbekannt bleiben wird. Jedenfalls hatte es mit der Totenfeierlichkeit irgend etwas zu tun, denn Tschirn machte vom Inhalt dieses Telegramms gegenüber dem Dezernenten der Stettiner Friedhofsdeputation Gebrauch. Das wirkte in der Weise, daß der Dezernent Tschirn vorschlug, "unter Umgehung der angeordneten evangelischen Beratungsstelle" bei ihm persönlich direkt um die "Erlaubnis zur Abhaltung von Trauerfeiern" zu bitten. Darüber hinaus erfuhr Tschirn von diesem Beamten den Wortlaut der Magistratsverfügung vom 14. Mai 1933 betreffs Bestattung von Dissidenten. Darin hatte der Magistrat festgestellt, daß bei Bestattungen von Mitgliedern der Freidenkerverbände und solchen, die aus der Kirche ausgetreten waren, Redner aufgetreten seien, die durch ihre Trauerreden ihre alten marxistischen Ziele weiterhin verfolgt, dadurch die Staatsinteressen gefährdet und die Ruhe und Ordnung auf Friedhöfen gestört hätten. Künftig dürften daher nur solche als Redner zugelassen werden, die eine Genehmigung von der evangelischen Beratungsstelle erhalten hätten. Der Inhalt dieser Verfügung bewirkte bei Tschirn, daß er nicht weiter wie vorgehabt Protest beim Innenministerium einlegte, da zu befürchten stand, daß es dann nur zu noch mehr Verdächtigungen kommen könnte. Er wollte nun nachforschen, welche Vorfälle zu dieser Verfügung geführt hätten. Tschirn vermutete hinter all dem die Pastorenschaft, die in der Friedhofsdeputation einen großen Einfluß gehabt hatte.[245]

Mit diesem Verdacht scheint Tschirn auch gar nicht so falsch gelegen zu haben: Zumindest spricht einiges für sein Mißtrauen gegen die Pfarrer, wie folgende Episode zeigt. In Frauendorf, einem Dorf bei Stettin, hatte Tschirn die Trauerfeier für ein Gemeindemitglied übernommen. Der Tote war ein gebürtiger Frauendorfer, der 1920 den Freireligiösen beigetreten war. Der Friedhof gehörte jedoch nicht der staatlichen Gemeinde, sondern war im Privatbesitz der evangelischen Kirchengemeinde, die Genehmigung oder Ablehnung von Bestattungen lag also in der Hand des Ortsgeistlichen. Der nun verbot dem freireligiösen Prediger jede Zeremonie auf dem Friedhofsgelände, aber nicht die Grablegung selbst. Vorsorglich hatte der Pastor die Polizei informiert, die ihrerseits die Abhaltung der Feierlichkeit außerhalb des Friedhofes verbot, um "verkehrshinderliche Ansammlungen auf der Straße" zu verhindern. Tschirn hielt wegen dieses Verbotes seine Ansprache am Kirchhofsrande auf einem Stein als Kanzel. Die Trauergemeinde war sehr groß, auch weil sie sich eine Sensation versprochen hatte.[246]

Nicht nur bei Bestattungen wurde den Freireligiösen das Leben schwer gemacht, sondern auch bei der Jugendweihe. Die staatlich sanktionierte Gleich-

---

245) *BA Hauer* 68, 436-437, Tschirn an Hauer vom 5. 12. 1933.
246) *BA Hauer* 68, 403-405, Tschirn an Reventlow vom 5. 12. 1933.

stellung mit den Kirchen wurde, wie Folgendes zeigt, nicht gewahrt. Es bestand für einkommensschwache Familien die Möglichkeit, einen Zuschuß für die Einkleidung von Kindern vom Städtischen Wohlfahrtsamt zu erhalten, wenn sie Konfirmation hatten. Dies galt bis 1933 auch für die freireligiöse Jugendweihe. 1934 wurden jedoch die Anträge von allen 51 freireligiösen Eltern[247] mit der Begründung abgelehnt, daß eine Deutschgläubige Gemeinde - so hatten sich nach der Eisenacher Tagung die Freireligiösen in Stettin umbenannt, freilich unter Beibehaltung des Namens freireligiös im Untertitel - nicht anerkannt werde.[248]

Erschwert wurde auch der Stettiner Gemeinde die Abhaltung des freireligiösen Religionsunterrichts durch den Erlaß vom 15. August 1933, wonach jeder Religionslehrer nachweisen mußte, daß er seine Lehrerlaubnis von einer staatlich anerkannten Prüfungsbehörde erhalten habe. Die fehlte aber Dr. Tschirn. Als Ausweg bot sich ihm nur ein neues Studium mit Lehrerabschluß an. Dazu hatte er keine Lust. In seiner Not schlug er Hauer vor, falls er nicht schon befugt sei, staatlich anerkannte Prüfungen abzunehmen, sich um eine solche Prüfungserlaubnis zu bemühen.[249] Die freireligiöse Führerschule in Tübingen erhält aus diesem Umstand ihren Sinn.

All diese Schwierigkeiten, die ihnen die Kirche in Stettin bereitet hatten, erhöhten bei einem Großteil der Mitglieder die Bereitschaft, bei dem Experiment ADG mitzumachen. Im Januar 1934 gab Tschirn bekannt, daß er eine Ortsgemeinde der ADG gründen wolle. Als Grund dafür nannte er aber nicht den Ärger mit der Kirche - derartiges war in der Geschichte der Freireligiösen immer wieder vorgekommen und sie hatten das immer wieder überstanden - sondern die Versuche des Dr. Hans Fuchs, eine Ortsgemeinde der "Deutschen Gemeinde" zu gründen.[250] Fuchs war damals nicht mehr bzw. noch nicht wieder Mitglied der ADG. Tschirn beabsichtigte, der *Deutschen Gemeinde* zuvorzukommen, um damit der ADG den Platz in Stettin zu sichern. Die Nachricht bewirkte bei Paul Zapp in der Reichsgeschäftsstelle in Tübingen, daß er die Anmeldungen von Einzelpersonen aus Stettin aus der Mitgliederkartei aussuchte und deren Namen und Adresse Tschirn mitteilte. Bei diesen Personen handelte es sich um Leute, die bisher weder freireligiös

---

247) *BA Hauer* 68, 397, Tschirn an Hauer vom 20. 2. 1934.
248) *BA Hauer* 68, 389, Meldungen Tschirns an Hauer über Benachteiligungen freireligiöser Kinder gegenüber evangelischen Kindern vom 1. 3. 1934.
249) *BA Hauer* 68, 412, Tschirn an Hauer vom 17. 1. 1934.
250) *BA Hauer* 68, 417, Tschirn an Hauer, undatiert.

noch Mitglied einer Gemeinschaft der deutsch-religiösen Bewegung waren. Eine ganze Reihe von ihnen waren NSDAP-Mitglieder.[251]
Die Gründungsfeier der Ortsgemeinde der ADG fand am 7. Februar 1934 statt. Im Mittelpunkt stand die Festrede, die Dr. Erich Tschirn hielt.[252] Er sprach über die "religiöse Entwicklung innerhalb des vergangenen Jahres", also über die Entstehung der ADG. Außer ihm wirkten zwei Studienräte mit, die der NSDAP angehörten. Die Werbeaktion, die der Gründungsfeier vorangegangen war, brachte nur zwei neue Mitglieder ein. Dafür schuf sie aber den Freireligiösen, die als Mitveranstalter aufgetreten waren, zusätzlichen Ärger und Streit mit der *Deutschgläubigen Gemeinschaft*, die Mitglied in der ADG war. Diese beanstandete den neuen Namen der Freireligiösen, *Deutschgläubige Gemeinde*. Sie reklamierte das "deutschgläubig" allein für sich.[253] Wie der Streit endete, kann mangels Quellen nicht gesagt werden. Wahrscheinlich ist, daß man sich möglichst aus dem Wege ging und sich bei gemeinsamen Vorhaben gegenseitig wenig unterstützte. Positiv für die ADG wirkte sich der Streit sicherlich nicht aus.

Erfreulicher entwickelte sich die Zusammenarbeit der Freireligiösen mit der *Gemeinde deutscher Erkenntnis*, den ehemaligen Ludendorff-Anhängern. Ihr Führer C. F. Lemcke war 1934 nach Stettin umgesiedelt. Im März trafen sich Tschirn und Lemcke das erstemal, um sich kennenzulernen. Dabei mußte Lemcke einsehen, daß er früher über die Freireligiösen sowie über die freireligiöse Lage von Ludendorff völlig falsch unterrichtet worden war. Seine Vorurteile gegen die Freireligiösen beruhten auf der Verwechslung mit den Freidenkern. Bei diesem Gespräch wurde eine engere Zusammenarbeit verabredet.[254] Tschirn leitete zunächst die Ortsgemeinde der ADG. Am 9. Juni 1934 wurde er bei den Freireligiösen wieder auf seine Predigerstelle zurückgestuft.[255] November 1934 wurde er in der Leitung der ADG-Ortsgemeinde von Dr. Schröder abgelöst.[256] Das geschah in der Zeit, in der der "Bund der Freireligiösen" verboten wurde. Nach einem Bericht des Reichssicherheitshauptamtes ist Tschirn wegen seiner "marxistisch-pazifistischen Vergangenheit" aus der Deutschen Glaubensbewegung ausgeschlossen worden.[257] Es scheint, daß die Aktivitäten der ADG in Stettin nicht sehr hoch waren, denn

---

251) *BA Hauer* 68, 414, Hauer an Tschirn vom 16. 1. 1934.
252) *Reichswart*, Nr. 5, vom 4. 2. 1934.
253) *BA Hauer* 68, 411, Tschirn an Hauer vom 22. 1. 1934.
254) *BA Hauer* 68, 379-380, Tschirn an Hauer vom 17. 3. 1934.
255) *BA Hauer* 68, 352, Tschirn an Peter vom 13. 6. 1934.
256) *Reichswart*, Nr. 48, vom 2. 12. 1934.
257) *BA R* 58/223 Reichssicherheitshauptamt.

im Veranstaltungskalender des "Reichswart" findet man nur zwei Redeveranstaltungen angezeigt. Doch ist es möglich, daß die Gemeindearbeit der Ortsgemeinde von Stettinern nicht angezeigt wurde. Vielleicht arbeiteten sie auch nur im Kleinen und vermieden größere Veranstaltungen.

cc) Leipzig

Die Verhältnisse in der Universitätsstadt Leipzig waren anders als in der Provinzstadt Stettin. Leipzig gehörte politisch zu Sachsen, das eine eigene Landesregierung hatte. Bis März 1933 gab es für die Freireligiösen keinerlei Probleme mit der Landes- und Stadtregierung. Die Beziehungen waren seit 1848 juristisch geregelt und galten bis März 1933. 1920 wurden die alten Gesetze an die neuen Bedingungen angepaßt, traten aber nie in Kraft, da der Landtag diese neuen Gesetze nie verabschiedet hatte. Die Freireligiöse Gemeinde verzichtete noch in den 20er Jahren von sich aus auf die Staatszuschüsse, war also im Gegensatz zur sächsischen Landeskirche wirtschaftlich autonom. Allerdings stellte die Stadt Leipzig im Gegenzug städtische Lokalitäten für freireligiöse Veranstaltungen kostenlos zur Verfügung. 1921 gründete die Leipziger Gemeinde eine eigene Feuerbestattungskasse, um von den Freidenkerverbänden unabhängig zu sein. Ab 1925 konnten auch die Mitglieder der Freidenker dieser Kasse beitreten. Als die NS-Regierung die Macht übernommen hatte, verfügte der sächsische Volksbildungsminister Hartnake, daß alle Kinder am christlichen Religionsunterricht teilzunehmen hätten. Das bedeutete für 1200 freireligiöse Kinder einen christlichen Religionsunterricht. Immerhin war es den Freireligiösen nicht wie in Stettin verboten, einen eigenen Religionsunterricht sowie für die 300 Konfirmanden den Konfirmandenunterricht abzuhalten. Die kostenlose Bereitstellung von städtischen Räumen stellte die neue Regierung ein und so mußten die Freireligiösen Räume anmieten, die relativ teuer waren.[258]

Am Totensonntag 1933 wollte die Gemeinde wie jedes Jahr in der Halle des Krematoriums ihre Totengedenkfeier abhalten. Die Krematoriumsverwaltung erteilte am 27. Oktober ihre Genehmigung. Am 21. November verweigerte jedoch der Rat der Stadt die schon erteilte Genehmigung mit der Begründung, nur kirchliche Feiern seien vom Ministerium gestattet. Carl Peter sprach noch am Samstag, den 25. November beim sächsischen Innenministerium vor, das ihm versprach, die Angelegenheit im Sinne der Freireligiösen zu regeln. Zwei Stunden später teilte der Rat der Stadt Peter in einem Telephongespräch mit,

---

258) *BA Hauer* 68, 314-317, Bericht Peters über die "Lage in Sachsen", undatiert.

daß die Regierung die Meinung des Rates unterstützen würde, daß also nur ein Kirchengeistlicher sprechen dürfe. Die Ironie an dieser Geschichte: Das Krematorium wurde seiner Zeit mit starker Unterstützung der Freireligiösen *gegen* den Widerstand der Kirchen gebaut. Jetzt, im November/Dezember 1933, durften ausschließlich kirchliche Pfarrer im Krematorium reden. Die Mitglieder der ehemaligen Feuerbestattungskasse der Freidenker - die allerdings schon gleichgeschaltet waren - durften ihre Feier abhalten und zwar deshalb, weil sie einen Pfarrer reden ließen. Die Freireligiösen in Leipzig befürchteten, daß allen ihren Rednern das Redeverbot erteilt würde. Hinter diesen Verboten vermuteten sie wohl zu Recht die Kirchen, denn plötzlich verboten immer mehr Pfarrer von Pfarreien mit privaten Friedhöfen die Ansprachen des freireligiösen Predigers.[259]

Aus diesen Erfahrungen heraus waren die Freireligiösen unter Leitung Peters nicht abgeneigt, mit der ADG zusammenzuarbeiten. An anderen ADG-Gemeinschaften in Leipzig gab es die *Nordungen* unter Flurschütz' Leitung, den *Rig-Kreis* und die GGG. Leiter der Ortsgemeinde der ADG wurde Hildulf Flurschütz. Als Ortsgemeinde ist Leipzig seit März 1934 nachweisbar. Am 19. März hielt Flurschütz einen Vortrag über "Weg und Wille der Deutschen Glaubensbewegung" und Max Schumann sprach über "Die bisherigen deutschen Glaubensgemeinschaften und ihre zukünftige Zusammenfassung".[260] Erst wieder am 27. April gibt es eine Veranstaltung, die im *Reichswart* erwähnt wurde, nämlich einen Vortrag von Graf E. v. Reventlow[261], der bei Carl Peter wegen seines Verständnisses für die Belange und Schwierigkeiten der Freireligiösen in hohem Ansehen stand. Im Mai 1934, also in einer Zeit, in der die Frage der Zugehörigkeit der Freireligiösen zur neugegründeten Deutschen Glaubensbewegung und ihre Bereitschaft, sich den Bedingungen der SS zu unterwerfen, zur Entscheidung anstand, wurden drei Vortragsabende abgehalten, in denen sich die einzelnen Gemeinschaften vorstellten. Vor Ort deutete alles auf ein Zusammenwachsen der verschiedenen DG-Gemeinschaften hin. Am 7. Mai sprach Flurschütz über seine *Nordungen*, am 14. Mai W. Zumpe über die *Germanische Glaubensgemeinschaft* und am 28. Mai Dr. Ludwig Keibel über die *Freireligiöse Gemeinde*. Die Vorträge fanden alle im Gemeindesaal der Freireligiösen Gemeinde statt.[262]

Peter und mit ihm wohl die meisten Freireligiösen hatten keine sonderlich gute Meinung von den extremen Nordischen, insbesondere hielten sie

---

259) *BA Hauer* 68, 280-281, Peter an Hauer vom 5. 12. 1933.
260) *Reichswart*, Nr. 11, vom 19. 3. 1934.
261) *Reichswart*, Nr. 16, vom 22. 4. 1934.
262) *Reichswart*, Nr. 18, vom 6. 5. 1934.

nichts von dem elitären Charakter der *Nordungen* und den Kreisen um die Zeitschrift *Nordische Zeitung* (herausgegeben von Norbert Seibertz).[263] Doch das hinderte Peter nicht daran, dem arbeitslosen Dr. Viergutz von den Nordungen eine Stelle im Bund als Sprecher zu geben.[264] Diese Stelle hatte Viergutz noch inne, als der Bund November 1934 verboten wurde[265], was darauf schließen läßt, daß Viergutz über die ADG zu den Freireligiösen gekommen ist. Die Zusammenarbeit zwischen Freireligiösen und ADG-Ortsgemeinde verlief allem Anschein nach zufriedenstellend. Doch war die Person Flurschützs grundsätzlich ein Problem. Ihm ist es zu verdanken, daß die DG in den Augen ihrer Gegner als Wotansanbeter bezeichnet wurden. Flurschütz trat in der Öffentlichkeit nämlich in einem schwarzen Gewand, einer Art Tunika, auf. Er pflegte eine vermeintlich germanisch-kosmische Musik, wozu das sogenannte Hillebilleschlagen gehörte.[266] November 1935 versuchte die ADG-Leitung ihn aus dem Blickfeld der Öffentlichkeit zu ziehen, weil die Ortsgemeinden seinetwegen in ihrer Entwicklung stagniert hatten.[267] Doch da war der Bund schon längst verboten. Wie die Beispiele Stettin und Leipzig zeigen, ist es schwer, etwas Einheitliches über das Verhältnis von Freireligiösen zu den Nordischen zu sagen. In Stettin war das Verhältnis nicht gut, in Leipzig dagegen bahnte sich ein gutes Einvernehmen an, das später sogar zur Bildung des Fahrenkrog-Verlag Carl Peter führte. Die Differenzen zwischen Freireligiösen und Nordischen, die vom Führerrat her bekannt sind, lassen sich auf der Ortsebene nicht ohne weiteres nachweisen.

Leipzig und noch mehr Stettin zeigen aus der Sicht der religiösen Minderheit, wie die Verfolgung der Marxisten durch den Staat und die Bekämpfung der Gottlosenbewegung durch die Kirchen sich gegenseitig ergänzten und so zu ihrem Erfolg führen. Von dem Erlebnis dieser Übermacht von Thron und Altar wird die Bereitschaft der Freireligiösen, sich der ADG anzuschließen, plausibel.

---

263) *BA Hauer* 68, 216-217, Peter an Hauer vom 25. 3. 1934; *BA Hauer* 68, 201-206, Peter an Hauer vom 24. 4. 1934.
264) *BA Hauer* 68, 171-174, Peter an Hauer vom 4. 12. 1934.
265) Ebd.
266) ARCHIV DER DEUTSCHEN JUGENDBEWEGUNG, *Geschichte der Nordungen im Rückblick von Julius Siegert*, Januar 1974.
267) *BA Hauer* 80, 16-17, Heßberg an R. Böhm vom 14. 11. 1935.

## 3. Die Bemühung um staatliche Anerkennung und der Zwang zur Konfessionsbildung

*a) Die Bemühung um Anerkennung*

Auf der Wartburg-Tagung war Hauer beauftragt worden, die Anerkennung der Arbeitsgemeinschaft bei der NS-Regierung zu erwirken. Mit Sicherheit hat, wenn nicht die ganze Versammlung, so doch die Mehrheit nicht an die Gründung einer Religionsgemeinschaft, sondern an einen Zweckverband zur Verteidigung der Religionsfreiheit gedacht. Wie oben gezeigt,[268] war der Grundstein für eine Entwicklung zu einer dritten Konfession mit der Forderung der Einführung des Arierparagraphen und des Kirchenaustritts gelegt. Aus der staatlichen Perspektive muß eine Religionsgemeinschaft, will sie anerkannt werden, den Nachweis erbringen, auf Dauer angelegt zu sein und keine staatsfeindlichen Ziele zu verfolgen. Was staatsfeindliche Ziele damals waren, konnte man nach den Erfahrungen des ersten Halbjahres 1933 ermessen. Der NS-Staat legte engere Maßstäbe bei der Erteilung von Körperschaftsrechten an als frühere Regierungen. Er interessierte sich verstärkt für die Inhalte der religiösen Grundlagen der ADG. Damit aber geriet die ADG in das Dilemma, nicht Religionsgemeinschaft werden zu wollen, aber durch die Vorgaben des Staates eine werden zu müssen. Mit dem Wunsch der staatlichen Anerkennung begab sich die ADG auf den Weg der Institutionalisierung.[269] Die erste Schwierigkeit der ADG-Führung bestand darin, bei der Regierung überhaupt erst vorgelassen zu werden. Die Vorgänge im völkischen Lager kannten Regierungsmitglieder wie Alfred Rosenberg und Walter Darré, die nach Eisenach eingeladen worden waren.[270] Sie wie auch andere einflußreiche Regierungsbeamte waren aber nicht erschienen. Als erste Kontaktadresse bei der Regierung wurde in Eisenach der Reichskommissar Jäger genannt.[271] Mit ihm verhandelte aber nicht der in NS-Kreisen kaum bekannte Hauer, sondern der dort hoch geschätzte Hermann Wirth, der Mitglied im

---

268) S. 143-154.
269) Vgl. T. F. O'Dea, "Die fünf Dilemmas der Institutionalisierung der Religion", in: F. Fürstenberg (Hg.), *Religionssoziologie*, Neuwied ²1970, S. 231-237.
270) Für Rosenberg: *BA Hauer* 55, 179, Hauer an Rosenberg vom 23. 11. 1933; vgl. auch Dierks, *Hauer*, S.238; für Darré: *BA Hauer* 58, 463, Liste der Eingeladenen zur Wartburg-Tagung.
271) *BA Hauer* 63, 68-70, Protokoll der 1. Führerratssitzung vom 30. 7. 1933.

Führerrat war.[272] Jäger hatte zwar "allerhand Bedenken" gezeigt, aber in der ADG dann doch "den Keim einer neuen Entwicklung" entdeckt.[273]

Ob veranlaßt durch die Verhandlungen Wirths oder nicht bleibt mangels Quellen dahingestellt; jedenfalls reichte Hauer eine "Denkschrift an den Herrn Reichskanzler sowie an die Herren Reichsinnenminister Dr. Frick und Reichskommissar Dr. Jäger" mit dem Datum vom 24. August 1933 ein. Darin gab Hauer die Gründung der ADG bekannt, erläuterte ihre Notwendigkeit mit dem Hinweis auf die durch Verabschiedung der Reichskirchenverfassung vertane Chance der Weitung der evangelischen Kirche zu einer "Religiösen Arbeitsgemeinschaft Deutscher Nation", sprach den Wunsch nach "Glaubensgerechtsamen" für die angeschlossenen Glaubensgemeinschaften aus und bat um eine Audienz bei Hitler.[274] Trotz dieser Denkschrift und durch Vermittlungsversuche des Verlegerehepaares Bruckmann in München empfing Hitler Hauer nicht.

In der Woche nach dem 10. September 1933 verhandelte Hauer, inzwischen auch Vorsitzender des Bundes der Freireligiösen, mit Dr. Buttmann vom Reichsinnenministerium über die Anerkennung der ADG. Buttmann empfahl, eine Denkschrift für das Reichsinnenministerium abzufassen. Sie sollte für die geplante neue Reichsgesetzgebung verwendet werden.[275]

Das Gespräch mit Buttmann änderte Hauers distanzierte Haltung zum Nationalsozialismus. Seine Erfahrungen mit der neuen Macht waren bis dahin keine guten gewesen: Er wie auch Zapp sollten in Berlin verhaftet bzw. verhört werden. In Tübingen durchsuchte die Polizei während seiner Abwesenheit sogar sein Haus. Im Gespräch gewann Hauer nun den Eindruck, daß man entgegen seiner bisherigen Meinung im 3. Reich bei Regierungsstellen doch offen reden könne.[276] Von Buttmann erfuhr er von den von "mancher Seite geplanten Maßnahmen".[277] Sie waren so geheim, daß Hauer sie dem Führerrat nur mündlich mitteilen wollte.[278] In Berlin wurde ihm klar, daß sein Vorhaben auf sehr große Schwierigkeiten bei der Regierung stoßen würde.[279]

---

272) Vgl. zum Beispiel BOLLMUS, *Das Amt Rosenberg und seine Gegner*, Stuttgart 1970.
273) *BA Hauer* 54, 31, Hauer an Bebermeyer vom 28. 8. 1933.
274) *BA Hauer* 62, 135-136, Denkschrift an den Herrn Reichskanzler sowie an die Herren Reichsinnenminister Dr. Frick und Reichskommissar Dr. Jäger vom 24. 8. 1933. "Glaubensgerechtsame" meint die Anerkennung durch den Staat.
275) *BA Hauer* 62, 239, Hauer an den Führerrat vom 3. 10. 1933.
276) *BA Hauer* 40, 453, Hauer an Marianne Weber vom 14. 10. 1933.
277) *BA Hauer* 62, 239, Hauer an den Führerrat vom 3. 10. 1933.
278) Ebd.
279) *BA Hauer* 40, 453, Hauer an Marianne Weber vom 14. 10. 1933.

Im Jahre 1933 setzte die ADG ihre Hoffnungen ganz auf die Verhandlungen mit der Reichsregierung,[280] also nicht auf Öffentlichkeitsarbeit. Den entscheidenden Fortschritt brachten die Verhandlungen, die Graf Reventlow während Hauers Krankheit geführt hatte: Anfang Oktober fand eine von Reventlow geplante Besprechung zwischen Hauer und dem Stellvertreter Hitlers in der Partei, Rudolf Heß, statt.[281] Die bekannte Verfügung, der sogenannte Heß-Erlaß vom 13. Oktober 1933, steht nur scheinbar mit der Arbeit der ADG im Zusammenhang, gehört aber in Wirklichkeit zur neuen Religionspolitik der NS-Regierung. Heß galt in jugendbewegten Kreisen als der einzige Politiker, der trotz der Machtübernahme für die Ideale der Jugendbewegung offengeblieben war und sich auch für sie einsetzte.[282] Öffentlich distanziert hatte sich dagegen der Minister, auf den man neben Rosenberg die meisten Hoffnungen gesetzt hatte: Walter Darré.[283] Öffentlichkeit bedeutete hier vermutlich nur eine Parteiversammlung. Dennoch hielten ihn die ADG-Mitglieder weiterhin für einen Verbündeten im Regierungslager. Sie erklärten sich sein Verhalten mit seinem Amt, das ihm nichts anderes übriggelassen habe, als sich zu distanzieren.[284]

Diese Dinge waren für die Anerkennung nicht entscheidend. Dafür war das Reichsinnenministerium zuständig. Dort aber hatten die Kirchen, wie Hauer bei seinem Besuch in Berlin herausgefunden hatte, einen sehr großen Einfluß. Das bedeutete für die ADG, daß die Anerkennung sehr erschwert werden würde.[285] Als kirchenfreundlich kann auf jeden Fall Dr. Walter Conrad gelten, der im Februar 1934 wegen seines engen Kontaktes zu Martin Niemöller seines Amtes enthoben wurde,[286] aber auch Dr. Buttmann, der eng mit Conrad zusammengearbeitet hatte.[287] Ablehnung gegen die ADG seitens des Reichsinnenministeriums machte man in der ADG-Führung eigentlich immer aus, auch für die Zeit nach der Absetzung Conrads. Dahinter vermutete man immer die Kirchen.[288]

---

280) Ebd.
281) *BA Hauer* 62, 146-150, Teil einer Verhandlungsunterlage Hauers für ein Gespräch mit Heß, undatiert.
282) Interview mit Prof. Dr. Firgau vom 4. 10. 1984.
283) *BA Hauer* 54, 556, H. Schröder an Hauer vom 27. 9. 1933.
284) *BA Hauer* 54, 552, H. Schröder an Hauer vom 10. 10. 1933.
285) *BA Hauer* 40, 453, Hauer an Marianne Weber vom 14. 10. 1933.
286) SCHOLDER, *I*, S. 720, MEIER, *I*, S. 158-159; CONRAD, *Der Kampf um die Kanzeln*, S. 67.
287) SCHOLDER, *I*, S. 624, 720-721.
288) *BA Hauer* 68, 415, Hauer an Tschirn vom 29. 12. 1933; *BA Hauer* 68, 414, Hauer an Tschirn vom 16. 1. 1934.

Es ist anzunehmen, daß Buttmann schon beim ersten Gespräch mit Hauer im September 1933 nach der Lehre und nach einem Lehrplan gefragt hatte. Jedenfalls fällt in diese Tage Hauers Angebot an Friedrich Solger, den Vorsitz des Arbeitskreises für Lehrpläne zu übernehmen.[289] Solger, als führendes Mitglied des 1933 aufgelösten *Bundes völkischer Lehrer* dafür prädestiniert, willigte ein.[290] Dieser Arbeitskreis war zuvor nie erwähnt worden, was auf eine Gründung im September 1933 schließen läßt. Es gab jedoch einen anderen Arbeitskreis mit dem Namen "Erziehung und Unterricht". Diesen leitete der Köngener Friedrich Berger.[291] Die Existenz beider Arbeitskreise ist ein Zeichen dafür, daß auf dem Gebiet der Religionspädagogik schon sehr früh gearbeitet wurde. Fast alle Arbeitskreise, die noch in Eisenach geplant worden waren, nahmen ihre Arbeit, wenn überhaupt, erst spät, im Jahre 1934, auf. Einzige Ausnahme war der Arbeitskreis über "philosophische und religiöse Grundlegung".[292] Solche Einzelheiten allein kann man jedoch noch nicht als Indiz für eine Konfessionsbildung werten. Sie sind lediglich Voraussetzungen, die eine Konfessionsbildung erleichtert können.

Ein wichtiger Abschnitt auf dem Wege zu einer Religionsgemeinschaft begann Ende Oktober, als Hauer auf der Führerratssitzung am 29. Oktober in Berlin die Nordischen halbwegs überzeugen konnte, daß der Charakter der Arbeitsgemeinschaft auf Grund interner und externer Entwicklungen nicht mehr aufrechterhalten werden konnte. Zu den internen Gründen gehörte, wie oben gezeigt,[293] das Anwachsen der ADG und die sich daraus ergebende Notwendigkeit, neue Ämter einzurichten. Zu den externen gehörte der sogenannte "Heß-Erlaß"[294] vom 13. Oktober und die sich im Anschluß daran abzeichnenden Konsequenzen innerhalb der evangelischen Kirche. Im November 1933 erwog Rudolf Heß auf Grund seiner Gespräche mit Hauer und Reventlow von der ADG sowie mit Dr. Hans Fuchs von der *Deutschen Gemeinde*, analog zu den kirchlichen Reichskommissariaten ein solches auch für die Deutsche Glaubensbewegung einzurichten. Reventlow sollte mit diesem Amt betraut werden.[295] Der lehnte ab und redete Heß diesen Plan aus.[296]

---

289) *BA Hauer* 54, 486, Solger an Hauer vom 13. 9. 1933.
290) Ebd.
291) *BA Hauer* 63, 24-27, Rundschreiben Nr. 6, undatiert, S. 4.
292) *BA Hauer* 62, 247-248, Rundschreiben Nr. 2 vom 21. 8. 1933.
293) Siehe Kapitel B III 2 a, S. 172-183.
294) Wiedergabe des Erlasses im Dokumententeil.
295) *BA Hauer* 55, 293, H. Schröder an Hauer vom 23. 11. 1933.
296) *BA Hauer* 115, 156-157, Reventlow an Hauer vom 27. 11. 1933.

Im Oktober und November glaubten Reventlow und noch mehr Hauer, daß die Anerkennung in greifbare Nähe gerückt sei. Reventlow schätzte die Lage so ein: Die ADG müßte zu dem Zeitpunkt die Anerkennung annehmen, wenn der Staat sie anbietet, auch mit der Auflage, den evangelischen Religionsunterricht für die ADG-Mitglieder zu akzeptieren. Und die Auflage müßte die ADG deshalb annehmen, weil noch kein Lehrplan vorbereitet sei.[297] Eine solche Meinung zeigt an, daß es Reventlow gar nicht so sehr um einen Antiklerikalismus und die Gründung einer neuen Religionsgemeinschaft ging, als vielmehr um einen Freiraum für eine Religiosität nach eigenem Geschmack. Diese Meinung ist allerdings nicht repräsentativ für die ADG gewesen. Reventlows Gedanke zeigt darüber hinaus an, daß die Bildung einer Glaubenslehre samt Lehrplan noch nicht weit fortgeschritten war. Gleichwohl wurde unter Journalisten, Fachtheologen und sogar unter Politikern von einer dritten Konfession gesprochen, obwohl fast alle Voraussetzungen dafür fehlten. Der "Offene Brief" Hauers vom 23. Oktober 1933 an Reichsbischof Müller wurde, obwohl es sich nur um eine kritische Anfrage an die Rede Müllers auf dem Luthertag und um die der Rede widersprechenden Praxis der DC handelte, als die Ausrufung der dritten Konfession gewertet.[298] Für diese Zeit ist es jedoch noch gewagt, von Konfession zu sprechen. Auf dem Wege dazu war die ADG allerdings.

Bedingt durch die kirchenpolitische Lage schien der ADG-Führung im Januar 1934 die Anerkennung in greifbare Nähe gerückt zu sein. Sie wurde vom Reichsinnenministerium für den Fall in Aussicht gestellt, daß sich die protestantische Kirche spalten würde.[299] In kirchlichen Insiderkreisen, zu denen Grabert und Hauer zu diesem Zeitpunkt noch zählten, erwartete man diese Spaltung tatsächlich. Grund für diesen Optimismus war ihnen ein Artikel in der Zeitschrift der Jungreformatoren *Junge Kirche*, in dem Niemöller dazu aufgefordert wurde, mit seinem Pfarrernotbund aus der Reichskirche auszutreten.[300]

Die für die Fortentwicklung der Arbeitsgemeinschaft zur späteren Deutschen Glaubensbewegung entscheidende Führerratssitzung fand am 28. Januar 1934 in Berlin statt. Dort wurden Beschlüsse gefaßt, die eigentlich mehr Absegnungen dessen waren, was seit Dezember 1933 in der ADG vorbereitet bzw. angelegt war. Zunächst besprach man die Möglichkeit, die ADG in den Bund

---

297) *BA Hauer* 115, 174, Reventlow an Hauer vom 23. 10. 1933.
298) *BA Hauer* 56, 312, Grabert an Hauer vom 9. 11. 1933.
299) *BA Hauer* 63, 72-78, Protokoll der Führerratssitzung vom 28. 1. 1934.
300) *Dt. Gl.*, I, 1934, S. 187.

der Freireligiösen einzugliedern. Für diesen Weg sprach sachlich dreierlei: Erstens besaßen die Freireligiösen die von der ADG erwünschten Körperschaftsrechte, zweitens hatte das Reichsinnenministerium keine Einwände mehr gegen sie und drittens waren die Freireligiösen mit etwa 60.000 Mitgliedern und 150 Ortsgemeinden die größte Gemeinschaft innerhalb der ADG. Hinter dieser Lösung standen Hauer, Reventlow, Franziska von Porembski, Fahrenkrog und Wirth. Gegner waren die "Deutschgläubige Gemeinschaft" mit Elbert und Reuter sowie der Prinz zur Lippe, H. F. K. Günther und Arthur Lahn. Eine Wendung in der Diskussion trat ein, nachdem Prof. Günther mitgeteilt hatte, daß er bei RIM Frick "eine durchaus nicht gegensätzliche Stimmung gegen die ADG vorgefunden" habe und daß die Anerkennung "nur eine Frage der Zeit" sei. Darauf hatte Lahn vorgeschlagen, die Bezeichnung *Arbeitsgemeinschaft* aufzugeben. Nun zog Hauer seinen oben erwähnten Vorschlag zurück und formulierte die Konsequenz für die Zukunft: Aufstellung "gemeinsamer Grundsätze" und einen längeren Kampf um die Anerkennung. Das hieß nichts anderes, als daß man darangehen wollte, eine neue, nämlich eine *Deutsche Glaubensgemeinschaft* aufzubauen. Die Konstitution dieser Gemeinschaft sollte bei der nächsten Tagung vorgenommen werden. Als flankierende Maßnahmen wurden beschlossen: Schriftenreihen wie Urkundensammlungen und Quellenbücher zum Deutschen Glauben, ein Vortragsamt, das die Redner der ADG erfassen und die Werbetätigkeit koordinieren sollte, und die "Eroberung des Rundfunks".[301] Mit Letzterem hatte Hauer schon begonnen. Am 25. Januar hatte er, vermittelt durch den dortigen Mitarbeiter Kurt Eggers, einem Mitglied der ADG, im Mitteldeutschen Rundfunk Leipzig über den "Deutschen Glauben" gesprochen.[302]

Im Januar 1934 hatte Friedrich Solger den Lehrplan der ADG dem Reichsinnenministerium übergeben.[303] Damit war eine wichtige Voraussetzung für die staatliche Anerkennung erfüllt. Formal stimmte dies. Doch fand Reventlow nach Durchsicht des Lehrplans grundsätzliche Bedenken gegen den Inhalt. Am 2. März hatte er mit Friedrich Solger, den er noch aus der Vorkriegszeit kannte, auf dessen Wunsch hin eine Unterredung. Am 3. März teilte Reventlow davon Hauer in einem Brief mit. Demnach hielt Reventlow eine "grundlegende Änderung bzw. Ergänzung" für notwendig, denn in dem Unterrichtsplan sei "eigentlich nichts enthalten, was uns berechtigen könnte, von einer ernsten Berücksichtigung der Religion in unserem zukünftigen Unterricht zu sprechen". Weiter schrieb er an Hauer:

---

301) *BA Hauer* 63, 72-78, Protokoll der Führerratssitzung vom 28. 1. 1933.
302) *Dt. Gl.*, I, 1934, S. 87.
303) *BA Hauer* 63, 72-78, Protokoll der Führerratssitzung vom 28. 1. 1934.

> "Ich glaube, mich in früheren Unterhaltungen mit Ihnen darüber ganz verstanden zu haben, daß wir Religion wollen im Sinne dieses, ohne die Transzendenz und ohne Betonung des metaphysischen Bedürfnisses nicht denkbaren Begriffs. Davon finde ich in dem Unterrichtsplan überhaupt nichts."

Dies hatte Reventlow auch Solger gesagt, der sich von ihm hatte überzeugen lassen. Solger versprach, sich eine Ergänzung zu überlegen. In der Zwischenzeit hatte Reventlow eine andere Idee, die er Hauer im selben Brief vom 3. März mitteilte. Er schlug vor, sich den Plan von Buttmann wieder zurückgeben zu lassen und neu zu überarbeiten. Ein Grund neben dem, wirklich religiöse Themen einzubringen, war die Angst,

> "daß christliche Minister und Ministerialdirektoren ... sagen: Religion, religiöser Glaube ist in diesem Plan nicht zu finden, sondern nur eine Diesseitsreligion, die keine Religion ist, und Zurückgreifen auf germanisch-nordische Göttersagen und Mythen! ... Ich glaube, wir müssen uns vor Wenigem so hüten, als davor, daß wir Handhaben geben, als 'Wotanisten' und als Naturmaterialisten betrachtet und bezeichnet zu werden können [sic]."[304]

Es gelang, den Lehrplan vom Ministerium zurückzubekommen, denn am 12. März spricht Reventlow in seinem Brief an Hauer von der Zusendung des "neuen Unterrichtsplanes" an ihn, damit er ihn noch einmal vor dem endgültigen Abschluß durchlesen könnte. Sein Motiv, den religiösen Aspekt in den Plan so nachdrücklich einzubringen, war seine persönliche Überzeugung, die er mit vielen Christen, vor allem den "Frommen" teilte, daß das Bedürfnis nach Religion unter Jugendlichen weit höher zu veranschlagen wäre, als es gemeinhin getan wurde, und weil er glaubte, daß religiöse Thematiken "viele Jugendtragödien" verhindert hätten, wenn der "Nachdruck" im Unterricht auf dem Religiösen gelegen hätte.[305] Da Hauer Reventlow gewähren ließ, haben wir die Sicherheit, daß auch Hauer mit diesem Vorgehen einverstanden war.

Diese Episode um den Lehrplan für das Reichsinnenministerium zeigt uns an, daß in der ADG im März 1934 noch immer Unklarheit herrschte, was inhaltlich die ADG bieten wollte. Sicher war bis dahin, daß es etwas Rassistisches und Völkisches sein würde. Aber genauere und präzisierte Vorstellungen, die zudem noch für alle Richtungen der ADG gelten sollten, gab es nicht. Indiz für diese Unsicherheit ist die Tatsache, daß sich Friedrich Solger nach einem zweistündigen Gespräch mit Reventlow hatte dazu bewegen lassen, sich den Lehrplan, der schon im Reichsinnenministerium abgegeben worden war, wieder geben zu lassen, um ihn umzuarbeiten. Weitere Indizien für eine zu-

---

304) *BA Hauer* 115, 86-88, Reventlow an Hauer vom 3. 3. 1934.
305) *BA Hauer* 115, 82-83, Reventlow an Hauer vom 12. 3. 1934.

mindest mangelhaft ausgebildete Lehre oder für etwas Vergleichbares - der Antidogmatismus in der ADG sperrte sich eigentlich immer gegen die Ausbildung einer Lehre - waren das Fehlen der in Auftrag gegebenen Rasseformel und die Tatsache, daß Hauers neue Zeitschrift "Deutscher Glaube" ein Forum war, wo man über den deutschen Glauben erst noch diskutieren sollte. Auch innerhalb der engeren ADG-Führung gibt es Hinweise, daß der Schritt zu einer Religionsgemeinschaft noch nicht vollzogen, daß aber die kritische Schwelle fast überschritten war: Reventlow schrieb am 12. März an Hauer, er sei für die Beibehaltung des Begriffs Glaubens*bewegung* statt, wie Hauer in einer Führerratssitzung vorgeschlagen hatte, Glaubens*gemeinschaft*. Seine Begründung dazu:

> "Das ist Wahrheit, Glaubensgemeinschaft nicht, so bedauerlich das sein mag. Eine Glaubensbewegung werden wir leichter zusammenhalten, als eine Glaubensgemeinschaft, und wenn Teile von ihr sich trennen, so verursacht das keinen solchen Bruch wie ein solcher einer Glaubens*gemeinschaft*."[306]

Wie repräsentativ Reventlows Meinung zu diesem Zeitpunkt in der ADG gewesen war, kann nicht festgestellt werden. Wahrscheinlich gab es wenige, die so dachten. Seiner Analyse der ADG tat das keinen Abbruch. Er schätzte den Zustand der ADG realistisch ein, wenn man an die verschiedenen divergierenden Gruppen der Nordischen und an die Freireligiösen denkt. Aufschlußreich ist, daß Reventlow aus Loyalität zu Hauer und, um ihn nicht vor der Versammlung zu kritisieren, seine Kritik an Hauers Begriffsvorschlag nicht in der Führerratssitzung vorgebracht, sondern ihn brieflich mitgeteilt hatte. Daß er das so getan hat, deutet darauf hin, daß er und Hauer im Führerrat ziemlich allein gestanden haben. Ihre Interpretation vom deutschen Glauben wich ab von der der Nordischen und der Nationalsozialisten. Reventlow stand in der Tradition des religiösen Individualismus, wie er in einem Brief an Hauer schrieb[307], und Hauer betonte bekanntlich eine Haltung, also etwas Formales und nicht etwas Inhaltliches. Die Nordischen und auch die jungen Nationalsozialisten waren zu solchen Abstraktionshöhen kaum in der Lage. Ihnen ging es oftmals um einen platten Antiklerikalismus oder um eine - wie man es treffend bezeichnen kann - Deifizierung des Rassegedankens im Gewande vermeintlicher germanischer Gottheiten.

Für Anfang 1934 ist festzuhalten, daß ein Konsens in der Lehre zwischen der Gesamtheit der Freireligiösen und Deutschgläubigen nicht bestanden hat. Aus der Sicht des Staates ist der innere Zustand einer Religionsgemeinschaft,

---

306) Ebd.
307) Ebd.

solange er nicht öffentliche Belange negativ berührt, für die Anerkennung unerheblich. Da genügt ein von der Führung der Religionsgemeinschaft abgesegneter Lehrplan, der sich natürlich im Rahmen der staatlichen Vorstellungen bewegen muß. Außendarstellung und Binnenselbstverständnis können in der Realität durchaus divergieren. Die Nichtanerkennung der ADG durch den NS-Staat hatte seinen Grund in der Religionspolitik des Jahres 1934 und in den eigenen Erziehungsabsichten der Nationalsozialisten und nicht in den unterschiedlichen religiösen Position innerhalb der DG.

### b) Die Ausbildung der Lehre

Der Entwurf des Lehrplanes fehlt im Nachlaß Hauers, so daß darüber nichts ausgesagt werden kann. Als Quelle besitzen wir den gedruckten Lehrplan, der im Mai 1934 unter dem Titel *Grundlinien einer deutschen Glaubensunterweisung* im Verlag Karl Gutbrod, Stuttgart, erschienen ist. Ob dieser Text identisch ist mit der revidierten Eingabe an das Reichsinnenministerium, kann nicht nachgewiesen werden. Ich gehe davon aus, daß der Text zumindest weitgehend identisch ist.

Der Lehrplan ist Teil des 1. Heftes der Reihe *Schriften zur Deutschen Glaubensbewegung*, die Hauer herausgab. Weitere Teile bestehen aus den Entwürfen von Friedrich Schöll, Ernst Küster, Bodo Ernst und Marie Eckert.[308] Im Vorwort schreibt Hauer:

> "Wir werden immer wieder gefragt, ob wir etwas an die Stelle des christlichen Unterrichts zu setzen hätten. Wir sind überzeugt, daß wir etwas an diese Stelle zu setzen haben, und zwar etwas, das dem deutschen Kinde eher den Zugang zu den Quellen des Lebens zeigen wird als ein christlich-konfessioneller Unterricht."[309]

Dieser Text entspricht nicht der Realität, wenn man an die Entstehungsgeschichte des Lehrplanes denkt. Er diente zweifelsohne vor allem der Außendarstellung. Die Hauptadressaten der Schriftenreihe sind all jene, die "in der Bewegung" stehen, alle, "die mehr wollen als eine Augenblicksanregung",

---

308) *Grundlinien einer deutschen Glaubensunterweisung. Mit Hauptentwurf zu einem Lehrplan der Deutschen Glaubensbewegung.* In Verbindung mit Friedrich Solger, Friedrich Berger, Friedrich Schöll, Ernst Küster, Bodo Ernst, Marie Eckert herausgegeben von J. W. HAUER. Reihe: Schriften zur Deutschen Glaubensbewegung, hg. von J. W. Hauer, Stuttgart 1934. Abgekürzt: *Grundlinien*. Diese Schrift ist bei DIERKS, *Hauer*, nicht aufgeführt; vgl. dort Bibl. Nr. 296,1 und 296,1*.

309) J. W. HAUER, "Vorwort", in: *Grundlinien*.

und alle, "die lernen können oder gelernt haben", "in Hingabe an das geschriebene Wort als ein Lebendiges, zur Verantwortung Zwingendes" zu lesen.[310] Der Lehrplan selbst war an die Mitglieder der DG gerichtet, die einen deutschgläubigen Religionsunterricht erteilten und die auf die Erfahrung derer, die schon länger einen solchen Unterricht abgehalten hatten, zurückgreifen wollten.[311] Folgender Text Hauers zeigt ein Dilemma bei der Institutionalisierung[312] des Deutschen Glaubens an:

> "Religiöse Unterweisung? Lehrpläne für einen Unterricht im Deutschen Glauben? Sind das nicht Widersprüche in sich selbst? Kann man Glauben lehren, in Religion unterweisen? ... Wir wissen um all diese Fragen und Schwierigkeiten und wagen *es doch*, den Männern und Frauen, die seit Jahren in solcher Arbeit stehen, das Wort zu geben zu *Vorschlägen* zu einem deutschgläubigen Unterricht."[313]

Hauer weiß um die Besonderheit der je eigenen religiösen Erfahrung des einzelnen. Er spürte den Zwang zur religiösen Schulung, den die Institutionalisierung mit sich bringt. Den Schritt zur religiösen Unterweisung tat er bewußt. Den Rückfall in den herkömmlichen Katechismusunterricht wollte Hauer vermeiden, indem er die Lehrpläne als Angebote, als "Vorschläge" für eine Unterrichtsgestaltung wertet. Damit will Hauer den schöpferischen Charakter der religiösen Erfahrung erhalten. Die Idee, einen Hauptentwurf und vier weitere Entwürfe nebeneinander abzudrucken, unterstreicht Hauers Absicht. Gleichzeitig trug das auch der Realität in der ADG Rechnung. Damit meinte Hauer allen gerecht werden zu können. Folgendes Zitat unterstreicht das eben Gesagte, erläutert es und verdeutlicht, wo der Akt des Glaubens beginnt:

> "Wir wissen, daß wir in einem Dunkel stehen, das nur in gewissen Grenzen um uns aufgehellt ist. Dies Aufhellen ist Sache der Forschung. Alle Kräfte, die fruchtbar an ihr arbeiten, sind uns willkommen, weil sie uns die Gotteswelt klarer schauen lehren. Wir dürfen weder uns noch andere zwingen, Aussagen für wahr zu halten, von denen erst eine ehrliche und zähe Arbeit denkender Vernunft wird entscheiden können, ob sie zutreffen. Es ist nicht Sache deutschen Glaubens, künftige Erkenntnis zu hindern, eben weil wir an unsere Kraft zur Erkenntnis glauben und weil wir glauben, daß sie uns gegeben ist, damit wir sie

---

310) Ebd., S. V.
311) FR. SOLGER, "Einführung", in: *Grundlinien einer deutschen Glaubensunterweisung*, ¹1934, S. 1.
312) Dazu: T. F. O'DEA, "Die fünf Dilemmas der Institutionalisierung der Religion", in: F. FÜRSTENBERG (HG.), *Religionssoziologie*, S. 231-237, bes. S. 235-237.
313) J. W. HAUER, "Zum Geleit", in: *Grundlinien einer deutschen Glaubensunterweisung*, ¹1934, S. VIII [Hervorhebungen von mir, U. N.].

nutzen. Der Inhalt unseres Glaubens ist nicht die Gesamtheit des noch nicht Erkannten, von dem wir uns doch schon gewisse Vorstellungen machen. Sondern Glauben ist uns die vertrauende Kraft, mit der wir durch Dunkles und halb Erhelltes hindurch den Weg unseres Lebens in bewußter Verantwortung vor der Ewigkeit vorwärtsschreiten."[314]

Die DG sieht den Menschen - den deutschen zumal - umgeben von Geheimnissen, also Mysterien, die zu enträtseln Aufgabe ist, was nur mit Hilfe des Verstandes geleistet werden könne. Der Mensch stehe in einem Raum zwischen Nichtwissen und partiellem Wissen mit der Möglichkeit, irgendwann einmal mehr oder alles zu wissen. Da wäre ein Dogmenglaube, das heißt ein Glaube, das Wissen jetzt schon zu besitzen, nur hinderlich. Die Entschleierung der geheimnisvollen Welt delegierte der Autor, Solger, an die Wissenschaftler, die die "Arbeit der denkenden Vernunft" verrichten. Das Ergebnis und damit das Ziel der Glaubenswahrheit ist in die Zukunft verlegt. Für die Gegenwart, in der man das Gesamtwissen nicht besitzt, ist ein Glaube empfohlen, der nicht von Inhalten her, sondern losgelöst von diesen definiert ist. Glaube ist als "vertrauende Kraft" qualifiziert, die die Deutschgläubigen in ihrem Leben tragen soll. Da ihre "Verantwortung vor der Ewigkeit" als "bewußt" klassifiziert ist, liegt hier ihr Glaubensakt. Doch statt argumentativ eine Ethik zu entwickeln, die rational nachvollziehbar ist, wird an das Gefühl appelliert und gleichzeitig ein Glaubensbekenntnis formuliert: "Und da fühlen wir alle in unserem Leben den gleichen Sinn, die Verwirklichung des uns keimhaft anvertrauten artsicheren deutschen Lebens."[315] Was der Autor vom Menschen her formuliert hat, sagt er dann von Gott her, wobei er die Verpflichtung zum Gehorsam gegenüber Gott und der Gemeinschaft unterstreicht: "Gott will, daß wir deutsch sind und daß wir diesem unserm Wesen die Treue halten."[316] Was deutsches Wesen ist, wird nicht mit Inhalt gefüllt. In der DG glaubte man, daß jedem Menschen mit der Geburt die Anlage zu derjenigen Religion mitgegeben sei, die seinem Volkscharakter entsprach, also dem deutschen Kinde das deutsche Wesen. Da das aber nur "keimhaft" angelegt sei, wurde der Pflege dieses "Keimes" außerordentliche Bedeutung zugemessen, das heißt der Erziehung zum Glauben, der Sensibilisierung für das Göttliche, der Entwicklung des Gewissens, dem Ort der Gottesoffenbarung.[317] Die Definition von "deutschem Wesen" delegiert der Lehrplan an die Pädagogen und noch mehr an die Wissenschaftler.

---

314) FR. SOLGER, "Einführung", in: *Grundlinien*, S. 1-2.
315) Ebd., S. 2.
316) Ebd.
317) Ebd.

In der DG dominierte ein biologisches Denken. "Volk" und "Rasse" sind rein biologisch aufgefaßt. Das deutsche Volk wird als "rassische Blutsgemeinschaft" verstanden, "die unabsehbar hinter uns und vor uns liegt".[318] Damit und mit der Behauptung einer "deutschen Identität" grenzt er das deutsche Volk von anderen Völkern, etwa den Juden, ab und hebt es als etwas Besonderes hervor. Auf eine Wesensbestimmung des "Deutschen" läßt sich der Autor des Lehrplanes nicht ein, sondern behauptet *die Faktizität* des Arteigenen im Menschen der verschiedenen Völker und Rassen. Die Deutschen des Jahres 1934 gelten auch den Deutschgläubigen nicht als reinrassig. Sie setzen sich aus dem Arteigenen und einer fremdrassischen Beimischung irgendwie zusammen. Dem Verstand würde sich diese Vermischung noch entziehen, doch nach Meinung der Deutschgläubigen könne das Deutsche jetzt schon gefühlt werden. Lehrer, denen dieses Gefühl bewußt ist, sind folglich am ehesten in der Lage, den Keim zum arteigenen Glauben im Kinde zu erkennen und zu pflegen.[319] Die in dieser Weise für den deutschen Glauben sensibilisierten Kinder würden später selbst einmal die Rolle der Erzieher übernehmen und den deutschen Glauben, jetzt aber auf Grund neuerer Forschung inhaltlich besser präzisiert, an ihre Kinder weitergeben. Diesen Prozeß muß man sich ad infinitum vorstellen, das heißt, da die Reinrassigkeit und ihr Ausdruck, das "deutsche Wesen" und der deutsche Glauben logischerweise nie zu ihrem Ziel gelangen kann, müssen sich die deutschgläubigen Lehrer und die ganze DG auf ewige Zeiten als unentbehrlich für den Kampf der Rassen und Religionen fühlen. Folgender Text, der das Gefühl und das Erleben als die Basis des deutschen Glaubens hervorhebt, zeigt den Irrationalismus der DG:

> "Gott will, daß wir deutsch sind und daß wir diesem unserem Wesen die Treue halten. Das ist die Zuversicht, die uns einigt. Wir erleben dies deutsche Wesen im Herzschlag unserer eigenen Seele, und darum glauben wir, daß Gott sich uns in unserem Gewissen offenbart ... Gott will, daß wir mit den Kräften des Einzellebens einem größeren, überpersönlichen Leben dienen, um dessen Unsterblichkeit wir kämpfen."[320]

Dieses "überpersönliche Leben" wird vom Autor mit der "rassischen Blutsgemeinschaft" und mit dem "geschichtlich gegebene(n) deutsche(n) Volk, zu kraftvoller Einheit zusammengefaßt im artbewußten Staat",[321] also dem NS-Staat, identifiziert. In der Glaubensgewißheit, Vollstrecker des Willen Gottes

---

318) Ebd.
319) Ebd.
320) Ebd.
321) Ebd.

zu sein, übereignen sich die Deutschgläubigen schließlich blind dem "rassebewußten Staat", ohne die Frage nach der ethischen Grundlage zu stellen:

> "Wir können den Grund nicht aufdecken, aus dem uns diese Gewißheit kommt; aber wir haben ihn auch nicht aufzudecken, sondern fruchtbar zu erhalten als unerschöpflichen Mutterboden."[322]

Das Bild, das der Autor des Lehrplanes von der Deutschen Glaubensbewegung gezeichnet hat, kann man als 'das pilgernde Gottesvolk' bezeichnen: Das 'Woher' und das 'Wohin' wird in eine göttliche, ewige Sphäre gehoben. Dahinter steht folgende Vorstellung: Menschheitsgeschichte spielt sich in Zeit und Raum ab. Da hinein offenbart sich das Ewige und Göttliche in eine Vielzahl von Formen. Offenbarungsorte Gottes sind die Natur, die Rassen, die Völker, der Einzelmensch, besonders aber seine Seele.[323] Durch Rassemischung wurde die Rasseneinheit korrumpiert und damit einerseits die Seele und andererseits die Traditionen in allen Lebensbereichen, die als geformter Ausfluß der Rasseseelen verstanden wurden. Diese alten Traditionen galt es nach Meinung der Deutschgläubigen im Jahre 1934 durch Kampf um die deutsche Seele wiederherzustellen.

Die DG vermeinte über Kriterien zu verfügen, um die echte deutsche Tradition aus dem Wirrwarr von Traditionen, wie sie die Zwischenkriegszeit kennzeichnete, herausfinden zu können. Als die vier Quellen, aus denen sich die deutsche Tradition speist und die es zu fördern galt, nannte der Autor: "Die wichtigste ist das innere Erleben des deutschen Menschen aus den Erbkräften seines Blutes heraus, gestärkt durch den Widerhall in artverwandten Seelen."[324] Die drei anderen Quellen "treten nur hinzu, um diese zu stärken, wo er dessen bedarf."[325] Diese sind:

1) "die Überlieferung, die uns vom Glauben und von dichtenden Gestalten unserer vorchristlichen Vorfahren aufgezeichnet ist";
2) die "christliche Lehre";
3) "das Schrifttum, das uns die Gedankengebäude einzelner Dichter und Denker aus dem deutschen Volk und verwandten Geisteskreisen übermittelt."[326]

---

322) Ebd.
323) Vgl. CLAUSS, *Rasse und Seele*, München 1936.
324) FR. SOLGER, "Einführung", in: *Grundlinien*, S. 3.
325) Ebd., S. 3.
326) Ebd., S. 4.

Als Idealzustand schwebte der DG die "deutsche Heimatgemeinde" vor, "in der jeder von der Gemeinde getragen wird und mit seiner eigenen Kraft wiederum die Gemeinde trägt." Erreicht sei dieser Zustand, wenn alle vier Quellen zu einem "kraftvollen Leben" zusammenflössen.[327] Die ganzen Vorstellungen der DG kann man als utopisch bezeichnen, wobei die Zukunftsvision aus der Vorstellungswelt einer nach bestimmten Kriterien ausgewählten Vergangenheit gespeist ist.

Aus dem "Hauptentwurf" zum Lehrplan der Deutschen Glaubensbewegung geht hervor, daß man einen Großteil der Schriften der Deutschen Glaubensbewegung nicht als Bekenntnisschriften wie in bestimmten christlichen Richtungen üblich zu lesen hat, sondern als pädagogische Schriften vergleichbar mit Heiligengeschichten. Die Texte - so der Eindruck nach der Lektüre des Hauptentwurfes - sollen eine Wirkung auf den Leser ausüben, die nicht im kognitiven Bereich liegt, sondern im emotionalen. Es geht im Deutschen Glauben um die Modalität, wie ein Deutscher glaubt, fühlt und das Göttliche "schaut". Ausdrücklich wird betont, daß die Glaubensart anderer Rassen gegenüber der deutschen Art gleichrangig und deshalb auch zu würdigen sei, was keinen Widerspruch zum Antisemitismus in der DG bedeutet. Es ging den Autoren des Hauptentwurfes auch nicht um die Durchsetzung einer nordischen Religion für alle Deutsche, womöglich auch noch durch Gewalt, sondern um einen "echten Glauben". Ziel war die "echte" Frömmigkeit, die sich von der Formebene, wozu die nordische Religion ebenso zählt wie die christliche,[328] abhebt und die durch die Form durchschimmert. "Rasse, Volk und Heimat" waren der DG "religiöse Grundwerte" und die "großen Gestalten" der "deutschen Vergangenheit" wurden als "Symbole göttlicher Wirklichkeit" verstanden.[329] Diese Wirklichkeit "offenbart" sich dem Deutschgläubigen in den "Lebenssymbolen" "Mutter, Stamm, Sippe, Volks- und Schicksalsgemeinschaft, Baum, Wasser, Feuer, Licht, Sonne, Werden, Wachsen und Vergehen." Diese Symbole wie auch das "Leben und Vorbild" der "Ahnen", als "Zeugen" des "unerschüttlichen Lebensgrund" waren ihm Hilfestellungen, um eine *richtige* Einstellung zur Welt, zu Mensch und Leben"[330] zu bekommen. Der DG ging es - jedenfalls nach den Autoren des Hauptentwurfes - um ein

---

327) Ebd., S. 3.
328) "Hauptentwurf zu einem Lehrplan der Deutschen Glaubensbewegung", in: *Grundlinien*, S. 10.
329) Ebd., S. 11.
330) Ebd., S. 12.

Sich-in-Beziehung-Setzen, also um etwas Relationales, in der Sprache der DG um eine "Haltung".[331]

Die Betonung der Haltung war für die DG in der Erziehungsfrage des Kindes sehr wichtig. Das Verhältnis des Kindes zu den Eltern, besonders zur Mutter, verstanden als "Treueverhältnis", sollte "geweitet" werden zum "Bewußtsein der Einheit mit seinem Volk". Der "echte Glaube" stammte nach Meinung der Autoren aus der "Keimkraft des Glaubens an die Eltern und Erzieher".[332] Damit wurde neben den Eltern der Lehrer zur wichtigsten Bezugsperson. Der Lehrstoff selbst spielte eine untergeordnete Rolle. Wichtig war der DG die *Person*, das heißt das Vorbild des Lehrers, sein beispielgebendes Verhalten.[333]

Eine zentrale Stellung im Glaubenssystem der DG nimmt das "Rätsel des Todes" ein.[334] Wichtig im Zusammenhang des Lehrplanes ist folgende grundsätzliche Position:

> "Wir täuschen kein Wissen über unser späteres Schicksal vor. Aber wir lenken um so nachdrücklicher darauf hin, daß der Sinn unserer Lebensaufgabe über die Lebenszeit hinausweist, daß wir irdische Vorarbeit leisten für unsere Nachkommen, wie wir auf der Arbeit und den Lebenskräften unserer Ahnen und Volksgenossen weiter bauen."[335]

Damit lenkt die DG von der christlichen Spekulation des Lebens nach dem Tode auf die Aufgaben- und Pflichterfüllung in der Diesseitigkeit um. Es wird eine Pflichten- und Verantwortungsethik eingeführt, die an den Ahnen und den Nachkommen orientiert ist, also an Familienmitgliedern, wie man meinen möchte. Doch dreht es sich hier lediglich um Metaphern. Der völkisch gedachte Staat wird als Familie ausgegeben, die Geistesheroen, Staatsmänner und Feldherren als Ahnen dieser Familie. Das deutschgläubige Kind soll in diese Familienidylle hineinerzogen werden, das heißt es soll das überkommene Recht sich aneignen, ein Recht, das im Gewissen seinen Ort hat. Letztlich ist damit gemeint, daß das Kind die "inneren Notwendigkeiten der Volksgemeinschaft" internalisieren solle. Von dieser Auffassung aus gewinnt

---

331) Ebd., S. 12.
332) Ebd., S. 13.
333) Ebd., S. 2 und 14.
334) Mit dem Thema "Tod" und "Todesbewältigung" reiht sich die DG in die Tradition der Literatur des Frontkämpfermythos ein.
335) "Hauptentwurf zu einem Lehrplan der Deutschen Glaubensbewegung", in: *Grundlinien*, S. 13.

der "heldische Gedanke"³³⁶ seine Plausibilität: auf Gott, "der Eisen wachsen ließ und keine Knechte wollte", sollte man horchen, "ehrlich", "ehrenhaft", "stark" und "stetig" seinen Willen tun. Ebenso stetig sei Gott: "Das zeigt die Unerbittlichkeit des Willens, den er in den Naturgesetzen erkennen läßt." Und Gottes "Stetigkeit" im Volk findet man nach DG-Meinung im Vererbungsgesetz. Ausdruck davon sei das "Rassentum":

> "Vor das Kind tritt die Rasse als göttlicher Auftrag. Es wächst immer bewußter der Aufgabe entgegen, selbst Quelle neuen deutschen Kindertums zu sein."

Damit verliert der Tod seinen Stachel, denn die Vererbung garantiert das Leben: "Die Vererbung überwindet den Tod und verbindet uns in Dank und Pflicht mit den Toten."³³⁷ Der Lehrplan räumt also dem individuellen Tod einen geringen Stellenwert ein. Individuelles Leben ist nur Daseinskampf für eine bestimmte Religion und für eine davon geprägte Gemeinschaft, dem deutschen Staat. Das Leben des einzelnen erhalte seinen Sinn einzig von dieser Gemeinschaft, hinter der der Wille Gottes, also Gott selbst stehe.

Die Metapher vom Volk als der großen Familie wird auch auf den "Führergedanken" übertragen. Der Führer wird als Vater interpretiert, dem das Kind und später der erwachsene Mensch wie ein Kind dem Vater zu gehorchen hat. Der Führer andererseits hat die Aufgabe, die "Einheit der kämpfenden Gemeinschaft" zu garantieren. Überraschenderweise nimmt die DG an diesem Punkt eine gewisse Distanzierung zum Führergedanken vor: "Aber der Gehorsam gegen ihn entbindet uns nicht von der eigenen Verantwortung".³³⁸ Damit ist eine Absage an einen blinden Führergehorsam gemacht.

Als das Hauptziel der Erziehung im deutschen Glauben wird die Vermittlung des Gefühls der Sicherheit genannt. Das Kind soll befähigt werden, Mut zu haben, um eine "Lösung zu kämpfen". Das soll über das Einsichtigmachen von "mythologischen Bildern" geschehen. Am Ende solcher Erziehung soll dann das Wissen stehen, daß es "keine Lehre" von Gott gibt, sondern nur Wege zu ihm, und daß man über die letzte Wirklichkeit nur aus Erfahrung sprechen kann. Erst dann könne man Andersgläubige, die einen anderen Weg eingeschlagen hätten, verstehen. Diese weitgefaßte allgemeine Aussage wird dann aber auf solche eingeschränkt, die wie die DG das "gleiche Ziel", nämlich die

---

336) Ebd., S. 13.
337) Ebd., S. 14.
338) Ebd., S. 14.

"Heiligung völkischen Lebens in der Verantwortung vor ewigen Mächten", verfolgen.[339]

Der deutsche Glaube sollte den Kindern nicht als *Lehre* vermittelt werden, sondern sie in eine bestimmte Seelenhaltung bringen. Erziehung setzte daher am Seelenleben der Kinder an. Ihr Nachahmungstrieb sollte über die Idee des Vorbildes der Erziehenden, Eltern wie Lehrer, als auch über die Idee des Vorbildes großer Männer aus der deutschen Geschichte ausgenutzt werden. Die Erziehenden sollten ihren Glauben den Kindern vorleben. Dabei wurde den Kindern ausdrücklich zugestanden, erst ihren eigenen Willen, das heißt eine eigene Ich-Stärke auszubilden. Das Vorbild der Erziehenden sollte da nur Hilfestellung bedeuten[340], ebenso die vorbildlichen Geschichten von großen Männern der Geschichte. Bei diesem pädagogischen Konzept, das Ansätze zu einer Emanzipation des Individuum zeigt, wird das Auswahlkriterium für diese großen Männer wichtig.

Man muß nun die *via negationis*, die man in Lehrfragen beschreiten konnte, verlassen und muß sagen, was man mit "deutsch" meint. Die Autoren des Lehrplanes hatten dies Problem erkannt, wenn sie folgendes schreiben: "Die Erziehung führt damit zur S i t t e n l e h r e als der Lehre von der deutschen Pflicht."[341] Im Zentrum der Ethik steht die Entwicklung des Pflichtgefühls. Auswahlkriterien für die Biographien großer Männer war deren Pflichterfüllung gegenüber ihrem Gotteserlebnis. Dabei handelte es sich um Personen aus Politik, Wissenschaft und Militär. Sie wurden analog zur christlichen Hagiographie als Zeugen des Glaubens behandelt und damit als Vorbilder "treuer Pflichterfüllung" zur Erziehung zum deutschen Glauben empfohlen.[342]

Laut Stoffverteilungsplan bestand die deutsche Ethik nach Schuljahren gesondert aus folgenden ausgewählten Erziehungszielen:[343]

1. Schuljahr: Elternliebe und Kindesliebe, Treue, Hilfsbereitschaft, Wahrhaftigkeit, Reinheit

2. Schuljahr: Fleiß als Überwindung der Laune, Maßhalten, Selbstzucht

3. Schuljahr: Verantwortung, Wiedergutmachung

---

339) Ebd., S. 14.
340) Ebd., S. 15.
341) Ebd., S. 15.
342) Ebd., S. 15.
343) Ebd., S. 17-19.

4. Schuljahr: Mut, Tapferkeit, Ausdauer, Eintreten für die Seinen und die Heimat

5. Schuljahr: Vaterlandsliebe, Freundschaft und Feindschaft, Ehrfurcht vor der Muttersprache

6. Schuljahr: Gewissen als sittlicher Wegweiser; Tugenden und Fehler, ausgerichtet an der Gemeinschaft

7. Schuljahr: Hingabe an die höhere Lebensweisheit, an Blut und Boden, Erbgesundheitspflege

8. Schuljahr: Pflichten gegen Volk und Staat, Einordnung in das Recht, das Göttliche als Auftraggeber zu Volkstum und Staatskraft, Idealismus mit realen Mitteln.

Als Hauptziel der Erziehung wurde für das 1.-4. Schuljahr ausdrücklich angegeben, daß "zu fester Heimatverbundenheit und zur Erfassung des Wehrgedankens hingeführt" werden sollte.[344] Der Unterrichtsentwurf für die Klassen 5-8 war in der Hinsicht eine Fortführung der allgemeinen Zielsetzung der Grundschule, als er für alle Schularten gleich verpflichtend sein sollte. Damit sollte "gerade hier" "durch die Einheit des Unterrichts" "die Volksgemeinschaft" "zum Ausdruck" gebracht werden. Dies konnte naturgemäß für das 9.-13.Schuljahr nicht durchgeführt werden. Für diese Klassen hatte die DG keinen eigenen Stoffverteilungsplan vorgelegt, weil sie warten wollte, bis der neue Lehrplan "besonders für das Deutsche", an den man sich anlehnen wollte, ausgearbeitet war.[345] Die Grundidee sollte auch da dieselbe sein wie im ausgearbeiteten Plan: die religiöse Vertiefung dessen, was in den übrigen Fächern gelehrt wurde.[346]

Als Medien sollten Märchen, Sagen, Mythen - diese besonders für die ersten Schuljahre - Gedichte, Lieder, Biographien, Romane und "Selbstbekenntnisse großer Staatsmänner des letzten Jahrhunderts (Frh. v. Stein, Bismarck, Moltke, Hitler)" eingesetzt werden.[347] Die Kinder sollten natürlich auch in deutsches Brauchtum eingeführt werden. Neben Weihnachten, Ostern und Pfingsten gehörten dazu Naturfeste, Familienfeste, Totenfeste, altdeutsche Rechtsbräuche und - fürs 5. Schuljahr eigens erwähnt! - der Krieg.[348]

---

344) Ebd., S. 18.
345) Ebd., S. 18-19.
346) Ebd., S. 20.
347) Ebd., S. 17-20.
348) Ebd., S. 17-19.

Der Zentralbegriff dieses deutschen Glaubens ist "Pflicht". Seine Begründung unterscheidet sich im Prinzip nicht von der theologischen bzw. philosophischen Begründung: sie ist in der transzendentalen göttlichen Sphäre angesiedelt.[349] Der Unterschied zu jenen liegt in der Behauptung der DG, die richtige Interpretation Gottes zu besitzen und damit die richtige Wertewelt. Indem dieser Anspruch an die staatlichen Lehrpläne der Schulen angeknüpft und als Vertiefung ausgegeben ist, stellt der deutsche Glaube die Bindung an den Sozialkörper Schule dar. Die Pädagogik der DG sowie ihre Medien sind die Werkzeuge zu diesem Prozeß der Anbindung. Die Rassenideologie schließlich verdeutlicht, an welchen Sozialkörper der deutsche Glaube angebunden werden soll: nicht an eine Kirche, sondern an den rassebewußten Staat mit seinen Institutionen.

Mit der Vorlage des Lehrplanes hatte die ADG formal eine Bedingung erfüllt, die zur Anerkennung notwendig war. Die Funktion des Planes erstreckte sich auf die Außendarstellung gegenüber der Regierung und der Öffentlichkeit sowie auf die Ausbildung des Binnenselbstverständnisses innerhalb der ADG. Uns dient der Lehrplan als Hinweis auf den Reflexionsstand der DG-Leitung in der ersten Hälfte des Jahres 1934. An diesem Plan fällt auf, daß sich die Führung an die Rassenideologie der NSDAP gebunden und freireligiöse Positionen verschwiegen hat. Die ADG war im ersten Quartal 1934 in ihrer Entwicklung soweit vorangeschritten, daß die Deutsche Glaubensbewegung offiziell gegründet werden konnte. Dies geschah auf der Tagung in Scharzfeld.

*c) Die Gründung der Deutschen Glaubensbewegung in Scharzfeld*

ca) Quellenlage

Die Quellenlage zur Wartburg-Tagung ist unvergleichlich besser als die zur Scharzfelder Versammlung am 18.-21. 5. 1934. So fehlt für die Scharzfelder Tagung vor allem ein Protokoll. Dafür gibt es drei Darstellungen von drei verschiedenen Verfassern sowie ein eineinhalb Seiten umfassendes Protokoll der vier Führerratssitzungen und einen Teil der Reden nebst Diskussionsverlauf. Darüber hinaus habe ich ein Interview mit einem Anwesenden durchgeführt, der über die Stimmung in Scharzfeld rückblickend erzählt hat.

---

349) Vgl. die einschlägigen Lexika, etwa BRUGGER, *Philosophische Grundbegriffe*.

Der kürzeste Text ist zugleich der informativste, was den äußeren Ablauf betrifft. Er stammt aus der Feder Ernst Prechts und ist im "Pressedienst der Deutschen Glaubensbewegung" abgedruckt, der den Namen "Germania, Kulturkorrespondenz zur Erkenntnis deutschen Wesens" trägt.[350] Herausgeber ist Ernst Precht selbst. Dieser Text verdient die Bezeichnung Bericht. Die zweitbeste Quelle ist der Bericht eines Dr. F. G. im "Reichswart" vom 3. Juni 1934.[351] Hinter der Abkürzung verbirgt sich Fritz Gericke.[352] Im wesentlichen ist derselbe Ablauf berichtet wie bei Precht. Darüber hinaus versuchte der Verfasser, die Stimmung einzufangen und das ganze Geschehen einem höheren Sinn unterzuordnen. Als einen für die Einigung sehr bedeutsamen Vortrag erwähnt er als einziger den über "Rasse und Glaube" vom Prinzen zur Lippe. Die Bezeichnung "Bericht" verdient die Darstellung Herbert Graberts im "Deutschen Glauben" nicht. Aus seiner Darstellung geht zum Beispiel nicht hervor, daß Hauer erst am letzten Tag zum Führer der DG proklamiert worden war. Er läßt den Leser über den Zeitpunkt und die näheren Umstände im Unklaren. Dem ganzen Geschehen unterlegt Grabert den zielstrebigen Drang zum Höhepunkt, der Proklamation Hauers und der Deutschen Glaubensbewegung. Erwähnt wird dabei die von Gericke behauptete Bedeutung des Vortrages des Prinzen zur Lippe überhaupt nicht. Immerhin bringt Grabert von den sechs Vorträgen wenigstens drei in einer Kurzfassung und von den restlichen drei erwähnt er ganz kurz den Inhalt. Trotz seiner Länge scheint Graberts Darstellung eher die Interpretation einer bestimmten Gruppe widerzuspiegeln als die Ereignisse einzufangen.

cb) Rekonstruktion des Verlaufs

Am Freitag, den 18. Mai 1934 begann die Tagung in Scharzfeld am Südharz mit der Begrüßung durch den Führer der ADG, Prof. Hauer.[353] Anschließend tagte der Führerrat. Laut "Germania" wurde über die zukünftige Organisationsform diskutiert, laut Protokoll aber nur über "Mißverständnisse" innerhalb der Führung und der ADG, insbesondere über einen Streit zwischen Reventlow und Alfred Conn. Dieser Punkt wurde vertagt.[354]

---

350) *BA Hauer* 63, 145-150, *Germania*, Nr. 4, vom 25. 5. 1934, S. 4-5.
351) *Reichswart*, 1934, Nr. 22, vom 3. 6. 1934, Beilage der *DG*.
352) *BA Hauer* 115, 67, Hauer an Reventlow vom 23. 4. 1934.
353) *BA Hauer* 63, 145-150 = *Germania*, Nr. 4, vom 25. 5. 1934, S. 4-5.
354) *BA Hauer* 63, 83-84, Protokoll der Führerratssitzungen von Scharzfeld vom 18.-21. 5. 1934.

Am Samstag, den 19. Mai, sprach der stellvertretende Führer der ADG, Graf Ernst zu Reventlow, über "Wesen und Bedeutung der ADG". Das Ganze war ein Plädoyer für eine niveauvolle Auseinandersetzung mit dem Christentum in Fragen des "Unsichtbaren", Göttlichen, also eine religionsphilosophische Auseinandersetzung mit den christlichen Theologen.[355] In der Diskussion ging es zunächst einmal um die Interpretation des § 24 des Parteiprogramms der NSDAP, über die keine einheitliche Meinung erzielt werden konnte. Dann diskutierte man die Frage des Zwanges zum Kirchenaustritt für die ADG-Mitglieder. Dieses Thema war umstritten und es wurde letztendlich keine Einigung erzielt.[356]

Am Sonntag Vormittag veranstalteten die Versammelten eine Maifeier in der sogenannten Steinkirche am Rande Scharzfelds. Die Steinkirche ist eine Naturhöhle mit einem von Menschen geschaffenen Loch. Die Höhle wurde 1923 von den Nordungen entdeckt und diente diesen jährlich als Treffpunkt der Ortsgruppen Berlin und Leipzig.[357] Die Gestaltung der Maifeier 1934 lag in den Händen der Nordungen. Nähere Angaben über die Feier finden sich nicht im Hauer-Nachlaß. Am Nachmittag hielt Fahrenkrog eine Rede, deren Thema nicht ermittelt werden konnte. Anschließend sprach der Prinz zur Lippe über "Rasse und Glaube".[358] Im Reichswart wurde vermerkt: "Vor allem der Letztgenannte ... dürfte wesentlich dazu beigetragen haben, die klare Zielrichtung zu gewinnen, um die ... gerungen wurde."[359]

In den Zeiten, in denen keine Rede angesetzt war, wurden Gespräche der Gruppen untereinander geführt. Vor allem ging es in diesen Gesprächen um die Einigung der ADG und die Auflösung der einzelnen Gruppen und Bünde.[360] Irgendwann am Sonntag fand die zweite Führerratssitzung statt. Unter der Wortführung Johann von Leers wurde der Zusammenschluß gefordert. Bedenken gegen diesen Vorschlag hatte Wolfgang Elbert (Deutschgläubige Gemeinschaft), solange sich nicht alle Gemeinschaften zuvor aufgelöst

---

355) *BA Hauer* 77, 52-67, Rede Reventlows über "Wesen und Bedeutung der ADG" auf der Scharzfelder Tagung vom 19. 5. 1934.

356) *BA Hauer* 77, 68-86, Protokoll der Aussprache zu Reventlows Rede in Scharzfeld vom 19. 5. 1934

357) Archiv der deutschen Jugendbewegung, *Geschichte der Nordungen, Brief von Julius Siegert*, Januar 1974.

358) *BA Hauer* 63, 145-150, *Germania*, Nr. 4; *Reichswart*, 1934, Nr. 22 vom 3. 6. 1934.

359) *Reichswart*, 1934, Nr. 22, vom 3. 6. 1934, Beilage der *Deutschen Glaubensbewegung*. Der Prinz schrieb später Hauer, daß sein Vortrag als einer empfunden worden sei, der zur Einigung beigetragen habe: *BA Hauer* 83, 413, vom 8. 9. 1934.

360) *BA Hauer* 63, 145-150, *Germania*, Nr. 4; *Reichswart*, 1934, Nr. 22 vom 3. 6. 1934.

hätten. Der Nordunge Arthur Lahn dagegen trat für eine Einigung ein unter der Voraussetzung, das "gewachsene Einzelleben der Gruppen" nicht anzutasten. Bezüglich der Freireligiösen wurde vereinbart, daß sie sich wegen ihrer Körperschaftsrechte und wegen der Bestattungskassen nicht sofort auflösen sollten. Erwartet wurde auf jeden Fall die "allmähliche Überführung". Auf dieser Führerratssitzung schied Prof. Mandel endgültig aus der Bewegung aus. Er blieb aber freundschaftlich verbunden.[361] Am Abend wurde bekanntgegeben, daß Hauer am nächsten Tag seine Rede halten werde, was nach dem Reichswartartikel als Signal gewertet wurde, daß die Debatten um die Einigung beendet seien.[362]

Am Pfingstmontag gab Prof. Fahrenkrog bekannt, daß sich die GGG zu Gunsten der DG aufgelöst habe.[363] Daran schloß sich der Vortrag Hauers über die Grundhaltung des indogermanischen Glaubens an. Die Aussprache fand zunächst wie bei den anderen Reden ganz im Rahmen akademischer Gepflogenheiten statt. Als Hauer auf eine Frage eines Zuhörers antworten wollte, platzte Wilhelm Heßberg mit den Worten hinein: "Soldaten! Kameraden! Wollen wir die neue Welt erobern als Soldaten!" Seine Agitation gipfelte in dem Ausruf: "Wir erheben Prof. Hauer zu unserem Führer mit einem dreifachen Sieg Heil!" Anschließend wurde "Deutschland, Deutschland über alles" gesungen. Darauf wollte derjenige, der an Hauer die Frage gerichtet hatte, noch einmal das Wort ergreifen, wurde aber unterbrochen. Dabei hatte er vorgehabt, seinerseits Hauer als Führer auszurufen, was wohl im Trubel untergegangen war. Grabert rief jedenfalls aus: "Freunde, wir lassen uns diesen Augenblick nicht zerreden". Darauf fragte Prof. Fahrenkrog: "Warum wollen Sie den Menschen nicht reden lassen?" "Grabert und andere" antworteten ihm: "Weil er den Augenblick nicht verstanden hat." Hauer legte die Leitung der Versammlung nieder und Gericke rief die Auflösung der Bünde aus und die Einigung in dem einen Bund unter Hauers Führung. Das wurde bejubelt.[364]

Im Anschluß an diese Proklamation trat der Führerrat zusammen. Die Mitglieder stimmten der ausgerufenen Auflösung ihrer Gemeinschaften zu. Ausgenommen waren die Freireligiösen, die "Adler und Falken", weil ihnen als Bund "besondere politische Aufgaben" "geworden" seien und die "Gemeinschaft deutscher Erkenntnis". Letztere deswegen, weil ihr Leiter wiewohl in

---

361) *BA Hauer* 63, 83-84, Protokoll der Führerratssitzungen von Scharzfeld vom 18.-21. 5. 1934.
362) *Reichswart*, 1934, Nr. 22, vom 3. 6. 1934, Beilage zur *Deutschen Glaubensbewegung*.
363) *BA Hauer* 63, 145-150, *Germania*, Nr. 4, vom 25. 5. 1934, S. 4-5.
364) *BA Hauer* 77, 114-115, Protokoll der Aussprache nach Hauers Rede in Scharzfeld.

Scharzfeld anwesend, doch nicht zur Besprechung im Führerrat war, in dem er Mitglied war. Die "Adler und Falken" traten jedoch als Einzelmitglieder ein. Elbert legte einen Entwurf allgemeiner "Richtsätze" vor, die später "Scharzfelder Richtsätze" genannt wurden. Als Zeichen der DG wurde das goldene Sonnenrad auf blauem Grund gewählt, das noch heute das Zeichen einiger freireligiöser Gemeinschaften ist. Der Führerrat löste sich auf.[365]

Am Nachmittag sprach Prof. H. F. K. Günther über die "Frömmigkeit nordischer Artung" und O. S. Reuter über "Die Grundtatsachen der germanischen Weltanschauung". Die Aussprache zu Günthers Vortrag bewegte sich wieder im akademischen Rahmen. Als zu Anfang grundsätzlicher Unwillen gegen das Diskutieren aufgekommen war, verwies Hauer auf den Charakter der Freiwilligkeit bei dieser Veranstaltung. Die Diskussion selbst drehte sich um das Thema "Gebet", dann um die Relevanz germanischer Götter für die Gegenwart. Auch der religionsgeschichtliche Aspekt kam nicht zu kurz. Über die Frage nach dem sterbenden und wiederauferstehenden Gott gelangte die Diskussion zur Begriffsstrategie. Es wurde überlegt, inwieweit das Wort "Heilbringer" in der DG Verwendung finden sollte.[366]

Wohl im Anschluß an die letzte Führerratssitzung erklärte Hauer sein Verständnis vom Führertum:

"Ich bin nicht und will nicht sein ein Führer *zum* deutschen Glauben. Führer zum deutschen Glauben ist einzig und allein der religiöse Urwille des deutschen Volkes. Aber eines muß ich jetzt sein, das ist: Führer der deutschen Glaubensbewegung, d. h. ich nehme dies an als den Auftrag zum Kampf, weil mir das Vertrauen von Tausenden jetzt entgegenschlägt. Es ist für mich Pflicht zum Kampf; Aufruf zum Sieg, Dienst im letzten Sinn und nichts anderes. So sehe ich das Amt der Führung an. Wenn ich etwas anderes sein wollte, als dieses, dann würde ich die Sache verraten, für die wir kämpfen. So aber glaube ich, daß ich den Mut haben darf, dem Augenblick zu gehorchen und diesem Augenblick zu dienen mit Euch, denn ohne Euch bin ich nichts, aufs Ganze gesehen, auf den großen Kampf gesehen, auf die gewaltige Aufgabe, die vor uns liegt. In diesem Sinne wollen wir zusammenarbeiten und so rufe ich Kampf-Heil und Sieg-Heil!"[367]

---

365) *BA Hauer* 63, 83-84, Protokoll der Führerratssitzungen von Scharzfeld vom 18.-21. 5. 1934.

366) *BA Hauer* 77, 87-101, Protokoll der Aussprache zu Günthers Rede "Frömmigkeit nordischer Artung" auf der Scharzfelder Tagung.

367) *BA Hauer* 77, 116, Hauers Worte nach seiner Proklamation auf der Scharzfelder Tagung; Teilabdruck bei DIERKS, *Hauer*, S. 249.

Dieses Betonen des Werkzeugseins eines Höheren durchzog auch Hauers Schlußansprache. Seine Rede war ein Resümee der Kampfzeit seit der Wartburg-Tagung. Er sprach da von der damals vorhandenen Gefahr, ins "Konzentrationslager" zu kommen, wenn man nicht Mitglied der Kirche werden wollte, und von den mühsam erkämpften Erfolgen der Religions- und Gewissensfreiheit. Zum Schluß stellte er noch einmal fest, daß man in Scharzfeld ein großes Ziel erreicht habe.[368]

Außer den Vorträgen und Führerratssitzungen fand noch eine Eheweihe statt. Die Teilnehmer, die nicht zum Führerrat gehörten und auch sonst keine Ämter hatten, tauschten ihre Gedanken aus. Es handelte sich zumeist um junge Leute. Nach Gericke hätten die "Wartenden" sich nach der Proklamation Hauers und der DG zum Gasthaus begeben, wo der Führerrat tagte. Kampflieder wurden gesungen, Sprechchöre erhoben sich, Rufe erschallten:

> "Ein Fenster klirrte im oberen Stock: neben der Fahne des Dritten Reiches stieß die Fahne der neugewonnenen und einigen Deutschen Glaubensbewegung durch die Scheibe: goldenes Sonnenrad auf blauem Grunde."[369]

Die Historizität kann wohl bezweifelt werden, denn die Symbole der DG wurden erst in Scharzfeld beschlossen. Und so schnell konnte eine Fahne mit den DG-Symbolen kaum beigebracht werden. Zweifel ist auch angebracht an der Darstellung von klirrenden Fenstern, denn die anderen Berichte erwähnen dies nicht, obwohl das sich doch gut für eine Interpretation des Aufbruchs der DG von unten, wie es Gericke in seinem Artikel demonstriert hat, eignete. Richtig an dieser Darstellung scheint lediglich zu sein, daß die Einigung auf Druck der "Wartenden" geschah. Einer, der damals dabei war, schilderte, daß ihm und vielen anderen die endlosen Vorträge und Diskussionen mißfallen hätten. Sie wollten Ergebnisse sehen. Nachdem sich eine Einigung nicht abzuzeichnen schien, drohten sie mit der Abreise. Erst daraufhin sei die Einigung zustandegekommen.[370]

---

368) *BA Hauer* 77, 117-119, dieser Text ist ein Mitschrieb der tatsächlich gehaltenen Rede. Er ist nicht identisch mit dem als "Die Schlußworte Wilhelm Hauers" deklarierten Text im *Dt. Gl.*, I, 1934, S. 251-254. Indiz dafür ist, daß im gedruckten Text der Hinweis auf die "Konzentrationslager" unterdrückt wurde.

369) *Reichswart*, 1934, Nr. 22, vom 3. 6. 1934, Beilage der *Deutschen Glaubensbewegung*, Bild des Gasthauses siehe DIERKS, *Hauer*, Abb. 53.

370) Interview mit Dr. H. J. Lemor vom 11. 7. 1981.

## 4. Soziologische Interpretation

Die bisher skizzierte Entstehung der Deutschen Glaubensbewegung mutet reichlich kompliziert an. Doch kann alles erklärt werden. Die wichtigste Feststellung ist die, daß die ADG im Laufe der Zeit zahlenmäßig größer geworden ist. Der Charakter des reinen Defensivbündnisses war bald, im Oktober 1933, verlassen und die ADG entwickelte sich zu einer Religionsgemeinschaft. Während dieses ganzen Prozesses änderte sich die personelle Zusammensetzung der ADG ständig. Am Anfang schien es, als könnte die ADG sich aus liberalen Kirchenkreisen, aus Freireligiösen und Völkischen zusammensetzen, am Ende stand dagegen eine nordisch und rassistisch akzentuierte Glaubensgemeinschaft. Die liberalen Gemeinschaften verließen früher oder später die ADG. Dieser Abspaltungsprozeß ist bei einer Entstehung eines Gruppenverbandes nichts Ungewöhnliches: er war von Anfang an der Möglichkeit nach angelegt.

Um die Abspaltungen verstehen zu können, sind mehrere Gesichtspunkte zu berücksichtigen. Für die Zusammenkunft in Eisenach waren Umweltfaktoren ausschlaggebend gewesen, wie die Verfolgung von Marxisten und die Furcht vor einer Zwangschristianisierung für Dissidenten. Es wirkte sich die "Vertreterproblematik" aus: Auf Grund des Verlaufs der Wartburg-Tagung mit ihren Ergebnissen wie die Übernahme des Arierparagraphen, den Kirchenaustritt als Voraussetzung der Mitgliedschaft in der ADG und der Wunsch der staatlichen Anerkennung zogen die Vertreter der verschiedenen Gemeinschaften ihre je eigenen Schlüsse. Viele kirchlich Eingestellte blieben wegen der Forderung des Kirchenaustritts der ADG fern. Im Falle der Köngener dauerte dieser Entschluß deshalb so lange, weil erstens ihr Leiter Führer der ADG geworden war, von dem man sich nicht so leicht trennen wollte, und zweitens weil es eine Zeitlang für möglich schien, zusammen mit den Freireligiösen eine zahlenmäßig größere Gemeinschaft innerhalb der ADG zu bilden, um über kurz oder lang Einfluß auf die kleinen nordischen Gemeinschaften zu nehmen. Nachdem sich diese Perspektive im September 1933 zerschlagen hatte, spaltete sich der *Köngener Bund*.

Besonders dramatisch zeigte sich die Vertreterproblematik am Beispiel des Verbandes der Freireligiösen. Die offiziellen Vertreter waren noch in Eisenach beigetreten, machten den Eintritt jedoch nach einer Ratsversammlung schnell wieder rückgängig. Begründet war dieser Schritt mit der schlechten Behandlung der Freireligiösen durch die Nordischen und mit der Übernahme des Arierparagraphen worden. Der eigentliche Grund war aber ein anderer gewesen: eine unterschiedliche Einschätzung der politischen Situation und der Zukunft der Freireligiösen. Ausschlaggebend für die Entscheidung gegen die ADG war das Garantieversprechen der NS-Regierung, den Verband unbehelligt zu lassen. Das stärkte die Gegner eines Beitritts. Verkompliziert wurde diese Vertreterproblematik insofern, als sich nicht alle Vertreter auf den Verbandsbeschluß hatten verpflichten lassen. Die völkisch ausgerichteten Freireligiösen akzeptierten diesen Beschluß nicht und hielten, da sie nur von den badischen Freireligiösen und da sehr wahrscheinlich nur als Beobachter delegiert waren, durch ihr Verhalten die Beitrittsfrage bei den badischen Freireligiösen für mehrere Monate offen. Dieser Prozeß endete mit der Abspaltung der völkischen Freireligiösen aus ihrem angestammten Verband und dem Beitritt zur ADG, aber als Einzelpersonen, das heißt die Körperschaftsrechte blieben beim *Verband der Freireligiösen Gemeinden*. Den ganzen Konflikt muß man von dem sozialen Gebilde *Verband der Freireligiösen Gemeinden* her verstehen, der ebenfalls wie die ADG ein Verband war. Die freireligiösen Gemeinden hatten einen ausgeprägten Sinn für Autonomie. Im Verbandsrat waren die Delegierten der Gemeinden. Doch die einzelnen Gemeinden folgten nicht immer den Verbandsratsbeschlüssen. Der Rat wiederum hatte zuwenig Sanktionsmöglichkeiten, um Gehorsam einzufordern. Viele Konflikte wurden in der Regel über lange Diskussionen bereinigt. Diesen Weg hatte die Leitung der *Freireligiösen Landesgemeinde Baden* auch beschritten. Dies erklärt auch, warum die Landesleiter zu einer nicht rechtmäßig einberufenen Tagung gingen, bei der in erster Linie ihre Absetzung beschlossen werden sollte. Diesen Prozeß kann man auch verbandssoziologisch so erklären, daß die eine Gruppe, die Verbandsspitze und ihre Anhänger, auf Beharrung bzw. Stagnation setzte und die Völkischen auf Veränderung. In diesem historischen Falle ist es zu einer Abspaltung gekommen.[371] Für die ADG war der Streit insofern von Bedeutung, als gemäßigte Kreise, wie zum Beispiel die Köngener, hoffen konnten, daß ein starkes Gegengewicht gegen die Nordischen zusammen mit den zum Teil christentumsfreundlichen Freireligiösen aufgebaut werden könnte.

Der *Bund der Freireligiösen* war dasselbe Gebilde wie der Verband, nur zahlenmäßig viel größer. Die Vertreterproblematik lag hier anders als bei allen anderen Gemeinschaften, denn der Bund hatte in der ADG keinen eigenen Vertreter delegiert. Hauer, der als Vorsitzender des Bundes gewählt war, kann nicht als Delegierter aufgefaßt werden, da ihm viele Dinge im Bund unbekannt waren und er nur schlecht seine Interessen vertrat. Zwischen der Gruppe 1. und 2. Ordnung, also der ADG bzw. dem Bund, war eine weitere Gruppe zwischengeschaltet, die aus dem Geschäftsführer des Bundes und den

---

371) Vgl. CLAESSENS, *Gruppenverbände*, S. 28-30 und S. 32 f.

Führern der ADG bestand. Die Interessen des Bundes vertrat zweifelsohne der Geschäftsführer und Hauer betrieb seine eigene Politik mit den Freireligiösen. Dies wurde bei der Frage der Verschmelzung von ADG und Freireligiösen deutlich. Beide hatten vereinbart, daß ADG und Bund langfristig vereinigt werden sollte. Dabei spielte die sehr ungünstige Ausgangslage des Bundes, das weitgehende Verbot, eine eminent wichtige Rolle. In dem Maß, wie Hauer den Bund vom Verbot freibekam - freilich um den Preis der Zusammenarbeit mit der SS und dem SD -, gewann der Bund sein Selbstvertrauen wieder. Aus Hauers Sicht blieb dem Bund für das Überleben nichts anderes übrig, als sich gleichschalten zu lassen. Carl Peter als Interessenvertreter des Bundes erkannte sofort, daß das fundamental in die Struktur des Bundes eingreifen würde. Die Gleichschaltung hätte für die Freireligiösen Fremdbestimmung bedeutet. Peter setzte da auf den status quo, auf die Wahrung des Erreichten. Wenige Zeit nach der Trennung zeigte es sich, daß er die Lage falsch interpretiert hatte und mit ihm seine Freireligiösen.

Die "Vertreterproblematik" bei den Nordischen - eigentlich ein Sammelbegriff für mehrere selbständige Gemeinschaften und insofern ein Stück weit mit der Struktur der Freireligiösen vergleichbar - lag insofern anders als bei den Freireligiösen, als die kleinen Gemeinschaften der Nordischen verhältnismäßig über Gebühr im Führerrat vertreten waren. Ihre Delegierten waren als einzige in die Lage versetzt, im Führerrat, der Gruppe zweiter Ordnung, ihre Interessen anzumelden und direkt mit den anderen Delegierten zu besprechen. Das konnten die Freireligiösen des Bundes nicht. Ihre Interessen waren immer von Nicht-Freireligiösen vertreten worden, durch Hauer, Bergmann und Reventlow, wobei deren Interessen an den Freireligiösen immer mit vertreten oder gar mehr vertreten worden war. Das zeigte sich an der Kritik der Nordischen und Nationalsozialisten an Hauers Festhalten an den Freireligiösen. Hauer verteidigte seine Strategie von Anfang an bis mindestens Januar 1934. Ihm waren, wie der Briefwechsel Hauers mit Reventlow belegt, die Freireligiösen fast wichtiger als die Nordischen. Im Führerrat gelang es ihm immer wieder, die Gegner wenigstens soweit zu überzeugen, daß sie nicht den Bruch vollzogen haben.

Nach einer Soziologie der Gruppenverbandsbildung ist das Ins-Spiel-Bringen alter Forderungen der Mitgliedsgruppen im Prozeß der Ausbildung eines Binnenselbstverständnisses völlig normal.[372] Auch Hauers Versuch, die Freireligiösen und liberalen Kirchengruppen als Gegengewicht zu den Nordischen zusammenzufassen, gehört zu diesem Prozeß, ebenso der Versuch von Dr. Fuchs, die Deutsche Glaubensbewegung ein zweitesmal, diesmal ohne Hauer,

---

372) Ebd., S. 12.

zu gründen, und auch die Absicht der Nordischen, Hauer als Führer abzusetzen und ihren Wunschkandidaten Reventlow an seine Stelle zu setzen. Hauers und Fuchs' Unternehmungen scheiterten aus externen Gründen, die der Nordischen an Diskussionen im Führerrat. Der Dauerkonflikt Nordische gegen Freireligiöse, der in den gesamten bisherigen Darstellungen über die Deutsche Glaubensbewegung als etwas Einmaliges und im Grunde als eine Unvereinbarkeit dargestellt wurde, wird stark relativiert, wenn man die Verhältnisse auf Ortsebene betrachtet. Das Beispiel Stettin steht für die bisherige Behauptung, Leipzig für das Gegenteil. Das kann nur mit der Beziehung zwischen den einzelnen Persönlichkeiten erklärt werden, wie etwa der zwischen Erich Tschirn und C. F. Lemcke, die im Gespräch gegenseitige Vorurteile abgebaut hatten. Auch die Vortragsreihe der Leipziger, bei der jede Gemeinschaft ihre religiösen Vorstellungen vortragen konnte, ist ein Beleg dafür, daß die Interessen der Sekundärgruppe, also des Führerrates, an die Primärgruppen weitergegeben worden sind.

Nach Claessens benötigt jede Gruppe Souveränität, womit er in Anlehnung an Carl Schmitt den "Nachweis" ihrer "Handlungsfähigkeit in der Ausrufung des 'Notstandes'" meint.[373] Es geht darum, daß eine Gruppe in ihrem Homogenisierungsprozeß so weit fortgeschritten ist, daß sie in der Lage ist, Abweichungen von Mitgliedern festzustellen, zu korrigieren und eventuell zu unterdrücken, etwa in Form eines Ausschlusses. Für die Handlungsfähigkeit nach außen heißt das Abwehr und geschlossenes Auftreten.[374] Die ADG insgesamt hatte diesen Stand mit Sicherheit bis zur Gründung der DG noch nicht erreicht. Souveränität im Claessensschen Sinne zeigte nur die Führung Hauer/Reventlow. Es gelang beiden ohne großen "Kampf", die Nordischen und die jungen Nationalsozialisten ruhig zu halten. Freilich kam ihnen zweierlei zugute: das erste Ziel, die Verhinderung der Zwangsmitgliedschaft in der Kirche, mußte erkämpft werden, ebenfalls das zweite, die staatliche Anerkennung. Den Kritiken der Nordischen konnten sie immer wieder mit dem Hinweis auf die Verfolgung der beschlossenen Ziele begegnen.

Für die Zukunft wurde das rasche Anwachsen der ADG relevant. Mit den neuen Mitgliedern wurden auf lange Sicht die Gewichtungen des bisherigen Gruppengefüges verändert, was Konsequenzen haben mußte. Die neuen Mitglieder kamen nun nicht mehr aus den altvölkischen Gemeinschaften - da war das Reservoir weitgehend ausgeschöpft -, sondern aus den Parteigliederungen der NSDAP. Dieser Umstand hatte eine erfreuliche Seite: ein Anwachsen be-

---

373) Vgl. ebd., S. 30, Claessens folgt hier C. SCHMITT, "Der Begriff des Politischen", in: *Archiv für Sozialwissenschaft und Politik*, Bd. 56, 1927.

374) CLAESSENS, *Gruppenverbände*, S. 31 f.

deutete, daß man seinen Forderungen gegenüber dem Staat mehr Gewicht verleihen konnte. Für die Gegner der Nordischen bedeutete das, deren Einfluß mindern zu können. Was ganz offensichtlich nicht bedacht worden war, war die Vergrößerung der Gefahr einer Spaltung. Um dem Anwachsen der ADG organisatorisch gerecht werden zu können, wurden schon bald neue organisatorische Stellen geschaffen und noch mehr geplant. Bezeichnenderweise handelte es sich um solche, die der Außenwirkung dienen sollten: ein Arbeitskreis zum Lehrplan, einer zur Organisation der Redner sowie einer für die Presse. Für Soziologen religiöser Kleingruppen ist das keine Überraschung, da bei diesen Gruppen die organisierte Werbung immer in einem Mißverhältnis zu deren Größe bzw. Kleinheit steht. Die Werbung täuscht Größe vor. Für die Öffentlichkeit hat die ADG-Führung Größe noch in einer anderen Hinsicht vorgetäuscht: sie gab die Ortsgemeinden der Freireligiösen als Ortsgemeinden der ADG aus, obwohl der "Bund" nicht integriert war.

Durch die relativ große Zahl von neuen Mitgliedern, die überwiegend aus Parteigliederungen der NSDAP kamen und damit von der Partei mindestens ein Stück weit geprägt waren, wurde auf lange Sicht die personelle Zusammensetzung und letztlich auch die Religion der DG verändert. Die Folgen davon werden in den nächsten Kapiteln beschrieben. Dabei geht es um den Prozeß, wie die ADG allmählich eine nationalsozialistische Gemeinschaft wurde. Wie schon ausgeführt, war der Prozeß der Übernahme nationalsozialistischen Gedankenguts in den Beschlüssen von Eisenach bereits angelegt. Die allgemeine politische Entwicklung einerseits und die eben erläuterten gruppensoziologischen Prozesse andererseits begünstigten diese Entwicklung. Für die Ausbildung eines Binnenselbstverständnisses braucht die neue Gruppe, wie Claessens plausibel gemacht hat[375], eine oder mehrere Orientierungs- und eigentlich noch mehr eine oder mehrere Bezugsgruppen. Letztere ist charakterisiert als die Gruppe, von der sich die neue Gruppe absetzen will und es auch tut. Mit ihr setzt sich die neue Gruppe auseinander. Die Orientierungsgruppe ist diejenige, aus deren Gruppenselbstverständnis die neue Gruppe Teile für das eigene Binnenselbstverständnis borgt. Übertragen auf die ADG heißt das: die Kirchen sind die Bezugsgruppen und die NSDAP die Orientierungsgruppe.

In der kirchengeschichtlichen Literatur ist der antiklerikale Aspekt der ADG bzw. DG hinlänglich bekannt. Soziologisch gesehen zeigt er das eben skizzierte Problem der Abgrenzung der ADG von der Bezugsgruppe Kirche an. Worum es der ADG ging, wurde an den beiden Beispielen der Ortsgemeinden Stettin und Leipzig deutlich: um eine Daseinsberechtigung, aus der

---

375) Ebd., S. 33-37, bes. S. 35.

Sicht der Freireligiösen sogar um die Ausübung alter Rechte. Auf dieser untersten Ebene des religiösen Lebensvollzugs war die Allianz von Thron und Altar eine existenzbedrohende Realität und wurde von den ADG-Mitgliedern als eine Bedrohung der religiösen Praxis empfunden. Von daher gewinnt die Auseinandersetzung, das Abgrenzen von der Kirche seinen Sinn. Die ADG sah sich in der Position der Verteidiger einer Frömmigkeit, die wohl Religion sein sollte, aber nicht Christentum. Der Lehrplan der ADG ist der Formulierungsversuch einer solchen Religion. Die Auseinandersetzung der ADG mit den Kirchen bezog sich in erster Linie auf die Machtfrage, das heißt Gegner war zunächst einmal die offizielle Kirche, was in der Mehrzahl der Fälle auf die Deutschen Christen hinauslief. Damit ist ein Ansatzpunkt für die Interpretation des Schrifttums in der Deutschen Glaubensbewegung gefunden. Die deutschgläubigen Autoren schrieben jedenfalls in der Anfangszeit in erster Linie gegen die DC[376], was natürlich nicht heißt, daß sie Sympathien für die kirchliche Opposition oder die im Gnadauer Verband vereinigte Gemeinschaftsbewegung gehegt haben.

Wie das Sitzungsprotokoll der Eisenacher Tagung gezeigt hat, gab es eine starke Gruppe, die die Hauptbestandteile der NS-Ideologie in die ADG eingebracht hat. Es handelte sich dabei um die Nordischen und die Nationalsozialisten. Diese Kreise orientierten sich sehr stark an der Ideologie der NSDAP, was sich ja schon aus der Mitgliedschaft in dieser Partei ergab. Die Vorgänge um den Anschluß bzw. die Integration der Freireligiösen sind Indizien dafür, daß Hauer und Reventlow im Verein mit den Freireligiösen eine Eigenständigkeit und damit eine Unabhängigkeit der ADG zum Ziel hatten. Die Voraussetzungen dafür waren nicht schlecht, da Verband und Bund eine eigenständige religiöse Tradition besaßen. Ihr Verhältnis zur Partei und zur Kirche war gleichermaßen distanziert. Der negative Ausgang, insbesondere was den Bund betrifft, zeigt die Schwierigkeiten dieses Versuches an, wenn nicht sogar das Scheitern. Die Tatsache, daß der "Bund der Freireligiösen Gemeinden" nicht bereit war, sich nach den Bedingungen Himmlers und Heydrichs umzustrukturieren, zeigt zweierlei an:

1. die Ablehnung der Gleichschaltung mit der SS kam der Ablehnung der SS als Orientierungsgruppe gleich, womit das Ende des Bundes, das Verbot, eingehandelt worden war;
2. aus dem Umstand, daß die ADG nicht verboten war, ist zu schließen, daß sie in den Augen Himmlers und Heydrichs ideologisch nicht anstößig war,

---

376) Für die spätere Zeit sei hier auf Hauers Schrift *Ein arischer Christus* hingewiesen, in der er sich kritisch mit dem Mythos vom arischen Christus in der DC auseinandersetzt.

das heißt die Orientierung der DG war so sehr an die NSDAP angenähert, daß der Sinn ihrer eigenständigen Existenz fast schon angezweifelt werden konnte.

Gerade das Ende des Bundes ist ein Hinweis, daß Hauer mit seiner ursprünglichen Idee einer "Religiösen Arbeitsgemeinschaft Deutscher Nation" nicht im Trend gelegen hatte. Was in Eisenach an religiösen Positionen festgeschrieben worden war, war die überaus starke Orientierung an der NSDAP bzw. die Entlehnung wesentlicher Teile der NS-Ideologie. Dies erwies sich im hier behandelten Zeitraum als erfolgreich, wobei die Kräftekonstellation in der evangelischen Kirche mit ihrer Auswirkung auf den politischen Raum sowie der neue religionspolitische Kurs der NS-Regierung für die Entwicklung der DG günstig war.

"NSDAP als Orientierungsgruppe" klingt hier, als handele es sich dabei um eine rein ideologische und zum Teil zweckmäßige oder gar aufgezwungene Anlehnung an die NS-Ideologie. Die Entstehungsgeschichte der ADG sowie die Ereignisse auf der Wartburg-Tagung zeigen eine andere Perspektive auf: die verschiedenen nordischen und völkischen Gemeinschaften hatten eine eigene religiöse Tradition, die u. a. den Rassegedanken beinhaltete. Die Mitglieder dieser Gemeinschaften waren in der Regel auch Parteimitglieder, wenn auch nicht immer nominell, so doch ideologisch. Innerhalb der ADG bildeten diese Kreise zusammen mit den Nationalsozialisten, die zum Teil aus der völkisch gestimmten Jugendbewegung herkamen, die Gruppe, die für eine möglichst große Annäherung an die NSDAP waren. Eine zu große Annäherung an die Orientierungsgruppe bringt die Selbständigkeit der neuen Gruppe in Gefahr. Genau diesen Part spielten die erwähnten Kreise, wobei zu berücksichtigen ist, daß es ihnen weit weniger um die Autonomie der ADG ging als etwa Hauer. Ihr Hauptziel war, das Deutschtum als Religion durchzusetzen, und da sollte die ADG das Vehikel abgeben. Über die ADG wollten sie die Parteigliederungen religiös erobern. Sie konnten in der ADG gehalten werden, weil das Ziel, die staatliche Anerkennung, nicht erreicht wurde, aber in greifbarer Nähe schien. Die ADG barg also schon früh zwei Tendenzen in sich, was aber gruppenverbandssoziologisch nicht sonderlich überraschend ist. Die weitere Geschichte mußte erweisen, inwiefern sie autonom bleiben würde oder ihre Unabhängigkeit zugunsten der NSDAP aufgeben würde. Die Weichen für Letzteres waren im Grunde mit der Gründung der Deutschen Glaubensbewegung schon gelegt. Interessant wurde das Verhalten jener, die eine Eigenständigkeit wahren wollten. Es erhebt sich die Frage nach der Spaltung, dem Zerfalls oder der Polarisierung.

Die ADG von Anfang 1934 kann als eine Religionsgemeinschaft charakterisiert werden, da sie über ein ausreichendes Minimum an Organisation verfügte sowie eine Lehre besaß. Die Lehre ist völkisch, rassistisch und antisemitisch. Der Lehrplan spiegelt mindestens einen Großteil des religiösen Selbstbewußtseins der ADG wider, da er den gehaltenen Religionsunterricht der verschiedenen Gemeinschaften sowie die Beschlüsse der Wartburg-Tagung berücksichtigt hat. Er diente in erster Linie zur Außendarstellung, sollte aber auch normativ auf das Binnenselbstverständnis wirken. Die ADG war eine Religionsgemeinschaft, die ein bestimmtes religiöses Glaubenssystem nicht von unten her propagieren wollte, sondern in bestehende Institutionen "quer" einsteigen wollte, sei es über den "Bund der Freireligiösen Gemeinden Deutschlands" oder sei es über die Parteigliederungen oder gar über die Schule.

# IV. Die Deutsche Glaubensbewegung in der Öffentlichkeit (Mai 1934 - März 1936)

## 1. Historische Einordnung

*a) Chronologie der Ereignisse*

*1934*

| | |
|---|---|
| 4. Juni | Völkerbund setzt die Saarwahl auf den 15. 1. 1935 fest: Zeit der Mäßigung gegenüber der Kirche |
| 27. Juni | Hitler verspricht den katholischen Bischöfen, die "neuheidnische" Propaganda zu drosseln |
| 30. Juni | Ermordung Ernst Röhms u. a. |
| 9. Juli | Verbot für nichtkirchliche Presse, über Kirchenstreit zu schreiben |
| 20. Juli | SS wird selbständige Organisation in der NSDAP |
| 20. August | Beamteneid auf Hitler |
| 21. September | Ludwig Müller wird Reichsbischof und zugleich von der Bekennenden Kirche exkommuniziert |
| 26. Oktober | Rücktritt Jägers |
| Oktober/Nov. | Bekennende Kirche verhandelt mit Regierung |
| November | Gründung der DG-Zeitschrift "Durchbruch" |
| 7. November | Verbot vom 9.7. auf kirchliche Presse ausgedehnt |
| 7. Dezember | Verbot religiöser Werbung außerhalb der Kirchen in Preußen |

*1935*

| | |
|---|---|
| 15. Januar | Saarabstimmung |
| 16. März | Wiedereinführung der allgemeinen Wehrpflicht |
| 26. April | Sportpalastkundgebung der DG |
| 25. Mai | Verbot der öffentlichen Werbung für die DG |
| 28. Mai | Spaltung der DC |
| 18. Juni | deutsch-englisches Flottenabkommen |
| 26. Juni | Einrichtung eines Kirchenministeriums, Minister: Kerrl |

| | |
|---|---|
| Juli | Rücktritt des LG-Leiters Gericke in Berlin |
| 14. Oktober | Gründung des *Kampfrings Deutsche Glaubensbewegung* |
| 2. Dezember | Ende der Kerrlschen Politik |

*1936*

| | |
|---|---|
| 28. März | Austritt Reventlows aus der DG |
| 29. März | Reichstagswahl |
| 1. April | Rücktritt Hauers; danach Auseinanderfallen der DG |
| Oktober | Wahl W. von Lingelsheim zum Führer der DG; Gründung der *Deutschgläubigen Bewegung* durch Grabert und Kurth |
| 10. November | kath. Kirche fordert Schutz für Konfessionsschulen |
| November | Verbot von nationalsozialistischen und vaterländischen Liedern in kirchlichen Veranstaltungen |
| 26. November | Ersetzung der Bezeichnung "Dissident" durch "Gottgläubiger" |

*1937*

| | |
|---|---|
| 15. Februar | Hitler ordnet "freie Kirchenwahlen" an |
| 18. Februar | Verbot der namentlichen Nennung von Kirchenaustritten im Gottesdienst |
| 4. September | große Kundgebung der DG in Breslau |

*1938*

| | |
|---|---|
| 6. Mai | Umbenennung der DG in *Kampfring Deutscher Glaube* |
| 9. Dezember | Spaltung der DG in *Reichsring der gottgläubigen Deutschen* und in *Kampfring Deutscher Glaube* |

*1945*

| | |
|---|---|
| 8. Mai | Ende der DG |
| nach 1945 | Teile der DG sind bei der Gründung der *Deutschunitarischen Religionsgemeinschaft* dabei. |

*b) Historischer Kontext*

Die Entscheidung des Führerrates der ADG, auf eine eigenständige Religionsgemeinschaft in Form einer Kampfgemeinschaft hinzuarbeiten, und der Beginn der öffentlichen Werbung der ADG fiel in die Zeit, da in der evangelischen Kirche die Eingliederungspolitik der Landeskirchen in Angriff genommen wurde. Es war auf dem Höhepunkt des Kirchenstreites. Diese Politik endete im Oktober 1934. Die Reichsregierung, die hinter dieser Politik gestanden hatte, beendete sie aus außenpolitischen Rücksichtnahmen: der NS-Staat verhandelte mit England wegen eines Flottenabkommens.[1]

In der Zeit von Februar bis Oktober 1934 fielen einige Entscheidungen. Eine Beruhigung im Kirchenstreit hing mit der Bekanntgabe des Völkerbundes zusammen, die Wahlen im Saarland auf den 13. Januar 1935 zu legen.[2] Das herausragendste Ereignis war aber die Ermordung Ernst Röhms am 30. Juni 1934. Seine Ermordung ist ein Symbol für die Absage Hitlers an seine Revolutionäre und für dessen Bündnis mit der Wehrmacht.[3] Knapp neun Monate später führte Hitler am 16. März 1935 die allgemeine Wehrpflicht wieder ein. Am 13. Januar 1935 konnte er einen großen Sieg für sich verbuchen: die Saarländer stimmten mit überwältigender Mehrheit der Angliederung des Saarlandes an das Reich zu. Dies ist der äußere Rahmen der religionspolitischen Ereignisse.

Für die Religionsgeschichte Deutschlands ist der Mai 1934 insofern von Bedeutung, als da zwei Dinge festgeschrieben wurden: Vom 18.-23. Mai gründete sich die Deutsche Glaubensbewegung in Scharzfeld und auf der Barmer Synode vom 29.-31. Mai wurde die Einigung aller nichtreichskirchlichen Bekenntnisgruppen gegen die Reichskirche und ihre Eingliederungspolitik erzielt.[4] Viele Beobachter sahen darin entweder den Beginn des Schismas oder den Beginn des Endes der reichskirchlichen Eingliederungspolitik.[5] Mit ihrer öffentlichen Werbung erhoffte sich die Deutsche Glaubensbewegung wegen des Kirchenstreits den Zulauf von neuen Mitgliedern.

Der Deutschen Glaubensbewegung wurden aus politischen Rücksichtnahmen immer wieder Opfer abverlangt. So durfte sie im Vorfeld der Saarabstimmung keine Werbung im Saarland treiben. Außerdem war es ihr verboten, in den Parteigliederungen zu werben. Im Zusammenhang mit der Einführung der Wehrpflicht und der kirchlichen Militärseelsorge bemühte sich die DG, den Nachweis zu führen, daß für die deutschen Soldaten eigentlich nur der deutsche Glaube sinnvoll sei, da der christliche im Grunde auf Pazifismus ausgerichtet sei.

---

1) Vgl. MEIER, *I*, S. 505; MEIER, *II*, S. 503, 508 f.
2) SCHOLDER, *II*, S. 235.
3) CANCIK, "Neuheiden", S. 183, H. MAU, *Die "zweite Revolution"*, S. 124 ff.
4) MEIER, *I*, S. 177 f.
5) *Dt. Gl.*, 1934, S. 283 und 327.

Im November 1934 wurde die DG-Zeitschrift *Durchbruch* gegründet, die sehr polemisch und aggressiv gehalten war. Hier war dem Antiklerikalismus freier Lauf gelassen. Doch galt auch für die DG-Zeitschriften, wie für die gesamte nichtkirchliche Presse, das Verbot vom 9. Juli 1934, über den Kirchenstreit zu schreiben.[6] Am 7. November wurde es auch auf die kirchliche Presse ausgedehnt.[7] Das Verbot hatte seinen Sinn, denn vom 21.-23. September erlebte das evangelische Deutschland ein seltsames Schauspiel: Ludwig Müller wurde von einem Teil der Kirche zum Reichsbischof gesegnet[8] und vom anderen, der Bekennenden Kirche, exkommuniziert.[9] Am 26. Oktober wurde mit Jägers Rücktritt das Eingliederungswerk vorzeitig beendet[10], was als Niederlage gewertet wurde, da es auf Druck von außen geschah: wegen des deutschenglischen Flottenabkommens.[11] Ende Oktober und Anfang November verhandelten die Bischöfe Wurm, Marahrens und Meiser sowie Präses Koch mit Hitler bzw. mit dem Reichsjustizminister wegen der Anerkennung eines Reichskirchenregiments der Bekennenden Kirche.[12] Für ein paar Monate bis zur "Magdeburger Einigung" vom 7. März 1935 war die Bekennende Kirche gespalten.[13] Kurz danach erlebte die DG ihren propagandistischen Höhepunkt mit der Berliner Sportpalastkundgebung vom 26. April 1935.

Die Presseverbote standen in Zusammenhang mit der schon öfter erwähnten Religionspolitik. Am 23. November 1934 verkündete Propagandaminister Goebbels, daß der Staat sich aus dem Kirchenstreit heraushalten würde.[14] Diesen Neutralitätskurs übernahm Baldur von Schirach für seine HJ[15], die am 30. November 1934 um die Sportjugend erweitert worden war. Die Einschränkungen für öffentliche Werbeveranstaltungen wurden ab dem 7. Dezember größer. In Preußen wurden alle öffentlichen Versammlungen kirchlichen und konfessionellen Charakters außerhalb der Kirchen verboten.[16] Am selben Tag

---

6) CONRAD, *Der Kampf um die Kanzeln*, S. 104 und S. 117; MEIER, *I*, S. 503 f, bes. Anm. 1702.
7) MEIER, *I*, S. 512.
8) MEIER, *DC*, S. 71.
9) MEIER, *I*, S. 218-221.
10) MEIER, *DC*, S. 70; MEIER, *I*, S. 511.
11) MEIER, *I*, S. 503.
12) MEIER, *I*, S. 511-513; MEIER, *DC*, S. 69.
13) MEIER, *II*, S. 380, bes. Anm. 1.
14) *Dt. Gl.*, 1934, S. 569; MEIER, *II*, S. 14.
15) MEIER, *II*, S. 19, bes. Anm. 64, und S. 21.
16) MEIER, *II*, S. 13.

warnte Reichsinnenminister Frick vor politischer Agitation im christlichen Gewande. Gemeint war die Bekennende Kirche.[17] Sie reagierte darauf am 16. Dezember mit einer Kanzelabkündigung.[18] Goebbels unterstrich in seiner Silvesteransprache noch einmal den Regierungsstandpunkt und gebrauchte das berühmte Wort von den "Kritikastern". Solche würden unter dem Schutzmantel der Kirche "Sabotage am Staat" treiben.[19] Diese Auseinandersetzung wie auch Ludwig Müllers öffentliche Bekundigungen vom Januar 1935, DC und DG seien zweierlei[20], und Hossenfelders Forderung vom 30. Januar, der Nationalsozialismus müsse mehr auf das Christentum zugehen[21], sind auf dem Hintergrund der Forderung des Vatikans und der ausländischen Protestanten zu sehen, den Kampf gegen das Neuheidentum zu führen.[22] Intern galt bei den Kirchenmännern, daß die DG einen großen Einfluß in der Partei hätte.[23] Dies alles geschah noch vor der Saarabstimmung, in einer Zeit, in der der DG die öffentliche Werbung im Saarland verboten war. Nach der Saarabstimmung sprach Minister Rust am 28. Februar aus, was die Regierung beabsichtigte: die Entkonfessionalisierung des öffentlichen Lebens.[24] Da paßte die Bekennende Kirche mit ihrer Kanzelabkündigung gegen die NS-Rassenideologie und gegen das Neuheidentum nicht ins Konzept. Der Staat reagierte darauf mit der Inhaftierung von 700 Pfarrern.[25]

Die Sportpalastkundgebung der DG vom 26. April 1935 war ihr Werbehöhepunkt. Doch täuschte sie über den wahren Zustand der DG hinweg, deren Ortsgemeinden teilweise sehr verschuldet waren. Da kam am 25. Mai das intern ausgesprochene Verbot für die öffentliche Werbung der DG gerade zur rechten Zeit, um die innere Festigung voranzutreiben.[26] Das offizielle Verbot

---

17) MEIER, *II*, S. 8.
18) MEIER, *II*, S. 8.
19) MEIER, *II*, S. 10.
20) *Dt. Gl.*, 1935, S. 44 f.
21) MEIER, *DC*, S. 94 f.
22) Vgl. *Dt. Gl.*, 1934, S. 383 f.
23) Zum Beispiel beschwerte sich der sächsische Bischof Coch, daß es der Kirche verboten sei, NS-Symbole zu verwenden, aber nicht der DG: MEIER, *II*, S. 17 f. Siehe auch Hossenfelders Bericht vom 30. 1. 1935: MEIER, *DC*, S. 94.
24) MEIER, *II*, S. 29, bes. Anm. 96.
25) MEIER, *II*, S. 24; MEIER, *DC*, S. 74 nennt noch die Zahl 500!
26) *BA Hauer* 63, 19, Rundbrief der Geschäftsführung der LG Groß-Berlin vom 20. 5. 1935.

datiert vom 15. August.[27] Im Ausland registrierte man im Juni erleichtert die erfolgreiche Abwehr des "Neuheidentums".[28]

Nach dem Abschluß des deutsch-englischen Flottenabkommens vom 18. Juni 1935 wurde mit dem Gesetz vom 26. Juni eine neue Kirchenpolitik eingeleitet.[29] Die Zuständigkeit für Kirchenfragen überließ das Innenministerium dem neuen Kirchenministerium, dem Kerrl[30] vorstand.[31] Damit begann die sogenannte Kirchenausschußpolitik: Am 1. Juli wurde die "Beschlußstelle für Rechtsangelegenheiten der evangelischen Kirche" gegründet, die faktisch das Ende des Rechtsweges im Kampfe der kirchlichen Opposition gegen die Reichskirche bedeutete.[32] Kerrl verhandelte am 8. August mit den Ländern wegen der DEK und der DG[33], dann am 21.August mit dem Reichsbischof und der Reichsbewegung Deutsche Christen[34] - am 28. Mai 1935 hatte sich die DC in eine Reichs- und Kirchenbewegung gespalten - und schließlich am 23. August mit der Bekennenden Kirche. Die eigentliche Kirchenausschußpolitik begann Kerrl am 3. Oktober.[35]

Im Sommer 1935 versuchte die SS die Führungspositionen in der DG zu erobern. In der Berliner Landesgemeinde gelang es ihr, aber noch nicht an der DG-Spitze. Am 15. August wurde der DG die öffentliche Werbung in Preußen untersagt[36], und am 1. September auf Bayern ausgeweitet.[37] Im September richtete Hauer eine Denkschrift an Kerrl[38], der dann die DG am 17. Oktober in einer Pressekonferenz als eine religiöse, im Nationalsozialismus

---

27) *IfZ*, Fa 119, Bl. 157, stellvertretender Chef der Preußischen Gestapo an Hauer vom 15. 8. 1935.

28) *Dt. Gl.*, 1935, S. 378, wo das "Basler Volksblatt" zitiert ist. Vgl. auch MEIER, *II*, S. 35.

29) CONRAD, *Der Kampf um die Kanzeln*, S. 125; MEIER, *II*, S. 67.

30) Zur Person Kerrl s. HOHNSBEIN, "Des Teufels Kirchenminister", in: *Neue Stimmen*, Jg. 1987, H. 11, S. 26-32.

31) CONRAD, *Kampf um die Kanzeln*, S. 135; MEIER, *II*, S. 68.

32) MEIER, *I*, S. 578, bes. Anm. 725.

33) MEIER, *II*, S. 69.

34) MEIER, *II*, S. 74.

35) MEIER, *DC*, S. 102; MEIER, *II*, S. 81; CONRAD, *Kampf um die Kanzeln*, S. 135.

36) *IfZ*, Fa 119, Bayrische Politische Polizei, München, an alle Polizeidirektionen vom 1. 9. 1935; MEIER, *II*, S. 33 f.

37) *IfZ*, Fa 119.

38) *BA Hauer* 64, 115-117, Hauer an Landesgemeindeleiter vom 18. 9. 1935, Abdruck des Textes: *BA Hauer* 116-117 mit Datum vom 16. 9. 1935.

entstandene Gemeinschaft bezeichnete und den Vorwurf der Gottlosigkeit zurückwies.[39] Drei Tage zuvor war als juristische Person der *Kampfring Deutsche Glaubensbewegung* gegründet worden. Im Herbst 1935 war somit die DG vom Staat akzeptiert, aber noch immer nicht anerkannt. Sie war nun auch vereinsrechtlich festgeschrieben.

Die Kerrlsche Politik hatte zunächst einmal eine Spaltung der *Reichsbewegung DC* zur Folge und eine innerhalb der Bekennenden Kirche und zwar, weil einige ihrer Mitglieder zusammen mit DC-Mitgliedern in den Kirchenausschüssen zusammenarbeiteten.[40] Nachdem die Reichskirchenleitung am 15. Februar 1936 eine Presseveröffentlichung herausgegeben hatte, wonach die 5. Durchführungsverordnung vom 2. Dezember 1935 auf das Rheinland und auf Westfalen ausgedehnt werden sollte, traten die beiden Mitglieder der Bekennenden Kirche, die tags zuvor erst der Geistlichen Leitung des Kirchenausschusses beigetreten waren, wieder aus. Damit war aber auch Kerrls Politik zu Fall gebracht.[41]

Eine entscheidende Änderung in der DG trat Ende März 1936 ein. Hauer sah sich gezwungen, vom Vorsitz zurückzutreten. Reventlow war freiwillig zurück- und aus der DG ausgetreten. Zeitlich fiel es auf die plebiszitäre Reichstagswahl vom 29. März 1936. Nach Hauers und Reventlows Abtreten war die DG ganz unter die Kontrolle der SS geraten. Sie wurde in deren antiklerikalem Kampf eingesetzt. Doch war sie immer weniger dazu brauchbar, denn sie zerfiel im Laufe der Monate zusehends. Es fand sich kein geeigneter neuer Führer. Zunächst wurde die DG von Paul Orlowsky geleitet. Doch der führende Kopf war Wilhelm Schloz. Nach verschiedenen Austritten und Diadochenkämpfen wurde der unbekannte Walter von Lingelsheim im Oktober 1936 neuer Führer.[42] Zur selben Zeit gründeten Herbert Grabert und Hans Kurth eine neue *Deutschgläubige Bewegung*.[43] Hauer selbst, der die betont antiklerikale Ausrichtung der Zeitschrift *Deutscher Glaube* aufgab, bildete um diese einen Freundeskreis. Die Zeitschrift richtete er auf eine arische Weltanschauung aus.[44]

---

39) *Dt. Gl.*, 1935, S. 535.
40) MEIER, *II*, S. 84.
41) MEIER, *II*, S. 101.
42) *BA Hauer* 78, 219, Solger an Hauer vom 4. 10. 1936.
43) Ebd.
44) *BA Hauer* 78, 365, Hauer an Stengel-von Rutkowski vom 21. 10. 1937; *BA Hauer* 78, 240 f, Hauer an Solger vom 12. 1. 1937.

Im Jahre 1936 schlug Rudi Daur vom Köngener Bund, unterstützt vom *Jungdeutschen Orden*, dem Kirchenminister Kerrl eine Art "Ring" vor, in der über alle religiösen Dinge frei gesprochen werden sollte[45] - also die alte Idee der "Religiösen Arbeitsgemeinschaft Deutscher Nation" vom Jahre 1933. Die Kirchenpolitik ging jedoch andere Wege, der Staat war auf eine scharfe Trennung von Kirche und Staat bedacht. Im November 1936 verfügte Kirchenminister Kerrl für kirchliche Veranstaltungen das Verbot, nationalsozialistische Lieder zu singen.[46] Am 26. November wurde die Bezeichnung "Gottgläubige" für die anrüchige Bezeichnung "Dissident" eingeführt.[47] Am 15. Februar 1937 ordnete Hitler "freie Kirchenwahlen" an, was als Bankrotterklärung des Staates in der bisherigen Kirchenpolitik gewertet werden muß.[48] Am 18. Februar wurde per Erlaß bekanntgegeben, daß die namentliche Nennung von Kirchenaustritten im Gottesdienst verboten sei[49], eine Praxis, die in Württemberg noch nie geübt worden war.[50]

Die DG erhielt am 12. Februar 1937 einen neuen Führer, den Rechtsanwalt Bernhard Wiedenhöft.[51] Im August 1937 ging das Gerücht um, die DG-Führung suche nach einem gangbaren Weg, um sich ohne Blamage aufzulösen. Gerettet wurde sie dann am 4. September durch eine große Kundgebung in der Jahrhunderthalle in Breslau.[52] Am 6. Mai 1938 benannte sich die DG auf Druck von NS-Stellen in *Kampfring Deutscher Glaube* um.[53] Im November 1938 trug man Hauer erneut die Leitung an, die er aber ablehnte.[54] Am 9. Dezember 1938 spaltete sich der *Reichsring der gottgläubigen Deutschen* mit Sitz in Breslau vom *Kampfring* ab.[55] Mit beiden Richtungen blieb Hauer in

---

45) *AKB*, Brief Liebe an Daur vom 8. 4. 1936.

46) *Dt. Gl.*, 1936, S. 514.

47) *IfZ*, Fa 45; *Dt. Gl.*, 1936, S. 567-569; Himmler gab am 18. 1. 1937 für die SS eine Ergänzung heraus, wonach drei Bezeichnungen möglich waren: 1) die Religionsgemeinschaft, 2) gottgläubig und 3) glaubenslos: *IfZ*, MA 387.

48) CONRAD, *Kampf um die Kanzeln*, S. 136.

49) *AEOKR*, Stuttgart, 155 altreg., Nr. 526, Mitteilung an die Pfarrer Württembergs vom 10. 3. 1937.

50) *AEOKR*, Stuttgart, 155 altreg., Nr. 512.

51) *IfZ*, MA 603, Nr. 20301; *Mitteilungen zur weltanschaulichen Lage*, Nr. 6, 3. Jg. vom 12. 2. 1937, wo als Quelle der "Durchbruch" vom 12. 2. 1937 angegeben ist.

52) Gespräch mit H. J. Lemor; *IfZ*, Fa 47, Bericht von Pfarrer Lic. Albertz.

53) *IfZ*, MA 603, Nr. 20153, *Mitteilungen zur weltanschaulichen Lage*, Nr. 11, 4. Jg., 6. 5. 1938.

54) *BA Hauer*.

55) *IfZ*, MA 129/3, Nr.47226-47229, vom 9. 12. 1938.

Kontakt. Dort wurden seine Schriften weiterhin gelesen. Reventlow sondierte 1939 in verschiedenen kirchlichen Kreisen wegen einer Zusammenarbeit. Diese glückte ihm bei den Köngenern, die ihn zur Jahrestagung im Januar 1940 einluden.[56] Die Deutschgläubige Bewegung insgesamt profitierte von der großen Kirchenaustrittswelle des Jahres 1938 nicht. Sie war auf einen Stand wie vor 1933 zurückgefallen. Der 2. Weltkrieg hinderte die Versuche zu einer erneuten Vereinigung nicht, aber der Staat. Als im Mai 1942 eine "Arbeitsgemeinschaft deutschgläubiger Vereine" gegründet werden sollte, verbot es die Regierung schon im Vorfeld.[57]

Das Ende der DG kam mit dem Ende der nationalsozialistischen Regierung. Teile der Bewegung fanden sich nach 1945 in der *Deutsch-unitarischen Religionsgemeinschaft* wieder zusammen, der Hauer in der Anfangszeit durch sein Schrifttum seinen religiösen Stempel aufgedrückt hat. Hauer begann nach seiner Internierung im Jahre 1948, seine Freunde zu sammeln, um eine *Arbeitsgemeinschaft für freie Religionsforschung und Philosophie* zu gründen.[58] Diese fusionierte im Frühjahr 1957 mit Friedrich Bergers *Pädagogischem Arbeitskreis* zur *Freien Akademie*.[59]

## 2. Die Ausbreitung

*a) Geographische Verbreitung*

Die folgende Darstellung über die geographische Ausbreitung umfaßt den Zeitraum Januar 1934 bis Mai 1935, also vom Eintritt der DG in die Öffentlichkeit bis zum Verbot öffentlicher Kundgebungen. Diese Eingrenzung ist insofern sinnvoll, als man davon ausgehen kann, daß die DG sich in dieser Zeit relativ frei entfaltet hat. Laut Mitteilungen der Reichsgeschäftsstelle Nr. 2 vom Januar 1934 war die ADG auf etwa 200 Ortsgemeinden angestiegen.[60] Von den 150 Ortsgemeinden des Bundes der Freireligiösen wurden solche als

---

56) *AKB*, Briefwechsel Daur/Reventlow des Jahres 1939.
57) *BA Hauer* 4, 460, Boltze an Hauer vom 1. 6. 1942.
58) DIERKS, S. 347.
59) DIERKS, S. 357.
60) *Dt. Gl.*, 1934, S. 39.

ADG-Ortsgemeinden geführt, die wie Stettin und Leipzig mit deutschgläubigen Gemeinden fusioniert waren.[61]

Die rein freireligiösen Gemeinden wurden, wie aus dem Fehlen der Gemeinde Iggelsbach im Veranstaltungskalender des *Reichswart* und des *Durchbruchs* hervorgeht, nicht als ADG-Gemeinden geführt.[62] Der Grund für das Verschweigen der Freireligiösen dürfte darin zu suchen sein, daß diese staatlich verboten waren und die ADG sich nicht zu sehr mit diesen identifizieren wollte. Für Mai 1935 konnte eine Zahl von 230 Ortsgemeinden festgestellt werden. Diese Zahl ergibt sich aus den Angaben des "Reichswarts" und des Hauer-Nachlasses.

Die Verteilung der Ortsgemeinden auf die Länder[63] sah folgendermaßen aus, wobei in elf Fällen keine Zuordnung möglich war, was auf sehr kleine Ortschaften schließen läßt:

| | | | |
|---|---|---|---|
| Baden | 10 | Oldenburg | 4 |
| Bayern | 17 | Ostpreußen | 9 |
| Berlin | 25 | Pfalz | 1 |
| Brandenburg | 10 | Pommern | 3 |
| Braunschweig | 14 | Rheinprovinz (preuß.) | 10 |
| Bremen | 1 | Saarland | 2 |
| Danzig | 1 | Sachsen | 15 |
| Hamburg | 9 | Sachsen (preuß. Provinz) | 4 |
| Hannover (preuß. Provinz) | 11 | Schlesien | 15 |
| Hessen | 3 | Schleswig-Holstein | 11 |
| Hessen-Nassau | 11 | Thüringen | 11 |
| Lübeck | 1 | Westfalen | 16 |
| Mecklenburg-Schwerin | 2 | Württemberg | 13 |

Die naheliegende Vermutung, Länder mit einer hohen Zahl von Ortsgemeinden hätten eine rege Propagandatätigkeit, ist falsch. Berücksichtigt man die Angaben der Werbetätigkeit in den Veranstaltungskalendern, zeigt sich, daß zum Beispiel in Bayern lediglich die Ortsgemeinde München aktiv war. Ähnliches kann man bei Ostpreußen von Königsberg sagen, bei Schlesien von Breslau und bei Württemberg von Stuttgart und Tübingen. Relativ große

---

61) Vgl. auch S. 278-288.
62) *BA Hauer* 68, 258-262, Peter an Hauer vom 2. 3. 1934.
63) Die Länderaufteilung der DG divergiert mit der politischen Aufteilung.

Aktivitäten gab es in Berlin, der Rheinprovinz, in Sachsen und in Westfalen. Da die Ortsgemeinden der Rheinprovinz und Westfalens fast alle im großen Industriegebiet, dem Ruhrgebiet, liegen, kann man von drei lokalen Schwerpunkten der DG sprechen: Berlin, Sachsen und das Ruhrgebiet.

Von den 230 Ortsgemeinden befanden sich etwa 49 Gemeinden auf dem Land, etwa viermal soviel, nämlich 187, befanden sich in mittelgroßen und großen Städten. Die Ortsgemeinden auf dem Land haben, soweit man das auf Grund der Quellen sagen kann, kaum funktioniert. Vermutlich spielte der Zufall eine große Rolle, daß gerade in solch kleinen Ortschaften die DG hat Fuß fassen können. In einem konkreten Fall ist ein solcher Zufall bekannt: Im schlesischen Ohlau gründete der nach dorthin versetzte Volksschullehrer den Stützpunkt. Dieser Mann war gleichzeitig der Leiter der Ortsgemeinde Breslau.[64] Dieser Stützpunkt, der höchstens fünf Mitglieder umfaßte, wurde nicht an den Reichswart gemeldet und ist deshalb nicht im Schrifttum der DG nachgewiesen. Wäre er gemeldet worden, hätte der *Reichswart* den Namen des Ortes bekannt gegeben, ebenso den Redner, das Thema und die Tumulte, die dort bei der Gründung vorgekommen sind. Die den Soziologen interessierenden Fakten wie die Angabe, daß der Redner an dem Ort Lehrer war, wären nie erwähnt worden. Da die Quellen über die ländlichen Ortsgemeinden wenige Angaben machen, ist anzunehmen, daß dort ähnliche Verhältnisse herrschten wie in jenem schlesischen Dorf. Man kann also die Behauptung aufstellen, daß die DG im wesentlichen in Städten mittlerer und größerer Größenordnung zu finden war. Wenn Stützpunkte der Ortsgemeinden in ländlichen Gebieten genannt sind, wird es sich bei den Gründern und den Leitern in der Regel um Angehörige von städtischen Berufen handeln.

*b) Innerer Zustand und Selbstdarstellung*

ba) Der Ausbau der Organisation

Nach der Gründung der DG baute die Führung die Organisation zielstrebig auf. Sie teilte das Reichsgebiet in Landesgemeinden auf. Nach dem ersten Plan[65] aus der Zeit kurz nach der Scharzfelder Tagung gab es 17 Landesgemeinden:

---

64) Interview mit H. J. Lemor vom 11. 7. 1981.
65) *BA Hauer* 63, 24-29, Rundschreiben Nr. 6, Bl. 25 mit Rs.

| | |
|---|---|
| *Schleswig-Holstein - Mecklenburg:* | das Gebiet Schleswig-Holstein, Mecklenburg-Schwerin, Mecklenburg-Strelitz und das westliche Pommern in der Linie Swinemünde-Ueckermünde, einschließlich Altona |
| *Unterelbe:* | Elbmündung, Bahnlinie Hamburg-Bremen, Unterlauf der Weser, ausschließlich Altona und Bremen |
| *Niedersachsen-Oldenburg:* | Oldenburg, Braunschweig, Lippe, bis zum Mittellandkanal, weseraufwärts bis Carlshafen, Linie Göttingen - Eisleben - Dessau - Magdeburg und linkes Elbufer, einschließlich Bremen |
| *Berlin-Brandenburg mit Lausitz:* | Berlin, Brandenburg, Niederlausitz und Grenzmark |
| *Stettin-Pommern mit Oberschlesien:* | Pommern westlich der Linie Swinemünde-Ueckermünde |
| *Danzig:* | Gebiet des Freistaates |
| *Ostpreußen:* | innerhalb der Reichsgrenzen |
| *Westfalen:* | heutiges Nordrhein-Westfalen, einschließlich Osnabrück |
| *Rheinland:* | heutiges Rheinland bis zur Nahe als südliche Begrenzung |
| *Niederhessen-Weserland:* | Waldeck und nördliches Hessen-Nassau ohne das Gebiet um Fulda |
| *Thüringen:* | heutiges Thüringen |
| *Sachsen:* | Sachsen mit dem Gebiet um Halle ohne das nördliche Sachsen Anhalt |
| *Schlesien:* | politisches Gebiet Schlesien |
| *Hessen und Nassau:* | Rheinhessen, Hessen, und südlicher Teil von Hessen-Nassau |
| *Baden-Pfalz:* | Baden, Pfalz mit dem Gebiet bis zur Nahe |
| *Bayern:* | Bayern ohne Pfalz |
| *Württemberg:* | Württemberg |

Das Saarland wurde noch nicht als eigene Landesgemeinde geführt, war aber dafür vorgesehen. Die Einteilung in Landesgemeinden war zu diesem Zeitpunkt eigentlich nicht notwendig. Daß sie dennoch vorgenommen wurde, lag an der Rücksichtnahme auf schon bestehende Strukturen. Außerdem wurde dabei auch an die Zukunft gedacht, von der man sich viel erhoffte.

Während die evangelische Kirche seit dem 1. Weltkrieg eine Zentralisierung entwickelte, sei es in der Form der Reichskirche nach DC-Vorstellungen oder sei es in der Form des Kirchenbundes nach den Überlegungen des DEKA, nahm die DG diametral entgegengesetzte Position ein: sie wählte die Dezentralisierung. De facto bestand die DG im Mai 1934 aus den Ortsgemeinden und aus der Führungsspitze mit Führer, Stellvertreter, Mitarbeiterstab, Hauptgeschäftsstelle, Hauptkasse, Hauptvortragsamt, Hauptpresseamt, Mittelstelle für die studentischen Arbeitskreise, den Arbeitskreisen für philosophische und religiöse Grundlegung, für Erziehung und Unterricht, für Fest- und Feiergestaltung und für praktische Gestaltung. In Planung bzw. im Aufbau befindlich waren das Rechtsschutzamt, der Arbeitskreis für Rassefragen und das Jugendwerk der Deutschen Glaubensbewegung.[66] Als notwendige Ergänzung wurde ein Arbeitskreis für naturwissenschaftlich begründete Metaphysik eingeführt.[67] Zwischen diesen zentralen Einrichtungen auf Reichsebene einerseits und den Ortsgemeinden andererseits wurden nun die Landesgemeinden geschaltet. Ein Teil der Führungskompetenz wurde an die Landesgemeindeführung delegiert. Die deutsche Gesinnung war den Anhängern einheitsstiftend genug. Letztlich betrachtete man die Landesgemeinden als Organe, die die Werbefeldzüge in der Region in relativ großer Eigenverantwortung zu gestalten hatten.

Die Bezeichnung der "Amtsträger" wurde folgendermaßen geregelt. "Führer" durfte sich der Führer selbst, der Landesgemeindeführer, der Jugendführer und der Kassenführer nennen. Alle sonstigen Amtsträger auf Reichsebene mußten die Bezeichnung "Leiter" führen, ebenso die Kreis- und Ortsgemeindeleiter. Auf Ortsebene gab es zusätzlich die "Obmänner" für verschiedene Ressorts.[68]

Mit der Gründung der DG begann der organisatorische Neubeginn: Die alten Mitgliedsausweise wurden durch neue ersetzt. Diese Prozedur hielt die Führung deshalb für unumgänglich, weil die alten Gemeinschaften sich aufgelöst hatten und in der neuen Gemeinschaft aufgegangen waren. Die Ortsgemein-

---

66) Ebd., Bl. 25 Rs und 26.
67) Ebd., Bl. 27 Rs.
68) Ebd., Bl. 26 Rs.

deführer galten mit der Gründung automatisch als abgesetzt, sollten aber bis auf weiteres die Leitung kommissarisch übernehmen.[69]
Mitglied wurde man durch Anmeldung bei der DG. Die neuen Mitglieder mußten ihrer zuständigen Ortsgemeinde beitreten. Ausnahmen wurden in dem einen begründeten Fall zugelassen, daß man aus "taktischen Gründen für den Kampf" nicht Mitglied der Ortsgemeinde werden konnte. Die Anmeldung hatte auf vorgedruckten Formblättern zu erfolgen. Es wurde zwischen "Vollmitgliedern" und "fördernden Mitgliedern" unterschieden, allerdings nicht beim Mitgliedsbeitrag. Letztendlich blieb die Beitragshöhe dem Belieben des Mitglieds anheimgestellt. Als Vorstellung schwebte der Führung ein Richtsatz von 0,5-1 % des Nettoeinkommens vor. Bei Eintritt in die DG hatte man eine Art "Eintrittsgeld" zu bezahlen.[70]
Vom DG-Mitglied wurde erwartet, daß es sich ständig über die Vorgänge innerhalb und außerhalb der DG informierte. Als regelmäßige Lektüre dafür waren der *Reichswart*, die *Pressekorrespondenz der Deutschen Glaubensbewegung* und der *Deutsche Glauben* empfohlen. Die *Mitteilungen der Hauptgeschäftsstelle* informierte am genauesten von den inneren Vorgängen. Doch wollte man sie lesen, mußte man den *Deutschen Glauben* kaufen, da sie nur in dieser Zeitschrift abgedruckt waren.[71]

Als nächste größere Aufgabe der Öffentlichkeitsarbeit hatte man sich die religiöse Unterweisung der Mitglieder vorgenommen. Dazu sollte jeder die Schrift *Grundlinien einer deutschen Glaubensunterweisung* durcharbeiten. Die Eltern sollten ihre Kinder vom Religionsunterricht abmelden. Die Ortsgemeinden sollten nach eigenen Unterrichtsräumen Ausschau halten und nach Lehrern, die ehrenamtlich arbeiten wollten. Weiter sollte die Führerschule in Tübingen, die nur acht Plätze hatte, vergrößert werden, was mit Kosten verbunden war. Also appellierte man an die Zahlungsmoral der Mitglieder. Von den Mitgliedern wurde auch erwartet, daß sie Werbung für den *Deutschen Glauben* und den *Reichswart* machten.[72]

bb) Beispiele für die Organisation der Ortsgemeinden

Die Ortsgemeindeleiter wurden einer genauen Prüfung durch die Führung unterzogen - jedenfalls auf dem Papier. Der künftige Leiter mußte einen

---

69) Ebd., Bl. 24 mit Rs.
70) Ebd., Bl. 24 mit Rs.
71) Ebd., Bl. 27.
72) Ebd., Bl. 27 Rs.

Bürgen benennen, einen Lebenslauf abfassen und ein Lichtbild einsenden. Dies war schon in der ADG üblich gewesen. Nach der Scharzfelder Tagung mußte er auch eine Kirchenaustrittsbescheinigung und eine Erklärung vorlegen. Als Kassenführer sollte ein "sachkundiger Mitarbeiter" gewählt werden. Die Ortsgemeinden wurden zu den "Trägern der Arbeit in der Bewegung" erklärt, aber konnten nicht selbständig arbeiten. Die Hauptämter gaben ihnen die organisatorische Arbeit vor, nämlich Werbeveranstaltungen und Gründungen neuer Stützpunkte bzw. Ortsgemeinden durchzuführen.[73] Die Ortsgemeindemitglieder wurden als "Träger der Arbeit in der Bewegung" bezeichnet. Mit dieser pathetischen Bezeichnung wollte man die Ortsgemeinden für die anstehende Werbung und Kleinarbeit vor Ort motivieren.

Wie hat man sich eine Ortsgemeinde vorzustellen? Der Typ Ortsgemeinde in Stettin und Leipzig wurde oben schon erwähnt.[74] Doch gab es daneben auch andere Ortsgemeinden, bei denen die große Zahl der Freireligiösen fehlte. Im folgenden werden drei Beispiele vorgestellt, die Ortsgemeinden Stuttgart und Marburg sowie Filialbildungen.

In *Stuttgart* gab es 1933/34 keine Freireligiösen mehr[75], dafür eine Reihe von verschiedenen Bünden der Jugendbewegung: den *Bund der Wandervögel und Kronacher*[76] unter der Führung des Verlegers von DG-Schriften Georg Truckenmüller[77], die *Schwäbischen Landgenossen* von Wilhelm Schloz[78], dem württembergischen Gauführer der ADG, die *Braunen Falken*, eine Spielschar unter Leitung Heinz Brucklachers[79] und den Kreis um Hauer, im wesentlichen Köngener Freunde. Man kann davon ausgehen, daß die verschiedenen Gemeinschaften und Bünde ungefähr gleich groß und daß sie zu einer gemeinsamen Arbeit bereit waren. Zu dieser Arbeit und der damit zusammenhängenden Ausbildung eines neuen Gruppenselbstverständnisses gehörten öffentliche Vorträge. In der Anfangsphase kam Hauer wohl relativ oft nach Stuttgart. So hielt er am 24. November 1933 seinen öffentlichen Vortrag im "Bürgermuseum" über "Was will die Deutsche Glaubensbewegung?", zu

---

73) Ebd., Bl. 24 Rs - 25.
74) Vgl. oben S. 208-217.
75) *BA Hauer* 68, 216-218, Peter an Hauer vom 25. 3. 1934.
76) Allg. dazu KINDT, *III*, S. 294-322.
77) *BA Hauer* 78, 499, Truckenmüller an Hauer vom 6. 7. 1937, *AKB*, Württembergischer Landesausschuß für Jugendpflege, Nr. 57, vom 25. 2. 1933.
78) Dazu LINSE, *Zurück o Mensch...*, S. 320, Anm. 5a.
79) *BA Hauer* 56, 65 und 66, Hauer an Best vom 22. 11. 1933 in Verbindung mit *BA Hauer* 53, 32, Hauer an Brucklacher vom 5. 9. 1933.

dem Dr. Werner Best kommen sollte, um sich anschließend mit Hauer und Schloz über die ADG zu unterhalten.[80] Schon zu dieser Zeit gab es Divergenzen zwischen Hauer und Schloz, die beide durch Gespräche bereinigen wollten.[81] Im Februar 1934 hielt Hauer eine Reihe von Vorträgen unter dem Sammeltitel "Was ist deutscher Glaube". Damit wollte er einen Beitrag zur Identitätsstiftung der Ortsgemeinde Stuttgart leisten. Doch kommt dieser Vortragsserie eine größere Bedeutung zu, denn die gehaltenen Vorträge entsprechen den Kapiteln von Hauers Buch "Deutsche Gottschau". Hier formulierte Hauer zum ersten Mal, was er unter deutschem Glauben verstand. Im einzelnen lauteten die Vorträge[82] wie folgt:

| | |
|---|---|
| Do., 8. 2. 1934 | Ursprung und Recht des deutschen Glaubens - Der religiöse Urwille des deutschen Volkes |
| Fr., 9. 2. 1934 | Rasse, Volk und Glauben |
| Do., 15. 2. 1934 | Deutsche Gott- und Weltschau |
| Fr., 16. 2. 1934 | Geschichte und Schicksal |
| Do., 22. 2. 1934 | Schuld und Sünde im deutschen Glauben |
| Fr., 23. 2. 1934 | Germanisch-deutsche Sittlichkeit |
| Do., 1. 3. 1934 | Der germanisch-deutsche Lebensglaube und der Sinn des Todes |
| Fr., 2. 3. 1934 | Deutscher Glauben und die anderen Religionen. Das Christentum. Jesus |

Danach scheint bis zum 9. September 1934, als Paul Orlowsky seine beiden Reden "Unser Glaube? - Deutschland" und "Was wollen die deutschen Heiden?" hielt[83], keine Öffentlichkeitsarbeit geleistet worden zu sein. Am 17. November, der Zeit vor der Wiedereinführung der allgemeinen Wehrpflicht, hielt der Köngener Wilhelm Laiblin einen Vortrag über das Thema "Vom religiösen Sinn des Fronterlebnisses"[84], und am 5. Dezember sprach im "Haus

---

80) *BA Hauer* 56, 65, Hauer an Best vom 22. 11. 1933. Vgl. S. 168.

81) *BA Hauer* 78, 240 f., Hauer an Solger vom 12. 1. 1937.

82) *Archiv des Oberkirchenrats*, 115c Sonderband VII Kirchenkampf 1933-1934; vgl. dagegen die im Wortlaut etwas abweichenden Titel im *Deutschen Glauben*, 1934, S. 133. Ich folge hier nicht der Formulierung, wie sie in der Zeitschrift *Deutscher Glaube* abgedruckt ist, weil mir diese weniger authentisch zu sein scheint, und zwar aus zwei Gründen: Die Quelle der evangelischen Kirche muß die öffentliche Ankündigung Hauers selbst gewesen sein und nicht irgendwelche Vermutungen. Die Formulierung weist wesentlich mehr Übereinstimmungen mit den Kapitelüberschriften in der *Deutschen Gottschau* auf.

83) *Reichswart*, 1934, Nr. 42.

84) *Reichswart*, 1934, Nr. 48.

des Deutschtums" Wilhelm Schloz von der "Deutschwerdung auch im Glauben".[85] Da in den beiden Quellen *Reichswart* und *Durchbruch* für 1934 keine weiteren Vorträge und für die erste Jahreshälfte 1935 nur drei Vorträge bekanntgegeben worden waren, aber einige Ankündigungen für Arbeitskreise, ist anzunehmen, daß die Arbeit der inneren Festigung der bestehenden Gemeinde gegolten hat und nicht der Öffentlichkeit. Stuttgart wurde im März 1934 Ortsgemeinde, das heißt, daß erst da die Mindestzahl einer Ortsgruppe von etwa 10 Personen erreicht worden war. Man kann davon ausgehen, daß der Kreis der Interessierten um einiges größer gewesen war als die Mitgliederzahl der Ortsgemeinde. An Ämtern hatte die Ortsgemeinde den Leiter und einen Geschäftsführer und an Arbeitskreisen einen über "Ekkehard", einen Frauenkreis und einen Jugendkreis. Treffpunkt war das "Haus des Buches", der Buchladen der Köngener. Für Stuttgart sind keine spektakulären Auftritte nachgewiesen.

Anders als in Stuttgart sah es in der Ortsgemeinde *Marburg a. L.* aus. Im März 1934 wurde Marburg Ortsgemeinde. Doch anders als in der Ortsgemeinde der Universitätsstadt Tübingen, in der viele Mitglieder mit dem Universitätsleben verbunden waren, fehlte diese Beziehung zur Universität in Marburg fast gänzlich. Die dominierende Gemeinschaft war dort die *Nordisch-religiöse Arbeitsgemeinschaft*, und zwar *der* Teil, der die Trennung der NRAG von der ADG nicht mitmachte. Gemeindeleiter war anfangs Stengel von Rutkowski, ein Mitglied im Führerrat. Er selbst war Akademiker und kam von den *Adlern und Falken*. Nach seinem Weggang nach Jena gab es den ersten großen Krach in der Ortsgemeinde. Der Leiter des *Studentischen Arbeitskreises*, Herbert Grabert, hatte als Führer des Marburger *Studentischen Arbeitskreises* den früheren Kanzlisten des Köngener Bundes, der 1925 mit Hauer von Tübingen nach Marburg umgesiedelt war und dann dort geblieben war, Walther Peter Fuchs, vorgeschlagen. Der neue Ortsgemeindeleiter unterstellte diesem, daß er Grabert zu diesem Vorschlag angestiftet hätte, was aber nicht der Fall war. Es war nur naheliegend, Fuchs als Leiter zu bestimmen, da er der einzige Akademiker in der Ortsgemeinde war. Um die Unstimmigkeiten der Parteien auszuräumen, besprachen sie sich in einem kleinen Kreise. Dabei kamen sie überein, daß Fuchs eine Feier gestalten, einen Vortrag über die Grundgedanken Hauers halten und einen Arbeitskreis über Nietzsche einrichten dürfe - alles innerhalb der Gemeindearbeit, nicht als öffentliche Veranstaltungen. Doch wegen des "passiven Widerstandes" - niemand erschien zu den Veranstaltungen Fuchs' - war alles gescheitert. Der Grund lag offenbar am Gemeindeleiter und seinem Kreis, der Hauers Arbeiten und seine religiöse Einstel-

---

85) *Reichswart*, 1934, Nr. 51; *Durchbruch* 8, 1934, vom 23. 12. 1934.

lung ablehnte und grundsätzlich in der ADG lediglich eine Zweckgemeinschaft sah. Die weltanschaulich-religiöse Position der OG Marburg wurde von Fuchs so umschrieben:

> "Das Dritte Reich, wie es heute in Erscheinung tritt, entspricht gar nicht den Vorstellungen, die sie [die Marburger ADG-Mitglieder] sich zum Teil schon in der Kampfzeit davon gemacht haben. Ihr höchstes Ziel ist die Verwirklichung des totalen Staates im Sinne des: ein Volk, ein Reich, ein Führer, ein Glaube etc. Abgesehen davon, daß der nationalsozialistische Geist sich bei einer Reihe von Führern des neuen Staates in bedenklicher Weise verflüchtigt hat, hat die Staatsführung heute auch gar nicht die Möglichkeit, den wahren Nationalsozialismus zu verwirklichen. Das Deutsche Reich lebt in einer Welt voller Feinde, innen und außen. Um sie nicht übermächtig groß werden zu lassen, müssen ihnen von den höchsten Beamten des Staates immer wieder Konzessionen gemacht werden ... Eine Organisation wie die ADG ist in der glücklichen Lage, Aufgaben, die der Staat als solcher noch nicht in Angriff nehmen kann aus taktischen Gründen, bereits der Lösung entgegenführen zu können. Der totale Staat wird nur dann verwirklicht, wenn radikal alles das ausgerottet wird, was seinem Anspruch entgegensteht. Also z. B. das Christentum, das nichts anderes als Volksverdummung und die Erfindung von Priestern und Pfaffen ist ... Leider geht das nicht, aus taktischen, außenpolitischen Gründen. Man muß die ältere Generation mit ihren christlichen Anschauungen aussterben lassen. Uns bleibt zur Bearbeitung die Jugend. Ihr muß ein fanatischer Haß gegen alles Christliche eingepflanzt werden ... Wenn es eine Satzung für den zukünftigen Glauben schon heute gibt, so ist sie gegeben 1. in den bekannten rassenhygienischen Einsichten im Sinne Rosenbergs, Darrés und Günthers, 2. in einem Herrenkult. Rassenkunde kann man durch Schulung tradieren. Herrenkult wird in den Feiern der HJ und des ganzen Staates schon durch das Führerprinzip herausgestellt."[86]

Die Art der Werbung sei in Marburg deshalb dem Niveau der HJ angeglichen worden. Fuchs wollte dagegen die Ortsgemeinde auf den Stil der religiösen Auseinandersetzung bringen, wie ihn Hauer und die Köngener seit jeher gepflegt hatten. Doch die Führungsleute ließen sich ihre Meinung als die richtige von Stengel von Rutkowski und Schloz bestätigen. Letzterer hatte seine Enttäuschung über den Lehrplan der Tübinger Führerschule ausgesprochen, weil der nur "Geist" bringe und nicht auf "Blut und Boden" und "Rasse" zurückginge. Doch genau diese Rassenideologie war es laut Fuchs, die eine erfolgreiche Arbeit in Marburg verhinderte.[87]

---

86) *BA Hauer* 60, 227-229, Walther Fuchs an Hauer vom 2. 5. 1934.
87) Ebd.

## IV. Die Deutsche Glaubensbewegung in der Öffentlichkeit

Die Ortsgemeinde *Kiel* galt als eine sehr aktive Gemeinde. Sie war im Januar 1934 gegründet worden. Am 28. März 1934 sprach Hauer im "Haus der Arbeit" vor 1600 Zuhörern über "Deutscher Glaube und Christentum".[88] Für den Zeitraum Mai/Juni war eine Werbekampagne in der Provinz geplant, die am 29. Mai, also kurz nach der Gründung der DG, begann und am 15. Juni endete.[89] Redner war der junge Student Paul Orlowsky. Er sprach außer in Kiel, wo Herpel am 15. Juni über "Der Altar des unbekannten Gottes" sprach, in Bordsholm, Eckernförde, Flensburg, Gaarden, Husum, Neumünster, Preetz, Rendsburg und Wesselburen. Wahrscheinlich lautete seine Rede "Glaube an Christus oder Glaube an Deutschland?"[90] Als Gemeinden hatten nachweislich schon *Bordsholm*[91], *Flensburg*[92], *Neumünster*[93] und *Preetz*[94] bestanden. Durch die Kampagne wurden als neue Stützpunkte bzw. Ortsgemeinden nur *Eckernförde* und *Gaarden* gewonnen. Ohne Erfolg blieben die Bemühungen in Husum und Wesselburen. In Neumünster schlossen sich 24, in Preetz zehn und in Gaarden zwölf neue Mitglieder der DG an.[95]

Ortsgemeindeleiter in Kiel war damals der junge SS-Mann aus dem Kreis um Georg Groh, Wilhelm Heßberg, der auch bald das Amt des Landesgemeindeleiters übernahm. Die Nordmark, die Schleswig-Holstein, Lübeck und Mecklenburg umfaßte, wurde etwa Juli 1934 die erste selbständige Landesgemeinde der DG überhaupt.[96] Mit ihm stieg Paul Orlowsky, ebenfalls SS-Mann, als stellvertretender Landesgemeindeleiter auf.[97] Wenig später war Heßberg Leiter des Hauptorganisationsamtes der DG.[98] Eine zweite Werbekampagne startete die Ortsgemeinde Kiel vom 1.-15. August 1934 mit dem Prinzen zur Lippe und seiner Rede "Rasse und Glaube"[99], die er schon in Scharzfeld gehalten hatte und die dort bei den Zuhörern sehr gut angekom-

---

88) *Reichswart*, 1934, Nr. 14.
89) *Reichswart*, 1934, Nr. 25.
90) *Reichswart*, 1934, Nr. 25.
91) *Reichswart*, 1934, Nr. 20.
92) *Deutscher Glaube*, 1934, S. 184.
93) *Reichswart*, 1934, Nr. 20.
94) *Reichswart*, 1934, Nr. 20.
95) *Reichswart*, 1934, Nr. 26.
96) *BA Hauer* 63, 155-159.
97) *Reichswart*, 1934, Nr. 31.
98) Vgl. *Reichswart*, 1934, Nr. 48: Ehlers wird hier als LG-Leiter, das heißt als Nachfolger Heßbergs aufgeführt. Etwa November 1934 wurde Heßberg Leiter des HOA.
99) *Reichswart*, 1934, Nr. 27.

men war.[100] Über den Erfolg konnte nichts Näheres in Erfahrung gebracht werden.

Die Werbebedingungen der DG waren in den einzelnen Ländern unterschiedlich gut. In Pommern, Danzig und Ostpreußen waren für Juli 1934 öffentliche Kundgebungen ganz verboten. Dort mußte die geplante Werbereise Christian Kolbachs abgesagt werden.[101] Allen Ortsgemeinden wurde wegen "gewichtiger Gründe" auferlegt, Polemiken gegen die Kirchen bis mindestens zum Herbst 1934 zu unterlassen.[102]

bc) Die Sportpalastkundgebung

Die DG galt in der Öffentlichkeit als eine Religionsgemeinschaft, die sich der Förderung durch hochrangige NS-Politiker wie Rosenberg, Ley und Darré erfreuen durfte. Das behauptet zum Beispiel die Zeitung *Luxemburger Wort*.[103] Andere ausländische Zeitungen verbreiteten die Karikatur der *Heidenhochzeit*: Hauer als Weihewart in altgermanischer Fellkleidung bei der Eheschließungszeremonie.[104] Der sächsische Bischof Friedrich Coch (DC) beklagte sich in seiner Denkschrift an Hitler vom 5. Oktober 1934, daß die DG in Gegensatz zur Kirche NS-Symbole verwenden dürfe.[105] Dieses Bild in der Öffentlichkeit wird durch Dokumente zu Einzelpunkten widerlegt. Dennoch ist dieses Bild nicht grundsätzlich falsch. Das gebogene Sonnenrad der DG sieht dem Hakenkreuz sehr ähnlich, ist aber kein offizielles NS-Symbol. Die Verwendung des Sonnenrades dürfte frühestens im Spätsommer 1934 begonnen haben, denn es wurde den Gemeindeleitern erst im Sommer 1934, und da zunächst als Muster, in Aussicht gestellt.[106] An sich bestand eine "klare Trennung" von DG und Partei.[107] Doch die Beschwerde der NSDAP-Gauleitung

---

100) *BA Hauer* 83, 413, Prinz zur Lippe an Hauer vom 8. 9. 1934, vgl. auch oben S. 238 (Scharzfelder Tagung).
101) *Reichswart*, 1934, 27, vom 8. 7. 1934.
102) *BA Hauer* 63, 109, Pressedienst vom 6. 6. 1934.
103) *Dt. Gl.*, 1934, S. 383 f.
104) *Dt. Gl.*, 1934, S. 269-275: 12. 7. 1934: "Pester Lloyd" (Ungarn), 14. 7. 1934 im Wiener Rundfunk, in verschiedenen italienischen Zeitungen und schließlich im *Luxemburger Wort*.
105) MEIER, *II*, S. 177.
106) *BA Hauer* 63, 126, Rundschreiben Nr. 1 des Hauptvortragamtes (Bruno Jöckel), undatiert, vermutlich Juni/Juli 1934.
107) Ebd.

von Groß-Berlin bei der DG-Führung zeigt, daß in der Realität NS-Symbole zumindest bei der Ankündigung von öffentlichen Veranstaltungen verwendet worden waren.[108] Die Trennung von DG und Partei wurde von Teilen der DG-Führung unterlaufen. Die Hauptgeschäftsstelle der DG empfahl im "Pressedienst" den Gemeindeleitern, beim Aushängen von Bekanntmachungen sollten sie "aus Gründen der Werbung und der größeren Sicherung der angebrachten Anschläge ... das Anheften und Abnehmen der Zeitungen durch die Mitglieder von Formationen" vornehmen lassen.[109] Das nationalsozialistische Image der DG war bewußt gewählt, denn dadurch konnte man vor Übergriffen sicher sein. Die Drohung Hauers vom September 1934, er werde jeden, der sich kirchenpolitisch betätige, persönlich aus der DG ausschliessen[110], zeigt, daß die Grenze von einer harmlosen zu einer aggressiven Werbung immer wieder überschritten wurde.

Der Winter 1934/35 war für die innere Stabilisierung der Ortsgemeinden und für Schulungsarbeiten gedacht[111]. Außerdem plante man die große Kundgebung im Berliner Sportpalast, die schließlich am Freitag, den 26. April 1935 stattfand. Die Idee dazu hatte Hauer im Januar 1935.[112] Zur Vorgeschichte gehört die Gründung der neuen Zeitschrift *Durchbruch* vom November 1934. Sie war für ein Publikum konzipiert, das einfachere Gedankengänge als die des *Deutschen Glaubens* oder des *Reichswarts* gewohnt war.[113] Dementsprechend waren viele Artikel reißerisch aufgemacht und in Schwarz-Weiß-Manier dargeboten. Der Ton war sehr viel aggressiver als der des *Reichswart*. Das paßte zu derjenigen Richtung innerhalb der DG, die immer stärker das Bild prägte. Es paßte aber auch zum gesamten Klima des Winters 1934/35. Am 7. Dezember 1934 drohte der Reichsminister des Inneren in einer Rede in Wiesbaden den Gruppen, die politische Agitation im Mantel des Christentums betrieben, Strafen an.[114] Der preußische Ministerpräsident Göring verbot öffentliche Versammlungen "kirchlichen und konfessionellen Charakters" außerhalb der Kirchen.[115] Am 14. Dezember bat der Nuntius in Berlin die Re-

---

108) Ebd.
109) *Dt. Gl.*, 1935, S. 535.
110) Mitteilungen der Hauptgeschäftsstelle, Nr. 10, September 1934.
111) *Reichswart*, 1934, Nr. 46.
112) *BA Hauer* 59, 125-126, Hauer an Gericke vom 12. 1. 1935.
113) *BA Hauer* 59, 212, Grabert an Hauer vom 26. 4. 1935.
114) MEIER, *II*, S. 8; *Deutscher Glaube*, 1935, S. 42; hier wird als Ort der Rede Stuttgart angegeben.
115) MEIER, *II*, S. 13.

gierung um ein generelles Verbot antichristlicher Werbung in der HJ.[116] Baldur von Schirach hatte schon am 30. November grundsätzlich jede religiöse Betätigung in der HJ verboten, was auch für die DG galt.[117] In seiner Silvesteransprache griff Goebbels die "Kritikaster" an, die im Schutze des Kirchenstreits "Sabotagearbeit am Staate" leisten würden.[118] Die "Vorläufige Kirchenleitung" gab am 21. Februar 1935 ihre grundsätzliche Stellungnahme zur Frage des Neuheidentums heraus.[119] Dies geschah schon nach der Saarabstimmung. Danach begann der Staat Rücksichten gegenüber den Kirchen fallen zu lassen. Am 28. Februar gab Minister Rust den Erlaß über die "Entkonfessionalisierung des öffentlichen Lebens"[120] heraus. Anfang März begann der Reichsinnenminister, sich von seinem Neutralitätskurs zu distanzieren, der auf den Einfluß Buttmanns zurückgegangen war.[121] Bis zum April 1935 war ein spürbarer Klimawechsel auf hoher politischer Ebene vollzogen worden, was sich einigermaßen günstig für die DG auswirkte. Und die Gunst der Partei und der Regierung benötigte die DG, zumal wenn sie eine Werbeveranstaltung in einem für die NSDAP so symbolträchtigen Raum wie den Berliner Sportpalast durchführen wollte.

Drei Tage vor der Saarabstimmung, in der die DG, wie eine Handzettelaktion in Essen gezeigt hat, sich eine Abstinenz in der Religionspolitik auferlegt hatte, um der Regierung nicht zu schaden[122], hatte Hauer die Idee einer Großkundgebung im Berliner Sportpalast.[123] Am 20. März 1935 schrieb der Landesgemeindeleiter von Groß-Berlin, Fritz Gericke, an Dr. Best, inzwischen Obersturmbannführer bei der Gestapo Berlin.[124] Dieser Brief war mit Best zuvor mündlich abgesprochen. Er sollte nur als Unterlage für ein Gespräch Bests mit Himmler dienen. Daraus geht folgender Stand der Planung hervor: Der Gau Groß-Berlin der NSDAP, der für die Genehmigung der Kundgebung zuständig war, hat die Veranstaltung der DG am 26. April 1935 genehmigt, allerdings unter der Voraussetzung, daß der Sportpalast "restlos

---

116) MEIER, *II*, S. 20.
117) MEIER, *II*, S. 19 A 64 und S. 20 A 67; *Deutscher Glaube*, 1934, S. 570; hier allerdings nur für den Gau Mittelrhein.
118) MEIER, *II*, S. 10.
119) MEIER, *II*, S. 23 u. 42; SCHMID, *Chronik der Kirchenwirren*, S. 65 f.
120) MEIER, *II*, S. 29 A 96.
121) CONRAD, *Der Kampf um die Kanzeln*, S. 124.
122) MEIER, *II*, S. 20 mit Anm. 65.
123) *BA Hauer* 59, 125-126, Hauer an Gericke vom 12. 1. 1935.
124) *BA Hauer* 59, 179, Gericke an Best vom 20. 3. 1935.

gefüllt" werden würde. Diese Garantie hatte die DG übernommen. Erfolgreich würde die Veranstaltung laut Gericke jedoch nur dann werden können, wenn die Partei keine eigenen Veranstaltungen auf diesen Termin legte, denn die "zur Kundgebung im Sportpalast erwarteten Massen" waren "durchweg in den NS-Gliederungen und Formationen organisiert". "Darüber hinaus wäre ich", so Gericke an Best, "im Einvernehmen mit Wilhelm Hauer dankbar, wenn der SS Gelegenheit gegeben würde, sich so zahlreich wie möglich zu der Kundgebung im Sportpalast einzufinden." Denn: "Ihre bloße Anwesenheit würde ... genügen, um etwaige Störungsversuche ... schon im Keim zu unterdrücken."[125] Auch dies ist ein weiterer Beleg für das bewußt gesuchte nationalsozialistische Image der DG.

"Fremder Glaube oder deutsche Art" war als Thema von der NSDAP-Gauleitung zugelassen. Dieses Thema wollte Hauer nachträglich in ein anderes umändern, sehr wahrscheinlich in "Deutscher Glaube als einigende und aufbauende Macht im Dritten Reich". Das erlaubte die NSDAP aber nicht. Die Gründe für dieses Verbot kannte Fritz Gericke nicht, wie er Hauer schrieb, da nicht er, sondern Heßberg die entscheidenden Verhandlungen geführt hatte.[126] Den geänderten Themenvorschlag konnte die NSDAP von ihrem Selbstverständnis her gar nicht zulassen, da darin von der DG ein Anspruch erhoben worden war, den die Partei für sich allein reklamiert hatte. Gericke hielt das zugelassene Thema für vorteilhafter, da es anderen religiösen Gemeinschaften wie den Ludendorff-Anhängern oder den Anhängern Reinhold Krauses den Zugang zur DG erleichtern würde. Er empfahl Hauer, das Thema wie geplant stehen zu lassen, vor allem auch wegen der Genehmigung der Plakate durch die NSDAP. Sie sollten nach den Vorstellungen der DG aufwendig gestaltet werden. Doch das ließ die Partei nicht zu. Anfang April war schon ziemlich sicher, daß die SS keine Schwierigkeiten machen würde. Für den 25. April war der Presseempfang Hauers festgelegt. Friedrich Bubendey sollte ein Interview mit Hauer führen, das Gericke in der "Berliner Nachtausgabe", einer Zeitung mit einer Auflagenstärke von etwa 250.000, unterbringen wollte.[127]

Eine geplante "Kinosteckbildreklame" wurde aus Kostengründen wieder verworfen. Obwohl mit der Partei alles schon abgesprochen war und auch das Reichsinnenministerium nichts einzuwenden hatte, rechnete die DG dennoch

---

125) Ebd.
126) *BA Hauer* 59, 199, Gericke an Hauer vom 8. 4. 1935.
127) Ebd.

274  B. Die Deutsche Glaubensbewegung im Kontext von Staat und Kirche

*DG-Werbung zur Sportpalastkundgebung. Aus: Durchbruch 19, 1935.*

*Hauer (oben) und Reventlow (unten) auf der Sportpalastkundgebung. Aus: Durchbruch 19, 1935.*

immer mit der Möglichkeit eines kurzfristigen Verbots. Für die Sportpalastkundgebung veranlaßte der Organisator Wilhelm Heßberg die kostenlose Verteilung von Sonderdrucken des *Reichswarts* und des *Durchbruchs*. Darin waren lichtblaue Zettel mit einer Beitrittserklärung und den Anschriften sämtlicher Berliner Ortsgemeinden beigelegt. Die DG warb über Plakate auf Litfaßsäulen[128] und auf einem von Pferden gezogenen Wagen. An der Längsseite des Wagens prangte die Aufschrift: "Deutsche Glaubensbewegung - Wilhelm Hauer und Graf Ernst zu Reventlow sprechen - Sportpalast - Freitag 26. April 20 Uhr". An der Breitseite war das Sonnenrad der DG, aus dem eine große Flamme hochloderte, aufgeklebt.[129]

Die DG war mit der Versammlung im Sportpalast sehr zufrieden. Der Raum war bis auf den letzten Platz belegt. Viele wurden gar nicht hereingelassen.[130] Gericke gibt als Zuhörerzahl 18.000 Personen, als DG-Mitglieder in Berlin "bestenfalls 650 Mitglieder" an.[131] Auf letztere hatte Heßberg bei seiner Werbekampagne zurückgreifen können. Im Saal des Sportpalastes war auf der einen Seite ein Transparent mit dem Spruch "Dem deutschen Kind die deutsche Gemeinschaftsschule", einem Lieblingsthema der DG, und auf der anderen Seite eines mit dem Spruch "Durch deutschen Glauben zur religiösen Einheit" angebracht. Als erstes sprachen Wilhelm Heßberg und Fritz Gericke kurze Einleitungsworte. Dann wurde das Lied "Heilig Vaterland" gesungen. Daran anschließend hielten zuerst Hauer und dann Graf Reventlow ihre Grundsatzreden.[132]

Heßberg hatte Hauer am 15. April den Rat gegeben, seine Rede stark auf die "Ideengänge Blut und Boden und deutsches Artgefühl" abzuheben und Regierungsmaßnahmen vor allem in der Reichswehrfrage nicht in kritischer Weise anzubringen, da die Regierungskreise darauf äußerst empfindlich reagieren würden.[133] Daran hat sich Hauer gehalten.

Am darauffolgenden Wochenende hielt die DG ein Allthing ab, das in der Nähe von Potsdam stattfand. Organisiert wurde es von Heßberg und Arthur

---

128) *BA Hauer* 59, 289-292, Heßberg an Hauer vom 15. 4. 1935.
129) Abbildung im *Durchbruch*, 1935, Nr. 19, vom 8. 5. 1935; siehe Abb. S. 274 und 275.
130) *BA Hauer* 59, 181-183, Gericke an Hauer vom 1. 5. 1935.
131) *BA Hauer* 59, 181-183, Gericke an Hauer vom 1. 5. 1935.
132) *Durchbruch*, 1935, Nr. 19, vom 8. 5. 1935; Nach *Reichswart*, 1935, Nr. 19, vom 12. 5. 1935, sprach zuerst Reventlow, dann Hauer; siehe Abb. S. 275.
133) *BA Hauer* 59, 289-292, Heßberg an Hauer vom 15. 4. 1935.

Lahn[134], dem Landesgemeindeleiter von Brandenburg-Grenzmark[135]. Heßberg plante - das zeigt den Unterschied zu Hauers Arbeitsweise -, möglichst wenig Referate, und wenn, dann ohne Diskussionen.[136] Er dachte in den militärischen Kategorien des Ausgebens von Befehlen an die Rangniederen. Hauers Führungsstil orientierte sich an Gepflogenheiten, wie sie in der Bündischen Jugend und in akademischen Zirkeln üblich waren: die Teilnahme an gemeinsamen Entscheidungsprozessen.

Herbert Grabert schrieb am 26. April aus Tübingen an Hauer in Berlin und teilte ihm mit, daß Truckenmüller den *Durchbruch* wegen zu hoher Verluste abstoßen wollte. Als Alternativen schlug Grabert vor, den *Durchbruch* mit dem verantwortlichen Herausgeber Ernst Precht zu verkaufen oder ohne Precht auf ein qualitativ höheres Niveau zu stellen. Für den zweiten Fall empfahl er die Übertragung der Hauptschriftleitung auf Reventlow mit einer Nebenschriftleitung in Tübingen. Grabert votierte aus taktischen Gründen für die letztere Lösung: Würde man nämlich den *Durchbruch* mit Precht verkaufen, entstünde ein Konkurrenzblatt zum *Reichswart* und zum *Deutschen Glauben*, und damit würden die internen Probleme der DG offengelegt. Das aber sollte unter allen Umständen vermieden werden.[137]

Graberts Brief ist ein wichtiger Hinweis auf die internen Probleme der DG, denn sein vorgeschlagenes taktisches Manöver entsprang seinen guten Kenntnissen der Verhältnisse in der DG. Welche Kreise begonnen hatten, die Macht an sich zu reißen, zeigten die Ereignisse vom Sommer 1935 und vom Winter 1936. Sie lassen die Sportpalastkundgebung in einem anderen Licht als dem des großen Erfolges erscheinen: die Kundgebung verdeckte den eigentlichen Zustand der DG.

---

134) Ebd.
135) Laut *Reichswart*, 1934, Nr. 32 wurde die LG Berlin-Brandenburg im Sommer 1934 in LG Groß-Berlin und LG Brandenburg geteilt.
136) *BA Hauer* 59, 289-292, Heßberg an Hauer vom 15. 4. 1935.
137) *BA Hauer* 59, 212, Grabert an Hauer vom 26. 4. 1935.

## 3. Ausblick (Mai 1935-1945)

*a) Der Sturz der alten Führung (1935/36)*

Die Sportpalastkundgebung war der Höhepunkt der Geschichte der DG. So mußte es für die Öffentlichkeit aussehen. Bei näherer Betrachtung zeigte sich jedoch, daß die Veranstaltung die internen Probleme nur verdeckte. Kurz nach der Kundgebung im Sportpalast traten diese Probleme offen zu Tage. Dabei ging es um die Überprüfung der Tauglichkeit der Führung. Der Organisator der Kundgebung, Heßberg, stellte zwischen dem 26. April und 1. Mai 1935 den LG-Leiter von Berlin, Gericke, vor die Alternative des freiwilligen oder unfreiwilligen Rücktritts.[138] Erfolg hatte er zunächst nur darin, daß Gericke die OG-Leitung von Lichterfelde abgab, einer Ortsgemeinde, die fast ausschließlich aus Mitgliedern der "Leibstandarte", Sympathisanten Heßbergs, bestand. Auf Bitten Gerickes versprach ihm Hauer seine Unterstützung und beauftragte Zapp mit der Regelung dieses Problems.

Auf dem Amtsträgerthing der LG Berlin vom 26. Mai 1935 wurde dann die Landesgemeinde folgendermaßen umstrukturiert: Die Ortsgemeinden mußten ihre Leiter durch Geschäftsführer ersetzen, die nur der LG-Führung gegenüber verantwortlich sein sollten. Für die bisherigen OG-Leiter ergab sich eine Reduktion ihrer Arbeit auf bloße Verwaltungstätigkeit. Zwischen die Ortsgemeinden und der Landesgemeinde wurden nun fünf Kreisgemeinden zwischengeschaltet. Die Kompetenz der Kreisgemeindeleiter lag ausschließlich in der religiösen Ausrichtung der Ortsgemeinden. Die Aufgabe des Geschäftsführers, des Kassenobmannes und des Obmannes für Fest- und Feiergestaltung in den Ortsgemeinden erstreckte sich in erster Linie auf die Umsetzung der religiösen Ausrichtung vor Ort.[139]

Seine Führungsqualität wollte Gericke im Juni 1935 unter Beweis stellen. Er formulierte das Programm für die nächsten Monate:

1. In den Gemeinden sollten Rosenbergs "Mythos des 20. Jahrhunderts" und die Streitschriften dazu durchgearbeitet werden[140] - alles Schrifttum

---

138) *BA Hauer* 59, 181-183, Gericke an Hauer vom 1. 5. 1935.
139) *BA Hauer* 59, 161-162, Gericke an Hauer vom 3. 6. 1935.
140) *BA Hauer* 63, 15, Rundbrief Gerickes an die Amtsträger der Landesgemeinde Groß-Berlin vom 13. 6. 1935.

konnte über den Widukind-Verlag des DG-Mitgliedes Alexander Boß[141] bezogen werden.
2. In der Öffentlichkeit sollte für die Einführung der Gemeinschaftsschule gestritten werden.[142]

Doch noch bevor das Programm verwirklicht werden konnte, trat Gericke am 28. Juli 1935 im Einvernehmen mit Hauer von seinem DG-Amt zurück. Den Mitgliedern wurde als Rücktrittsgrund Gerickes Krankheit genannt.[143]

Daß es beim Sturz Gerickes nicht nur um eine Einzelperson ging, sondern um Programm und Ziel der DG, beleuchtet der Brief eines Heßberg-Sympathisanten an Hauer vom 24. Juli 1935. Nicht eine Auseinandersetzung im "adeligen Ton", wie Hauer, Gericke und ihre Freunde es wollten, sondern eine harte Konfrontation gegenüber Christentum und dem "Hauptfeind" in Rom sei gefragt. Der Brief fährt fort, daß Hauer und die DG "Vortrupp" der Partei und des Staates hätten sein sollen. Dies sei der Kern des Kampfes gegen Gericke gewesen.[144] Der Kampf wurde auch gegen Hauer selbst geführt. Während der Schulungstagung in Blankenburg/Harz - vermutlich handelt es sich um die Tagung für die LG Halle-Merseburg, LG Kurhessen und LG Thüringen vom 27./28. Juli 1935[145] - forderten zwei DG-Mitglieder, die zugleich im SD tätig waren, Hauer zum Rücktritt auf.[146] Seit Sommer 1935 bemühte sich Hauer um eine Unterredung mit Heydrich, der jedoch nicht darauf reagierte.

Ein erneuter Versuch, Hauer zum Rücktritt zu bewegen, wurde im März 1936 unternommen. In einem Gespräch mit zwei DG-Mitgliedern in Berlin trat

---

141) Die Mitgliedschaft bei den Nordungen geht aus den *Nordungenblättern*, die im *Rig*, 4. Jg., H. 4 eingeheftet sind, hervor. Die Identifizierung mit dem Verleger des Widukind-Verlages erfolgt über: *Archiv der Jugendbewegung*, Akte "Nordungen".

142) *BA Hauer* 63, 15, Rundbrief Gerickes an die Amtsträger der Landesgemeinde Groß-Berlin vom 13. 6. 1935.

143) *BA Hauer* 63, 4, Gericke an die Amtsträger der Landesgemeinde Groß-Berlin vom 28. 7. 1935.

144) *BA Hauer* 220, nicht numeriert, Brief Lindenschmidts an Hauer vom 24. 7. 1935.

145) *BA Hauer* 63, 6, Rundschreiben des Hauptorganisationsamtes Nr. 34/35 vom 9. 7. 1935.

146) *BA Hauer* 79, 52-63, autorisiertes Protokoll des Interviews Buchheims mit Hauer, S. 6; *BA Hauer* 220, nicht numeriert, kurze Mitteilung Hauers, undatiert, handschriftlicher Vermerk: "Bemerkung f. Backofen".

Hauer zurück.[147] Am nächsten Tag revidierte er schriftlich sein mündlich gegebenes Rücktrittsgesuch. Hauer hatte inzwischen eingesehen, daß eine gewichtige Zahl der DG-Mitglieder mit seiner Art der Führung nicht mehr einverstanden war. Deshalb war er Ende März 1936 zum Rücktritt bereit. Doch wollte er die Führungsfrage nicht von irgendwelchen Einzelpersonen entscheiden lassen, sondern von dem zuständigen Gremium der DG[148], dem Thing der Landesgemeinden. Für das kommende Osterthing plante Hauer, zunächst seine Prinzipien der Führung der Versammlung vorzutragen und dann abstimmen zu lassen.[149]

Die Führung der DG ordnete Hauer seinem Hauptziel, der Brechung des Absolutheitsanspruches der Kirchen und ihrer Reduzierung auf eine "religiöse Privatgemeinschaft" unter. Konkret sollte dagegen gekämpft werden, daß die Kirchen den staatlichen Einrichtungen Schule, Heer und Universität ihr Gepräge aufdrückten. Die DG sollte nicht einfach nur gegen die Kirchen, sondern gleichzeitig für das deutsche Wesen kämpfen. Hauer behandelte das deutsche Wesen als ein Faktum, ohne dessen Inhalt genauer zu bestimmen. Er sah sich und die DG in einem Prozeß, für den die Haltung bestimmend war, für seine persönliche Glaubensüberzeugung einzutreten und sich mit den Glaubensüberzeugungen anderer intensiv auseinanderzusetzen. Die NS-Ideologie betrachtete er nicht als die inhaltliche Bestimmung des deutschen Wesens. Das hatte für seine Führung der DG zur Folge, daß er die Partei als höchstens gleichrangig neben der DG anerkannte, wobei er darauf bedacht war, die DG nicht "nur als ein gut zu gebrauchendes Hilfsmittel für die politische Bewegung" anzusehen. Das Verhältnis von DG und Partei sah er vielmehr umgekehrt: die DG mit der Hebammenfunktion, den NS-Staat zu seinem eigentlichen, religiös fundierten Wesen zu führen.[150]

Noch vor der Ostertagung, am 28.[151] bzw. 30. März 1936[152], übertrug Hauer einstweilen die Führung der DG seinem Kanzlisten Rudolf Backofen, der erst

---

147) *BA Hauer* 79, 52-63, autorisiertes Protokoll des Interviews Buchheims mit Hauer, S. 6.
148) *BA Hauer* 82, 22, Hauer an Best vom 30. 3. 1936.
149) *BA Hauer* 62, 125, Hauer an die Landesgemeinden vom 29. 3. 1936.
150) *BA Hauer* 82, 7-10, "Grundsätze, nach denen ich die Deutsche Glaubensbewegung zu leiten mich verpflichtet fühle", vom 27. 3. 1936, Abdruck in: *Dt. Gl.*, 1936, S. 177-181.
151) *BA Hauer* 82, 4-5, Hauer an Heydrich vom 1. 4. 1936 und *BA Hauer* 62, 125, Hauer an die Landesgemeindeleiter, vom 29. 3. 1936.
152) *BA Hauer* 82, 21, Hauer an Backofen vom 30. 3. 1936.

seit dem 22. Januar 1936 Zapps Stelle einnahm.[153] Dieser sollte für den ordnungsgemäßen Ablauf der Amtsnachfolge auf dem Osterthing sorgen. Daß Hauer nicht seinen Stellvertreter Reventlow damit betraute, hing mit dessen eigenen Rücktrittsabsichten zusammen. Reventlow veröffentlichte seinen Rücktritt am 28. März, zwei Tage vor den Reichstagswahlen, in seiner Zeitschrift *Reichswart*.[154] Am 30. März trat auch Hauer offiziell zurück.[155] Sein Rücktritt wurde nie veröffentlicht. Georg Truckenmüller, Hauers Duzfreund, verhinderte eine Veröffentlichung in seiner Eigenschaft als Verleger des *Durchbruch*.[156]

## b) Zum Verhältnis von DG und NSDAP

Es sei dahingestellt, ob hinter den Rücktrittsforderungen an Hauer und Gericke tatsächlich Himmler bzw. Heydrich persönlich standen oder ob untergeordnete Stellen in der SS bzw. im SD dafür verantwortlich waren. Auf jeden Fall gab es innerhalb der DG eine aktive Gruppe, die die DG ideologisch mit der SS gleichschalten und sie zum verlängerten Arm der SS im Kampf gegen die Kirchen machen wollte. Über die zahlenmäßige Stärke dieser Gruppe kann leider nichts gesagt werden. Festzuhalten ist, daß sie sich auf der Führungsebene der DG reichs- und landesweit durchsetzen konnte.

Wie sah das Verhältnis der DG zur NSDAP und ihren Untergliederungen im Jahre 1935 aus? Bei der Darstellung der Vorbereitungsphase zur Sportpalastkundgebung wurde gezeigt, daß die Organisatoren bis kurz vor Beginn der Veranstaltung nicht sicher waren, ob die SS oder die Partei sie kurzfristig verbieten würde.[157] Eine klare Distanz zwischen DG und HJ wollte Baldur von Schirach gewahrt wissen. In seinem Brief vom 6. Juli 1935 an Hauer verbat er sich, seinen Namen und den der HJ für die Interessen der DG in der Öffentlichkeit zu vereinnahmen. Würde dies jedoch weiterhin geschehen, wollte er in aller Öffentlichkeit bekanntgeben, daß er und die HJ nichts mit der DG zu tun hätten. Die Werbetätigkeit in der HJ verbot er, denn die *Glaubensbewe-*

---

153) *BA Hauer* 62, 131-132, Rundbrief der Kanzlei, von Backofen unterschrieben, vom 22. 1. 1936.
154) *BA Hauer* 62, 130, vertrauliches Schreiben Backofens an die Landesgemeindeleiter vom 28. 3. 1936.
155) *BA Hauer* 82, 22, Hauer an Best vom 30. 3. 1936. Ausführliche Beschreibung: Buchheim, Glaubenskrise, S. 195-198; DIERKS, *Hauer*, S. 265-268.
156) *BA Hauer* 78, 534, Hauer an Truckenmüller vom 14. 7. 1936.
157) Siehe S. 271-276.

gung der *deutschen Jugend* sei die *Nationalsozialistische Deutsche Arbeiterpartei.*[158] Für Irritation in der DG hatte die Nachricht gesorgt, von Schirach habe auf einem Gebietsführertreffen der HJ den Austritt aus der Kirche bzw. der DG befohlen. Zapp korrigierte diese Nachricht in seinem Dienstbericht Nr. 14. Er verwies auf ganz ähnliche Abgrenzungsbemühungen in SA und SS. Wichtig war es jenen Führungen, daß die Mitglieder der DG bei den öffentlichen DG-Veranstaltungen nicht deren Dienstränge zur Schau stellten und so die DG mit der SS, der SA usw. identifizierten.[159] Das Verhältnis von DG und NSDAP läßt sich auf die Formel bringen: Religion ist Privatsache und hat in der Öffentlichkeit nichts zu suchen.

Mit dem Dienstbericht Nr. 14 von Paul Zapp besitzen wir ein Dokument, das die Selbsteinschätzung des Verhältnisses der DG zu den Parteigliederungen auf der Länderebene widerspiegelt. Schaubildartig läßt sich das in vereinfachter Form so darstellen:

**Schaubild: Verhältnis von DG und Parteigliederungen nach Selbsteinschätzung der DG**

| Landesgemeinden | Partei insgesamt | HJ | Gestapo | SS | SA |
|---|---|---|---|---|---|
| Bayern | - | k.A. | k.A. | - | - |
| Berlin | - | - | k.A. | + | + |
| Brandenburg | + | + | + | + | + |
| Hamburg | + | + | + | + | + |
| Hannover-Braunschweig | - | - | - | - | - |
| Hessen-Nassau | + | + | + | + | + |
| Kurhessen<br>- Nordbaden<br>- Pfalz<br>- Saar | +<br>-<br>- | +<br>-<br>- | +<br>-<br>- | +<br>-<br>+ *) | +<br>-<br>- |

---

158) *BA Hauer* 220, nicht numeriert, von Schirach an Hauer vom 6. 7. 1935, Wiedergabe im Dokumententeil.

159) *BA Hauer* 62,90-116, Dienstbericht Nr. 14 (Zapp), S. 1.

| Landes-gemeinden | Partei insgesamt | HJ | Gestapo | SS | SA |
|---|---|---|---|---|---|
| Mecklenburg | - | k.A. | ++ | k.A. | k.A. |
| Mittelelbe | + | k.A. | k.A. | k.A. | k.A. |
| Nordmark | k.A. | + | + | - | k.A. |
| Ostpreußen | - | - | - | - | - |
| Rheinland**) | k.A. | k.A. | k.A. | k.A. | k.A. |
| Sachsen | - | - | - | - | - |
| Schlesien***) | + | k.A. | + *) | k.A. | k.A. |
| Thüringen | k.A. | - | k.A. | - | k.A. |
| Weser-Ems | k.A. | k.A. | + | + | k.A. |
| Westfalen | + | - | + | + | + |
| Württemberg | 0 | 0 | 0 | 0 | 0 |
| zusammen | - : 8<br>+ : 7<br>++ : 0<br>0 : 1<br>k.A. : 4 | - : 8<br>+ : 5<br>++ : 0<br>0 : 1<br>k.A. : 6 | - : 5<br>+ : 8<br>++ : 1<br>0 : 1<br>k.A. : 5 | - : 7<br>+ : 8<br>++ : 0<br>0 : 1<br>k.A. : 4 | - : 6<br>+ : 6<br>++ : 0<br>0 : 1<br>k.A. : 7 |

*Legende:*
- \- = schlechtes Verhältnis
- \+ = gutes Verhältnis
- ++ = sehr gutes Verhältnis
- 0 = neutrales Verhältnis
- k.A. = keine Angaben
- *) = heimliche Förderung
- **) = Werbung für Kirchenaustritt, nicht für DG
- ***) = frühes Verbot für Werbung

Nach der Selbsteinschätzung fühlte sich die DG in den Landesgemeinden Hannover-Braunschweig, Pfalz, Ostpreußen und Sachsen generell von der Partei und ihren Gliederungen nicht gefördert oder gar behindert. Ein friedliches Nebeneinander gab es nur in Württemberg. Das führte ihr LG-Leiter Schloz auf seine guten Beziehungen zur Parteispitze zurück, die aus der gemeinsamen Arbeit während der Kampfzeit resultierten. Im Rheinland war das erklärte Ziel des Leiters, nicht für die DG zu werben, sondern für den Kirchenaustritt. Man kann behaupten, daß die eine Hälfte der Landesgemeinden der Partei positiv und die andere Hälfte negativ gegenüberstand. Betrachtet man das Verhältnis zu den Gliederungen, fällt auf, daß eine positive Beziehung zu HJ nur in fünf Fällen angegeben ist. Das Verhältnis zur SS und zur SA entspricht dem zur Partei insgesamt. Auffallend ist das recht gute Verhältnis zur Gestapo. Das Schaubild spiegelt die Einschätzung der DG auf Landesebene wider. Es sagt nichts über die Gegebenheiten in den Gemeinden aus. Dort kann es durchaus ein Einvernehmen der DG mit der HJ geben. Persönliche Beziehungen und Doppelmitgliedschaften spielen eine wichtige Rolle.

Die Selbsteinschätzung des negativen Verhältnisses zur NS-Partei bringt sicherlich zum Teil nicht erfüllte Hoffnungen zum Ausdruck. Doch belegen Einzelbeobachtungen wie in Bayern, wo für SS-Mitglieder die Mitgliedschaft in der DG nicht empfehlenswert oder sogar verboten war, daß die Partei bzw. die Gliederungen die DG auf Distanz halten wollten, wenn nicht sogar eine strikte Trennung anstrebten. Andererseits ist anzunehmen, daß in der Praxis vor Ort - wie für Sachsen belegt - offizielle Verbote in geheimer Absprache mit der örtlichen Polizeibehörde unterlaufen wurden. Das muß aber nicht generell so gewesen sein. Für das Verhältnis von DG und Partei ist sicherlich ein enges persönliches Verhältnis zwischen DG-Führer und Parteifunktionär von ausschlaggebender Bedeutung, wie es im Falle Schloz für Württemberg nachgewiesen ist. Die DG wurde also ganz offensichtlich nicht als so eindeutig nationalsozialistisch interpretiert, wie sie es selbst wollte und wie es von der Kirchengeschichtsschreibung noch heute vertreten wird. Das Bild der geschlossenen Einheitlichkeit der DG, die die Kirchengeschichtsschreibung suggeriert, ist bei näherer Betrachtung des Innenlebens der DG zu korrigieren. Die immer wieder angemahnte Zurückhaltung bei der Werbung in der Öffentlichkeit[160] deutet auf ein Nichtbefolgen dieser Anweisungen hin und ist ein Indiz für eigenmächtiges Handeln mancher Ortsgemeindeleiter.

Mit Sicherheit handelten die DG-Mitglieder gemäß ihrer Überzeugungen. Materielles Gewinnstreben ist für sie untypisch. Diese ideelle Ausrichtung hatte Auswirkungen auf die Finanzen. Als Paul Zapp im Juni 1935 - wie schon einmal 1933 - das Amt des Kassierers übernahm, belief sich die monatliche

---

160) *BA Hauer* 63, 19, Rundbrief der LG Groß-Berlin vom 20. 5. 1935.

Schuldzinstilgung auf mehrere hundert Reichsmark. Um die Verschuldung zu verringern, griff er zu folgenden Maßnahmen:

- Einrichtung des *Kampfringes Deutsche Glaubensbewegung e.V.* als Vermögensverwalter
- Drosselung der Ausgaben
- Einrichtung eines Mahnwesens
- Stärkung der Finanzkraft der einzelnen Gliederungen
- Befreiung der Hauptkasse von Warengeschäften der Gliederungen und Ortsgemeinden
- Trennung von Privatkonto und Konto der DG[161]

Mangelnde Solidarität der Ortsgemeinden zur Hauptkasse spricht aus Zapps Feststellung, daß die Hälfte der Ortsgemeinden ihre Beiträge nicht abgeführt hätten.[162]

Zur Besserung der Finanzlage wurde eine "Nagelung"[163] vorgeschlagen: jede Gemeinde sollte sich aus Sperrholz das Sonnenrad der DG basteln, das dann bei Versammlungen benagelt werden sollte. Die Nägel dazu mußte jedes Mitglied, das nageln wollte, der Gemeindekasse bezahlen. Aus dem Erlös sollten die Schulden getilgt werden.[164] Da Hinweise auf ihre Durchführung fehlen, kann man annehmen, daß die "Nagelung" nicht durchgeführt wurde. Ähnlich erfolglos verlief eine Kampagne gegen christliche Weihnachtssendungen im Radio: keines der DG-Mitglieder beteiligte sich an dieser Protestaktion.[165] Der Aktivismus, den Heßberg an den Tag legte, scheint dem eben gezeigten Bild zu widersprechen. Heßberg erließ eine Fülle von neuen Anweisungen - u. a. sollten die alten Beitrittserklärungen durch neue ersetzt werden[166] - und Empfehlungen, wie neue Mitglieder unter den Bedingungen des Verbots öffentlicher Versammlungen zu werben seien, nämlich nicht durch "Keilen", sondern durch gezielte Auswahl und Bearbeitung der möglichen Kandidaten. Ein großer Teil dieser Anweisungen diente aber nur dem Versuch, die Mitglieder zu aktivieren und zu motivieren. Doch sprechen aus

---

161) *BA Hauer* 62, 90-116, Dienstbericht Nr. 14 vom 11. 9. 1935, S. 15 f.
162) Ebd., S. 16.
163) Vorbild der Nagelung war die *Nationalgabe - Nagelung von Wehrzeichen in allen Gauen Deutschlands zu Gunsten der Nationalstiftung für die Hinterbliebenen der im Kriege Gefallenen*, Sitz Charlottenburg.
164) *BA Hauer* 64, 78, Rundbrief Beukes vom 4. 11. 1935.
165) *BA Hauer* 64, 55, Rundbrief des Hauptorganisationsamtes vom 7. 1. 1936.
166) *BA Hauer* 64, 109-110, Rundbrief des Hauptorganisationsamtes Nr. 43/35 vom 1. 11. 1935.

vielen Bemerkungen Heßbergs Enttäuschungen über mangelnde Bereitschaft der Mitglieder zur Mitarbeit - ein Indiz von fehlender Einheitlichkeit in der DG.
Sehr aufschlußreich ist Hauers Rundbrief vom 13. September 1935. Darin formuliert er Verhaltensregeln im Umgang miteinander.[167] Das deutet auf Kommunikationsstörungen, Rivalitäten u. ä. hin. Heßbergs Bemerkung, "Spitzel" seien unter den Amtsträgern der DG am Werk, die vertrauliche Gespräche bzw. Papiere an Unbefugte, wozu Parteistellen oder Zeitungen zählen, weitergeben[168], läßt eine genauere Aussage zu: Die DG befand sich im Spannungsfeld verschiedener Interessengruppen innerhalb und außerhalb der DG. Wenn Heßberg sich beklagt, daß er die Rügen staatlicher Stellen entgegennehmen müßte, weil einzelne DG-Mitglieder in der Öffentlichkeit trotz Verbots durch die DG-Führung allzu heftig gegen die Kirchen polemisiert hatten[169], ist das der Beleg für die Richtigkeit der eben gemachten Interpretation. Besonders radikale Mitglieder, vermutlich getragen und gedeckt von Freunden aus Parteigliederungen, ignorierten die DG-Linie und beschimpften die Kirchen zum Beispiel bei der Kampagne für die konfessionslose Gemeinschaftsschule. Den staatlichen Stellen, bei denen sich die Kirchen zu beschweren pflegten, lag aus politischen Gründen sehr an einem guten Verhältnis zu den Kirchen. Deshalb rügten sie die DG. Die Aktivisten vor Ort aber lebten im Bewußtsein, Vorreiter der NS-Zukunft zu sein. Sie wollten die NS-Gesellschaft nach ihren Vorstellungen schon jetzt formen. Man muß von einer Vielzahl von verschiedenen Vorstellungen und deren jeweiligen Anhängern innerhalb der DG ausgehen. Diese versuchten, der DG ihr Gepräge mit allen Mitteln aufzudrücken. Der Sturz Gerickes und Hauers ist ein Beispiel für einen solchen Vorgang. In der Zeit nach Hauer wurde dieses uneinheitliche Bild der DG offengelegt.

c) *Die nationalsozialistische Phase*

Nach einer Interimszeit, in der Heßberg und Orlowsky die DG führten, wurde der Landesgemeindeleiter von Mecklenburg, Walter von Lingelsheim, DG-Führer. Die Geschicke der DG lenkte im Hintergrund aber sein Stellvertreter

---

167) *BA Hauer* 64, 131 f., Rundbrief Hauer vom 13. 9. 1935, S. 4.
168) *BA Hauer* 64, 121-124, Wochenbrief des Hauptorganisationsamtes Nr. 4 vom 12. 10. 1935, Bl. 4.
169) *BA Hauer* 64, 20-21, Wochenbrief des Hauptorganisationsamtes Nr. 2/36 vom 23. 1. 1936.

Wilhelm Schloz[170], ein Mann, der zu den Gegnern Hauers gehörte.[171] Daß nicht Heßberg, sondern ein bis dahin nicht in Erscheinung getretener Mann wie Lingelsheim gewählt wurde, spricht dafür, daß die DG nach Hauer auch weiterhin nicht direkt von der SS oder der Gestapo geführt wurde. Gestützt wird diese Vermutung durch den Versuch Orlowskys und Heßbergs, auch weiterhin in ihrem Sinn die DG zu beeinflussen, und durch die Tatsache, daß sich beide im Juni 1936 zerstritten hatten und sich ihre Anhänger in der DG zusammensuchten.[172]

Im Sommer 1936, als der NS-Staat gefestigt war, war die Organisation der DG in einem sehr schlechten Zustand. Hauer hatte sich ganz zurückgezogen, und umgekehrt koppelten sich die meisten Mitglieder von ihm ab, was sich im Rückgang der Abonnenten des *Deutschen Glaubens* widerspiegelte: im März 1936 waren es noch 1900 und im Juli 1936 nur noch 1547 Abonnenten.[173] Herbert Grabert, inzwischen als Schriftleiter des *Deutschen Glaubens* abgesetzt, weil Hauer ihn zugunsten des neuen Mitherausgebers Georg Groh geopfert hatte, rief zusammen mit dem Schriftleiter des *Durchbruch*, Hans Kurth, im Oktober 1936 zur Gründung einer neuen "Deutschgläubigen Bewegung" auf.[174] 1937 ging Hauer seinerseits an eine Neugründung heran, diesmal aber in Form eines Freundeskreises um seine Zeitschrift. So etwas hatte er schon einmal mit dem Freundeskreis der Kommenden Gemeinde getan. Diesmal hieß der Freundeskreis *Kameradschaft arttreuen Glaubens*. Die antichristlichen Polemiken im *Deutschen Glauben* ersetzte er durch positive Glaubensaussagen über die vermeintliche arteigene Religion der Deutschen.[175]

Anfang 1937 gab es mit Rechtsanwalt Bernhard Wiedenhöft zunächst noch einen Führungswechsel in der alten DG. Im Sommer 1937 ging das Gerücht um, die DG-Führung suche einen Weg, "sich ohne große Blamage aufzulösen".[176] Dies geschah jedoch nicht. Dagegen wagten am 4. September

---

170) CANCIK, *Neuheiden*, S. 201, Anm. 104; *BA Hauer* 78, 242-243, Hauer an Solger vom 22. 1. 1937.

171) *BA Hauer* 78, 229, Hauer an Solger vom 22. 10. 1936; *BA Hauer* 78, 510, Hauer an Truckenmüller vom 6. 1. 1937, wo Hauer behauptet, daß er in seinen Stellungnahmen zu den Vorgängen um seinen Rücktritt, Heßbergs und Orlowskys Intrigen sowie die Angriffe Schloz' auf ihn in sehr abgemildeter Form im *Dt. Gl.* veröffentlicht habe.

172) *BA Hauer* 78, 541, Hauer an Truckenmüller vom 19. 6. 1936.

173) *BA Hauer* 78, 499 Truckenmüller an Hauer vom 6. 7. 1936.

174) *BA Hauer* 78, 524, Hauer an Truckenmüller vom 6. 10. 1936.

175) *BA Hauer* 79, 52-63, autorisiertes Protokoll des Interviews Buchheims mit Hauer, undatiert, S. 7.

176) *BA Hauer* 78, 498, Hauer an Truckenmüller vom 9. 8. 1937

1937 Wiedenhöft und ein paar Freunde die Offensive: Sie organisierten in der Jahrhunderthalle in Breslau eine Großkundgebung. Dabei ging es weniger um Mitgliederwerbung als vielmehr um den Zusammenhalt der bisherigen Mitglieder.[177] Die Rechnung ging auf: die Jahrhunderthalle war nach dem Bericht des evangelischen Licentiaten Albertz voll besetzt.[178] Der Zeitpunkt lag günstig, denn mit dem Jahr 1937 knüpft laut Statistik die Kirchenaustrittsbewegung an den Trend der Jahre vor 1933 an, nachdem mit dem Regierungsantritt der Nationalsozialisten die Austrittszahlen stark zurückgegangen waren. Die Hoffnung der DG, davon zu profitieren, wurde jedoch nicht erfüllt. 1938 spaltete sich die DG in einen *Kampfring Deutscher Glaube* und in einen *Reichsring der gottgläubigen Deutschen*.[179] Einigungsversuche wurden immer wieder sowohl vom *Kampfring* als auch vom *Reichsring* unternommen. Hauer suchte mit beiden gut auszukommen, nicht zuletzt, um seine Zeitschrift stärker zu fördern. Im November 1938 bot ihm der *Kampfring* den Vorsitz an, den er auf Anraten H. F. K. Günthers aber nicht annahm. Dessen Begründung der Ablehnung wirft ein Schlaglicht auf die engen Grenzen für eine unabhängige Gestaltung und Arbeit der DG: "Ferner müßte Himmler zusagen."[180] Die DG war in der Zeit nach Hauers Führung offensichtlich ganz abhängig von Himmler. Der Handlungsspielraum der DG wurde durch die SS-Führung definiert, ein Vorgang, der schon bei den Ereignissen um die Freireligiösen eingesetzt hatte.

---

177) Interview mit H. J. Lemor vom 11. 7. 1981.
178) *IfZ*, Fa 47.
179) *IfZ*, Ma 603, Mitteilungen zur weltanschaulichen Lage, 4. Jg., Nr. 11, vom 6. 5. 1938; *IfZ*, Ma 129/3, 47226-47229.
180) *BA Hauer* 78, 172, Günther an Hauer vom 20. 11. 1938; auch *BA Hauer* 78, 55, Hauer an Bohlmann vom 30. 1. 1939.

## C. Religionswissenschaftliche Bestimmung

# I. Die Schichtzugehörigkeit

Beim Erfassen der Mitglieder zeigte es sich schnell, daß eine Vollständigkeit nicht erreicht werden konnte, da eine Mitgliederkartei fehlt. Man ist deshalb auf andere Quellen angewiesen: Hauers Korrespondenz, die Beilage des *Reichswarts* zur ADG, den *Durchbruch* und den *Deutschen Glauben*. Doch dabei erfaßt man fast durchweg nur die aktiven Mitglieder. Soziologische Aussagen zur DG beziehen sich deshalb fast nur auf Mitglieder, die irgendeine Funktion in der DG gehabt haben. Die folgende Beschreibung bezieht sich auf den Zeitraum August 1933 bis Juli 1935. Danach war die Offenheit der DG wegen des staatlichen Verbots der öffentlichen Werbung nicht mehr gewährleistet. Unter Berücksichtigung dieser Einschränkungen ergibt sich folgendes Bild, wie es die Tabelle 1 auf der nächsten Seite zeigt.

Die *Arbeiterschaft*, die doch religiös betreut werden sollte, ist in der DG so gut wie gar nicht vertreten. Dabei ist allerdings zu berücksichtigen, daß im zusammengetragenen Material der große *Bund der freireligiösen Gemeinden Deutschlands* nicht aufgenommen ist. Sonst hätte sich vermutlich der Anteil der Arbeiterschaft etwas erhöht. Geht man den Einzelangaben nach, so ist Zweifel angebracht, ob die hier als Arbeiter Bezeichneten überhaupt zur Arbeiterklasse zu zählen sind, denn ein Maschinentechniker, der hier als Arbeiter aufgeführt ist, hat zwar mit dem Industriearbeiter die Lohnabhängigkeit vom Arbeitgeber gemein, mit dem selbständigen Handwerker aber die fachliche Ausbildung, was ihn von gewöhnlichen Arbeitern wiederum unterscheidet. Schon die Soziologen der Weimarer Zeit hatten ähnliche Beobachtungen gemacht und diese qualifizierten Arbeiter zur neuen Mittelschicht gerechnet, sie also aus der Kategorie "Arbeiter" herausgenommen.[1] Folgt man den Überlegungen dieser Soziologen, verringert sich der Arbeiteranteil in der DG erheblich. Damit ist es auch plausibel, warum Arbeiter als Funktionsträger der DG nicht auftauchen: es gab sie gar nicht.

---

1) Vgl. TH. GEIGER, *Die soziale Schichtung des deutschen Volkes*, 1932.

## Tabelle 1: Die DG, aufgeschlüsselt nach der Stellung im Beruf

| | Mitglieder | | | Funktionsträger | | | |
|---|---|---|---|---|---|---|---|
| | potentiell | tatsächlich | insgesamt | Ortsebene | Landes- und Reichsebene | Führerrat | Redner |
| Bezugsgröße | 292 von 866 | 178 von 545 | 127 von 361 | 60 von 241 | 67 von 121 | 19 von 30 | 41 von 108 |
| Arbeiter | 3 % (9) | 2 % (4) | – | – | – | – | – |
| Angestellte | 18 % (54) | 20 % (35) | 18 % (23) | 15 % (9) | 20 % (14) | 16 % (3) | 17 % (7) |
| Beamte | 36 % (107) | 34 % (61) | 38 % (49) | 35 % (21) | 41 % (28) | 69 % (13) | 30 % (12) |
| Selbständige | 39 % (115) | 44 % (78) | 43 % (55) | 50 % (30) | 37 % (25) | 16 % (3) | 53 % (22) |
| davon Studenten | 6 % (18) | 10 % (18) | 11 % (14) | 17 % (10) | 6 % (4) | – | 19 % (8) |

Legende

*Potentielle Mitglieder* sind diejenigen, die auf Grund ihrer Glaubensüberzeugung hätten Mitglieder werden können, aber aus welchen Gründen auch immer nicht Mitglieder wurden. Erfaßt wurden nur die, die in den DG-Quellen namentlich aufgeführt worden sind. Vgl. Kapitel B. I.

*Tatsächliche Mitglieder* bedeutet eine nachgewiesene Mitgliedschaft in der DG. Diese Gruppe ist also eine Teilmenge der Gruppe "potentielle Mitglieder".

# I. Die Schichtzugehörigkeit

Die *Angestellten* machen in den meisten Spalten der Tabelle etwa 20 % aus. Eine auffallende Abweichung ist mit 16 % beim Führerrat und mit 15 % bei den Funktionsträgern auf Ortsebene festzustellen. Der Prozentualanteil der Angestellten unter den Funktionsträgern insgesamt entspricht mit 18 % ziemlich genau den 20 % der tatsächlichen DG-Mitgliedern.

Die *Beamten* sind mit 38 % Anteil an Funktionsträgern in der DG sehr stark vertreten. Besonders hoch ist ihr Anteil im Führerrat mit 69 %. Gemessen an ihrem Anteil der Gesamtmitgliederzahl von 34 % liegen alle Zahlenangaben in den übrigen Spalten der Tabelle über diesen 34 %, das heißt die Beamten stellten, verglichen mit ihrem prozentualen Anteil an der Gesamtmitgliederzahl, mehr Funktionsträger als ihnen rechnerisch zustanden.

Ähnlich stark vertreten wie die Beamten waren die *Selbständigen*. In der Auswertung wurde die Gruppe der Studenten unter die Selbständigen aufgenommen, was natürlich anfechtbar ist. Dies wurde unter folgendem Gesichtspunkt getan: Die Studenten waren zwar nicht ökonomisch unabhängig wie die Selbständigen, aber unabhängig in ihrer Freizeitgestaltung. Ihre "Berufe" waren nicht so stark reglementiert wie bei den Beamten und Angestellten. Darin glichen sie eher den Selbständigen. Die Selbständigen stellten sowohl mit (44 %) als auch ohne Studenten (34 %) die meisten Mitglieder. Im Führerrat waren sie mit 16 % wie die Angestellten schwach vertreten. Betrachtet man die Selbständigen einschließlich der Studenten, so fällt auf, daß sie mit 50 % die Hälfte der Funktionsträger auf Ortsebene stellten. Damit liegen sie um 6 bzw. 7 % über dem Anteil der Spalte "tatsächliche Mitglieder" bzw. der Funktionsträger insgesamt. Man kann von einer leichten Überrepräsentation sprechen. Ganz anders sieht es auf der Landes- und Reichsebene aus. Hier liegen sie mit 37 % um 6 bzw. 7 % unter den Prozentangaben der Spalte "tatsächliche Mitglieder" bzw. "Funktionsträger insgesamt". Eine leichte Unterrepräsentation liegt hier vor. Nimmt man aber die Studenten aus der Betrachtung heraus, ändert sich das Bild insofern, als die Selbständigen auf Ortsebene 33 % und auf Landes- und Reichsebene 31 % ausmachen, was ziemlich genau den Prozentanteil an der Gesamtmitgliederzahl von 34 % und dem der Funktionsträger insgesamt von 32 % entspricht.

Bemerkenswert sind die Prozentzahlen der Spalte *Redner*, weil sie fast ganz genau den Zahlen der tatsächlichen Mitglieder entsprechen. Das gilt auch für die Selbständigen, sowohl mit als auch ohne Studenten. Die Zahlenverhältnisse in der Gesamt-DG spiegeln sich bei den Rednern wider.

Betrachtet man die *Studenten*, die 10 % der Gesamtmitglieder und 11 % der Funktionsträger ausmachten, für sich allein, so zeigt sich, daß ihr Anteil auf

Ortsebene relativ hoch ist: Er entspricht ziemlich genau dem der Angestellten. Mit 19 % sind die Studenten bei den Rednern ebenso stark vertreten wie die Angestellten. Der vergleichsweise niedrige Anteil von 6 % auf Landes- und Reichsebene gegenüber den 17 % auf Ortsebene kann damit erklärt werden, daß in vielen Universitätsstädten der Anteil der Studenten an DG-Aktivitäten hoch war. Daß die Studenten im Führerrat nicht vertreten waren, ist in Anbetracht der Funktion und der Bedeutung dieses Leitungsgremiums nicht überraschend.

Allgemein kann über die DG-Mitglieder gesagt werden, daß sich diese Religionsgemeinschaft vor allem aus Beamten, Selbständigen und Angestellten zusammensetzte. Charakteristisch in Hinblick auf die Stellung im Beruf waren die Beamten und die Selbständigen einschließlich der Studenten. Drei ökonomische Gruppen fehlen zumindest unter den aktiven Mitgliedern: die Arbeiter, der alte untere Mittelstand und die Kapitalisten. Dieser negative Befund und das obige Ergebnis zwingen zu dem Schluß, daß die DG eine vor allem Mittelschichten ansprechende Religion war. Ihr Hauptreservoir lag stark in der oberen Mittelschicht.

Der Charakter der Mittelschichtsreligion kann präzisiert werden, wenn man sich die Berufe näher betrachtet. Auf der Ortsebene treten Berufe aus dem Bankwesen, der Verwaltung, der Industrie, des Handels und der Technik, also Berufe des Wirtschaftsbürgertums, im Vergleich zur Reichs- und Landesebene häufiger auf. Dort findet man an Selbständigen Juristen, Ärzte, Kaufleute, Ingenieure, Journalisten, Verleger und Künstler. Gleich stark wie diese sind die Beamten vertreten, in der Regel Lehrer, wozu hier auch die Universitätsprofessoren zählen. Die Gruppe der Schullehrer ist auch auf der Ortsebene stark vertreten.

Die bisherige Aufgliederung der DG nach ökonomischen Gesichtspunkten ist traditionell. Mit ihr erreicht man meines Erachtens den springenden Punkt für die Interpretation der DG nicht. Faßt man die Berufe aus dem Wirtschaftsbürgertum zu einer Gruppe I zusammen, alle Berufe, die irgendwie mit dem Medium Buch zu tun haben, also Autoren, Buchhändler, Verleger und Lehrer, zu Gruppe II, und den Rest, Juristen und Mediziner, zu Gruppe III, dann ergibt sich ein Bild, wie in Tabelle 2 zu sehen:

**Tabelle 2: Funktionsträger der DG nach Berufsgruppen**

|  | Funktionsträger auf (165) | | |
|---|---|---|---|
|  | Ortsebene | Reichs- und Landesebene | Redner |
| Bezugsgröße | 9 | 64 | 52* |
| Gruppe I Wirtschaftsbürgertum | 18 % (9) | 12 % (8) | 8 % (4) |
| Gruppe II (Medium Buch) | 68 % (34) | 75 % (48) | 80 % (42) |
| Gruppe III | 12 % (6) | 12 % (8) | 11 % (6) |

*) Die gegenüber Tab. 1 abweichende Zahl erklärt sich daraus, daß dort die Promovierten nicht einer der Spalten zugeordnet werden konnten. Hier kann man sie aber einer der drei Gruppen zuordnen.

Hinter dieser Gruppierung der Berufe steht folgende Überlegung: in Gruppe I sind solche Berufe zusammengefaßt, bei denen es sehr schwer ist, religiöse Überzeugungen in Handeln umschlagen zu lassen. Bei Gruppe II ist gerade das Gegenteil der Fall. Hier handelt es sich um Berufe, in denen für die persönliche Religion verhältnismäßig leicht geworben werden kann. Die Berufe der dritten Gruppe zeichnen sich dadurch aus, daß die Beeinflussung der Umwelt im Berufsleben bei weitem nicht so direkt sein kann, aber prinzipiell, zumeist in einer bestimmten günstigen Situation, möglich ist, etwa im Falle eines Chefarztes, der sich für die Zwangssterilisierung von "lebensunwerten Menschen" entscheiden kann. Ein Hauptmerkmal der Berufe der Gruppen I und III ist, daß die religiöse Betätigung strikt - bei Gruppe III ziemlich rigoros - auf den Freizeitsektor beschränkt bleibt. Bei Gruppe II sind Beruf und Freizeit kaum zu trennen. Aus Tabelle 2 geht eindeutig hervor, daß die Werbung der DG von solchen Personen getragen worden war, die von Berufs wegen mit Religion und Ideologie überhaupt zu tun hatten. Nur von allerhöchstens 30 % der aktiven Mitglieder kann mit Sicherheit gesagt werden, daß sie sich religiös ausschließlich in ihrer Freizeit betätigt haben. Der Freizeitaspekt ist für das Funktionieren und letztlich für die Effizienz der Werbung von nicht zu unterschätzender Bedeutung. Mit einer Ausnahme - Paul Zapp war bei der DG beschäftigt - gingen alle Mitglieder einem Gelderwerb außerhalb der DG nach. Niemand verdiente an der DG. Es liegt auf der Hand, daß einer, der über seine freie Zeit relativ frei verfügen kann, also so disponieren kann, wie es seinen Interessen entspricht, leichter in der Lage ist, eine Ortsgruppe oder eine Landesgemeinde zu leiten oder Reden zu halten, als einer, dessen Zeit zum Beispiel durch starre Bürozeiten stark reglementiert ist. Das Disponierenkönnen erlaubte es, für eine beschränkte Zeit, etwa während der Vorbereitung einer Großkundgebung und verstärkter Öffentlichkeitsarbeit, die ganze Freizeit dafür bereitzustellen. Besonders gut konnten dies Studenten tun. Ihr Anteil ist denn auch bei den Rednern relativ hoch. Wegen dieses Freizeitaspektes kann festgehalten werden, daß DG-Mitglieder zur "classe disponible" gezählt werden können. Diese "classe disponible" ist eng an das Medium Buch gebunden. Rechnet man die Buch- samt Schreibkultur zu einem Bestandteil der oberen Schicht, so kann man in Verbindung mit den übrigen Befunden die DG in der oberen Mittelschicht verorten. Die Träger der DG entstammten zum größten Teil der traditionellen mittleren bis oberen Mittelschicht. Es kamen aber auch eine ganze Reihe aus der neuen oberen Mittelschicht.

Der Aspekt der religiösen Betätigung in der Freizeit zwingt dazu, die DG als eine Laienbewegung zu bezeichnen. Charakteristikum einer Laienbewegung ist, daß es keine bezahlten religiösen Führer bzw. Amtsinhaber gibt. Der Gegenbegriff zum Laien ist der des Priester. Mit einer Klassifizierung der Deutschgläubigen als Laien ist freilich nicht gesagt, daß sie in religiösen Fragen weniger kompetent waren als die katholischen Priester oder evangelischen Pastoren. Hauer mag als Beispiel für einen ebenbürtigen religiösen Führer stehen. Trotz seiner großen Kompetenz in religiösen Angelegenheiten, die er als Indologe und Religionsgeschichtler zweifelsohne besaß, war er ein Laie, denn er war Staatsbeamter, der für seine wissenschaftliche Tätigkeit an einer staatlichen Bildungseinrichtung bezahlt wurde und nicht als Führer der DG. Er verdiente seinen Lebensunterhalt mit Religion, war aber nicht bei der DG angestellt. Ähnliche, aber nicht so deutlich ausgeprägte Beispiele ließen sich aus der Gruppe II aufzählen. Sucht man Äquivalente zur DG, so findet man, daß die DG die meiste Ähnlichkeit - abgesehen von den religiösen Inhalten natürlich - mit den verschiedenen Gemeinschaften aus der neu- und altpietistischen Bewegung und mit katholischen religiösen Vereinen hat. Ein Vergleich mit den Religiösen Sozialisten oder dem Pfarrernotbund ist insofern nicht angebracht, als es sich dabei um Vereinigungen von kirchlich besoldeten Pfarrern handelt, also nicht um Laien, sondern um Professionelle.

Ein typisches Merkmal des Priesterberufs ist die Amtsbezogenheit. Der Priester bzw. Pastor wird auf dieses Amt hin nach den Glaubensgrundsätzen der jeweiligen Kirche ausgebildet. Außerdem unterliegt er der Auswahl durch ein Gremium. Anders bei einer Laiengruppe. Hier kristallisiert sich aus einer schon bestehenden Gruppe ein religiöser Führer heraus. Dieser Führer kann seine Anhängerschar religiös sehr stark nach seinen eigenen Vorstellungen prägen oder gar eine neue Religion stiften. Wollen sich nicht alle diesem Führer anschließen, ist die Spaltung der Gruppe die Konsequenz. Für das persönliche Alltagsleben spielt das jedoch keine wesentliche Rolle. Spaltungen gab es in der völkischen Bewegung wie auch in der freireligiösen und in der Jugendbewegung genügend. Die ADG stellt den Versuch dar, diese vielen Spaltungen der vorausgegangenen Zeit zu beenden bzw. zu überwinden. Sie ist ein Bündnis von mehreren kleinen Religionsgruppen, die überwiegend von charismatischen Führern geleitet wurden. Der Führerrat der ADG bestand fast ausschließlich aus solchen charismatischen Religionsstiftern.

Mit der Gründung wurde dieser Verband von kleinen Stifterreligionen auf den Weg zu einer neuen Religionsgemeinschaft gesetzt. Dies wurde aber von den Akteuren so nicht gesehen, eher von den kirchlichen und politischen Kritikern. Doch die Meinung der Akteure ist in diesem Punkt für eine religionswissenschaftliche Untersuchung unerheblich. Wesentliche Kennzeichen für eine Religionsgemeinschaft ist die Ausbildung eines Kultes und eines Glaubenssystems sowie von Ämtern, selbst wenn sie ehrenamtlich ausgefüllt werden. Bis auf die Ausnahme von Paul Zapp waren alle Ämter 1933 ehrenamtlich geführt worden. Mit der Einführung des Rednersystems 1934 begann die Bezahlung einzelner Personen, die Vorträge in den Ortsgemeinden hielten. Es kann davon ausgegangen werden, daß die Redetätigkeit in der DG kein eigener Beruf war oder in näherer Zukunft geworden wäre. Das gilt auch für die Gemeindeleiter. Die wirtschaftliche Grundlage der Mitglieder war und blieb der bürgerliche Beruf. Für die Laienbewegung DG bedeutete das, daß es dem einzelnen überlassen bleiben mußte, wieviel Zeit und Geld er in die Arbeit der DG "investieren" wollte. Auf die Mitglieder konnte daher in dieser Frage kein Druck ausgeübt werden, es blieb lediglich das Mittel des Appells an die Moral, um zur Mitarbeit und Finanzierung der DG zu motivieren. Für das DG-Mitglied bedeutete ein Rückzug aus der DG oder gar ein Austritt keinen wirtschaftlichen Verlust und keinen Nachteil, eher mehr Zeit, um seine religiösen Ambitionen an anderer Stelle, etwa in der NSDAP, in der Schule oder an der Universität zu befriedigen.

Wirtschaftliche Fragestellungen spielen bei einer Religionsgründung normalerweise keine Rolle. Das religiöse Interesse steht im Vordergrund. Im Falle der DG ist die wirtschaftliche Grundlage der Mitglieder durch deren Beruf gesichert. Von dieser Basis aus konnten sich die Deutschgläubigen um ihre Interessen kümmern. Was sie untereinander verband, war zunächst die religionspolitische Lage des Jahres 1933, die Angst um eine Zwangschristianisierung der Beamten, der Kinder von Dissidenten und am Ende gar der gesamten Gesellschaft. Das Selbstverständnis änderte sich jedoch im Laufe der Zeit, ebenso die Zusammensetzung der Mitglieder. Beides hing miteinander zusammen. Dabei setzte sich als Charakteristikum des gemeinsamen Glaubenssystems ganz früh und ganz schnell der Rassebegriff durch. Aus der Gegnerschaft zum Christentum und dessen Organisationen, den Kirchen, ergab sich für die DG die Bindung an den NS-Staat als den natürlichen Sozialkörper sowie die NSDAP als der alleinigen Repräsentantin des neuen Zeitalters. Konkret bedeutete das für das Handeln der DG den Kampf gegen die konfessionelle Bekenntnisschule, gegen die kirchliche Militärseelsorge und gegen die Verflechtung von Staat und Kirche ganz allgemein. Positiv formuliert: Kampf für die konfessionsfreie Schule, für eine Militärseelsorge auf der Grundlage nationaler Werte und Erziehungsziele und für die Ausschaltung der Kirche als Machtfaktor. Als die geistige Grundlage für diesen Kampf propagierte die DG ihren deutschen Glauben auf der Basis der Rasse. Von daher gesehen verdient die Tatsache, daß die Beamten in der DG relativ stark vertreten waren, starke Beachtung. Als Inhaber von Staatsstellen und Parteiämter hatten sie im Verhältnis zur geringen Größe und Bedeutung der DG eine unvergleichlich einflußreichere Position, als es die DG als Organisation insgesamt je hatte. Über ihre beruflichen Positionen konnten die Beamten im deutschgläubigen Sinne wirken, und zwar mit mehr Erfolgsaussichten als über die Agitation mit der DG. Die soziale Stellung im Beruf mit den eben beschriebenen Möglichkeiten läßt einen problemlosen Wechsel der Durchsetzung religiöser Interessen vom Feld der DG auf das Feld des Staates und der Partei zu. Der Wechsel ist sogar empfehlenswert, weil erfolgversprechender. Dieselbe Beobachtung macht G. Kehrer am Beispiel der St. Simonisten.[2] Der Erfolg bei der Verfolgung der deutschgläubigen Ziele ist nicht allein die Leistung der in Staat und Partei prozentual äußerst gering vertretenen DG-Mitglieder. Das geistige Klima und die vorgegebene Herrschaftsstruktur erleichterten das Vorhaben der Deutschgläubigen. Beides kann historisch erklärt werden. Das gilt auch für die DG. Ein Blick auf die Sozialisation macht die Zusammenhänge plausibel.

---

2) Vgl. KEHRER, *Kritische Phasen in der Geschichte neuer Religionen.*

## II. Die Sozialisation

Bei den späteren DG-Mitgliedern kann man annehmen, daß sie der Mittelschicht entstammten, das heißt ihre Sozialisation im Kindes- und Jugendalter entsprach der in einer Familie aus der Mittelschicht. Unter 46 Fällen, in denen Angaben über den Beruf des Vaters vorliegen, gab es nur zwei Personen, die aus einem anderen Milieu stammten. Es handelt sich dabei um J. W. Hauer und Friedrich Berger, deren Väter Handwerker waren. Bei beiden verlief der Bildungsweg nicht geradlinig, das heißt er führte nicht von der Volksschule über das Gymnasium zur Universität. Es gab also kaum soziale Aufsteiger in der DG. Über diese allgemeine Beobachtung hinaus kann über die kindliche Sozialisation nichts gesagt werden, was für die DG-Mitgliedschaft relevant gewesen wäre.

Neben der Familie ist die Schule der wichtigste Sozialisationsfaktor. Bei einer Anzahl von 545 DG-Mitgliedern konnte für 142 (= 26 %) Personen das Abitur als Schulabschluß nachgewiesen werden. Es ist anzunehmen, daß der Prozentsatz der Abiturienten viel höher lag. Die 26 % stellen eine untere Grenze dar. Von diesen liegen Angaben zum Schulabschluß vor, von den restlichen 74 % gibt es überhaupt keine Angaben. Für 87 DG-Mitglieder ist die Promotion nachgewiesen. Das entspricht 16 % der 545 Untersuchten. Diese Zahl dürfte recht genau sein, allerdings nur für den Zeitraum 1933-1936. Die Angaben der Promovierten stammten fast durchweg aus den Quellenschriften der DG. Diejenigen, die nach 1936 promovierten, wurden in der vorliegenden Statistik als Studenten geführt. Leider können nur in 41 Fällen von 87 genauere Aussagen gemacht werden, denn nicht in jedem Fall konnten Angaben zur Person über die vitae der Dissertationen gefunden werden. Das gilt besonders für naturwissenschaftliche Fächer. In nur 27 Fällen liegen Angaben zum Schultyp vor. Da die Angaben zum Schultyp in den meisten Fällen ungenau ist und die Zahl zu klein, muß auf eine Interpretation verzichtet werden.

Ein weiterer wichtiger Sozialisationsfaktor für Jugendliche ist der Freundeskreis, in unserem Falle Jugendbünde der verschiedensten Gemeinschaften. Bevor darauf eingegangen wird, soll erst noch die Universitätsbildung der Deutschgläubigen erörtert werden. Gemäß der 41 Fälle wurden bevorzugt geisteswissenschaftliche Fächer studiert. Besonders beliebt waren Germanistik und neuere Sprachen, wobei Englisch und die skandinavischen Sprachen den romanischen und außereuropäischen vorgezogen wurden. Klassische Philologie wurde nur von wenigen studiert. Lediglich zwei DG-Mitglieder hatten Indogermanistik belegt und nur vier Religionsgeschichte. Auch Philosophie wurde wenig studiert. Auffallend ist die relativ hohe Zahl von acht Fällen, in denen mit evangelischer Theologie begonnen und dann nach wenigen Semestern auf ein philologisches oder historisches Fach übergewechselt wurde. Bei den naturwissenschaftlichen Fächern fehlt die Belegung der Chemie ganz, Mathematik ist nur einmal nachgewiesen. Vererbungsbiologie, also die Rassenbiologie im damaligen Sprachgebrauch, ist ein einziges Mal nachgewiesen. Das hohe Ansehen der Rassenideologen H. F. K. Günther und L. F. Clauss ist symptomatisch, beide waren keine gelernten Vererbungsbiologen, sondern Philologen. An den wenigen Fällen bestätigt sich das, was oben schon gesagt worden war: die Dominanz von ideologisch anfälligen Fächern und Berufen in der DG.[1]

Konnte über die Sozialisation im Kindesalter sehr wenig gesagt werden, so gilt das auch für die Sozialisation im Jugendalter. In ein paar wenigen Fällen ist bekannt, daß die Jugendlichen in ihrer Freizeit mehrere verschiedene Jugendgruppen von Parteien, den Kirchen oder der Jugendbewegung durchlaufen hatten. Der Weg vom Schülerbibelkreis über den Köngener Bund zur Deutschen Glaubensbewegung[2] war eine Möglichkeit von vielen. In anderen Fällen ging eine Phase der Suche voraus, bis der richtige Bund gefunden worden war. Das vorliegende Material gibt die Zugehörigkeit der späteren Deutschgläubigen zu einem Zeitpunkt wieder, als sie Primaner waren oder schon Studenten. Das heißt man kann davon ausgehen, daß sie ihre Prägung schon vorher in den Gruppen, aber natürlich auch in der Schule, der Kirche und im Elternhaus erfahren hatten. Man kann außerdem davon ausgehen, daß die Betreffenden keine jungen Menschen waren, die etwas suchten, die also verunsichert waren, sondern schon Führungseigenschaften besaßen. Grund zu dieser Annahme gibt uns die Materialaufnahme, denn die meisten Angaben zur Person, besonders derjenigen aus der Bündischen Jugend, entstammen Quellen, die nur die Führungsschicht der Gruppen erfaßt hat. Im Falle der Jugendbewegung spricht man überhaupt nur von einer "Führerbewegung". In den *Dokumentationen zur Jugendbewegung*[3] findet man also nur die Führerschicht beschrieben. Das Gleiche gilt für die völkische Bewegung und die Siedlungs- und Lebensreformbewegung. Bei den hier untersuchten Personen handelt es sich demnach durchweg um Menschen, die eher dem Typ des Missionars entsprachen als dem eines religiös verunsicherten Menschen.

---

1) S. 75-78.
2) Vgl. dazu BRANDENBURG, *Köngen*.
3) Herausgegeben von W. KINDT.

In 144 von 545 Fällen (= 26 %) gibt es Angaben zur Tätigkeit in Jugendgruppen. Es wurde anfangs vermutet, daß sich die Jugendgruppen auf vier Hauptrichtungen verteilen würde: die Jugendbewegung, die völkische Bewegung und die Siedlungs- und Lebensreformbewegung. Überraschenderweise gab es aber nur zwei. Die Siedlungs- und Lebensreformbewegung verteilten sich auf die beiden übrigen Bewegungen. Doch zeigte es sich recht bald, daß auch diese nicht als zwei voneinander isoliert existierende Gruppen zu betrachten waren. Auch hier gab es Überschneidungen. Von 144 DG-Mitgliedern gehörten 70 nur der völkischen Bewegung an, was, bezogen auf die Gesamtzahl, 12,8 % entspricht. 36 DG-Mitglieder (6,6 %) gehörten nur der Jugendbewegung an, und 38 sowohl der Jugendbewegung als auch der völkischen Bewegung. Das sind 7 %. Das Größenverhältnis innerhalb der 144 Personen lautet: 49 : 25 : 26 Prozent. Der Akzent liegt stark auf dem völkischen Element, 75 % : 25 %, wenn man die 26 % der völkischen Jugendbewegten den rein Völkischen zuschlägt. Selbst wenn man sie den 25 % rein Jugendbewegten zuordnet, kann man davon ausgehen, daß genügend völkisches Gepräge bleibt, denn die Jugendbewegten, um die es sich hier handelt, entstammten alle der bürgerlichen, rechten Jugendbewegung.

Für die Spannungen innerhalb der DG, die bis zur Spaltung geführt haben, wurden hypothetisch auch Alterskonflikte vermutet.[4] Um die Vermutung zu überprüfen, wurde eine Alterspyramide erstellt. Für 118 DG-Mitglieder konnte das Geburtsdatum festgestellt werden. Das entspricht etwa 22 % der 545 untersuchten Mitglieder. In Tabelle 3 wurden immer 10 Jahrgänge zu einer Einheit zusammengefaßt. Der Anfang wurde auf 1860 gesetzt, das Ende auf 1919. Nur eine einzige Person aus der DG wurde vor 1860 geboren. Es handelt sich um den Antisemiten Theodor Fritzsch, Jahrgang 1852.

Die vorhandenen Unterschiede sind, berücksichtigt man die Unvollständigkeit des Materials, so gering, daß weitere Schlüsse nicht gezogen werden können.

Räumt man ein, daß Sozialdaten gerade für die jüngeren Jahrgängen bei der Materialaufnahme vergleichsweise selten gefunden wurden, daß also diese Gruppe in der Tabelle zahlenmäßig zu wenig berücksichtigt worden ist, so könnte man meinen, daß der Charakter der DG jugendlicher war, als es hier dargestellt ist. Diese Vermutung wäre dann die Bestätigung für die These, daß ein Alterskonflikt ein Faktor zur Spaltung der DG war. Ein weiteres Indiz für diese These liegt in dem Umstand, daß viele Mitglieder aus der SS und der

---

4) Zuletzt CANCIK, "Neuheiden", S. 198.

**Tabelle 3: Altersstruktur**

| Bezugsgröße | Volkszählung 1925 | potentielle DG | DG-Mitglieder |
|---|---|---|---|
| Alter | | | |
| 64-73 Jg. 1860-1869 | 9 % (4.368.743) | 8 % | 9 % |
| 54-63 Jg. 1870-1879 | 13 % (6.865.168) | 16 % | 11 % |
| 44-53 1880-1889 | 16 % (8.113.380) | 16 % | 12 % |
| 34-43 1890-1899 | 18 % (9.361.593) | 20 % | 19 % |
| 24-33 | 24 % (12.482.123) | 23 % | 28 % |
| 14-23 1910-1919 | 20 % (9.985.699) | 16 % | 20 % |
| Gesamt | 51.176.709 | 166 | 118 |

HJ kamen. Bei diesen kann man bekanntlich ein jugendliches Alter annehmen, das heißt ein Alter um die 30 Jahre. Wie im historischen Teil gezeigt, waren es die SS-Leute, die die ältere Generation zum Abtreten gezwungen hatten. Doch darf, wie die Interpretation der Tabelle zeigt, der Alterskonflikt nicht zu eindimensional verstanden werden. Die Zusammenhänge waren komplizierter.

Es wurde eine Alterspyramide der Völkischen und der Jugendbewegten aufgestellt, deren Basis leider recht schmal ist. Von den 118 DG-Mitgliedern mit Geburtsangaben bleiben nur 53 Mitglieder übrig, bei denen Aktivitäten in den genannten Gruppen festgestellt wurden. Sie verteilen sich wie folgt:

**Tabelle 4: Altersstruktur bei Völkischen und Jugendbewegten**

| Alter im Jahre 1933 | Jugend-bewegung | Völkische Bewegung | Völkische und Jugendbew. | Summe |
|---|---|---|---|---|
| älter als 73 Jg. vor 1860 | - | 2 % (1) | - | 1 |
| 64-73 1860-1869 | 2 % (1) | 8 % (4) | 2 % (1) | 6 |
| 54-63 1870-1879 | 0 | 13 % (7) | 6 % (3) | 10 |
| 44-53 1880-1889 | 2 % (1) | 8 % (4) | 4 % (2) | 7 |
| 34-43 1890-1899 | 11 % (6) | 9 % (5) | 4 % (2) | 13 |
| 24-33 1900-1909 | 15 % (8) | 4 % (2) | 9 % (5) | 15 |
| 14-23 1910-1919 | 0 | 0 | 2 % (1) | 1 |
| Summe | 30 % (16) | 44 % (25) | | |

Das Verhältnis der Mitglieder aus der Jugendbewegung zur völkischen Bewegung zur völkischen Jugendbewegung entspricht hier mit 30 : 44 : 27 Prozent ziemlich genau den Zahlen, die oben für diejenigen gewonnen worden waren, bei denen die Geburtsdaten nicht berücksichtigt wurden (25 : 49 : 26 Prozent).[5]

Aus der Betrachtung der Tabelle 4 muß die Altersgruppe der 14-23jährigen ausgeschlossen werden, da dazu Angaben fehlen. Die 2 % in der Spalte Jugendbewegung des Jahrgangs 1860-1869 ist für eine Interpretation ebenfalls auszuschließen. Es handelt sich hierbei um Rudolf Walbaum, der zu einem Zeitpunkt zum *Köngener Bund* gestoßen ist, da der Bund sich auch nichtjugendbewegten Älteren geöffnet hatte. Er ist nicht der typische Jugendbewegte

---

5) S. 299.

gewesen. Hinter den 2 % der Jahrgänge 1880-1889 verbirgt sich J. W. Hauer. Sein Name ist mit der Jugendbewegung verbunden, und er stellt für eine Interpretation ein Symbol dar: Hauer war, als er den Köngener Bund mitgründete und damit in die Jugendbewegung eintrat, ein erwachsener Mann von 39 Jahren gewesen. Er gehörte zu denen, die die Jüngeren der Jugendbewegung geprägt haben. Schaut man sich die Namen der Jahrgänge 1860-1889 in den beiden anderen Spalten genauer an, so findet man in der Tat viele Personen, von denen bekannt ist, daß sie wie Hauer Jugendliche geprägt haben: Fidus (1868), Theodor Scheffer (1872), Georg Stammler (1872), Bruno Tanzmann (1878) und Adolf Kroll (1880). Sie wirkten in der extrem völkischen Jugendbewegung mit, wie etwa Fidus bei den Nordungen. Aber sie fanden darüber hinaus auch in weniger extremen Kreisen Beachtung. Zu den Genannten gehören noch die religiösen Völkischen wie Fahrenkrog (1867), Otto Sigfrid Reuter (1876), Theodor Schmider (1870), Paul Krannhals (1883) und Herman Wirth (1885).

Betrachtet man die Gruppe der 24-43jährigen, so fällt auf, daß die Jugendbewegten in dieser Altersgruppe am stärksten vertreten sind. Von ihnen kann man sagen, daß sie in den 20er Jahren ihre Prägung durch den Weltkrieg und zum Teil durch das Leben in der bündischen Jugend erfahren haben. Alte Wandervögel gab es außer Muck-Lamberty keine - und der rechnete sich selbst zum völkischen Wandervogel.[6]

Die Jahrgänge 1870-1879 stellen die größte Häufung dar. 1925 standen sie in einem Alter von 46-55 Jahren. Acht Jahre später, also 1933 bei Gründung der ADG, gehörten sie zu den Alten. Zum Teil schieden diese alten Völkischen wegen Hauers und Reventlows religiöser Position freiwillig aus, das heißt hier spielte der Alterskonflikt keine Rolle, zum Teil wurden sie von jenen verdrängt, die sie wenige Jahre zuvor noch mitgeprägt hatten. Ein weiterer Hinweis, der gegen eine zu einfache Interpretation des Alterskonflikts spricht, sei mit dem Namen eines Alten, nämlich Hauer, und eines Jüngeren, Gerickes, gegeben. Man muß auch "Koalitionen" zwischen Alten und Jungen annehmen. Dennoch gilt, daß die sogenannte Kriegs- und Nachkriegsgeneration mehr und mehr das Gesicht der DG bestimmte und die Alten verdrängte. Interessant wären Aussagen zur jugendlichen Sozialisation dieser Alten. Doch ist das eine eigene Arbeit. Nur soviel steht fest: Sie hatten ihre Prägung noch im wilhelminischen Zeitalter erlebt, womit man für die DG eine Spur gefunden hat, die vom Dritten Reich über die Weimarer Republik in die Kaiserzeit zurückreicht.

---

6) *BA Hauer* 53, 280-282, Autobiographie Muck-Lambertys in Stichworten, undatiert, vermutlich vor September 1933.

Diese letzte Beobachtung hat ihre Relevanz in der Vermittlung des sogenannten Kriegserlebnisses, das heißt der Interpretation des Krieges. Der 1. Weltkrieg gehört zu den Ereignissen, die die damalige Jugend ohne Zweifel nachhaltig geprägt hat. Man unterteilt die damalige Gesellschaft in eine Vorkriegsgeneration, die den Krieg nicht aktiv hatte mitmachen müssen, in eine ältere Kriegsgeneration, die aktiv am Krieg teilgenommen hat und schon völlig sozialisiert gewesen war, in eine jüngere Kriegsgeneration, die "Frontgeneration", die als weniger gefestigte Persönlichkeiten in den Krieg ziehen mußten, und in eine Nachkriegsgeneration, die zu jung war, um in den Krieg zu ziehen, die aber schon alt genug war, um den Krieg bewußt mitzubekommen. Bei der Vorkriegsgeneration handelt es sich um die Jahrgänge vor 1875, bei der älteren Kriegsgeneration um die Jahrgänge 1875-1885, bei der "Frontgeneration" um die von 1886-1903 und bei der Nachkriegsgeneration um die nach 1903 Geborenen (bis 1912).[7] Die ältere Kriegsgeneration kann man unter dem Gesichtspunkt der abgeschlossenen Sozialisation der Vorkriegsgeneration zuschlagen. Dann ergibt sich für das Deutsche Reich nach der Volkszählung von 1925 und nach der Untersuchung der DG folgendes Bild:

**Tabelle 5: "Kriegsgeneration" nach I. Götz von Olenhusen**

| | Volkszählung 1925 | DG |
|---|---|---|
| Bezugsgröße (nur Männer) | 100 % (21.680.181) | 97 |
| Vorkriegsgeneration Jahrgänge 1860-1886 | 39 % (9.399.830) | 32 % |
| Kriegsgeneration Jahrgänge 1887-1903 | 35 % (7.512.495) | 31 % |
| Nachkriegsgeneration Jahrgänge 1904-1912 | 27 % (5.767.856) | 37 % |

Der Vergleich zwischen den Zahlen im Gesamtreich und in der DG zeigt auf Reichsseite eine abfallende Linie von der Vorkriegs- zur Nachkriegsgeneration und eine aufsteigende Linie bei der DG. Das heißt, daß innerhalb der DG die Nachkriegsgeneration vergleichsweise stark vertreten war. Zusammen

---

7) GÖTZ VON OLENHUSEN, *Jugendreich - Gottesreich - Deutsches Reich. Junge Generation, Religion und Politik 1928-1933*, S. 26; S. 29-34.

mit der Kriegsgeneration machen sie mindestens zwei Drittel aus. Stellt man die Schwierigkeit der Datenbeschaffung bei den Jüngeren in Rechnung, so kann man davon ausgehen, daß bei einer besseren Datenlage der Prozentsatz zu Gunsten der Kriegs- wenn nicht sogar noch mehr der Nachkriegsgeneration steigt. Die Tendenz dazu scheinen mir die 37 % der Nachkriegsgeneration anzuzeigen.

Felix Raabe hat eine abweichende Einteilung der Bevölkerung in Vorkriegs-, Kriegs- und Nachkriegsgeneration vorgenommen.[8] Er folgt in seinen Überlegungen Eduard Spranger.[9] Dabei wird nicht von der Teilnahme im Krieg ausgegangen, sondern davon, ob und wie bewußt die Kinder und Jugendlichen den Krieg erfahren haben.[10] Da zeigt sich das Bild folgendermaßen:

**Tabelle 6: "Kriegsgeneration" nach F. Raabe**

|  | Volkszählung 1925 | DG |
|---|---|---|
| Bezugsgröße (nur Männer) | 100 % (21.920.494) | 97 |
| Vorkriegsgeneration Jahrgänge 1860-1900 | 55 % (13.724.968) | 50 % (47) |
| Kriegsgeneration Jahrgänge 1900-1907 | 20 % (4.918.376) | 18 % (19) |
| Nachkriegsgeneration | 12 % (3.277.150) | 29 % (31) |

Im Vergleich der DG zur übrigen Bevölkerung gibt es bei den Jahrgängen der Raabeschen Vorkriegsgeneration und der Kriegsgeneration keine signifikante Abweichung. Die Abweichung in der Nachkriegsgeneration ist sehr deutlich. Damit ist das bestätigt, was aus der Tabelle 5 schon herausgelesen wurde: das jugendliche Gepräge der DG im Vergleich zur Allgemeinheit. Auch hier kann man annehmen, daß man bei der Kriegs- und Nachkriegsgeneration eine untere Grenze hat. Die 50 % der Vorkriegszeit dürften in Relation zur Nachkriegsgeneration umgekehrt zu hoch sein. Bei der Raabeschen Kriegsgeneration handelt es sich um solche Jugendliche, die überwiegend nicht am Krieg

---

8) Nach RAABE, *Die bündische Jugend*, Kap.: "Kriegsgeneration".
9) SPRANGER, *Psychologie des Jugendalters*, Leipzig 1926.
10) Siehe RAABE, *Die bündische Jugend*, Kap.: "Kriegsgeneration".

teilgenommen und die ihre Jugendsozialisation im Krieg und in der Nachkriegszeit erlebt hatten, das heißt sie hatten in den Kriegs- und Nachkriegsjahren ihre Freizeit in Jugendgruppen verlebt und waren gegen Ende der Weimarer Republik wichtige Träger der Führerbewegung, etwa in der Jugendbewegung. Geprägt wurden sie dort von der Raabeschen Vorkriegsgeneration. Der Jahrgang 1908 der Raabeschen Nachkriegsgeneration hat das Ende des 1. Weltkriegs als Zehnjährige mitbekommen. Ihr Jugendleben fand in den 20er Jahren statt. Sie waren in ihrer Weltanschauung oftmals von der Frontgeneration und zum Teil der Kriegsgeneration geprägt worden. Natürlich ist das nicht isoliert von gesamtgesellschaftlichen Prozessen zu betrachten.

Der Vergleich von Tabelle 5 und 6 zeigt, daß nach dem Modell von I. Götz von Olenhusen der Krieg bei 63 % der männlichen DG-Mitglieder in die Blüte des Lebens gefallen war. In der männlichen Gesellschaft des Deutschen Reiches lag die Zahl bei 62 %, womit die DG nicht aus dem Rahmen fällt. Nach dem Raabeschen Modell waren es 47 % bei DG-Mitgliedern gegenüber 32 % in der männlichen Gesellschaft. Das heißt in der DG gab es prozentual mehr Mitglieder, deren Sozialisation vom Krieg stärker geprägt war als allgemein in der männlichen Gesellschaft. Mit dem Raabeschen Modell läßt sich die Beliebtheit des Kriegsthemas in der DG besser plausibel machen als mit dem Modell von Götz von Olenhusen. Sein Modell ist also hilfreicher für die Erklärung der Sozialisation der DG-Mitglieder. Dazu muß man ergänzend hinzunehmen, was in den Bünden an Beeinflussung auf Jugendliche bekannt ist.

Die Jugendgruppen waren Hauptumschlagplätze für neue Ideen; so wurden in ihnen Büchertips weitergegeben, natürlich auch für Kriegsbücher. Innerhalb der Gruppen genossen diejenigen, die an der Front waren, schon allein deswegen hohes Ansehen. Ihre Büchertips, besonders zum Thema Krieg, wurden daher leichter akzeptiert. Daß die Kriegserlebnisse und die Bilder vom Frontsoldaten ideologisch gelenkt waren, ist gesicherte Erkenntnis.[11] Eine Lenkung fand nicht nur über Bücher statt. Die sogenannten Kriegsspiele fehlten bei keinem Jugendlager, weder in der Jugendbewegung noch in der kirchlichen Jugendpflege. Eine Parallele zum Frontsoldatentyp liegt in den verschiedenen Leitbildern der Bünde vor, sei es der "germanische Menschentyp" der Köngener, sei es der "weiße Ritter" oder sei es der "Geuse". Solche Leitbilder sind in einer Zeit vermehrter Sinnsuche entstanden, genauer nach dem verlorenen 1. Weltkrieg. Mit ihnen waren religiöse Sinnangebote verknüpft.

---

11) Vgl. dazu VONDUNG (HG.), *Kriegserlebnis*; HÜPPAUF (HG.), *Ansichten vom Krieg*; dem Themenkomplex widmet sich WOLFGANG NATTER in seiner Dissertation über Witkops *"Briefe gefallener Soldaten"*.

Typisch war, daß die Bilder der deutschen Geschichte entnommen wurden. Die Vorbilder entstammten oftmals dem militärischen Lebensbereich, wie dem der Ritter oder der Geusen. Die Faszination solcher Leitbilder erschöpfte sich aber nicht in ihrem Bezug zum Krieg, sondern leistete auch einen Beitrag zur individuellen Lebensführung. Die Leitbilder waren Hilfestellungen zur Persönlichkeitsbildung im Sinne eines inneren Seelenkampfes analog zum miles christi oder zum Heiligen und Märtyrer. Bei der Findung eines militaristischen Leitbildes wurde vielleicht überhaupt nicht an die Verführbarkeit zum Kriegsdienst gedacht, sondern es wurde nur der Aspekt der Erziehung zur sittlich reifen Persönlichkeit gesehen. Dennoch bleibt die Frage, warum gerade kämpferische Vorbilder gewählt wurden. Auffallend ist die Vorliebe für Vorbilder aus Befreiungskriegen. Ganz offensichtlich liegt hier die Identifizierung der Nachkriegssituation mit den historischen Befreiungskriegen vor, konkret: Befreiungskampf gegen das "Versailler Diktat" - nicht zwangsläufig militärisch gedacht, sondern, zunächst jedenfalls, als geistig-seelische Disposition. Diese Bilder aus vergangenen Epochen sollten in der Weimarer Republik die Sinnangebote für die Zukunft abgeben. Mit den dazugehörigen, rückwärts gewandten Utopien wollten die Deutschgläubigen und die Bündischen Jugend den Staat erneuern bzw. überhaupt erst einen neuen Staat, die Volksgemeinschaft, schaffen. Was die DG-Mitglieder vor 1933 in ihren Bünden gelernt hatten, wollten sie im neuen Staat nach 1933 weiterführen. Der historische Ausgangspunkt dieser national-religiösen Erneuerungsbewegung war der verlorene 1. Weltkrieg und im Bereich der evangelischen Kirche das Ende des Summepiskopats und die damit zusammenhängende Neuorientierung und Neukonstituierung der gesamten evangelischen Landeskirchen.

Daß die DG mehr mit den Verhältnissen in der evangelischen Kirche zu tun hatte als mit denen in der katholischen, ergibt sich zum einem aus der Organisationsgeschichte und zum anderen aus der religiösen Sozialisation der Mitglieder. In der vorliegenden Untersuchung wurde kein Fall eines Bekehrungserlebnisses gefunden. In 95 Fällen, in denen die Religionszugehörigkeit zweifelsfrei angegeben war, kamen 64 % von der evangelischen Kirche, 1 % von der katholischen Kirche, 8 % von den Freireligiösen, 5 % von den deutschreligiösen Gemeinschaften, 2 % von der Ludendorff-Bewegung und bei 19 % konnte eine kirchliche Herkunft nicht ermittelt werden. Fast alles spricht dafür, daß die DG-Mitglieder evangelisch sozialisiert worden waren. Die DG ist eine Religion ohne Bekehrungserlebnis als Grundlage. Die Mitglieder traten aus Enttäuschung und Verärgerung aus der Kirche aus und der DG bei.

Den Kirchen schienen die Kirchenaustritte in der Weimarer Republik bedrohlich zu werden - bei kaum 1 % pro Jahr. Die Kirchenaustrittsbewegung wurde mit Atheismus identifiziert. Man sprach von der "Gottlosenbewegung". Rezepte zu ihrer Überwindung gab es viele - eigentlich in jeder religiösen Gruppe. Die religiöse Konzeption des *Köngener Bundes* war nur eine von vielen, ebenso die der verschiedenen Deutschreligiösen. Doch wie aus der Geschichte vieler deutschreligiöser Gemeinschaften hervorgegangen ist, gehörte oftmals der Kirchenaustritt zur Vorbedingung der Mitgliedschaft, damit auch ein Bekenntnis zur neuen Religionsgemeinschaft. Den Kirchenaustritt setzten diese Kreise auch in der DG durch, womit die DG statistisch in die Kirchenaustrittsbewegung geriet und ideologisch in den Geruch der Gottlosigkeit.

Günter Kehrer hat aufgezeigt, daß der Kirchenaustritt nicht typisch ist für die evangelische Konfession, was die Statistik zu zeigen scheint, sondern von dem Grad der Urbanität abhängt.[12] Die Frage erhebt sich, ob sich dies am Beispiel der DG auch zeigen läßt. Bei den Berufen der Deutschgläubigen handelt es sich durchweg um solche, die man der Stadt zuordnen kann. Doch kann der städtische Charakter nicht nur an den Berufen gezeigt werden, sondern auch am Verteilungsgebiet der Ortsgemeinden der DG.

**Tabelle 7: Verteilung der Ortsgemeinden**

| Bezirk | Gemeinden der DG | |
|---|---|---|
| | Stadt | Land |
| Baden | 10 | |
| Bayern | 15 | 2 |
| Berlin | 25 | |
| Brandenburg | 10 | |
| Braunschweig | 4 | |
| Bremen | 1 | |
| Danzig | 1 | |
| Hamburg | 9 | |

---

12) KEHRER, *Soziale Klassen und Religion in der Weimarer Republik*, S. 74-79.

|              | Gemeinden der DG | |
|---|---|---|
| Bezirk | Stadt | Land |
| Hannover (Provinz) | 8 | 3 |
| Hessen | 3 | |
| Hessen-Nassau | 9 | 2 |
| Lübeck | 1 | |
| Mecklenburg-Schwerin | 2 | |
| Oldenburg | 2 | 2 |
| Ostpreußen | 5 | 4 |
| Pfalz | 1 | |
| Pommern | 3 | |
| Rheinprovinz | 9 | 1 |
| Saarland | 2 | |
| Sachsen | 12 | 3 |
| Sachsen (Provinz) | 4 | |
| Schlesien | 9 | 6 |
| Schleswig-Holstein | 6 | 5 |
| Thüringen | 8 | 3 |
| Westfalen | 14 | 3 |
| Württemberg | 11 | 2 |

Es ist deutlich, daß die Ortsgemeinden in Städten zu finden waren; meist handelte es sich dabei um größere Städte Bei den Landgemeinden ist es öfter belegbar, daß die Gemeindeleiter typisch städtische Beruf ausübten (etwa Lehrer, Apotheker oder Verwaltungsangestellter). Mit diesem städtischen Charakterzug der DG, der sich mit dem Hinweis, daß die gesamte Jugendbewegung ein städtisches Phänomen war, noch weiter erklären ließe, ist Kehrers Ergebnis auch für die Kirchenaustritte der DG bestätigt.

## III. Desiderate

Die vorliegende Arbeit beschränkte sich vor allem auf die Organisationsgeschichte der DG mit ihrer Vorgeschichte in der Weimarer Republik, der Phase I "altvölkische Phase" bei Cancik,[1] bis in die Zeit des Kirchenkampfes, der Phase II, der "völkisch-revolutionären Phase".[2] Als der entscheidende Abschnitt erwies sich die Zeit von der Gründung der ADG im Juli 1933 bis zum Juni 1934, als sich die Freireligiösen offiziell von der DG losgesagt hatten. In diese Zeit fiel die entscheidende Weichenstellung von einer national-liberalprotestantischen und einem radikal völkischen Religionskonglomerat zu einer nationalsozialistischen Religionsgemeinschaft. Da sich parallel dazu evangelischerseits die Bekennende Kirche herauskristallisierte und die Freikirchen sich zu vereinigen begannen, spricht vieles dafür, das Ende der Weimarer Religionsgeschichte, parallel zum Ende der von Röhm geführten SA, auf Juni 1934 zu legen. Die Phase bis zum Rücktritt Hauers im März 1936 ist als der Zeitabschnitt zu bewerten, in dem die letzten liberalreligiösen Mitglieder den radikalen in der DG weichen mußten. Hier ist zu prüfen, ob dieser Prozeß als Ausdruck der religionspolitischen Lage oder als ein Vorverweis auf spätere Zeiten zu werten ist. Um eine befriedigende Antwort zu erhalten, die nicht die variierte kirchliche Interpretation aus der Zeit des Kirchenkampfes darstellt, wären folgende Fragen zu klären:

- Wo wirkten die national-liberalen Protestanten, zum Beispiel der Köngener Bund unter Rudi Daur, während des Dritten Reiches?
- Welche Religionspolitik - nicht Kirchenpolitik - verfolgten die Führer der verschiedenen NS-Gliederungen konkret? Verhielten sie sich gegenüber Missionsversuchen von christlichen Gruppen in ihren Reihen ähnlich abwehrend wie von Schirach gegenüber der DG in der HJ?

Ein zweiter Schwerpunkt der vorliegenden Arbeit war die soziologische Verortung der DG. Die prosopographische Vorgehensweise lieferte ein recht differenziertes Bild von Verbindungen der verschiedensten Gruppen, Bünden, Vereinen und Religionsgemeinschaften, die man zum Teil nicht vermutet hat, etwa die Völkischen innerhalb der allgemein als marxistisch bezeichneten Freireligiösen. Hier sind weitere Untersuchungen notwendig. Insbesondere müßte folgenden Fragen nachgegangen werden:

---

1) Siehe CANCIK, "Neuheiden", S. 207.
2) Ebd.

- Welche Verbindungen bestanden zu den Wehrverbänden, den Geheimbünden und der schwarzen Reichswehr in der Weimarer Republik?
- Welche Qualität hatten die Verbindungen zur SS, zur Gestapo und zu militärischen Kreisen?

Die letzte Frage berührt einen Themenkomplex, der in dieser Arbeit ausgespart wurde, nämlich den von Kult und Lehre. Bei derartig vielen SS-Mitgliedern in der DG ist zu vermuten, daß sie ihre religiösen Vorstellungen auch in die SS miteingebracht haben. Als Forschungsaufgabe ergibt sich daher:

- die Formen des Totenkultes, der Initiationsriten und der Symbole
  a) in der DG
  b) in der SS
  c) im Nationalsozialismus überhaupt
- die Untersuchung, inwiefern die DG das Experimentierfeld für den NS- und SS-Kult abgegeben hat.

Da die Hauptaktivitäten der DG in der Reichshauptstadt Berlin lagen, ist es nicht zuletzt aus pragmatischen Gründen sinnvoll, die hier angeschnittenen Fragen durch eine Untersuchung der Deutschen Glaubensbewegung in Berlin einer Lösung zuzuführen.

# D. Anhang

# Dokumente

Nordische Glaubensgemeinschaft (e.V.)
Weg und Ziel

*Weg und Ziel*

Die Entwicklung der religiösen und allgemein-geistigen Lage unserer Zeit bringt es mit sich, daß die Nordische Glaubensgemeinschaft häufiger nach Sinn und Ziel ihrer Arbeit gefragt wird als früher. Dazu kommt die stetige Ausbreitung, die unsere Bewegung seit 1931 genommen hat, und der wachsende Einfluß, den sie gerade auf dem Gebiete der geistigen Grundlegung der völkischen Glaubensdinge ausübt. Daher faßt die Hauptleitung Wesen und Wollen der Gemeinschaft in diesem Merkblatt zusammen.

*Entstehung und Entwicklung der N.G.*

Die Nordische Glaubensgemeinschaft e.V. gehört zu den alten völkischen Glaubensbewegungen, die schon vor der Übernahme der Regierungsgewalt durch den Nationalsozialismus im artgläubigen Sinne in Deutschland religiös tätig waren. Sie ist im Jahre 1927 als selbständige Gemeinschaft gegründet worden und reicht durch ihre damals führenden Persönlichkeiten weit in die Zeit vor dem Weltkrieg hinein. Sie stellte schon damals das Ziel einer alle Deutschen umfassenden Glaubensbewegung auf, verbreitete sich in ganz Großdeutschland und hat auch Freunde und Stützpunkte im artverwandten Ausland. In ihrer Gliederung steht sie auf dem Führergrundsatz, legt jedoch Wert darauf, daß alle Mitglieder (Gefährten) sich mitverantwortlich fühlen und an den großen Aufgaben des Artglaubens mitarbeiten. Sie ist in Landesgefährtenschaften gegliedert, die im wesentlichen den Reichsgauen entsprechen; diese sind wiederum in Kreisgefährtenschaften und Ortsgefährtenschaften eingeteilt. Der Leiter ist die Spitze der Gemeinschaft und ihr Vertreter nach außen hin. Ihm zur Seite steht als beratende und mitarbeitende Körperschaft die Hauptleitung und der Gemeinschaftsrat. Jährlich einmal findet der "Gemeinschaftstag" statt, meist im Herbst. Landes-, Kreis- und Ortgefährtenschaftstage werden entsprechend abgehalten.

*Wesen und Wollen der N.G.*

Die N.G. ist eine religiöse Gemeinschaft im Sinne der Gesetze. Sie betätigt sich *nur religiös*. Sie erstrebt und verwirklicht ein echt religiöses Gemeinschaftsleben, das sich in Haltung und Taten ihrer Angehörigen und im Brauchtum ihrer Lebensfeiern und Feste ausdrückt. Hauptwert wird gelegt auf das D a r l e b e n der von ihr vertretenen Grundsätze. Diese sind niedergelegt in dem religiösen Programmwerk: DAS NORDISCHE ARTBEKENNTNIS.
Aus Vorarbeiten der Jahre 1931 und 1932 ist es am 14. Scheidings 1933 niedergelegt worden. Es enthält in seinen 27 Sätzen die Grundlagen des völkischen Artglaubens. Das bedeutet, daß hier die rassische Weltanschauung ihren Ausdruck in einer "Religion" gefunden hat, die imstande ist, die Menschen nordischer Art und nordischen Seelentums im letzten sittlichen und metaphysischen Sinne zu binden, das heißt, vom Gewissen her für ihr Leben und Sterben zu verpflichten, und zwar auf die ewigen blutsgebundenen Werte unserer Rasse.
Das Nordische Artbekenntnis ist k e i n "D o g m a", sondern eine R i c h t e für völkische Menschen, die in ihm den Ausdruck artgemäßen Fühlens und Denkens, Forderns und Handelns anerkennen. Der im Nordischen Artbekenntnis Wortform gewordene N o r d i s c h e   G l a u b e (oder Artglaube) findet seine Grundlage in allen Menschen der germanischen Völker, die dem Blute nach a r i s c h sind und Anteil am nordischen Seelenerbe haben. So ist die Nordische Glaubensgemeinschaft eine Heimstätte für a l l e Menschen nordischen Blutsanteils, die sich zu ihren Grundsätzen bekennen. - In der deutschen Volksgemeinschaft steht die N.G. bejahend zum Werk des Führers für Gegenwart und Zukunft, wie sie bejahend und fördernd in der Vergangenheit schon vor der Machtübernahme zum Nationalsozialismus gestanden hat. Denn sie stammt aus den gleichen geistigen Antrieben wie dieser und strebt, nur in r e i n   r e l i g i ö s e m   S i n n e, ebenfalls dem a r t g e m ä ß e n   L e b e n zu.
Besonderen Wert legt die N.G. bei der Verwirklichung dieser Ziele auf die Ausarbeitung und Darstellung des artgläubigen B r a u c h t u m s. Sie gestaltet alle Feiern des Lebens- und Jahreskreises in würdiger und schöner Form aus dem Brauchtum unseres Volkes heraus, ohne Kirche und Priester,

ohne fremde Lehre und Zeremonie. Die Feiern und Feste der N.G. gehören daher zum sichtbarsten Ausdruck ihres religiösen Lebens und Wollens. Es sind die Sippenfeiern: Eheweihe, Namensweihe, Jugendfestigung, Mündigung, Totenleite; die Feiern des Jahreskreises: Weihnachten und Wintersonnenwende, Fasnacht, Ostern, Hohemaien, Sommersonnenwende, Erntedankfest, Ahnenfeier und Heldenehrung; schließlich die Feste des Volkskreises, die, wo möglich, im Rahmen der NS-Gliederungen mitgefeiert werden.

Das religiöse Z i e l der N.G. ist die E i n h e i t aller Deutschen und darüber hinaus aller Menschen nordischen Blutsanteils im Artglauben. Nordischer Glaube ist also keine Konfession, sondern W e g zur germanischen E i n i g u n g  i m  G l a u b e n.

*Arbeitsweg der N.G.*

Einer religiösen Bewegung geziemt nicht schreierische Reklame und laute Propaganda, sondern stille und ernste Arbeit an der Lebensverwirklichung ihrer Ziele. Diese erfolgt zuerst durch das Darleben ihrer Grundsätze, durch Vorträge und Feiern, durch Schrifttum und Werbung. Der Vertiefung des Nordischen Weltbildes und seiner Klärung dienen besonders die folgenden religiösen Schriften:
Das Nordische Artbekenntnis, erläutert von Dr. W. Kusserow. Nordische Frau - Nordischer Glaube von Hertha Schemmel. Glaube und Waffe von Gerhard Hoffmann, Nordische Religion und Nordische Kunst von Karl Holleck-Weithmann. Glaube und Recht von Volksgerichtsrat Jenne. Du und Dein Kind von Johanna Heinrich. Nordischer Glaube und Christentum von Dr. W. Kusserow. Die vorstehenden Schriften sind vom Verlag Adolf Klein, Schkeuditz bei Leipzig, zu beziehen. Außerdem sind folgende Schriften gemeinschaftsamtlich:
Von Adolf Conn (Stellvertr. Leiter): Deutschgläubig oder christlich-marxistisch? - Der Wahn vom völkischen Staat auf christlicher Grundlage. - Wie wir Gott nicht sehen. - Gott als Idee und Wirklichkeit. - Das Eddische Weltbild. - Rasse statt Heilsplan. - Das Gott statt der Gott. - Von Karl Holleck-Weithmann: Ist das Gott?
Der W I D A R (Verlag Adolf Klein) vertritt als Zeitschrift die religiösen Anschauungen der N.G., zur Zeit wegen Papiermangels eingestellt. Schrifttum, Werbestoff und Brauchtumsblätter können durch den Dienst Werbung und Vortrag bestellt werden. Anfragen richte man an die Dienste:
Werbung und Vortrag, Erika Maschewski, Berlin W 30, Heilbronnerstr. 19.
Brauchtum und Feiergestaltung, Rose Kusserow, Bad Freienwalde/Oder, Straße der SA 32.

Nordisches Schrifttum, Anneliese Degebrodt, Berlin W 50, Pragerstr. 16.
Art und Recht, Rechtsanwalt Arno Berger, Berlin-Halensee, Kurfürstendamm 149.
Art und Land, Reinder Sommerburg, Berlin-Halensee, Georg-Wilhelm-Str. 10.
Hauptschatzamt, Dr.-Ing. Otto Eichler, Berlin W 30, Heilbronnerstr. 19.
Der Leiter und Dienst Art und Glaube, Dr. W. Kusserow, Bad Freienwalde/Oder, Straße der SA 32.

(Aus: *BA Hauer* 5, 322-323)

# Satzungen der Deutschen Glaubensbewegung

*Name, Sitz, Zweck und Zeichen.*

§ 1
Der Verein führt den Namen "Deutsche Glaubensbewegung".

§ 2
Zweck des Vereins ist der Kampf für einen freien deutschen Glauben durch:
1. Zusammenfassung der Mitglieder in Ortsgemeinden.
2. Veranstaltung von Gemeinschaftsabenden und Feiern.
3. Erziehung und Unterweisung im Deutschen Glauben.
4. Veranstaltung von öffentlichen Versammlungen.
5. Herausgabe und Verbreitung von Zeitschriften, Zeitungen, Merkblättern, Schriften und Büchern.
6. Ausbildung von Rednern und Lehrkräften.

§ 3
Der Verein führt mit Genehmigung des Kampfrings "Deutsche Glaubensbewegung" E.V. als Zeichen das goldene Sonnenrad auf blauem Grund.

*Erwerb der Mitgliedschaft*

§ 4
Der Verein besteht aus Vollmitgliedern, fördernden und jugendlichen Mitgliedern.

§ 5
Vollmitglied des Vereins kann ohne Rücksicht auf die Staatsangehörigkeit jeder unbescholtene männliche oder weibliche deutsche Volksgenosse werden, der das achtzehnte Lebensjahr vollendet hat und folgende Bedingungen erfüllt:
1. Er und sein Ehegatte müssen frei sein von jüdischem und farbigem Bluteinschlag.
2. Er darf weder einem Geheimbund noch einer Freimaurerloge, noch einem kirchlichen Orden (Jesuitenorden) angehören.
3. Er darf keiner anderen Glaubensgemeinschaft (Kirche) angehören.

§ 6
Förderndes Mitglied kann werden, wer den Bedingungen des § 5 mit Ausnahme der Ziffer 3 genügt, also noch einer anderen Glaubensgemeinschaft (Kirche) angehört.

§ 7
Jugendliche unter 18 Jahren werden im "Jugendwerk" zusammengefaßt, das dem Verein angegliedert ist, und für das besondere Bestimmungen gelten.

§ 8
Die Mitglieder nennen sich Kameraden. Sie bezeichnen sich gegenüber Behörden und in Registern als "deutschgläubig."

§ 9
Der Beitritt zu dem Verein erfolgt durch schriftliche Anmeldung.
Die Aufnahme erfolgt durch .........
(Fassung will Dorn geben).
Die Beitrittskarte dient als vorläufiger Mitgliedsausweis, bei fördernden Mitgliedern gleichzeitig als Zugehörigkeitszeugnis. Sie ist als Ausweis nur gültig, wenn der Beitrag für den laufenden Monat bezahlt ist.
Vollmitglieder, die ihre Mitgliedspflichten erfüllt haben, erhalten nach einjähriger Mitgliedschaft anstelle der Beitrittskarte ein Mitgliedsbuch.

§ 10
Die Aufnahme kann ohne Angabe von Gründen abgelehnt werden.
Gegen die Ablehnung ist Einspruch beim Vereinsführer möglich, der den Einspruch zur Entscheidung an das Ehrengericht weiterleiten kann.
Die Einspruchsfrist beträgt 14 Tage seit Zugang des Bescheids.

*Verlust der Mitgliedschaft*

§ 11
Die Mitgliedschaft erlischt durch Austritt, Ausschluß und Tod.

(Aus: *BA Hauer* 63, 158-159)

# Erlaß von Rudolf Heß, Stellvertreter des Führers, vom 13. Oktober 1933

Im Anschluß an die Erklärung des Reichsbischof Müller, wonach keinem Pfarrer dadurch Schaden erwächst, daß er nicht der Glaubensbewegung "Deutsche Christen" angehört, verfüge ich: Kein Nationalsozialist darf irgendwie benachteiligt werden, weil er sich nicht zu einer bestimmten Glaubensrichtung oder Konfession oder weil er sich zu überhaupt keiner Konfession bekennt. Der Glaube ist eines jeden eigenste Angelegenheit, die er nur vor seinem Gewissen zu verantworten hat. Gewissenszwang darf nicht ausgeübt werden.

(Nach: *BA NS* 6/215)

# Briefwechsel zwischen Jakob Wilhelm Hauer und Hermann Hesse

Tübingen, den 21.7.32.

Sehr verehrter, lieber Herr Hesse!

Während der letzten Wochen habe ich in den wenigen Augenblicken der Musse, die mir neben meiner angestrengten Arbeit blieben, Ihre "Morgenlandfahrt" gelesen. Wie ist hier der Schwabe wieder einmal in Ihnen durchgebrochen, der fabulierend an die verborgensten Wahrheiten rührt! Sie können sich denken, dass ich als einer, der von der Jugendbewegung herkommt, das bald gewittert hatte, was die Inder den rasa, den geheimen Saft, den seelischen Geschmack eines Gedichtes oder eines Werkes nennen. Und der hat mich stark berührt infolge des geheimen chemischen Prozesses, der nach indischer Anschauung in den Seelen sich vollzieht, wenn der rasa des Werkes sie berührt. Es geschieht eine Verschmelzung und Verwandlung von Anschauendem und Angeschautem. Wir werden das Selbst des Darstellers, d. h. er wird unser Selbst. Merkwürdig stand beim Lesen dann immer im Hintergrund irgend ein Dunkles, Staubbedecktes, Uneröffnetes, dessen Wesen ich nicht enträtseln konnte, vielleicht ein Unwirkliches, das noch nicht zur Wirklichkeit geboren ist. Jedenfalls möchte ich Ihnen recht herzlich danken für dieses neue Werk, über das ganz sicher manche unserer Realisten und Rationalisten lächeln werden.

Nun habe ich noch eine Bitte. Ein Mitarbeiter der "Kommenden Gemeinde" möchte das Werk besprechen und auch besitzen. Ich habe mich an den Verlag gewandt um ein Besprechungsexemplar. Er hat mir aber geschrieben, es sei keines mehr vorhanden, was ich ihm natürlich nicht glaube. Wahrscheinlich ist ihm die "Kommende Gemeinde" nicht weltbekannt genug. Nun wollte ich Sie fragen, ob es möglich wäre, dass Sie dem Verlag einen kleinen Wink gebe könnten, dass er für den Mitarbeiter das Werk zur Besprechung schickt. Ich selbst mache mich nur ungern an solche Besprechungen, da ich ja nur ein simpler Professor bin und im Gebiet der Literatur nur ab und zu irrlichteliere.

Wenn Sie wieder einmal nach Tübingen kommen oder in die Nähe von Tübingen, dann merken Sie doch auch, ob nicht die Stimme des Herzens Ihnen leise zuflüstert, dass Sie bei uns einkehren sollten. Wir würden uns alle sehr freuen. Im Herbst komme ich in die Schweiz. Ich habe ein Seminar über den Kuṇḍalinī-Yoga bei C. G. Jung in Zürich zu halten. Wäre es nicht möglich, dass wir uns da vielleicht treffen?

Mit einem herzlichen Gruss<br>
Ihr<br>
J. W. Hauer

(Aus: *Schweizerisches Literaturarchiv*, Bern [Ms L83])

Tübingen, den 22.11.1933.

Lieber Herr Hesse!

Seien Sie mir nicht böse, dass ich auf Ihre freundliche Karte überhaupt nie geantwortet habe. Nach Ascona kam ich nicht. Und seit August bin ich durch die sogenannte "Deutsche Glaubensbewegung"* so angespannt, dass ich zu anderes mehr komme. Ich weiss nicht, ob es möglich ist, aus der Ferne zu begreifen, was hier vor sich geht. Ich bin überzeugt davon, dass es ganz entscheidende Dinge für die gesamte geistige Zukunft unseres Volkes sind. Zunächst hatten wir einen zähen Kampf um Gewissens- und Glaubensfreiheit zu führen, den wir, so viel ich sehe, jetzt gewonnen haben. Die Kirche hat sich die beste Mühe gegeben, den Nationalsozialismus dazu zu benützen, die Gewissen und Gemüter zu knechten. Dieses Joch haben wir nun zerbrochen. Das ist zunächst der Sinn unserer Glaubensbewegung und der in Eisenach gebildeten Arbeitsgemeinschaft gewesen. Die nächste Aufgabe wird sein, einer freien deutschen Gläubigkeit zum Sieg zu verhelfen. Das hat aber noch lange Weile. Ich habe kürzlich eine kleine Flugschrift veröffentlicht, in der ich einiges über diese Dinge gesagt habe. Ich schicke sie Ihnen zu mit einem herzlichen Gruss. Wenn Sie einmal wieder nach Deutschland kommen, dann wohnen Sie doch bei uns. Wie könnten dann allerhand miteinander reden. Mit einem recht herzlichen Gruss, auch von meiner Frau

Ihr<br>
J. W. Hauer

*nicht Glaubensbewegung deutscher Christen!

(Aus: *Schweizerisches Literaturarchiv*, Bern [Ms L83])

Tübingen, Eberhardshöhe, Haus Breidablick
den 16./29. Ostermond 1935

Lieber Herr Hesse!

Wir haben lange nichts von einander gehört. Ich würde mich freuen, wenn wir uns wieder einmal treffen könnten. Kommen Sie nicht im Sommer wieder nach Deutschland? Sie können dann, wenn es Ihnen passt, bei uns wohnen.
 Der Anlass meines heutigen Briefes ist die Sendung von ein paar Veröffentlichungen, die Sie vielleicht interessieren und die Ihnen einen Einblick geben in mein Schaffen und in das Ringen der Zeit. Die paar Hefte des "Deutschen Glaubens" schicke ich Ihnen zu, weil ich dort angefangen habe, Skizzen aus meinem Leben zu schreiben. Vielleicht sehen Sie gerne hinein. Ich kann mir nichts anderes denken, als dass Sie unseren Kampf um einen freien deutschen Glauben mit innerer Anteilnahme verfolgen. Er wird sich draussen verzerrt darstellen, besonders auf Grund der Hauptzeitungen, die darüber berichten "Neue Zürcher Zeitung" und "Basler Nachrichten", die es darauf ablegen, wofür ich Beweise habe, die Bewegung um jeden Preis schlecht zu machen. Anfang des Jahres kamen mir z. B. Besprechungen meines Buches "Deutsche Gottschau" in die Hand, die anmassend und böswillig das sich darin verteidigende Christentum in ein merkwürdiges Licht stellen. Ich würde Ihnen gerne einmal aus meinen persönlichsten Erfahrungen sagen wo wir hinaus wollen. Es geht letzten Endes um einen Kampf gegen pfäffische Anmassung und kirchenmachtpolitische Ansprüche, die uns in Abhängigkeit von Vergangenem gebracht hätten, während das deutsche Volk nach gegenwärtigem Leben schreit.
 Ich würde mich freuen, einmal wieder etwas von Ihnen zu hören und grüsse Sie aufs herzlichste

mit deutschem Gruss!
J. W. Hauer

(Aus: *Schweizerisches Literaturarchiv*, Bern [Ms L83])

16. Mai 1935

Lieber Herr Hauer

Ihr Gruß und Ihre Sendung haben mich gefreut, ich werde mich gern allmählich damit bekannter machen, wenn es auch langsam gehen wird, da ich immer überlastet bin. Heut möcht ich bloß ein Wort im allgemeinen darüber sagen, wie die Schweiz, und das Ausland überhaupt, zu Ihren Problemen steht. Sie sind ja kein Durchschnittsprofessor, der der Meinung ist, die Welt müsse seinen Standpunkt teilen, und sich wundert, wenn das "Ausland" anders denkt als der für gewissen Gedankengänge besoldete Gelehrte. Nun wird im Ausland zur Zeit, und gewiß noch für lange, ganz ohne weiteres *alles* Weltanschauliche, was irgend parallel mit den herrschenden Mächten zu gehen scheint, unter einen Hut gebracht. Es macht zum Beispiel der Zeitungsleser keinen Unterschied zwischen Ihnen und den deutschen Christen; er sieht in Euch beiden Vertreter einer zur Macht gelangten Weltanschauung, deren Äußerungen unter anderem in Christen- und Judenverfolgungen bestehen. Und da der Ausländer nicht nur platonischer Zuschauer der deutschen Zustände ist, sondern auch mit Deutschland in täglichem praktischen Verkehr und Austausch steht, da zum Beispiel in der Schweiz eine Menge von Leuten seit dem Ende der Inflation ihren Glauben an den deutschen Wiederaufstieg durch Zeichnung der deutschen Anleihen betätigt hat, und diese Anleihen sich heute als eine Art von Betrug erweisen - kurz, aus diesen und anderen Gründen neigt der Ausländer dazu, in jeder neu auftretenden deutschen Weltanschauung einen Versuch zur Verherrlichung dieser neuen Methoden und der brutalen Gewalt überhaupt zu erblicken.

Ich selber habe nur wenige Male in Schweizer Blättern Berichte über Sie gelesen. Einmal war ein angeblich von Ihnen formulierter Ersatz für die Zehn Gebote der Bibel mitgeteilt. Die meisten Gebote waren ähnlich, aber schwächer formuliert als in der Bibel, und das "Du sollst nicht töten" war weggelassen. Ich weiß nicht, wie weit das verdorben und entstellt war; auf die Mehrzahl der Zeitungsleser wirkte es jedenfalls als Bekräftigung aller Ideologien, deren Ziel die Rechtfertigung der Gewalt ist.

Solange diese Spannungen zwischen dem Reich und der Welt sind, dürfen Sie natürlich nicht erwarten, daß in der Öffentlichkeit Ihre Bewegung anders betrachtet wird als daraufhin, ob Sie mit jenen Gewaltverherrlichungen parallel geht oder doch ihr ähnliche Klänge hat. Wir im Ausland haben bei all diesen Dingen ganz andre Interessen und ganz andre Voraussetzungen als Ihr. Und im ganzen beruht die Sympathie des Auslands mit dem Christentum, das bis vor kurzem fast vergessen war, bloß darauf, daß man meistens mit

Verfolgten mehr Sympathie hat als mit Verfolgern, und daß man in Bibel und Christentum eine Moral wittert, die vielleicht geeignet wäre, die unbegrenzten Appetite der Macht einzudämmen. Dieser Standpunkt ist heute und noch für lang der des Auslandes diesen Sachen gegenüber, daher das neu erwachte Interesse für Christentum und Kirche und die vielen Sympathien für Rom.

Ob Ihre Bewegung dem heutigen Deutschland entspricht und von Wert sein kann, danach fragt das Ausland nicht; es fragt: Kann diese Bewegung dazu dienen, die Staatsallmacht zu glorifizieren und zu stützen oder nicht? -

Genug für heut. Ich wollte nur versuchen, ein paar Linien anzudeuten. Es ist wie in der Reformation: Man glaubt zu philosophieren und bereitet bloß dreißigjährige Kriege vor.

Hermann Hesse

(Aus: *Schweizerisches Literaturarchiv*, Bern [Ms L83])

Tübingen, Eberhardshöhe, Haus Breidablick<br>den 31.5.1935.

Lieber Herr Hesse!

Vielen Dank für Ihren Brief. Ich würde mich natürlich sehr freuen, wenn Sie die Sachen, die ich Ihnen geschickt habe, einmal gründlich ansehen und sich darüber äussern könnten. Was Sie mir über die Schweiz schreiben, ist mir wohl bekannt, aber gerade gegen diese Haltung kämpfe ich ja. Hier ist zunächst einmal zu sagen, dass sich das Ausland und auch die Schweiz nicht die Mühe geben, Deutschland so zu sehen, wie es tatsächlich ist. Man macht sich ein Zerrbild zurecht auf Grund von einigen Schattenseiten der heutigen Ordnung der Dinge und fällt dann über das Ganze her. Wenn ich nur z. B. an die Art denke, wie man die Verhaftung der Pfarrer ausgeschlachtet hat. Diese Kerle haben tatsächlich weithin ins Gefängnis gehört und zwar darum, weil sie, anstatt ihr Evangelium zu predigen, immer in Politik gemacht haben, z. T. in einer unerhört unverschämten Weise. Ich erlebe ja selbst täglich diese pfäffische Anmassung. Dann ab und zu auch ein Pfarrer aus Versehen hineingekommen ist, glaube ich gern. Dies ist aber dann gar nicht so schlimm. Denn ist es wirklich so etwas Ungeheuerliches, wenn einer ein paar Tage hinter Schloß und Riegel sitzt, besonders wenn man ihm dann noch alle Bequemlichkeiten zukommen lässt? Ich selbst bin durchaus der Meinung, dass diese Verhaftungen taktisch falsch waren, weil man damit nur Märtyrer schuf aus Menschen, die im Grunde gar keine Märtyrerkraft mehr besitzen. Aber daraus nun Kapital zu schlagen, wie das z. B. die Basler Nachrichten gemacht haben, ist nichts weniger als gemeine Völkerverhetzung. Dass hier böse Absicht vorliegt, das zeigt mir die Art, wie man mich selbst und die Deutsche Glaubensbewegung in diesen Blättern behandelt. Und hier können Sie selbst einmal wirklich sich ein Urteil bilden und vielleicht auch eingreifen. Ich möchte Ihnen raten, lesen Sie einmal die beiden Besprechungen meines Buches "Deutsche Gottschau" in den "Basler Nachrichten" und in der "Neuen Züricher Zeitung" und lesen Sie dann mein Buch selber und schreiben mir, was nun Ihre Meinung ist über dieses Gebaren. Wenn wirklich zwischen den Völkern Verständigung geschaffen werden soll - und diese ist doch notwendig - dann müssen wir dafür sorgen, dass derartige Verschiebungen unmöglich gemacht werden.

Ich wollte Ihnen nur geschwind ein paar Sätze schreiben auf Ihren Brief, über den ich mich einfach als Tatsache sehr gefreut habe. Er zeigt mir, dass Sie sich mitverantwortlich fühlen.

Mit deutschem Gruss<br>
Ihr<br>
J. W. Hauer

(Aus: *Schweizerisches Literaturarchiv*, Bern [Ms L83])

# Briefwechsel zwischen
# Jakob Wilhelm Hauer und Ernst Graf zu Reventlow

den 27.12.1933

20. & 23.12.33

Hochverehrter Herr Graf!

Vielen Dank für Ihre eiligen Antworten. Wegen der Anfrage der bayerischen Polizei durch die hiesige Polizei noch kurz dies. Ich habe dem hiesigen Polizeimann erklärt, dass ich jederzeit bereit sei, der betreffenden Behörde persönlich Auskunft zu geben, aber nicht über den Weg der Polizei, oder wenn die bayerische Polizei bei mir persönlich anfrage. Bis jetzt ist weiter nichts erfolgt. Dagegen war ich inzwischen in Stuttgart, wo ich mit Dr. Best, einem höheren SS-Führer, eine ausgiebige Besprechung hatte. Ich habe ihn in die ADG aufgenommen und zwar nachdem er mit dem Reichs-SS-Führer Himmler verhandelt hatte. Dieser wünscht, dass Best der Mittelsmann zwischen ihm und der ADG ist und hatte den Wunsch, dass er irgendwie offiziell eingegliedert würde. So habe ich Best vorläufig in den Führerrat aufgenommen. Er wird uns allerhand Dienste leisten können, denn er steht sehr energisch für unsere Sache. Ich habe ihm die Angelegenheit mit der bayerischen Polizei vorgetragen und er hat mir versprochen, nach der Sache zu sehen. Wir können also dies zunächst auf sich beruhen lassen.

Dagegen liegt heute eine andere sehr schwerwiegende Sache vor. Wie Sie wissen, sind einige freireligiöse Gemeinden in Baden, die zur dortigen Landesgemeinde gehören, zur ADG übergetreten und zwar gegen den Willen des Vorstandes, der in einer hässlichen Weise gegen die ADG immer gewütet hat. Nun hat dieser Dr. Weiss auch bei dem Badischen Kultministerium gegen diese Gemeinden gehetzt. Und nun wird gedroht, dass die der ADG beigetretenen Gemeinden ihre Rechte verlieren sollen, dass man z. B. auch den Lehrern die Rechte nimmt, zu unterrichten. Damit sind sie ruiniert. Ich möchte Sie nun bitten, womöglich in den nächsten Tagen entweder mit dem Reichsinnenminister Frick oder mit Ministerialrat Conrad persönlich zu verhandeln, dass diese sofort Anweisungen an das Badische Innenministerium und Kultministerium geben, dass diese Drohung nicht ausgeführt wird. Es wäre nach meiner Überzeugung ein geradezu unerhörter Rechtsbruch, wenn Gemeinden und Lehrer, die sich zu einer Deutschen Glaubensbewegung bekennen, die Rechte genommen würden, die sie als Freireligiöse, also nicht als kirchliche, heute besitzen. Wenn diese Anweisung vom Reichsinnenministerium nicht bald erfolgt, dann werden wir in Baden einen schweren Rückschlag erleiden, ebenso in Hessen, wo sich eben auch wieder eine Gemeinde angemeldet hat. Ich glaube, ein Wink von Ministerialrat Conrad mit der Zustimmung von Frick genügt, um das Badische Kultministerium von seinem Vorhaben abzuhalten. Ich schicke Ihnen die notwendigen Unterlagen mit der Bitte, sie mir so rasch als möglich wieder zuzustellen.

Meinen Artikel werden Sie inzwischen erhalten haben. Das Kirchengesetz konnte ich leider bis jetzt nicht ausfindig machen. Ich glaube, wir müssen die Sache zunächst einmal laufen lassen.

                            Mit deutschem Gruss
                                    Ihr

P.S. Wegen Kloppe stehe ich in ständigen Verhandlungen mit verschiedenen Leuten. Man hört sehr Widersprechendes. Leider habe ich von Herrn Lemcke jetzt einen ziemlich ungünstigen Bericht bekommen, besonders über die sittlichen Qualitäten von Kloppe. Es bleibt nun nichts anderes übrig als dass ich mich ganz einfach an Kloppe selbst wende und ihn um Auskunft bitte.

(Aus: *BA Hauer* 115, 115)

                                               Potsdam, den 31. Januar 1934

**Sehr geehrter Herr Professor!**

Die gestrige Reichstagssitzung gab mir Gelegenheit, mit dem Preußischen Kultusminister Rust zu sprechen; es handelte sich von mir aus mehr um eine allgemeine Sondierung. Er sagte mir folgendes, er persönlich sei "Heide", und in sein Ministerium käme kein Christ mehr hinein, und die darin befindlichen Christen würden allmählich verschwinden. Ich fragte ihn, wie er in diesem Belang über Dr. Frick denke. Er bestätigte mein Urteil mit den Worten: Frick wisse selbst nicht ob er Christ oder Nichtchrist sei, versuche nur, sich möglichst nach allen Seiten zu decken und würde der A.D.G keinen Widerstand entgegensetzen. Tatsächlich wichtig, ich hatte Ihnen als meine Meinung schon angedeutet, war die folgende Äußerung Rusts: er würde längst eine offene Haltung eingenommen haben, wenn nicht der außerordentlich starke Druck der christlichen Welt von außerhalb Deutschlands her wäre. Rust sagte: von der Stärke dieses Drucks (er meint wohl England, die nordischen Länder und Amerika) könne ich mir garkeine Vorstellung machen, dazu komme von der anderen Seite der katholische Druck. Er meinte, damit hinge wohl auch zusammen, daß der Staat die A.D.G. noch nicht anerkenne. Er meinte: bereiten Sie auf alle Fälle alles vor, auf einmal kann der Augenblick da sein! - Rust ist keine bedeutende Persönlichkeit, aber ich glaube, daß er hier wohl richtig sieht; immerhin ist es wichtig, daß er als Minister so urteilt, umsomehr, als es heißt, er werde nach der Reichsneuordnung Reichskultusminister werden. - Der Preußische Oberpräsident Kube erzählte mir übrigens, daß der Ministerialrat Konrad ausscheiden werde und sprach sich über dessen Zuverlässigkeit sehr abfällig aus.

Der Passus in der Rede Hitlers über die Kirchen müßte übrigens diesen ihre Illusionen nehmen, daß der Kanzler sich mit irgendeiner Form des Christentums innerlich identifiziere.

Soweit ich aus anderen Gesprächen im Durchschnitt entnehmen konnte, war die Note durchstehend: wir möchten Religion geben, man sei der germanischen und nordischen Weltanschauungsstreite müde. Der Sächsische Statthalter bat mich: wenn wir für Sachsen irgendwelche Beschwerden hätten, uns immer nur an ihn zu wenden. Vielleicht ist das Beste, wenn solche Dinge dann durch mich gehen.

Ich wollte Ihnen dies gleich schreiben, denn es ist zu unserer allgemeinen Orientierung nicht unwichtig. Ich habe den Eindruck in verstärktem Maße, daß die Atmosphäre in ihrer Allgemeinheit uns günstig ist und immer günstiger wird, wenn wir zeigen, daß wir warten können und keine Fehler machen. In den Streit über Wirth hineingezogen zu werden, müssen wir unbedingt vermeiden, und ich möchte in den "Reichswart" der nächsten Woche eine Bemerkung hierüber hineinbringen. Von den bekannten Bergmann'schen Anschauungen müssen wir auch dauernd abrücken, das kann geschehen, ohne daß man seinen Namen nennt, jedenfalls solange es geht.

Über andere Dinge darf ich nächstens schreiben. Dieses wollte ich Ihnen gleich berichten.

Mit deutschem Gruss  
Ihr ergebener  
Reventlow

(Aus: *BA Hauer 115*, 99-100)

Reichstag
Abgeordneter
                                                    Potsdam, den 12. März 1934

Sehr geehrter Herr Professor!

Ich erhielt Ihren Brief mit bestem Dank.
Ich weiß nicht, ob es richtig ist, eine eventuelle Abwanderung der Gruppen Reuter usw. so ernst zu nehmen. Freilich handelt es sich dabei um eine Vorfrage: kann und wird es absehbarer Zeit gelingen, die Freireligiösen vollkommen, fest und auch innerlich in die ADG hineinzufügen. Das können nur Sie beurteilen, ich kann es nicht. Ist das der Fall, so bin ich der Ansicht, daß uns die anderen Gruppen einen entscheidenden Schaden nicht tun können. An Ihrer Stelle würde ich mich durch die Angriffe durch die Herren Seibertz und Kusserow nicht weiter affizieren lassen. Ich bin überzeugt, daß letzten Endes hinter diesen ganzen Dingen Frau Ludendorff steht. Andererseits bin ich überzeugt, daß der Bruch mit Elbertz, Reuter und Konn kommen muß. Es handelt sich schließlich nur darum, ob wir den Zeitpunkt dazu wählen oder jene. Ich darf Ihnen bei diesem Anlaß gleich sagen, daß ich mich ohne weiteres mit Ihnen solidarisch erklären würde, indem ich dabei annehme, daß Sie auf demselben Boden stehen wie bisher. Ich sage das, weil ich vermute, ohne bisher einen Beweis dafür zu haben, daß man eines Tages versuchen wird, mich gegen Sie auszuspielen, wie man mir ja im vorigen Jahre verschiedentlich nahelegte, als Sie krank waren, den Vorsitz der A.D.G. zu übernehmen. Beiläufig möchte ich fragen und bitte um recht baldige Antwort: was halten Sie in dieser Hinsicht von Arthur Lahn? Wird er seinen germanischen Brüdern widerstehen können?
Ich weiß nicht ob es jetzt richtig ist, wenn ich mich mit den Reuter, Konn usw. jetzt zur Aussprache in Verbindung setze. Ich kann mir ungefähr denken, wie ein solcher Briefwechsel verlaufen würde. Man würde mir wahrscheinlich schreiben: Ihr Verhalten sei ganz unglaublich, zu Ihnen hätten sie kein Vertrauen, zu mir würden sie es wohl haben, also! Ich würde es für wirksamer halten, auch glauben, daß es schneller zur Klarheit führen würde, wenn Sie und ich in einen von uns für gegeben gehaltenen Zeitpunkt einen *gemeinsamen* Brief schrieben und unterschrieben. Vielleicht überlegen Sie sich diesen Weg einmal.
Ich kann mir kaum denken, daß die Andeutung von Elbertz der Wahrheit entspricht: Sie genössen besonderes Vertrauen des Staates. Die Aufgabe scheint mir im großen ziemlich klar zu liegen: die religionslosen Deutschen zusammen mit den freireligiösen Organisationen mit einer ausdrücklich reli-

giösen Gesinnung zu erfüllen, die man als deutsch bezeichnen kann und anerkennt. Diese Aufgabe ist in Wirklichkeit groß und ich bin überzeugt, daß sie Zukunft in sich hat, wenn wir der Aufgabe genügen. Ebenso überzeugt bin ich, daß diese deutschgläubigen Gemeinden im Grunde gänzlich unreligiös sind, auch daß sie keine Zukunft in sich haben. Wollen Sie mir bitte auch noch mitteilen, was Herr Konn meint, wenn er Ihnen Namensdiebstahl vorwirft.

Leider muß ich immer wieder auf Bergmann zurückkommen, der uns in Wort und Schrift ständig schadet. Ich denke, Sie werden heute mit mir einer Ansicht darin sein, daß er sich nicht ändert, auch nicht den Willen zur Zurückhaltung im Sinne der A.D.G. hat, im Gegenteil! Ich verkenne natürlich nicht, daß ein Krach, wenn nicht notwendig, vermieden werden muß. Aber es ist doch eine bedenklich Sache, daß die christlichen Blätter an Bergmanns Reden exemplifizieren, daß die A.D.G. nur eine neue Auflage des alten Freidenkertums sei und gleichzeitig dabei auf die intensive Betätigung Bergmanns in den freireligiösen Organisationen hinweisen. Das kann für die freireligiösen Organisationen und damit die A.D.G. im Hinblick auf die Reichsregierung und die feindlichen Elemente in ihr eine böse Sache werden. Übrigens wird einem in jeder Versammlung Bergmann entgegengehalten.

Ich wäre Ihnen aufrichtig dankbar, wenn Sie mir den neuen Entwurf unseres neuen Unterrichtsplanes zusenden wollten, ehe er endgültig abgeschlossen ist. Nach meiner Meinung und auch Erfahrung ist gerade das rein religiöse Bedürfnis der Jugend viel größer, als man im allgemeinen anzunehmen scheint, und ich glaube daß diese Jugendtragödien nicht stattfinden würden, wenn der rein religiöse Punkt in Unterricht und Erziehung mit Nachdruck und Tiefe berührt worden wäre. Ich halte zum Beispiel für einen großen Irrtum z. B. von Prof. Solger: die Jugend habe kein Interesse für die Fragen des Wozu und des Nachher, und glaube im Gegenteil, daß man hier mit geeignetem Unterricht auf die spätere Lebensrichtung und Charakterbildung und Seelenrichtung den größten Einfluß üben kann.

Können Sie mir die Schreiben von Reuter, von denen Elbertz spricht, zur Durchsicht schicken.

Ich wollte Ihnen neulich im Führerrat nicht entgegentreten, aber sollen wir nicht bei der: Deutschen Glaubens*bewegung* bleiben? Das ist Wahrheit, Glaubensgemeinschaft nicht, so bedauerlich das sein mag. Eine Glaubensbewegung werden wir leichter zusammenhalten, als eine Glaubensgemeinschaft, und wenn Teile von ihr sich trennen, so verursacht das keinen solchen Bruch wie ein solcher einer Glaubens*gemeinschaft*. Auch die Bezeichnung deutschgläubig scheint mir von zweifelhaftem Wert zu sein, weil in ihr eine Abstempelung enthalten ist.

Ich meine, wir dürfen eines in keinem Augenblick vergessen: daß der, von mir durchaus geteilte, deutsche Individualismus im Punkte Religion zu ausgeprägt ist, um eine Gemeinsamkeit auch als Bezeichnung zuzulassen, ehe nicht der Zustand da ist. Die Bezeichnung muß sein Ergebnis sein; umgekehrt geht es nicht.

In Summa: ich glaube, ich schrieb es schon neulich, unser Schwerpunkt liegt nicht und kann nicht liegen in den deutschgläubigen Gemeinschaften, so achtenswerte und aufrichtige Leute in ihnen auch vorhanden sind.

Mit deutschem Gruß<br>Reventlow

(Aus: *BA Hauer* 115, 82-83)

# Baldur von Schirach an Jakob Wilhelm Hauer

Der Jugendführer  
des Deutschen Reiches

Berlin NW 40, den 6. Juli 1935  
Kronprinzenufer 10

An den  
Leiter der Deutschen Glaubensbewegung  
Tübingen  
Eberhardshöhe, Haus Breidablick

Auf Ihr Schreiben vom 24. 6. 35 teile ich Ihnen mit, dass die von Ihnen angeregte Besprechung leider wegen meiner längeren Abwesenheit von Berlin in nächster Zeit nicht stattfinden kann.

Ich entnehme Ihren Darlegungen, dass Sie persönlich allem Konfessionalismus entgegenarbeiten wollen. So wertvoll mir diese Ihre Erklärungen waren, so sehr unterscheiden sie sich auch von anders gerichteten Mitteilungen einiger Ihrer Anhänger. Die höhere Führerschaft der Hitlerjugend steht ausnahmslos auf dem Standpunkt, dass die Tätigkeit Ihrer Bewegung unserer Arbeit nur hinderlich war. Was darüber hinaus mich persönlich mehr und mehr abstösst, ist die unerhörte Art, mit der ich gegen meinen ausdrücklichen Willen von einigen Ihrer Unterführer als Vorkämpfer oder heimlicher Helfer der Deutschen Glaubensbewegung angeführt werde. Wenn es Ihnen unmöglich ist, diesen Missbrauch meines Namens zu verhindern, muss ich in der gesamten Presse und im Rundfunk meine persönliche Stellungnahme zu Ihrer Bewegung veröffentlichen. Die Austritte der HJ-Führer aus der Deutschen Glaubensbewegung liegen ganz im Sinne meiner erzieherischen Arbeit. Ich lene für meine Führer und mich jede Bindung an aussenstehende Machtgruppen und Strömungen ab.

Das konfessionelle Denken der Gegenwart kann nur durch die junge Generation überwunden werden. Diese junge Generation aber kann nur siegreich sein, wenn sie unter einer Befehlsgewalt steht. Man kann natürlich auch in der Art vieler Führer der Deutschen Glaubensbewegung, bar jeden politischen Instinktes, eine masslose und törichte Hetze gegen die Konfession eröffnen und dadurch zunächst die Eltern, doch damit auch die Kinder aus der Gemeinschaft heraustreiben. Vielleicht ist es am besten, wenn wir unsere geplante Unterredung erst nach einem Jahrzehnt stattfinden lassen. Mögen Sie dann selbst entscheiden, wer von uns Recht gehabt hat, Sie, der Sie eine Bewegung begründeten, die, wie alle solche Strömungen, einmal als Kirche enden wird, oder ich, der ich mit der Lehre von der selbstlosen Kameradschaft aller Jugend eine Gemeinschaft des Glaubens in einer ganzen Generation aufbauen will. Die Hitlerjugend hat heute schon Millionen junger Menschen von der konfessionellen Pest erlöst. Ich will nicht, dass diese jungen Menschen in neue Zweifel und neue Kämpfe gestürzt werden. Sie sollen niemand anderen vor sich sehen, als den Führer aller Deutschen, keine andere Gemeinschaft kennen, als die Gemeinschaft ihrer Jugend.

Die Glaubensbewegung dieser deutschen Jugend heisst: Nationalsozialistische Deutsche Arbeiterpartei.

Heil Hitler!
Schirach

# Arbeitsgemeinschaft der Bewegung arteigenen deutschen Glaubens

Anwesenheitsliste des Treffens in Eisenach am 29./30.7.1933

Aemter: s. Schluss der Liste

Abkürzungen:
Nord. Relig. Arbeitsgemeinschaft NRAG
Germanische Glaubensgemeinschaft GGG
Deutschgläubige Gemeinschaft DG
Nord. Glaubensgemeinschaft NG
Nordungen N
Freundeskreis der Kommenden Gemeinde FDK
Freireligiöse FR
Adler und Falken AF
Stille Front StF
Edda Gesellschaft EG

|  | NRAG | GGG | DG | NG | N | FDK | FR | AF | StF | EG |
|---|---|---|---|---|---|---|---|---|---|---|
| Ammerlahn, Gotthardt, Berlin N 7, Schiffbauerdamm 19 |  |  |  |  |  |  |  |  |  |  |
| Bachmeyer, Ernst, Konstanz, Gottlieberstr. 50 |  |  |  |  |  |  | / |  |  | / |
| Bahmann, Weimar |  |  |  |  |  |  |  |  |  |  |
| Baltrusch, Else, Arolsen, Fürstenallee 7 |  |  |  |  |  |  |  |  |  |  |
| Barber, Rudolf, Heidelberg, Hauptstr. 9 |  |  |  |  |  |  | / |  |  |  |
| Becker, Alfred, Rüdesheim, Oberstr. 22 |  |  |  |  |  |  | / |  |  |  |
| Bentmann, Eugen, Dr., Heidelberg |  |  |  |  |  |  | / |  |  |  |
| Berger, Fritz, Dr., Tübingen, Eberhardshöhe |  |  |  |  |  | / |  |  |  |  |

| | NRAG | GGG | DG | NG | N | FDK | FR | AF | StF | EG |
|---|---|---|---|---|---|---|---|---|---|---|
| Bergmann, Ernst, Prof., Leipzig N 22, Kaiser Friedrichstr. 10p. | | | | | | | | | | |
| Berschet, Margot, Frau, Mainz, Parkusstr. 2 | | | | | | | | | | |
| Bischoff, Diedrich, Prof., Leipzig S3, Schlegelstr. 2 | | | | | | / | | | | |
| Bohlender | | | | | | | | | | |
| Bosse, Fritz, Leipzig, Seitenstr. 9 | | | | | | | | | | |
| Brenner, Berlin-Lankwitz, Havensteinstr. 2 | | | | | | / | | | | |
| Brüning, Walter, Dr., Darmstadt, Wilhelminenplatz | | | | | | | | | | |
| Brüning, Frau, s. o. | | | | | | | | | | |
| Buddensieg, Hermann, Dr., Tübingen, Rumelinstr. 2 | | | | | | / | | | | |
| Bühler, Fritz, Heidelberg | | | | | | | / | | | |
| Buschhüter, Karl, Architekt, Krefeld-Teutheim | | | | | | | | | | |
| Butz, Karl, Korntal | | | | | | | | / | | |
| Castagne | | | | | | | | | | |
| Clauss, L. F., Dr., Ettenheim/Baden | | | | | | | | | | |
| Claus, Helmuth, Kirchheim/T., Gartenstr. 15 | | | | | | | | | | |
| Dewitz, Jobst von, Dr., Bad Berka, Adelsberg 113 | | | | | | | | | | |
| Diederichs, Niels, Dr., Jena | | | | | | | | | | |
| Dinter, Arthur, Dr., Grafenroda/Thür. | | | | | | | | | | |
| Drescher, Gotthilf, Eisenach | | | | | | | | | | |
| Dultz, Berta, Frau, Krefeld, Germaniastr. 7C | | | | | | | | | | |
| Eggert, Fr., Essen, Gerswidastr. 29 | | | | | | | | | | |

|  | NRAG | GGG | DG | NG | N | FDK | FR | AF | StF | EG |
|---|---|---|---|---|---|---|---|---|---|---|
| Eichhorn, Hildburghausen, Bismarckstr. 10 |  |  |  |  |  |  |  | / |  |  |
| Elbert, Wolfgang, Dr., Harleshausen, Teiltriescherstr. 1 |  | / |  |  |  |  |  |  |  |  |
| Elling, Georg, Pforzheim, Grashoffallee 14 |  |  |  |  |  |  | / |  |  |  |
| Elstermann, Kassel, Rammelsbergstr. 40 |  |  |  |  |  |  |  |  |  |  |
| Fahrentholdt, Frau, Garmisch, Partnachstr. 49 |  |  |  |  |  |  |  |  |  |  |
| Fahrenkrog, Ludwig, Prof., Biberach/Riss, Gartenstr. 10 | / |  |  |  |  |  |  |  |  |  |
| Flurschütz, H. R., Leipzig S 3 |  |  |  | / |  |  |  |  |  |  |
| Fritz, Lotte, Stuttgart, Silberburgstr. 97 |  |  |  |  |  | / |  |  |  |  |
| Frönhoff |  |  |  |  |  |  |  |  |  |  |
| Fuchs, Hans, Dr., Darmstadt, Rheinstr. 20 |  |  |  |  |  |  |  |  |  |  |
| Gersdorff, Dr. Freiherr von, Coburg, Festungstr. 5 |  |  |  |  |  |  |  |  |  |  |
| Gerstenhauer, Anna, Weimar, Am Horn 176 |  |  |  |  |  |  |  |  |  |  |
| Geuther, Hans, Vacha/Rhön |  |  |  |  |  |  |  | / |  |  |
| Grabert, Herbert, Dr., Kiel, Adolfstr. 71 |  |  |  |  |  | / |  |  |  |  |
| Grater, Studienrat, Calw |  |  |  |  |  |  |  |  |  |  |
| Graevenitz, Fritz von, Schloss Solitude b. Stuttgart |  |  |  |  |  |  | / |  |  |  |
| Grebenstein-Waldeck, Volkwein, Graf von, Eisenach, Kapellenstr. 16 |  |  |  |  |  |  |  |  |  |  |
| Groh, Georg, Schweinfurt, Mozartstr. 10 |  |  |  |  |  |  |  |  |  |  |
| Gronau, Ernst, Halle/S., Pfännerhöhe 69 |  |  |  |  |  |  |  |  |  |  |

|  | NRAG | GGG | DG | NG | N | FDK | FR | AF | StF | EG |
|---|---|---|---|---|---|---|---|---|---|---|
| Grupe, W., Dr., Seehausen/Altmark |  |  |  |  |  |  |  |  |  |  |
| Ginther, Hans, Prof., Jena, Dietrichsweg 23 |  |  |  |  |  |  |  |  |  |  |
| Gutzke, Max, Danzig |  |  |  |  |  |  |  |  |  |  |
| Hagen, Käthe, Frau vom, Essen, Ribbeckstr. 41 |  |  |  |  |  | / |  |  |  |  |
| Hartung |  |  |  |  |  |  |  |  |  |  |
| Hauer, J. W., Prof., Tübingen, Eberhardshöhe |  |  |  |  |  | / |  |  |  |  |
| Heinz, Salza/Harz |  |  |  |  |  |  |  | / |  |  |
| Hellweg, Karl, Direktor, Münster/W., Friedenstr. 14 |  |  |  |  |  |  |  |  |  |  |
| Hempel |  |  |  |  |  |  |  |  |  |  |
| Herbst, Erich, Frankfurt/M., Kl. Hirschgraben 14 |  |  |  |  |  |  |  |  |  |  |
| Heyde, W. von der, Delmenhorst, Schollendamm 22 |  |  |  |  |  |  |  |  |  |  |
| Hirsch, Frau Lotte, Dresden, Blumenstr. 80 |  |  |  |  |  |  |  |  |  |  |
| Hoffmann, Dortmund-Hörde, Kampweg 47 |  |  |  |  |  |  |  |  |  |  |
| Höhle, A., Frankfurt/M. 21, Am Forum 83 |  |  |  |  |  | / |  |  |  |  |
| Hompf, A., Dr., Vaihingen, Knappenweg 50 |  |  |  |  |  |  |  |  |  |  |
| Hompf, Frau, s. o. |  |  |  |  |  |  |  |  |  |  |
| Hörmann, Bernhard, Dr., München Zweibrückenstr. 7 |  |  |  |  |  |  |  |  |  |  |
| Hossfeld, Werner, Meiningen, Schöne Aussicht 9a |  |  |  |  |  |  |  |  |  |  |
| Hubricht, Th., Freiberg/Sachsen, Leipzigerstr. 18 | / |  |  |  |  |  |  |  |  |  |
| Hülle, Werner, Dr., Halle/S., Mötzlicherstr. 44 |  |  |  |  |  | / |  |  |  |  |

| | NRAG | GGG | DG | NG | N | FDK | FR | AF | StF | EG |
|---|---|---|---|---|---|---|---|---|---|---|
| Joeden, Hans von, München, Lucile Grahnstr. 47 | | | | | | | | | | / |
| Jütt, Fritz, Hamm/Westf. | | | | | | | | / | | |
| Keibel, Ludwig, Dr., Nürnberg, Archivstr. 9 | | | | | | | / | | | |
| Keller, Elisabeth, Frau, Leipzig, Lessingstr. 2 | | | | | | | | | | |
| Kenstler, August, Leipzig | | | | | | | | | | |
| Keuchel, Johannes, Danzig-Langfuhr, Robert-Reinickweg 4 | | | | | | | | | | |
| Klinkmann, Annemarie, Danzig, Karrenwall 3/4 | | | | | | | | | | |
| Koch, A., Dr., Jena, Greifbergstr. 4 | | | | | | | | | | |
| Koch, Katharina, Frau, s. o. | | | | | | | | | | |
| Koch, Edzard, Lautenthal/Harz, Göttinger Arbeitslager | | | | | | / | | | | |
| Koehler, W., Pfarrer, Allendorf/Werra | | | | | | | | | | |
| Koehler, Robert, Ludwigshafen, von Stefanstr. 22 | | | | | | | / | | | |
| Konopath, Ministerialrat, Berlin-Tempelhof, Wiesenstr. 28 | | | | / | | | | | | |
| Konopath, Adelheid, Frau, s. o. | | | | / | | | | | | |
| Kramer, Dr., Breslau 16, Kaiserstr. 79 | | | | | | | / | | | |
| Krannhals, Paul, Gräfelfing b. München, Adolf Hitlerstr. 3 | | | | | | | | | | |
| Krannhals, Juga, Frau, s. o. | | | | | | | | | | |
| Krönert, Weinböhla, Sachsen, Maxstr. 2 | | | | | | | | | | |
| Krukenberg, Elsbeth, Frau, Bad Kreuznach, Salinenstr. 61 | | | | | | | | | | |
| Kühn, Lenore, Dr., Frau, Berlin-Zehlendorf, Eckenerallee 57 | | | | | | | | | | |

| | NRAG | GGG | DG | NG | N | FDK | FR | AF | StF | EG |
|---|---|---|---|---|---|---|---|---|---|---|
| Kulz, Werner, Dr., Darmstadt 2, Land Siedlung Trautheim | | | | | | | | | | |
| Kuntz, Dr., Magdeburg | | | | | | | | | | |
| Kurtze, G., Meiningen, Ernststr. 10 | | | | | | | | | | |
| Kusserow, Dr., Berlin-Lichterfelde Zehlendorferstr. 31 | / | | | | | | | | | |
| Lahn, Arthur, Woltersdorf b. Erkner, Köpenickerstr. 57 | | | | | | / | | | | |
| Lamberty-Muck, Naumburg/Saale, Schönburgerstr. 16 | | | | | | | | | | |
| Laub, E., Oberstein/Nahe | | | | | | | / | | | |
| Leers, Johann von, Dr., Berlin-Steglitz, Hohenzollernstr. 6 | | | | | | | | | | |
| Leers, Gesine, Frau, s. o. | | | | | | | | | | |
| Leese, Kurt, Dr., Hamburg 13, Heinrich Barthstr. 25 | | | | | | | | | | |
| Lehning, Frau, Erfurt, Epinaystr. 43 | | | | | | | | | | / |
| Leisnitz, Fr. Dr. | | | | | | | | | | |
| Lemke, C. F., Gauting b. München Theresienhof | | | | | | | | | | |
| Lippe, Friedr. Wilh. Prinz zur, Drogelwitz Post Weissholz, Glogau/Land | | | | | | | | | | |
| List, A., Berlin-Lichterfelde | | | | / | | | | | | |
| Lomer, Dr., Hannover, Sallstr. 88 | | | | | | | | | | |
| Lorbeer, Robert, Nürnberg/Ost, Koehnstr. 40 | | | | | | | | | | |
| Mahr, Willo, Dr., Darmstadt, Liebigstr. 25 | / | | | | | | | | | |
| Mandel, Hermann, Prof., Kiel, Niemannsweg 53 | | | | | | | | | | |
| Menche, Grete, Hildburghausen, Landesanstalt | | | | | | | | / | | |

| | NRAG | GGG | DG | NG | N | FDK | FR | AF | StF | EG |
|---|---|---|---|---|---|---|---|---|---|---|
| Michel, Dr., Berlin-Lichterfelde W., Dahlemerstr. 56 | | | | | | | | | | |
| Müller-Berneck, Helmuth von, Dresden, Loschwitz, Veilchenweg 52 | | | | | | | | | | |
| Müller-Eberhart, Waldemar, Oberschreiberhau | | | | | | | | | | |
| Müller, R., Dr., Gandersheim, Bismarckstr. 18 | | | | | | | | | | |
| Müller, Hans, Dr., Lobeda; Anger 3 | | | | | | | | | | |
| Müller-Senftenberg, Frau, Senftenberg NL, Villa Ingeborg | | | | | | | | / | | |
| Mysing, Ernst, Kapitän a. D., Dresden N, Weinbergstr. 96 | | | | | / | | | | | |
| Nickel, Ernst, Berlin | / | | | | | | | | | |
| Nikolai, Fritz, Jena, Rinne 7 | | | | | | | | | | |
| Niggemeyer, Dr. E., Berlin-Kl.Machnow, Marienfeld 26 | | | | | | | | | | |
| Neumann, Walter, Berlin-Charlottenburg, Kaiser Friedrichstr. 23 | | | | | | | | | | |
| Oppermann, Kurt, Eisenach, Graf Kellerstr. 10 | | | | | | | | / | | |
| Papke, Wilhelm, Jena, Jenergasse 7 | | | | | | | | | | |
| Peter, Carl, Leipzig C.1, Schulstr. 1 | | | | | | | / | | | |
| Petras, Otto, Stud. Direktor, Wohlau Bez., Breslau | | | | | | | | | | |
| Pfau, Max, Dresden, Strehlenerstr. 19 | | | | | | | | | | |
| Pick, Georg, Dr., Mainz, Gr. Bleiche 53 | | | | | | | / | | | |
| Pilling, O., Rechtsanwalt, Ueberlingen, Rahmenhalde 35 | | | | | | | | | | |
| Pleyer, Kleo, Dr., Berlin-Zehlendorf, Machnowerstr. 37 | | | | | | | | | | |
| Polte, Fritz, Marburg, Marbacher Weg 29 | / | | | | | | | | | |

| | NRAG | GGG | DG | NG | N | FDK | FR | AF | StF | EG |
|---|---|---|---|---|---|---|---|---|---|---|
| Prausnitz, Ortrud, Frau Dr., Weimar, Windmühlenstr. 3 | | | | | | | | | | / |
| Precht, Ernst, Eickeloh, Bez. Hannover | | | | | | | | | | |
| Raab, A., Offenbach/Main, Hermann-Göring-Str. 10 | | | | | | | / | | | |
| Rechenbach, Hertha, Mühlhausen/Th., Burgstr. 10 | | | | | | | | | | |
| Rehse, Adolf, Hannover-M., Karmarschstr. 17 | | | | | | | | | | |
| Reuber, K., Pfarrer, Widemannshausen, Eschwege/Land | | | | | | | | | | |
| Reuter, Otto Sigfried, Huchting b. Bremen, Am See 10 | | | / | | | | | | | |
| Reventlow, Ernst, Graf zu, Potsdam, Gr. Weinmeisterstr. 62 | | | | | | | | | | |
| Römer, Gerhard, Dr., Dresden, Ringstr. 10 | | | | | | | / | | | |
| Römer, Martha, Frau, s. o. | | | | | | | / | | | |
| Rust, Ernst, Magdeburg, Zerbstenerstr. 7a | | | | | | | | | | |
| Sass, Günther, Berlin-Spandau, Jägerstr. 47 | | | | | | | | | | |
| Seibertz, Norbert, Landgerichtsdirektor, Berlin-Lichterfelde, Neuchatellerstr. 7 | / | | | | | | | | | |
| Seifert, Erna, Erfurt, Wilhelmstr. 4 | | | | | | | | | | |
| Selbmann-Schlaffhorst, Marie, Frau, Rotenburg/Fulda | | | | | | | | | | |
| Selchow, Bogislav, Dr. Freiherr von, Berlin W.10, Corneliusstr. 4 | | | | | | | | | | |
| Seydel, Heinz, Klotzsche b. Dresden, Martin Lutherstr. 15 | | | | | | | | | | |
| Solger, F., Prof., Berlin-Steglitz, Dijonstr. 29 | | | | | | | | | | |
| Sprenger, Dr., Mainz, Kaiserstr. 30 | | | | | | | | / | | |

|  | NRAG | GGG | DG | NG | N | FDK | FR | AF | StF | EG |
|---|---|---|---|---|---|---|---|---|---|---|
| Schaefer-Gerdau, Käte, Frau, Mühlhausen/Th., Kugelleichsmühle |  |  |  |  |  |  |  |  |  | / |
| Scheffer, Theodor, Dr., Bad Berka, Deutsche Heimatschule |  |  |  |  |  |  |  |  |  |  |
| Schilling, Herta, Frau, Meiningen, Hennebergerstr. 23 |  |  |  |  |  |  |  |  |  |  |
| Schloz, Wilhelm, Korntal |  |  |  |  |  |  |  |  |  |  |
| Schmid-Kovarzik, Prof., Giessen |  |  |  |  |  |  |  |  |  |  |
| Schneider, Elli, Berlin-Reinickendorf, Huttwilerweg 2 |  |  |  | / |  |  |  |  |  |  |
| Schöll, Friedrich, Vogelhof Post Hayingen/Wttbg. |  |  |  |  |  |  |  |  |  |  |
| Schramm, Erich, Wiesbaden, Rheinstr. 83 |  |  |  |  |  |  | / |  |  |  |
| Schultze, Friedbert, Berlin-Friedrichshagen, Runenhaus am Hirschsprung 9 |  |  |  | / |  |  |  |  |  |  |
| Schultze-Naumburg, Prof., Weimar, Staatl. Kunsthochschule |  |  |  |  |  |  |  |  |  |  |
| Schwalm, F., Marburg/Lahn, Ketzerbach 17 |  |  |  |  |  |  |  |  |  |  |
| Stammler, Georg, Oppershausen b. Mühlhausen/Thüringen |  |  |  |  |  |  |  |  |  |  |
| Stauden, E. von, Berlin-Frohnau, Sigismundkorso 59 |  |  |  |  | / |  |  |  |  |  |
| Steinhaus, Dr., Münster/W., Eisenbahnstr. 9 |  |  |  |  |  |  |  |  |  |  |
| Steinhaus, Frau, s. o. |  |  |  |  |  |  |  |  |  |  |
| Stengel-von Rutkowski, Lothar, Marburg, Renthof 20 |  |  |  | / |  |  |  |  |  |  |
| Steves, Friedrich, Deisenhofen b. München, Waldhaus Asgard |  |  |  | / |  |  |  |  |  |  |
| Stoltz, Karl, Dr., Wittenberge, Hohenzollernstr. 13 |  |  |  |  |  |  |  |  |  |  |
| Strünckmann, Karl, Dr., Blankenburg/Harz |  |  |  |  |  |  |  |  | / |  |

*Dokumente* **341**

| | NRAG | GGG | DG | NG | N | FDK | FR | AF | StF | EG |
|---|---|---|---|---|---|---|---|---|---|---|
| Struve, Carola, Frau, Berlin, Buggestr. 18 | | | | | | | | | | |
| Taesler, Clemens, Pfarrer, Frankfurt/M., Oberweg 4 | | | | | | | / | | | |
| Tetzlaff, Wilhelm, Gera, Eiselstr. 17 | | | | | | | | | | |
| Tidemann, Wilhelm, Dr., Bremen, Contrescarpe 119 | | | | | | | | | | |
| Trautner, Hermann, Nürnberg/N., Pottensteinerstr. 26 | | | | | | / | | | | |
| Tschirn, Erich, Dr., Stettin, Am Logengarten 14 | | | | | | | / | | | |
| Uhlig, Erich, Heidelberg, v. d. Tannstr. 47 | | / | | | | | | | | |
| Urständer, Wilhelm, Hüttengehöft, Hanau/Land | | | | | | | | / | | |
| Vigne, de la, Erkmannsdorf, Schleiz/Land | | | | | | | | | | |
| Vollrath, Hugo, Pfarrer, Leipzig | | | | | | | | | | |
| Vonhof, Hermann, Erfurt, Reichsbahndirektion | | | | | | | | | | / |
| Wagner, Werner, Degerloch, Urbanstr. 6 | | | | | | | | | | |
| Walbaum, Rudolf, Pfarrer, Alzey | | | | | | | | / | | |
| Waldhausen, Pfarrer, Lauchröden/Eisenach/Land | | | | | | | | | | |
| Warneck, Walther, Dr., Rotenburg/Fulda, Haus Selbmann | | | | | | | | | | |
| Weber, Eva, Frau, Mainz, Wollenstr. 66 | | | | | | | / | | | |
| Weigle, Johannes | | | | | | | | | | |
| Weizsäcker, Adolf, Dr., Berlin W. 10, v. d. Heydtstr. 16 | | | | | | | | | | |
| Wessel, W., Hof Borg b. Ribnitz, Mecklbg. | | | | | | | | | | |

|  | NRAG | GGG | DG | NG | N | FDK | FR | AF | StF | EG |
|---|---|---|---|---|---|---|---|---|---|---|
| Weymann, Erika, Berlin, Am Karlsbad 14 | | | | | | | | | | |
| Wiegand, Hildegard, Frau, Bad Berka, Haus am Walde | | | | | | | | | | / |
| Wiligut, Karl Maria, Oberst a. D., Salzburg | | | | | | | | | | / |
| Wirth, Herman, Prof., Bad Doberan/ Mecklbg. | | | | | | | | | | |
| Wirth, Elisabeth, Frl., Nürnberg, Hafenstr. | | | | | | | | | | |
| Wittmann, Eugen, Urspringschule, Blaubeuren/Land | | | | | | / | | | | |
| Zapp, Paul, Berlin-Tegel, Havelmüllerweg 21 | | | | | | / | | | | |
| Ziegler, M., Riga | | | | | | | | | / | |
|  | 5 | 3 | 2 | 4 | 8 | 15 | 19 | 9 | 3 | 8 |

Führerrat:

Von der Versammlung bevollmächtigter Vorsitzender:
Prof. Dr. J. W. Hauer, Tübingen

Prof. Bergmann, Leipzig
Prof. Drews, Karlsruhe
Dr. Elbert, Harleshausen
Georg Elling, Pforzheim
Prof. Fahrenkrog, Biberach/Riss
Prof. Günther, Jena
Dr. Werner Kulz, Darmstadt
Prinz zur Lippe, Drogelwitz
Arthur Lahn, Woltersdorf
Prof. Mandel, Kiel

Frau Margarete Müller-Senftenberg, Senftenberg
Franziska von Porembsky, Rudolfstadt
Otto Sigfried Reuter, Huchting
Graf Reventlow, Potsdam
Friedbert Schultze, Berlin-Friedrichshagen
Norbert Seibertz, Berlin-Lichterfelde
Lothar Stengel-von Rutkowski, Marburg
Prof. Herman Wirth, Doberan
M. Ziegler, Riga

Geschäftsstelle: Paul Zapp, Berlin-Tegel, Havelmüllerweg 21

Kasse: P. S. Paul Zapp, Berlin 25330
Vermerk "ADG"


(Aus: Archiv des Oberkirchenrates Stuttgart)

# Literaturverzeichnis

## Abkürzungen

| | |
|---|---|
| AKB | Archiv des Köngener Bundes, jetzt integriert im landeskirchlichen Archiv der württembergischen Landeskirche |
| DEKA | Deutscher Evangelischer Kirchenausschuß |
| Dt. Gl. | Deutscher Glaube (Zeitschrift der DG) |
| KG | Kommende Gemeinde (Zeitschrift des Köngener Bundes) |
| RIM | Reichsinnenminister bzw. -ministerium |
| BA | Bundesarchiv, Koblenz |
| IfZ | Institut für Zeitgeschichte, München |

## Nachschlagewerke, Standardwerke, Lexika

*Die Freireligiöse Bewegung - Wesen und Auftrag (1859-1959).* Als Gemeinschaftsarbeit hg. vom BUND FREIRELIGIÖSER GEMEINDEN DEUTSCHLANDS, FREIE RELIGIONSGEMEINSCHAFT, KÖRPERSCHAFT DES ÖFFENTLICHEN RECHTS. Selbstverlag (1959). Zit. als *Wesen und Auftrag.*

HEUSSI, KARL: *Kompendium der Kirchengeschichte.* J. C. B. Mohr (Paul Siebeck), Tübingen [14]1976.

KINDT, WERNER (HG.): *Dokumentation der deutschen Jugendbewegung.* 3 Bände.
  Bd. I: *Grundschriften der deutschen Jugendbewegung.* Eugen Diederichs, Düsseldorf/Köln 1963.
  Zit. als KINDT, *I.*
  Bd. II: *Die Wandervogelzeit.* Eugen Diederichs, Düsseldorf/Köln 1968.
  Zit. als KINDT, *II.*
  Bd. III: *Die deutsche Jugendbewegung 1920-1933. Die bündische Zeit.* Eugen Diederichs, Düsseldorf/Köln 1974.
  Zit als KINDT, *III.*

KRETSCHMAR, GEORG: *Dokumente zur Kirchenpolitik des Dritten Reiches.* Bd. I. Hg. im Auftrag der Evangelischen Arbeitsgemeinschaft für kirchliche Zeitgeschichte. Kaiser, München 1971.

KÜNNETH, WALTER / SCHREINER, HELMUTH (HG.): *Die Nation vor Gott.* Wichern, Berlin, 1. und 2. Auflage 1933; Wichern, Berlin, 3. erweiterte und 4. vollständige Auflage 1934.

LAQUEUR, WALTER: *Die deutsche Jugendbewegung - eine historische Studie.* Verlag Wissenschaft und Politik, Köln o. J.

MEIER, KURT: *Die Deutschen Christen.* Vandenhoeck und Ruprecht, Göttingen 1964, Lizenz des VEB Max Niemeyer Verlag, Halle/Saale.
Zit. als MEIER, *DC*.

MEIER, KURT: *Der evangelische Kirchenkampf. Gesamtdarstellung in 3 Bänden.*
Bd. 1: *Der Kampf um die "Reichskirche".* Halle/Saale, Göttingen 1976.
Zit. als MEIER, *I*.
Bd. 2: *Gescheiterte Neuordnungsversuche im Zeichen staatlicher" Rechtshilfe".* Halle/Saale, Göttingen 1976.
Zit. als MEIER, *II*.
Bd. 3: *Im Zeichen des Zweiten Weltkrieges.* Halle/Saale, Göttingen 1984.
Zit. als MEIER, *III*.

MOHLER, ARMIN: *Die konservative Revolution in Deutschland 1918-1932.* Wissenschaftliche Buchgesellschaft, Darmstadt ²1972.

SCHÄFER, GERHARD: *Dokumentation zum Kirchenkampf. Die evangelische Landeskirche in Württemberg.*
Bd. 1: *Um das politische Engagement der Kirche 1932 - 1933.* Calwer, Stuttgart 1971.
Zit. als SCHÄFER, *I*.
Bd. 2: *Um eine deutsche Reichskirche 1933.* Calwer, Stuttgart 1972.
Zit. als SCHÄFER, *II*.
Bd. 3: *Der Einbruch des Reichsbischofs 1934.* Calwer, Stuttgart 1974.
Zit. als SCHÄFER, *III*.
Bd. 4: *Die intakte Landeskirche 1935 - 1936.* Calwer, Stuttgart 1977.
Zit. als SCHÄFER, *IV*.
Bd. 5: *Babylonische Gefangenschaft 1937 - 1938.* Calwer, Stuttgart 1982.
Zit. als SCHÄFER, *V*.

STOCKHORST, ERICH: *5000 Köpfe - Wer war was im Dritten Reich.* Blick und Bild-Verlag, Velbert und Kettwig 1967.

*Theologische Realenzyklopädie.* Hg. von GERHARD KRAUSE UND GERHARD MÜLLER. De Gruyter, Berlin/New York 1976 - 1987.
Zit. als *TRE*.

*Wesen und Auftrag.* Siehe: *Die Freireligiöse Bewegung - Wesen und Auftrag (1859 - 1959).*

WISTRICH, ROBERT: *Wer war wer im 3. Reich. Anhänger, Mitläufer, Gegner aus Politik, Wirtschaft, Militär, Kunst und Wissenschaft.* Harnack, München 1983.

*Wörterbuch der Kirchengeschichte.* Hg. von C. ANDRESEN UND G. DENZLER. Kösel, München 1982.

*Wörterbuch der Religionen.* Begründet von Alfred Bertholet in Verbindung mit Hans Freiherrn von Campenhausen. Dritte Auflage, neu bearbeitet, ergänzt und hg. von KURT GOLDAMMER. Alfred Kröner, Stuttgart 1976.

# Zeitschriften (vor 1945)

*Christdeutsche Stimmen. Das Blatt der Christdeutschen Jugend.* Hg. von LEOPOLD CORDIER. Heft 4 (1924) - Heft 16 (1936). Oranien-Verlag, Herborn.

*Die Christliche Welt. Evangelisch-lutherisches Gemeindeblatt für die Gebildeten.* Hg. von M. RADE. Leipzig 1887 - 1932. 1933 - 1941 in Verbindung mit Friedrich Siegmund-Schultze hg. von HERMANN MULERT.

*Deutscher Glaube. Monatsschrift der Deutschen Glaubensbewegung* (Neue Folge der *Kommenden Gemeinde*, des *Rig* und des *Nordischen Glaubens*). Hg. von J. WILHELM HAUER.
    Bd. 1: C. L. Hirschfeld, Stuttgart 1934.
    Bde. 2-3, H. 3: Karl Gutbrod, Stuttgart, 1935 - März 1936.

*Deutscher Glaube. Zeitschrift für arteigene Lebensgestaltung, Weltschau und Frömmigkeit.* Hg. von J. WILHELM HAUER U. A.
    Bd. 3, H. 4-10: Karl Gutbrod, Stuttgart, April - Oktober 1936.
    H. 11-12: Georg Truckenmüller, November/Dezember 1936.
    Bd. 4-8, H. 2: Boltze, Karlsruhe, 1937 - Februar 1941.

*Deutscher Glaube. Zeitschrift für arteigene Lebensgestaltung, Weltschau und Frömmigkeit in den germanischen Ländern.* Hg. von J. WILHELM HAUER, FRIEDRICH GERICKE U. A.
    Bd. 8, H. 3-11: Boltze, Karlsruhe, März 1941 - September 1944.
    Zit. als *Dt. Gl.*

*Durchbruch. Kampfblatt für deutschen Glauben, Rasse und Volkstum.*
    1. Jg. (1934): Karl Gutbrod, Stuttgart.
    2. Jg. (1935) und 3. Jg. (1936): Hg. in Verbindung mit den Landesgemeinden der DG.
    4. Jg. (1937): Durchbruch Verlag Friedrich Bühler, Stuttgart.

*Der Falke.* Zeitschrift des Jugendbundes der *Adler und Falken.* H. 1/2 (1934).

*Die Freideutsche Jugend.* Dezember 1914. 7. Jg. (1921) - 8. Jg. (1922), Hamburg.

*Eine heilige Kirche.* Hg. von FRIEDRICH HEILER. 17 (1935) - 23 (1942). Ernst Reinhardt, München.

*Am heiligen Quell deutscher Kraft.* Ludendorffs Halbmonatsschrift. 1929 - 1939. H. 5. München 1931.

*Kommende Gemeinde.* Hg. im Auftrag der Köngener von J. W. HAUER, Tübingen. (Vierteljahreszeitschrift, z. T. unregelmäßig erschienen.) Ab 2. Jg. (1930) mit dem Untertitel: *Eine unabhängige religiöse Zeitschrift.*
    1. Jg. (1928/29): (ohne Verlagsangabe) Buchdruckerei Eugen Göbel, Tübingen.
    2. Jg. (1930), H. 1: Eugen Diederichs, Jena.
    ab 2. Jg. (1930) H. 2/3: C. L. Hirschfeld, Leipzig.
    Zit. als *KG.*

*Kommende Gemeinde. Eine unabhängige religiöse Zeitschrift.* Hg. im Auftrag des Freundeskreises der Kommenden Gemeinde von J. W. HAUER, Tübingen. 5. Jg. (1933), H. 2/2. C. L. Hirschfeld, Leipzig.

*Kommende Gemeinde.* Neue Folge *Deutscher Glaube.* Hg. von J. W. HAUER, Tübingen. 5. Jg. (1933), H. 4/5 (Dezember). C. L. Hirschfeld, Stuttgart.

*Ludendorffs Volkswarte.* (1929-1933). München.

*Nordungenblätter.* (Kleine Zeitschrift des völkischen Jugendbundes *Die Nordungen,* im *Rig* eingelegt.)

*Reichswart.* Wochenschrift für nationale Unabhängigkeit und deutschen Sozialismus. Hg. von ERNST VON REVENTLOW. Berlin 1919-1944. 1935/36 mit dem Untertitel: *Nationalsozialistische Wochenschrift. Organ der Deutschen Glaubensbewegung.* Berlin.

*Rig. Blätter für germanisches Weistum.* Hg. von GEORG GROH. 1. Jg. (1926) - 8. Jg. (1933), zweimonatlich. Rig, Schweinfurt. 1933 aufgegangen in *Deutscher Glaube.*

*Unser Weg. Stimmen aus dem Bund der Köngener.* Hg. im Auftrag des Bundes der Köngener von J. W. HAUER, JOACHIM G. BOECKH UND KARL KNOCH. Göppingen, Buchdruckerei Deutschle, Tübingen. Nr. 1, Adventszeit 1920;, Nr. 2, Vorfrühling 1921.

*Unser Weg. Stimmen aus dem Bund der Köngener.* Hg. im Auftrag des Bundes der Köngener von J. W. HAUER, J. GANGLER, R. BAUM UND E. GEHRING. Neuwerk, Schlüchtern. Doppelnummer 3/4, Tübingen, Heumond 1921.

*Unser Weg. Stimmen aus dem Bund der Köngener.* Hg. im Auftrag des Bundes der Köngener von J. W. HAUER, MARIA SCHEUERER UND LYDIA FROMANN. Neuwerk, Schlüchtern. H. 5, Reutlingen, Gilbhort 1921.

*Unser Weg. Stimmen aus dem Bund der Köngener.* Hg. im Auftrag des Bundes der Köngener. 6. Folge 1921-1927.

*Der weiße Ritter.* Hg. vom BUND DEUTSCHER NEUPFADFINDER. Schriftleitung: Franz Ludwig Habbel, Ludwig Voggenreiter, Karl Sonntag und Erich Maschke.
1. Jg. (1918/19): Regensburg.
2. - 7. Jg. (1920-1927): Potsdam.

*Zwiespruch. Unabhängige Zeitung der Jugendbewegung. Nachrichten- und Anzeigenblatt ihres wirtschaftlichen Lebens.* Hg. von ERNST BARGEL. Berlin 1927 - 1931.

## Eigenliteratur der Völkischen und der Jugendbewegung und Gegenschriften

In Klammern: der religiöse Ort der Autoren
DC = Deutsche Christen
DG = Deutsche Glaubensbewegung
ev = Evangelische Kirche
ev/DG = Bis 1933: Evangelische Kirche, nach 1933: Deutsche Glaubensbewegung
JB = Jugendbewegung
kath = Katholische Kirche
L = Ludendorff
Q = Quäker
v = völkisch

ANDERSEN, FRIEDRICH (DC): "Der Bund für deutsche Kirche". In: *Rig.* 4. Jg. (1929), Heft 3. S. 62-64.

ARNOLD, EBERHARD (JB): *Die Religiosität heutiger Jugend.* Berlin 1919.

BELLSTEDT, MAX (DG): *Deutsche Weltanschauung* (Deutscher Glaube im Aufbruch. Nr. 10. Hg. in Verbindung mit Univ.-Prof. Dr. Wilhelm Hauer von Dr. Hermann Buddensieg und Wilhelm Schloz). Erich Röth, Eisenach 1934.

BELLSTEDT, MAX (DG): *Mythenweisheit nach deutscher Art* (Deutscher Glaube im Aufbruch. Nr. 11. Hg. in Verbindung mit Univ.-Prof. Dr. Wilhelm Hauer von Dr. Hermann Buddensieg und Wilhelm Schloz). Erich Röth, Eisenach 1934.

BERGMANN, ERNST (DG): *Die deutsche Nationalkirche.* Ferdinand Hirt, Breslau 1933.

BÖRSTLING, FR. (DG): "Gefallenenehrung". In: *Durchbruch.* 1. Jg., (1934), Nr. 6. S. 5. 9. 12. 1934.

BUBENDEY, FRIEDRICH (DG): "Wie lange noch Feldgottesdienste?" In: *Reichswart.* 16. Jg. 1935, Nr. 12. 24. 3. 1935.

BUDDENSIEG, HERMANN (DG): "Bericht. Das Ringen um die Eingliederung des Menschen in die Lebensordnung". In: *KG.* Die Comburg-Tagung 1931. 3. Jg. (1931), Heft 2. S. 43-97.

CLAUSS, LUDWIG FERDINAND (DG): *Rasse und Seele. Eine Einführung in den Sinn der leiblichen Gestalt.* 6., durchgesehene Auflage. 30.-33. Tausend der Gesamtauflage. J. F. Lehmanns, München 1936.

DEGENFELD, UDO [Pseudonym für Karl Udo Iderhoff] (ev): *Jesus in unserem Schülerleben. Bilder aus einer Jugendbewegung.* Berlin 1917, ²1920.

EGGERS, KURT (DG): *Die kriegerische Revolution.* Zentralverlag der NSDAP, Franz Eher Nachf. GmbH, Berlin 1944.

GERICKE, FRIEDRICH (DG): *Glaube aus dem Blute. Vom Kampf um das Bekenntnis.* Karl Gutbrod, Stuttgart 1934.

GERICKE, FRIEDRICH (DG): "Der Glaube der Soldaten". In: *Dt. Gl.* Bd. 2 (1935). S. 465-470.

GERSTENMAIER, EUGEN (ev.): "Die Köngener Gemeinde und die Deutsche Freischar". In: *Christdeutsche Stimmen.* 8. Jg. H. 8 (1928). S. 121-122.

GOEGGINGER, WOLFGANG (DG): "Die deutsche Glaubensfrage". In: *Reichswart.* 15 Jg. 1934, Nr. 52. 30. 12. 1934. Beilage.

GRABERT, HERBERT (ev/DG): "Vom kirchlichen und religiösen Leben der Gegenwart". In: *KG.* 4. Jg. (1932). H. 1/2. S. 124-136.

GRABERT, HERBERT (DG): *Der protestantische Auftrag des deutschen Volkes. Grundzüge der deutschen Glaubensgeschichte von Luther bis Hauer.* Karl Gutbrod, Stuttgart 1936.

GRÄFF, OTTGER (JB): "Vom deutschen Glauben". In: *Freideutsche Jugend.* 4. Jg. (1918). H. 4/5. S. 159-163.

GROH, GEORG (v): "Geschichte der germanischen Gottgläubigkeit". In: *Rig.*
1. Teil: 3. Jg. (1928), Heft 5, S. 122-129.
2. Teil: 3. Jg. (1928), Heft 6, S. 146-156.
3. Teil: 4. Jg. (1929), Heft 3, S. 54-62.

GRÜNDEL, ERICH GÜNTHER (JB): *Die Sendung der jungen Generation. Ein Versuch einer umfassenden revolutionären Sinndeutung der Krise.* Beck, München 1932.

*Grundlinien einer deutschen Glaubensunterweisung.* 2., völlig neubearbeitete Auflage. In Verbindung mit Friedrich Solger, hg. von WILHELM HAUER (Schriften zur Deutschen Glaubensbewegung. H. 1. 2., völlig neubearbeitete Auflage. Hg. von WILHELM HAUER, Tübingen). Karl Gutbrod, Stuttgart 1935.

HAUER, JAKOB WILHELM (DG): "Ausblick". In: *Dt. Gl.* Bd. 4. 1937. S. 58-69.

HAUER, JAKOB WILHELM (DG): *Ein arischer Christus? Eine Besinnung über deutsches Wesen und Christentum.* Boltze, Karlsruhe 1939.

HAUER, WILHELM (DG): *Deutsche Gottschau. Grundzüge eines deutschen Glaubens.* 2. unveränderte Auflage. Karl Gutbrod, Stuttgart $^2$1934.

HAUER, J. WILHELM (DG): *Fest und Feier aus deutscher Art* (Schriften zur deutschen Glaubensbewegung. H. 6). Karl Gutbrod, Stuttgart 1936.

HAUER, JAKOB WILHELM (ev): "Der Freie Dienst". In: *KG.* 3. Jg. (1931). H. 3. S. 7-32.

HAUER, JAKOB WILHELM (HG.) (ev): *§ 218 - Eine sachliche Aussprache* (Der Freie Dienst. Beiheft zu *Kommende Gemeinde.* H. 1. Hg. von J. W. HAUER). C. L. Hirschfeld, Leipzig 1931.

HAUER, JAKOB WILHELM (ev): "Das religiöse Ringen der Gegenwart und die Kirche". In: *KG.* 2. Jg. (1930). H. 2/3. S. 9-27.

HAUER, JAKOB WILHELM (ev/DG): *Die Religionen. Ihr Werden, ihr Sinn, ihre Wahrheit. Erstes Buch: Das religiöse Erlebnis auf den unteren Stufen.* Kohlhammer, Berlin/Stuttgart/Leipzig 1923.

HAUER, JAKOB WILHELM (DG): "Skizzen aus meinem Leben". In: *Dt. Gl.* Bd. 2 (1935). S. 5-11; 49-59; 101-108; 194-203; 241-254; 439-449; 563-573.

HAUER, JAKOB WILHELM (ev): *Verfassungsänderung oder Revolution der Kirche? Ein offener Brief an den Deutschen Evangelischen Kirchenausschuß und an die Reichsleitung der*

*Glaubensbewegung "Deutsche Christen"* (Flugschrift zum geistigen und religiösen Durchbruch der deutschen Revolution. H. 1). C. L. Hirschfeld, Stuttgart. Juni 1933.

HAUER, JAKOB WILHELM (ev): *Werden und Wesen der Anthroposophie. Eine Wertung und eine Kritik. Vier Vorträge.* Kohlhammer, Stuttgart 1922.

HAUER, JAKOB WILHELM (DG): "Wohin des Wegs? Rückblick und Ausblick". In: *Dt. Gl.* Bd. 4 (1937). S. 2-13.

HAUER, J. WILHELM / SOLGER, FRIEDRICH (DG): *Grundlinien einer deutschen Glaubensunterweisung. Mit Hauptentwurf zu einem Lehrplan der Deutschen Glaubensbewegung.* In Verbindung mit Friedrich Solger, Friedrich Berger, Friedrich Schöll, Ernst Küster, Bodo Ernst, Marie Eckert hg. von J. W. HAUER (Schriften zur Deutschen Glaubensbewegung. H. 1. Hg. von J. W. HAUER). Karl Gutbrod, Stuttgart 1934.

HUNSCHKE, K. H.: *Ernst Bergmann, sein Leben und sein Werk.* Hirt, Breslau 1936.

JUNG, EDGAR J.: "Die Tragik der Kriegsgeneration". In: *Süddeutsche Monatshefte.* 27. Jg. (1930). H. 8. Mai 1930. S. 513.

KNOCH, KARL (ev): "Die religiöse Krise der Gegenwart und die Kirche. Zusammenfassung der in den Ansprachen geäußerten Gedanken". In: *KG.* 2. Jg. (1930). H. 2/3. S. 103-117.

KRANNHALS, PAUL (v): *Der Glaubensweg des deutschen Menschen.* (Deutscher Glaube im Aufbruch. Hg. in Verbindung mit Univ.-Prof. Dr. Wilhelm Hauer von DR. HERMANN BUDDENSIEG UND WILHELM SCHLOZ). Erich Röth, Eisenach ²1935.

KRUKENBERG, ELISABETH (Q): "Deutsches Volkstum, Christentum, Religiöse Gesellschaft der Freunde (Quäker)". In: *KG.* 5. Jg. (1933). Heft 4/5. S. 51-65.

L., E. (DG): "Heldisches Sterben". In: *Durchbruch.* 4. Jg. (1937). 18. 2. 1937.

LEERS, JOHANN VON (DG): *Blut und Rasse in der Gesetzgebung. Ein Gang durch die Völkergeschichte.* J. F. Lehmanns, München 1936.

LUDENDORFF, MATHILDE (L): *Deutscher Gottglaube.* Weicher, München ¹1929.

MANDEL, HERMANN (ev): "Deutsche Frömmigkeit". In: *KG.* 5. Jg. (1933). H. 4/5. S. 24-38.

MITSCHERLICH, EILHARD ALFRED (DG): "Wissen und Glauben eines Naturwissenschaftlers". In: *Dt. Gl.* Bd. 2 (1935). S. 154-158.

POHL, WERNER (DG): *Die Bündische Erziehung. Erziehungswissenschaftliche Betrachtung.* Phil. Diss., Jena 1933 (Pädagogische Studien und Kritiken Bd. 8). Böhlau, Weimar 1933.

REVENTLOW, ERNST VON (DG): *Deutscher Sozialismus. Civitas Dei Germanica.* Alexander Duncker, Weimar 1930.

ROSENBERG, ALFRED: "Politik und Kirche". In: *Völkischer Beobachter.* Norddeutsche Ausgabe. 16. 8. 1933.

SCHUMANN, MAX (DG): "Das heroische Ethos der Germanen als Grundlage völkisch-religiöser Besinnung". In: *Durchbruch.* 2. Jg. (1935). Nr. 24.

STÄHLIN, WILHELM (ev/JB): "Fieber und Heil in der Jugendbewegung, Wiederabdruck". In: KINDT, *I.* S. 374-428.

STÄHLIN, WILHELM (ev/JB): *Jesus und die Jugend* (Vortrag gehalten am 31. 7. 1921 auf dem Bundestag des *Bundes deutscher Jugendvereine* in Heidelberg). BDJ-Verlagsbuchhandlung, Sollstedt o. J.

STÄHLIN, WILHELM (ev/JB): *Der neue Lebensstil*. Wiederabdruck in: KINDT, *I*. S. 303-320.

STENGEL VON RUTKOWSKI, LOTHAR (DG): "Sinn und Form einer deutschen Namensweihe". In: *Dt. Gl.* Bd. 2 (1935). S. 515-522.

TILLICH, PAUL (ev): *Die Jugend und die Religion*. Wiederabdruck in: KINDT, *III*. S. 643-647.

WACHLER, ERNST (v): "Ist eine neue Epoche des deutschen Geistes möglich?" In: *Rig.* 4. Jg. (1921). H. 6. S. 134-136.

WEIZSÄCKERK, ADOLF (ev): "Die Gesamtkrisis der Abendländischen Seelenführung und der "Freie Dienst". In: *KG*. 3. Jg. (1931). H. 3. S. 32-58.

ZIEGLER, MATTHES (DG): *Wie die Pflicht es befahl. Worte unserer Weltkriegsdichter* (Nordland-Bücherei Bd. 15). Nordland, Berlin 1940.


# Geschichtliche und wissenschaftliche Darstellungen

*a) vor 1945*

ALGERMISSEN, KONRAD (kath): *Die Gottlosenbewegung und ihre Überwindung*. Giesel, Hannover 1933.

BARTSCH, HEINZ: *Die Wirklichkeitsmacht der allgemeinen Deutschen Glaubensbewegung*. Inauguraldissertation, genehmigt von der philologisch-historischen Abteilung der Philosophischen Fakultät der Universität Leipzig. Gutachter: Hans Freyer, Arnold Gehlen. Leipzig 20. 4. 1938. Ludwig, Breslau 1938.
Zit. als BARTSCH, *Wirklichkeitsmacht*.

BECKER, GEORG: *Die Siedlung der deutschen Jugendbewegung. Eine soziologische Untersuchung*. Phil. Diss., Köln 6. 6. 1930. Karsten, Hilden 1929.

BRY, CARL CHRISTIAN: *Verkappte Religionen*. Friedrich Andreas Perthes, Gotha/Stuttgart 1924.

EHRENTHAL, GÜNTHER (JB): *Die deutschen Jugendbünde. Ein Handbuch ihrer Organisation und ihrer Bestrebungen. Mit 4 graphischen Darstellungen der organisatorischen Bewegungen*. Zentralverlag, Berlin 1929.
(Materialreiche Darstellung.)

FICK, LUISE: *Die deutsche Jugendbewegung*. Phil. Diss. (bei Prof. Kleo Pleyer und Prof. W. Schüßler, Berlin). Eugen Diederichs, Jena 1940.
(Vom Standpunkt der nationalsozialistischen Weltanschauung geschrieben; zum Verständnis der völkischen Jugendbewegung hilfreich.)

FRICK, HEINRICH (ev): *Deutschland innerhalb der religiösen Weltlage.* Alfred Töpelmann, Berlin ²1941.
(Von einem christlich-religionswissenschaftlichen Standpunkt aus geschrieben.)
FROBENIUS, ELSE (JB): *Mit uns zieht die neue Zeit. Eine Geschichte der deutschen Jugendbewegung mit Liste der Verbände.* Deutsche Buchgemeinschaft, Berlin 1927.
HAUCK, HEINRICH: *Der neueste Stand der völkisch-religiösen Bewegung in Deutschland.* Martin Luther, Erlangen 1935/36.
(Sehr knappe Darstellung der deutschreligiösen Gemeinschaften.)
HERRLE, THEO (JB): *Die deutsche Jugendbewegung in ihren wirtschaftlichen und gesellschaftlichen Zusammenhängen.* Perthes, Gotha 1921.
(Materialreiche Darstellung der frühen Geschichte der freideutschen Jugendbewegung.)
HUTTEN, KURT (ev): "Die Deutsche Glaubensbewegung". In: KÜNNETH, WALTER / SCHREINER, HELMUTH (HG.): *Die Nation vor Gott.* Wichern, Berlin 1934. S. 510-528.
(Vom evangelischen Standpunkt aus geschrieben, was die inhaltliche Seite betrifft; knappe fundierte Darstellung der Geschichte der DG; um Objektivität bemüht.)
Zit. als HUTTEN, *DG*.
LEESE, KURT (ev): "W. Hauer: Deutsche Gottschau. Rezension". In: *Christliche Welt.* 1935, 49. Jg. Sp. 887 ff.; 929 ff.
(Liberal-theologische Kritik an Hauer.)
LEESE, KURT (ev): *Rasse - Religion - Ethos. Drei Kapitel zur religiösen Lage der Gegenwart.* Leopold Klotz, Gotha 1934.
(Liberal-theologische Kritik an Hauer.)
LEESE, KURT (ev): *Das Problem des 'Arteigenen' in der Religion. Ein Beitrag zur Auseinandersetzung mit der Deutschen Glaubensbewegung.* J. C. B. Mohr (Paul Siebeck), Tübingen 1935.
(Liberal-theologische Kritik an Hauer.)
LOTHER, HELMUT: *Neugermanische Religion und Christentum. Eine kirchengeschichtliche Vorlesung.* Bertelsmann, Gütersloh 1934.
(Knappe Darstellung der völkischen und deutschgläubigen Gemeinschaften.)
LÜTKENS, CHARLOTTE: *Die deutsche Jugendbewegung. Ein soziologischer Versuch.* Frankfurter Sozietäts-Druckerei, Frankfurt a. M. 1925.
(Der erste Versuch, die Jugendbewegung soziologisch zu erfassen.)
MESSER, AUGUST (JB/kath): *Die Freideutsche Jugendbewegung. Ihr Verlauf von 1913 - 1923* (Fr. Manns Pädagogisches Magazin. H. 597). Hermann Beyer und Söhne, Langensalza ⁵1924.
(Detailreiche, z. T. minutiöse Darstellung der Frühgeschichte der Freideutschen Jugend.)
MITGAU, HERMANN: "Der Feldwandervogel". In: VESPER, WILL: *Deutsche Jugend. 30 Jahre Geschichte einer Bewegung.* Holle u. Co, Berlin 1934.
(Wichtig zum Verständnis des Fortlebens der Wandervogelidee in und nach dem 1. Weltkrieg.)

MÜLLER, ALFRED: *Die neugermanischen Religionsgründungen der Gegenwart. Ihr Werden und Wesen*. Ludwig Röhrscheid, Bonn 1934.
(Materialreiche Darstellung der Geschichte deutschreligiöser Gemeinschaften; mit ausführlichen Dokumenten.)
Zit. als MÜLLER, *Die neugermanischen*...

PAETEL, KARL OTTO (JB): *Handbuch der deutschen Jugendbewegung*. Erich Röth, Flarchheim 1930.
(Der Titel verspricht mehr als er hält.)

PFENNIGSDORF, D. (DC): *Die Deutsche Glaubensbewegung. Rosenberg, Bergmann, Wirth, Hauer* (Deutschtum und Christentum. heft 4. Hg. von Wilhelm Knevels). H. L. Brönners Druckerei, Frankfurt 1933.
(Vom deutschchristlichen Standpunkt geschrieben. Bemühung um Objektivität ist nicht zu bestreiten.)

SCHLUND, ERHARD (kath): *Neugermanisches Heidentum im heutigen Deutschland*. Dr. Franz A. Pfeiffer, München 1924.

SCHMALENBACH, HERMAN: "Die soziologische Kategorie des Bundes". In: *Die Dioskuren. Jahrbuch für Geisteswissenschaften*. Bd. 1. Hg. von WALTER STRICK. MEYER UND JESSEN, München 1922.
(In Fortführung der affektuellen Verbundenheit der Gemeinschaft bei M. Weber versucht Schmalenbach den Bund als eine eigenständige Größe zu fassen. Ein hilfreicher Beitrag, um die jugendbewegten und ähnliche Bünde der Weimarer Zeit zu verstehen).

SCHRÖDER, CHRISTEL MATTHIAS (ev): "Wilhelm Hauers 'Deutsche Gottschau'". In: *Eine heilige Kirche*. 18. Jg. 1936. S. 222-248.

THURNWALD, RICHARD: *Die neue Jugend*. (Forschungen zur Völkerpsychologie und Soziologie Bd. IV.) C. L. Hirschfeld, Leipzig 1927.

## b) nach 1945

ACKERMANN, JOSEF: *Heinrich Himmler als Ideologe*. Musterschmidt, Göttingen/Zürich/Frankfurt 1970.

ANDRESEN, CARL: "Deutschgläubige Bewegung". In: C. Andresen / G. Denzler (Hg.): *Wörterbuch der Kirchengeschichte*. Kösel, München 1982. S. 181 f.

ARONSON, SHLOMO: "Gedanken zum religiösen Hintergrund des Nationalsozialismus. Ein Symposion mit israelischen und deutschen Wissenschaftlern". In: ARONSON, SHLOMO / SIEFER, GREGOR / TALMON, SHEMARJAHN (HG.): *Religion und Politik in der Gesellschaft des 20. Jahrhunderts*. Keil, Bonn 1978. S. 72-81.

ARONSON, SHLOMO: *Reinhard Heydrich und die Frühgeschichte von Gestapo und SD*. Deutsche Verlags-Anstalt, Stuttgart 1971.
(Materialreich; hier besonders für die Biographie W. Best.)

AUFMUTH, ULRICH: *Die deutsche Wandervogelbewegung unter soziologischem Aspekt.* (Studien zum Wandel von Gesellschaft und Bildung im 19. Jahrhundert. Bd. 16.) Vandenhoeck und Ruprecht, Göttingen 1979.
(Eine sehr fundierte und wichtige Arbeit zur Soziologie der Jugendbewegung.)

BARTZ, JOACHIM / MOR, DAGMAR: "Der Weg in die Jugendzwangsarbeit - Maßnahmen gegen Jugendarbeitslosigkeit zwischen 1925 und 1935". In: LENHARDT, GERO (HG.): *Der hilflose Sozialstaat - Jugendarbeitslosigkeit und Politik.* Suhrkamp, Frankfurt 1979. S. 28-94.
(Gute Ergänzung zur Literatur über die Siedlungsbewegung!)

BERGMANN, KLAUS: *Agrarromantik und Großstadtfeindlichkeit* (Marburger Abhandlungen zur politischen Wissenschaft. Bd. 20). Anton Hain, Meisenheim am Glan 1970.
(Materialreiche Untersuchung zur Stadtflucht des späten 19. und frühen 20. Jahrhunderts; Darstellung einiger Positionen von Agrarromantikern in ihrer Beziehung zum Nationalsozialismus; auch wertvoll in bezug auf die DG.)
Zit. als BERGMANN, *Agrarromantik.*

BESSEL, RICHARD: "Militarismus im innerpolitischen Leben der Weimarer Republik: Von den Freikorps zur SA". In: MÜLLER, KLAUS-JÜRGEN / OPITZ, ECKHARDT (HG.): *Militär und Militarismus. Beiträge eines internationalen Symposiums an der Hochschule der Bundeswehr Hamburg am 5. und 6. Mai 1977.* Droste, Düsseldorf 1978. S. 193-222.
(Eine Begriffsklärung des Militarismus; Beschreibung des Prozesses der Militarisierung der Gesellschaft der 20er Jahre auf nichtmilitärischem Sektor.)

BIEZAIS, HARALDS (HG.): *New Religions. Based on papers read at the Symposium on New Religions held at Åbo on the $1^{st}$-$3^{rd}$ of September 1974.* Almquist & Wiksell International, Stockholm 1975.

BINKOWSKI, JOHANNES (JB/kath): *Jugend als Wegbereiter. Der Quickborn 1909-1945.* Theiss, Stuttgart-Aalen 1981.
(Darstellung der Geschichte des Quickborns und R. Guardinis von einem Mitglied des Quickborns.)

BOLLMUS, REINHARD: *Das Amt Rosenberg und seine Gegner. Studien zum Machtkampf im nationalsozialistischen Herrschaftssystem.* Deutsche Verlags-Anstalt, Stuttgart 1970.
Zit. als BOLLMUS, *Amt Rosenberg.*

BORINSKI, FRITZ (HG.) (JB): *Jugend im politischen Protest - Der Leuchtenburgkreis 1923-1933-1977.* Dipa, Frankfurt a. M. 1977.
(In Hinblick auf die Köngener und Hauer, die zeitweise mit diesem Kreis zusammengearbeitet haben, interessant.)

BORST, GERT: *Die Ludendorff-Bewegung 1919-1961. Eine Analyse monologer Kommunikationsformen in der sozialen Zeitkommunikation.* Phil. Diss., München 1967. Augsburg 1969.

BRANDENBURG, HANS CHRISTIAN / DAUR, RUDOLF: *Die Brücke zu Köngen. Fünfzig Jahre Bund der Köngener.* J. F. Steinkopf, Stuttgart o. J. [1971].
(Sympathisierende Darstellung des Köngener Bundes; viele Dokumente zur Bundesgeschichte.)
Zit. als BRANDENBURG, *Köngen*.

BRONDER, DIETRICH: "Freireligiöse Bewegung und Politik". In: *Die Freireligiöse Bewegung - Wesen und Auftrag.* S. 261-270.

BRONDER, DIETRICH: "Die Geschichte des Bundes Freireligiöser Gemeinden bis 1945". In: *Die Freireligiöse Bewegung - Wesen und Auftrag.* S. 67-88
(Von freireligiöser Position aus geschrieben.)

BUCHHEIM, H. / BROSZAT, M. / JACOBSEN, H.-A. / KRAUSNICK, H.: *Anatomie des SS-Staates.* Bd. 1. dtv, München ²1979.

BUCHHEIM, HANS: *Glaubenskrise im Dritten Reich.* Deutsche Verlags-Anstalt, Stuttgart 1953.
Zit. als BUCHHEIM, *Glaubenskrise*.

BUCHHEIM, HANS: "Die SS - das Herrschaftsinstrument. Befehl und Gehorsam". In: BUCHHEIM, H. / BROSZAT, M. / JACOBSEN, H.-A. / KRAUSNICK, H.: *Anatomie des SS-Staates.* Bd. 1. dtv, München ²1979. S. 213-318.

CANCIK, HUBERT: "Antike Volkskunde 1936". In: *Der altsprachliche Unterricht.* Bd. 25,2. Ernst Klett, Stuttgart 1982. S. 79-99.
(Wichtig im Hinblick auf Hauer als Religionswissenschaftler, seine Verbindung zur Volkskunde E. Fehrles und seinen Versuch, mit anderen die ARW auf den "neuen" Geist umzugestalten.)

CANCIK, HUBERT: "Dionysos 1933. W. F. Otto, ein Religionswissenschaftler und Theologe am Ende der Weimarer Republik". In: FABER, RICHARD / SCHLESIER, RENATE (HG.): *Die Restauration der Götter. Antike Religion und Neopaganismus.* Königshausen & Neumann, Würzburg 1986.
(Ein weiteres Beispiel einer Religionsgründung durch einen Religionswissenschaftler, der Ottos Dionysos gekannt hat.)

CANCIK, HUBERT: "Die Götter Griechenlands 1929. Walter F. Otto als Religionswissenschaftler und Theologe am Ende der Weimarer Republik". In: *Der altsprachliche Unterricht.* Jg. XXVII. H. 4, Juli 1984. S. 71-89.

CANCIK, HUBERT: "'Neuheiden' und totaler Staat. Völkische Religion am Ende der Weimarer Republik". In: CANCIK, H. (HG.): *Religions- und Geistesgeschichte der Weimarer Republik.* Patmos, Düsseldorf 1982. S. 176-212.
Zit. als CANCIK, "Neuheiden".

CANCIK, HUBERT (HG.): *Religions- und Geistesgeschichte der Weimarer Republik.* Patmos, Düsseldorf 1982.

CLAESSENS, DIETER: *Gruppe und Gruppenverbände. Systematische Einführung in die Folgen der Vergesellschaftung.* Wissenschaftliche Buchgesellschaft, Darmstadt 1977.
(Hilfreich zum Verständnis des Entstehungsprozesses der DG und seiner permanenten Probleme).
Zit. als CLAESSENS, *Gruppenverbände*.

CONRAD, WALTER: *Der Kampf um die Kanzeln. Erinnerungen und Dokumente aus der Hitlerzeit.* Töpelmann, Berlin 1957.
(Eine rückblickende Erinnerung an den Kirchenkampf von einem, der im RIM 1933/34 mitgewirkt hat.)

DESCHNER, GÜNTHER: *Reinhard Heydrich: Statthalter der totalen Macht. Biographie.* Bechtle, Esslingen 1977.

*Die Freireligiöse Bewegung - Wesen und Auftrag (1859-1959).* Als Gemeinschaftsarbeit hg. vom BUND FREIRELIGIÖSER GEMEINDEN DEUTSCHLANDS, FREIE RELIGIONSGEMEINSCHAFT, KÖRPERSCHAFT DES ÖFFENTLICHEN RECHTS. Selbstverlag (1959).

DIERKS, MARGARETE: *Jakob Wilhelm Hauer. 1881-1962. Leben - Werk - Wirkung.* Lambert Schneider, Heidelberg 1986.
(Eine weitgehend sympathisierende Biographie. Versuch, Hauer als religiösen Menschen darzustellen, seine Motive und seine Religion verständlich zu machen. Wichtig der Bezug zum liberalen Protestantismus, zu M. Buber, zu C. G. Jung. Es fehlt eine ebenso ausführliche Darstellung der Beziehung Hauers zur SS und zur NSDAP.)
Zit. als DIERKS, *Hauer.*

EICHBERG, HENNING / DULTZ, MICHAEL / GADBERRY, GLEN / RÜHLE, GÜNTHER (HG.): *Massenspiele. NS-Thingspiel, Arbeiterweihespiel und olympisches Zeremoniell* (problemata. Bd. 58). Frommann-Holzboog, Stuttgart-Bad Cannstatt 1977.

FABER, RICHARD / SCHLESIER, RENATE (HG.): *Die Restauration der Götter. Antike Religion und Neopaganismus.* Königshausen & Neumann, Würzburg 1986.

FAYE, JEAN PIERRE: *Totalitäre Sprachen. Kritik der narrativen Vernunft, Kritik der narrativen Ökonomie.* 2 Bde. Ullstein, Frankfurt a. M./Berlin/Wien 1977.
(Eine Untersuchung des Popularisierungsprozesses der Sprache und Ideen Möller van den Brucks aus dem engen Freundeskreis bis zur Sprache der NS-Regierung.)

FLASCHE, RAINER: "Religionsmodelle und Erkenntnisprinzipien der Religionswissenschaft in der Weimarer Zeit". In: CANCIK, H. (HG.): *Religions- und Geistesgeschichte der Weimarer Republik.* Patmos, Düsseldorf 1982. S. 261-276.

FRIELING, REINHARD: *Die Bewegung für Glauben und Kirchenverfassung 1920-1937 unter besonderer Berücksichtigung des Beitrags der deutschen evangelischen Theologie und der evangelischen Kirche in Deutschland.* Vandenhoeck & Ruprecht, Göttingen 1970.
(Wichtig für den ökumenischen Hintergrund von Hauer und R. Otto.)

FUCHS, MANFRED: *Probleme des Wirtschaftsstils von Lebensgemeinschaften, erörtert am Beispiel der Wirtschaftsunternehmen der deutschen Jugendbewegung* (Schriften des Seminars für Genossenschaftswesen an der Universität zu Köln. Bd. 3). Otto Schwarz & Co, Göttingen 1957.

GAMM, HANS-JOCHEN: *Der braune Kult. Das Dritte Reich und seine Ersatzreligion.* Rütten und Loening, Hamburg 1962.

GEIGER, THEODOR: *Die soziale Schichtung des deutschen Volkes. Soziographischer Versuch auf statistischer Grundlage* (Soziologische Gegenwartsfragen. Bd. 1. Hg. von ALFRED VON MARTIN U. A.). Enke, Stuttgart 1932.

GLOWKA, HANS-JÜRGEN: *Deutsche Okkultgruppen 1875-1937* (Hiram-Edition Bd. 12). Arbeitsgemeinschaft für Religions- und Weltanschauungsfragen, München 1981.

GÖTZ VON OLENHUSEN, IRMTRAUD: *Jugendreich, Gottesreich, Deutsches Reich. Junge Generation, Religion und Politik 1928-1933* (Edition Archiv der deutschen Jugendbewegung. Bd. 2. Hg. von WINFRIED MOGGE). Verlag Wissenschaft und Politik, Köln 1987.
(Historische Diss. Eine Untersuchung der Nachkriegsgeneration nach dem Generationsmodell K. Mannheims.)

GÖTZ VON OLENHUSEN, IRMTRAUD: "Die Krise der jungen Generation und der Aufstieg des Nationalsozialismus". In: *Jahrbuch des Archivs der deutschen Jugendbewegung*. Bd. 12. 1980. S. 53-82.
(Ein Vorabreferat ihrer o. g. Dissertation.)

GRAF, FRIEDRICH WILHELM: *Die Politisierung des religiösen Bewußtseins. Die bürgerlichen Religionsparteien im deutschen Vormärz: Das Beispiel des Deutschkatholizismus* (Neuzeit im Aufbau. Darstellung und Dokumentation. Bd. 5. Hg. von RICHARD VON DÜLMEM, HEINZ HOLECZEK, JÖRN RÜSEN UND WINFRIED SCHULZE). Frommann-Holzboog, Stuttgart-Bad Cannstatt 1978.
(Darstellung der Entstehungsgeschichte des Deutschkatholizismus um die Mitte des 19. Jahrhunderts; eine ausführliche Darstellung der Theologie sowie des Bezugs zur evangelischen Theologie; besonders wichtig: das theokratische Denkmodell in der freireligiösen Religion.)

GRAU, HELMUT: "Bündische Jugend - Spielwiese der 'Bourgeoisie'? Aspekte des Wandels der Sozialstruktur bündischer Gruppen vor und nach dem II. Weltkrieg". In: *Jahrbuch des Archivs der deutschen Jugendbewegung*. Bd. 4. 1972. S. 63-74.

GRÜNTHAL, GÜNTHER: *Reichsschulgesetz und Zentrumspartei in der Weimarer Republik* (Beiträge zur Geschichte des Parlamentarismus und der politischen Parteien. Bd. 39). Droste, Düsseldorf 1968.

HAACK, FRIEDRICH: *Wotans Wiederkehr. Blut-, Boden-, Rasse-Religion*. Claudius, München 1981.
(Sammelsurium von Fakten und emotionalen Werturteilen, wissenschaftlich wenig ergiebig.)

HAEBLER, HANS CARL VON: *Geschichte der evangelischen Michaelsbruderschaft*. Selbstverlag 1975.

HAMANN, RICHARD / HERMAND, JOST: *Epochen deutscher Kultur von 1870 bis zur Gegenwart. Bd. 4. Stilkunst um 1900*. Fischer Taschenbuch, Frankfurt a. M. 1977.
(Wichtig für Fidus und seinen Jugendstil.)

HERBERT, KARL: *Der Kirchenkampf. Historie oder bleibendes Erbe*. Evangelisches Verlagswerk, Frankfurt a. M. 1985.

HERRMANN, ULRICH: "Die Jugendkulturbewegung. Der Kampf um die höhere Schule". In: KOEBNER, TH. U.A. (HG.): *"Mit uns zieht die neue Zeit". Der Mythos Jugend*. Suhrkamp, Frankfurt a. M. 1979. S. 28-94.

HEUER, ALBERT: "Die Organisationsformen der freigeistigen Bewegung Deutschlands und ihr soziologischer Aufbau". In: *Die Freireligiöse Bewegung - Wesen und Auftrag (1859 - 1959)*. S. 273-285.
Zit. als HEUER, "Organisationsformen".

HEYER, FRIEDRICH (HG.): *Religion ohne Kirche. Die Bewegung der Freireligiösen. Ein Handbuch*. Quell, Stuttgart 1977.

HIERONIMUS, EKKEHARD: "Zur Religiosität der völkischen Bewegung". In: CANCIK, H. (HG.): *Religions- und Geistesgeschichte der Weimarer Republik*. Patmos, Düsseldorf 1982. S. 159-175
(Kenntnisreiche, zusammenfassende Darstellung der Nordischen.)

HOHNSBEIN, HARTWIG: "Des Teufels Kirchenminister". In: *Neue Stimmen. Ökumenische Zeitschrift zu Fragen in Kirche, Gesellschaft und Politik*. 1987. H. 11. S. 26-32.

HÜPPAUF, BERND (HG.): *Ansichten vom Krieg. Vergleichende Studien zum Ersten Weltkrieg in Literatur und Gesellschaft* (Hochschulschriften Literaturwissenschaft. Bd. 61). Forum Academicum in der Verlagsgruppe Athenäum-Hain-Hanstein, Meisenheim/Glan 1984.

*Jahrbuch des Archivs der deutschen Jugendbewegung*. Hg. von der STIFTUNG JUGENDBURG LUDWIGSTEIN UND ARCHIV DER DEUTSCHEN JUGENDBEWEGUNG BURG LUDWIGSTEIN. Redaktion: Winfried Mogge. Bd. 1 (1969).

JANTZEN, HINRICH: *Namen und Werke. Biographien und Beiträge zur Soziologie der Jugendbewegung*.
Bd. I. Dipa, Frankfurt a. M. 1973.
Bd. III.Dipa, Frankfurt a. M. 1975.
Bd. IV. Dipa, Frankfurt a. M. 1977.
Bd. V. Dipa, Frankfurt a. M. 1982.
(Wertvoll zu Einzelbiographien.)

JANTZEN, WALTER: "Die soziologische Herkunft der Führungsschicht der deutschen Jugendbewegung 1900-1933". In: *Jahrbuch der Ranke-Gesellschaft* III. Diesterweg, Frankfurt a. M./Berlin/Bonn 1957. Seite 127-135.

KAHL, JOACHIM / WERNIG, ERICH: *Freidenker. Geschichte und Gegenwart*. Pahl-Rugenstein, Köln 1981.
Zit. als KAHL / WERNIG, *Freidenker*.

KAISER, JOCHEN-CHRISTOPH: *Arbeiterbewegung und organisierte Religionskritik. Proletarische Freidenkerverbände in Kaiserreich und Weimarer Republik* (Industrielle Welt. Bd. 32. Schriftenreihe des Arbeitskreises für moderne Sozialgeschichte. Hg. von WERNER CONZE). Klett-Cotta, Stuttgart 1981.
(Wertvoll als Horizonterweiterung zu den bürgerlichen Vereinen wie den Nordischen, den Jugendbewegten Bünden oder den Freireligiösen; wichtig zur Positionsbeschreibung der ADG im 1. Halbjahr 1933.)

KATER, MICHAEL H.: *Das 'Ahnenerbe' der SS 1935-1945. Ein Beitrag zur Kulturpolitik des Dritten Reiches*. Deutsche Verlags-Anstalt, Stuttgart 1974.

KATER, MICHAEL H.: "Die Artamanen - Völkische Jugend in der Weimarer Republik". In: *Historische Zeitschrift*. Bd. 213 (1971). H. 3. S. 577-638.
(Eine Standarduntersuchung zur Artamanenbewegung, materialreich und überzeugend in der Interpretation.)

KATER, MICHAEL H.: "Bürgerliche Jugendbewegung und Hitlerjugend in Deutschland von 1926 bis 1939". In: *Archiv für Sozialgeschichte*. Bd. XVII. Hg. von der FRIEDRICH EBERT STIFTUNG. Bonn-Bad Godesberg 1977. Seite 127-174.

KEHRER, GÜNTER: "Kritische Phasen in der Geschichte neuer Religionen". In: ZINSER, HARTMUT (HG.): *Der Untergang von Religionen*. Dietrich Reimer, Berlin 1986. S. 221-234.

KEHRER, GÜNTER (HG.): *Zur Religionsgeschichte der Bundesrepublik Deutschland* (Forum Religionswissenschaft. Bd. 2). Kösel, München 1980.

KEHRER, GÜNTER: "Soziale Klassen und Religion in der Weimarer Republik". In: CANCIK, H. (HG.): *Religions- und Geistesgeschichte der Weimarer Republik*. Patmos, Düsseldorf 1982. S. 67-89.

KETELSEN, UWE-KARSTEN: *Von heroischem Sein und völkischem Tod. Zur Dramatik des Dritten Reiches* (Abhandlungen zur Literatur-, Kunst-, Musikwissenschaft Bd. 96). Bouvier, Bonn 1970.

KETELSEN, UWE-KARSTEN: *Heroisches Theater. Untersuchungen zur Dramentheorie des Dritten Reiches*. Bouvier, Bonn 1968.

KETELSEN, UWE-KARSTEN: "'Die Jugend von Langemarck'. Ein poetisch-politisches Motiv der Zwischenkriegszeit". In: KOEBNER, TH. U. A. (HG.): *"Mit uns zieht die neue Zeit". Der Mythos Jugend*. Suhrkamp, Frankfurt a. M. 1985. S. 68-96.
(These: Mit diesem Mythos konnten sich die Akademiker gegen die totale Vereinnahmung durch die NSDAP widersetzen.)

KRABBE, WOLFGANG R.: *Gesellschaftsveränderung durch Lebensreform. Strukturmerkmale einer sozialreformerischen Bewegung im Deutschland der Industrialisierungsperiode* (Studien zum Wandel von Gesellschaft und Bildung im 19. Jahrhundert. Bd. 9). Vandenhoeck & Ruprecht, Göttingen 1974.

KÜHNL, REINHARD: *Die nationalsozialistische Linke 1925-1930* (Marburger Abhandlungen zur Politischen Wissenschaft. Bd. 6). Anton Hain, Meisenheim am Glan 1966.

LENHARDT, GERO (HG.): *Der hilflose Sozialstaat. Jugendarbeitslosigkeit und Politik*. Suhrkamp, Frankfurt a. M. 1979.

LINSE, ULRICH: *Barfüßige Propheten. Erlöser der zwanziger Jahre*. Siedler, Berlin 1983.
(Beschreibung des Milieus der "Inflationsheiligen", die z. T. sich in der DG wiederfinden.)

LINSE, ULRICH (HG.): *Zurück o Mensch zur Mutter Erde. Landkommunen in Deutschland 1890-1933*. dtv, München 1983.
(Querschnitt durch die verschiedenen weltanschaulich akzentuierten Landkommunen.)
Zit. als LINSE, *Zurück o Mensch*.

LINSE, ULRICH: "Siedlungen und Kommunen der deutschen Jugendbewegung". In: *Jahrbuch des Archivs der deutschen Jugendbewegung*. Bd. 14. 1982/83. S. 13-28.
Zit. als LINSE, "Siedlungen".

LOSEMANN, VOLKER: *Nationalsozialismus und Antike. Studien zur Entwicklung des Faches Alte Geschichte 1933-1945* (Historische Perspektiven. Bd. 7. Hg. von BERND MARTIN, HANS-JÜRGEN PUHLE, WOLFGANG SCHIEDER, GOTTFRIED SCHRAMM UND HEINRICH AUGUST WINKLER). Hoffmann und Campe, Hamburg 1977.

LUTZHÖFT, HANS-JÜRGEN: *Der Nordische Gedanke in Deutschland 1920-1940* (Kieler Historische Studien. Bd. 14). Klett, Stuttgart 1971.
(Eine Studie vor allem zum *Nordischen Ring*, deren Mitglieder teilweise in der DG waren.)

MEIER, KURT: "Die historische Bedeutung des Kirchenkampfes für den Widerstand im Dritten Reich. Zeitgenössische und aktuelle Aspekte der Urteilsbildung". In: *Blätter für württembergische Kirchengeschichte*. Hg. im Auftrag des Vereins für württembergische Kirchengeschichte von GERHARD SCHÄFER UND MARTIN BRECHT. 83./84. Jahrgang (1983/1984). Chr. Scheufele, Stuttgart. S. 151-179.
(Relativierung der These vom kirchlichen Widerstand als Sand im Getriebe.)

MEIER, KURT: "Die Sportpalastkundgebung der 'Deutschen Christen' am 13. November 1933. Entgleisung oder Krieg?" In: *Wissenschaftliche Zeitschrift der Karl-Marx-Universität Leipzig*. Gesellschaftswissenschaftliche Reihe. Jg. 1962. H. 4. S. 71 ff.

MEIER, KURT: *Volkskirche 1918-1945. Ekklesiologie und Zeitgeschichte* (Theologische Existenz heute. Bd. 213. Hg. von TRUTZ RENDTORFF UND CARL GEORG STECK). Chr. Kaiser, München 1982.
(Kurze Geschichte der verschiedenen volkskirchlichen Ekklesiologien und ihre Umsetzung in die Praxis.)

MEIER-CRONEMEYER, HERMANN: "Gemeinschaft und Glaube - Reflexionen über die deutsche Jugendbewegung". In: *Jahrbuch des Institutes für Deutsche Geschichte*. VI (1977). Hg. und eingeleitet von WALTER GRAB. Tel Aviv. S. 421-456.

MILLS, THEODORE M..: *Soziologie der Gruppe.* (Grundfragen der Soziologie. Bd. 10.) Juvena, München $^4$1973.
(Wichtig für Nichtsoziologen, um Gruppenprozesse von Lokalgruppen zu verstehen; für die Gemeinschaften der DG kaum anwendbar, da es sich hier um nicht lokale Gruppen handelt.)

MOGGE, WINFRIED: "Religiöse Vorstellungen in der deutschen Jugendbewegung". In: CANCIK, H. (HG.): *Religions- und Geistesgeschichte der Weimarer Republik*. Patmos, Düsseldorf 1982. S. 90-103.

MOGGE, WINFRIED: "Wandervogel, Freideutsche Jugend und Bünde. Zum Jugendbild der bürgerlichen Jugendbewegung". In: KOEBNER, R. U.A. (HG.): *"Mit uns zieht die neue Zeit". Der Mythos Jugend*. Suhrkamp, Frankfurt a. M. 1985. S. 174-198.

MOSSE, GEORGE L.: *Die Nationalisierung der Massen. Politische Symbolik und Massenbewegung in Deutschland von dem Napoleonischen Krieg bis zum Dritten Reich.* Ullstein, Frankfurt a. M./Berlin/Wien 1976.
(Geschichtliche Darstellung der Beeinflussung der Gesellschaft durch Nationaldenkmäler, besonders durch Heldengedenkstätten.)

MOSSE, GEORGE L.: *Rassismus. Ein Krankheitssymptom in der europäischen Geschichte des 19. und 20. Jahrhunderts.* Athenäum, Königstein/Ts. 1978.
(Historische Erklärung des Zusammenfallens des naturwissenschaftlichen Rassebegriffs als Ordnungsprinzip und der Physiognomie einschließlich des dahinterstehenden Charakters zu Beginn des 19. Jahrhunderts und seine Umwandlungen bis ins 3. Reich hinein.)

MOSSE, GEORGE L.: *Ein Volk, ein Reich, ein Führer. Die völkischen Ursprünge des Nationalsozialismus.* Athenäum, Königstein/Ts. 1979.
(Eine Ideengeschichte der völkischen Bewegung, teilweise mit soziologischen Hinweisen.)

MÜLLER, JAKOB: *Die Jugendbewegung als deutsche Hauptrichtung neukonservativer Reform* (Wirtschaft - Gesellschaft - Staat. Züricher Studien zur allgemeinen Geschichte. Bd. 28). Europa, Zürich 1971.
(Wichtige, gut fundierte Arbeit zur Jugendbewegung.)

MÜLLER, KLAUS JÜRGEN / OPITZ, ECKARDT (HG.): *Militär und Militarismus in der Weimarer Republik. Beiträge eines internationalen Symposiums an der Hochschule der Bundeswehr Hamburg am 5. und 6.Mai 1977.* Droste, Düsseldorf 1978.

NANKO, ULRICH: *Die Geschichte des Lehrstuhls für vergleichende Religionswissenschaft an der Eberhard-Karls-Universität Tübingen (1848-1945).* Tübingen 1980 (unveröffentlichte Magisterarbeit).

NANKO, ULRICH: "Deutscher Glaube - Ein Beitrag der Jugendbewegung zur Abwehr fremder Religionen". In: PYE, MICHAEL / STEGERHOFF, RENATE (HG.): *Religion in fremder Kultur. Religion als Minderheit in Europa und Asien* (Schriften zur internationalen Kultur- und Geisteswelt. Hg. von BERND LÜKEN UND MANFRED MACHOLD). Rita Dadder, Saarbrücken-Scheidt 1987. S. 155-173.

NOWAK, KURT: "'Deutschgläubige Bewegungen'". In: *TRE.* Bd. 8. Seite 554-559.

NOWAK, KURT: *Evangelische Kirche und Weimarer Republik. Zum protestantischen Weg des deutschen Protestantismus zwischen 1918 und 1932.* Vandenhoeck & Ruprecht, Göttingen 1981.
(Sehr materialreiche kirchenhistorische Untersuchung der politisch-religiösen Vorstellungen und Ziele der Kirchenleitungen, kirchlichen Verbände und kirchlichen Presseorgane im Zeitraum 1919-1932.)

PAETEL, KARL OTTO: *Reise ohne Uhrzeit. Autobiographie.* Hg. und bearbeitet von WOLFGANG D. ELFE UND JOHN M. SPALEK. London/Worms: The World of Books Limited, Georg Heintz, 1982.
(U. a. Erinnerungen an Paetels Köngener und nationalbolschewistischen Tätigkeiten).

PFEIFFER, ARNOLD (HG.): *Religiöse Sozialisten* (Dokumente der Weltrevolution. VI). Walter, Olten/Freiburg i. Br. 1976.
(Vor allem eine Sammlung von Texten religiöser Sozialisten; bemerkenswert das Einführungskapitel mit einer ideengeschichtlichen Herleitung des religiösen Sozialismus.)

PICK, GEORG: "Die Freie Religionsgemeinschaft Deutschlands". In: *Die Freireligiöse Bewegung - Wesen und Auftrag*. S. 89-91.

RAABE, FELIX: *Die Bündische Jugend. Ein Beitrag zur Geschichte der Weimarer Republik*. Hg. vom STUDIENBÜRO FÜR JUGENDFRAGEN. Brentano, Bonn/Stuttgart 1961.
(Eine Gesamtdarstellung der Bündischen Jugend mit soziologischen Analysen.)

RATHJE, JOHANNES: *Die Welt des Freien Protestantismus. Ein Beitrag zur deutsch-evangelischen Geistesgeschichte, dargestellt an Leben und Werk von Martin Rade*. Klotz, Stuttgart 1952.
(Ungedruckte Teile des Manuskripts in der Universitätsbibliothek Marburg. Eine geschichtliche Darstellung der Zeitschrift *Christliche Welt*, seines Freundeskreises und besonders Martin Rades aus der Feder seines Mitarbeiters. Ein wichtiges Buch für die Darstellung des liberalen Protestantismus, zumal es zu diesem Thema kaum Literatur gibt.)
Zit. als RATHJE, *Freier Protestantismus*.

ROHE, KARL: *Das Reichsbanner Schwarz Rot Gold. Ein Beitrag zur Geschichte und Struktur der politischen Kampfverbände zur Zeit der Weimarer Republik*. Droste, Düsseldorf 1966.

ROON, GER VAN: *Neuordnung im Widerstand - Der Kreisauer Kreis innerhalb der deutschen Widerstandsbewegung*. Oldenbourg, München 1967.
(Hier die interessante Information, daß ein Köngener, Harald Poelchau, im Widerstand mitgearbeitet hat.)

SCHIEDER, ROLF: *Civil Religion: die religiöse Dimension der politischen Kultur*. Gütersloher Verlagshaus, Gütersloh 1987.
(Darstellung der Entstehungsgeschichte und inhaltliche Bestimmung des Begriffs "civil religion" in der amerikanischen Soziologie, besonders am Beispiel Bellahs. Bemerkenswert der Bezug zu P. Tillich.)

SCHÜTTE, WOLFGANG: *Regionalität und Föderalismus im Rundfunk (1923-45)* (Beiträge zur Geschichte des deutschen Rundfunks. Bd. 3). Knecht, Frankfurt a. M. 1971.
(Sehr materialreiche Darstellung des Rundfunks in seiner Frühgeschichte und seine Abhängigkeit von politischen Institutionen und Finanziers.)

SCHMIDT, SIEGFRIED (HG.): *Alma mater Jenensis. Geschichte der Universität Jena*. Hermann Böhlaus Nachfolger, Weimar 1983.

SCHOENBAUM, DAVID: *Die braune Revolution. Eine Sozialgeschichte des Dritten Reiches*. dtv, München 1980.

SCHOLDER, KLAUS: *Die Kirchen und das Dritte Reich*.
Bd. I: Vorgeschichte und Zeit der Illusionen 1918-1934. Propyläen / Ullstein, Frankfurt/Berlin/Wien 1977.
Bd. II: Das Jahr der Ernüchterung 1934. Barmen und Rom. Siedler, Berlin 1985.

SCHÜDDEKOPF, O. E.: *Linke Leute von Rechts. Die nationalrevolutionären Minderheiten und der Kommunismus in der Weimarer Republik.* Kohlhammer, Stuttgart 1960.

SCHULZ, GERHARD: *Zwischen Demokratie und Diktatur. Verfassungspolitik und Reichsreform in der Weimarer Republik. Bd. 1: Die Periode der Konsolidierung und der Revision des Bismarckschen Reichsaufbaus 1919-1930.* De Gruyter, Berlin 1963.

SCHWIERSKOTT, H.-J.: *Arthur Moeller van den Bruck und der revolutionäre Nationalismus in der Weimarer Republik* (Veröffentlichung der Gesellschaft für Geistesgeschichte. Bd. 1). Musterschmidt, Göttingen 1962.

SIEGELE-WENSCHKEWITZ, LEONORE: *Nationalsozialismus und Kirche: Religionspolitik von Partei und Staat bis 1935* (Tübinger Schriften zur Sozial- und Zeitgeschichte. Bd. 5. Hg. von GERHARD SCHULZ in Verbindung mit ERICH BORN UND KLAUS SCHOLDER). Droste, Düsseldorf 1974.

SONTHEIMER, KURT: *Antidemokratisches Denken in der Weimarer Republik. Die politischen Ideen des deutschen Nationalismus zwischen 1918 und 1933.* Nymphenburger Verlagsanstalt, München 1968.

STARK, REINHOLD: "Geschichte der unitarischen Freiprotestanten in Rheinhessen". In: *Die Freireligiöse Bewegung - Wesen und Auftrag.* S. 92-93.

STÅHLE, LENNART: "Deutsche Glaubensbewegung 1933-1936". In: BIEZAIS, H. (HG.): *New Religions, Based on papers read at the Symposium on New Religions held at Åbo on the 1$^{st}$-3$^{rd}$ of September 1974.* Almquist & Wiksell International, Stockholm. S. 218-223.

STRÜNING, HORST-DIETER: "Die Geschichte der deutschen sozialistischen Freidenkerbewegung. Eine Skizze". In: KAHL, J. / WERNIG, E. (HG.): *Freidenker. Geschichte und Gegenwart.* Pahl-Rugenstein, Köln 1981. S. 9-71.
(Eine sehr knappe Darstellung der Organisationsgeschichte.)

VOLLMER, ANTJE: *Die Neuwerkbewegung 1919-1935. Ein Beitrag zur Geschichte der Jugendbewegung, des religiösen Sozialismus und der Arbeiterbildung.* Diss., Berlin 1973.

VONDUNG, KLAUS: *Kriegserlebnis. Der Erste Weltkrieg in der literarischen Gestaltung und symbolischen Deutung der Nationen.* Vandenhoeck & Ruprecht, Göttingen 1980.

VONDUNG, KLAUS: *Magie und Manipulation. Ideologischer Kult und politische Religion des Nationalsozialismus.* Vandenhoeck & Ruprecht, Göttingen 1971.

WEBER, MARIANNE: *Lebenserinnerungen.* Johannes Storm, Bremen 1948.

*Weg und Aufgabe*: Siehe WEITBRECHT, O. / DAUR, RUDOLF.

*Wesen und Auftrag*: Siehe *Die Freireligiöse Bewegung - Wesen und Auftrag.*

WEGNER, BERND: *Hitlers Politische Soldaten: Die Waffen-SS 1933-1945. Studien zu Leitbild, Struktur und Funktion einer nationalsozialistischen Elite.* Schöningh, Paderborn 1982.
(Eine Untersuchung des Freiburger Militärhistorikers zur Geschichte der Waffen-SS auf soziologischer Grundlage.)

WEHOWSKI, STEPHAN: *Religiöse Interpretation politischer Erfahrung. Eberhard Arnold und die Neuwerkbewegung als Exponenten des religiösen Sozialismus zur Zeit der Weimarer Republik* (Göttinger Theologische Arbeiten. Bd. 16). Vandenhoeck & Ruprecht, Göttingen 1980.

WEISS, KARL / SCHLÖTERMANN, LILO: *125 Jahre Kampf um freie Religion. Dargestellt an der geschichtlichen Entwicklung der Freireligiösen Landesgemeinde Baden.* Bearbeitet und bis in die Gegenwart fortgeführt von Dr. Lilo Schlötermann. Freireligiöse Verlagsbuchhandlung, Mannheim 1970.

WEITBRECHT, O. / DAUR, RUDOLF: *Weg und Aufgabe eines Freien Protestantismus in der Evangelischen Kirche. Rückblick auf 50 Jahre Freie Volkskirchliche Vereinigung in Württemberg* (Schriftenreihe: Freies Christentum. Beihefte zur Monatsschrift *Freies Christentum*. Hg. vom BUND FÜR FREIES CHRISTENTUM. Heft 46/47). Bund für freies Geistesleben, Hanau a. M. 1962.
Zit. als *Weg und Aufgabe*.

ZEHRER, KARL: *Evangelische Freikirchen und das "Dritte Reich".* Vandenhoeck & Ruprecht, Göttingen 1986.
(Eine zusammenfassende Darstellung der Geschichte der evangelischen Freikirchen im 3. Reich; eine historische Analyse fehlt.)

# Personenregister

Ammerlahn, Gotthard  68
Andersen, Friedrich  42, 61
Arndt, Ernst Moritz  13
Arnold, Eberhard  58

Backofen, Rudolf  196, 198, 202, 204, 205, 280
Barber, Rudolf  185, 187, 190
Bartels, Adolf  40, 61, 62
Barth, Karl  32, 33, 171
Bartsch, Heinz  14, 42
Bäumer, Gertrud  58, 92, 94, 97, 98, 106
Baumgarten, Otto  54
Bäumler, Alfred  138
Bentmann, Eugen  132, 186, 188
Berger, Friedrich  101, 221, 259, 297
Bergmann, Ernst  72, 73, 79, 83, 117, 121, 122, 126, 128, 132, 142, 147, 168, 173, 175, 192, 193, 195, 201, 207, 244, 326, 328
Bergmann, Klaus  78
Bernfeld, Siegfried  105
Best, Werner  69, 168, 170, 190, 193, 194, 195, 203, 204, 266, 272, 324
Binding, Max  152
Bismarck, Otto Fürst von  235
Blomberg, Werner Eduard Fritz von  163
Bodelschwingh, Friedrich von  124, 125, 128, 159, 161
Böhme, Jakob  100
Bonus, Arthur  132
Brecht, Gottfried  185

Brink, Willy  196, 198, 202, 207
Brucklacher, Heinz  265
Bruckmann, Hugo  137, 219
Bubendey, Friedrich  273
Buber, Martin  58, 59, 88, 89, 92, 94, 95, 97, 98, 139
Bublitz, Ernst  61
Buchheim, Hans  14
Büchner, Ludwig  36
Buddensieg, Hermann  88, 96, 97, 187
Bühler, Friedrich  65, 185, 190
Bülow, Werner von  52
Buske, Ernst  87
Buttmann, Rudolf  165, 166, 192, 219, 220, 224, 272

Cancik, Hubert  17, 18, 28, 309
Chamberlain, Houston Stewart  62
Claessens, Dieter  26, 155, 156, 157, 245
Clauss, Ludwig Ferdinand  74, 134, 298
Coch, Friedrich  270
Conn, Alfred  179, 199, 237
Conrad, Walter  165, 169, 176, 193, 220
Cordier, Leopold  114

Dahn, Felix  16
Darré, Walter  72, 138, 147, 163, 218, 220, 270
Daur, Rudi  57, 61, 85, 99, 103, 106, 107, 110, 112, 151, 164, 192, 258, 309
Dehmel, Hans  105, 109
Denck, Hans  100

Deppe, Hans  23, 93, 105, 106, 113
Diederichs, Niels  74, 132
Diels, Rudolf  211
Dierks, Margarete  13, 15, 16, 18, 28
Dinter, Arthur  138, 144, 145, 146, 150, 153
Dirks, Walter  59
Dorn, Robert  182
Drescher, Gottfried  91
Drews, Arthur  37, 38, 132, 147, 148
Drews, Paul  40, 54

Eckert, Marie  116, 226
Eggers, Kurt  223
Ehlen, Nikolaus  90
Ehlen, Nikolaus  85, 89, 94, 97, 98
Elbert, Wolfgang  78, 147, 158, 223, 238, 240
Elling, Georg  120, 132, 138, 147, 148, 185, 188, 190
Ernst, Bodo  226

Fahrenkrog, Ludwig  40, 41, 42, 70, 115, 127, 134, 137, 143, 147, 223, 238, 239, 302
Fehrle, Eugen  11, 71
Fezer, Karl  121, 128, 161
Fichte, Johann Gottlieb  13, 16, 62
Fick, Luise  34
Fidus  70, 302
Firgau, Prof. H. H.  23
Flex, Walter  81
Flurschütz, Hildulf  46, 71, 117, 216
Forell, Birger  149
Frick, Heinrich  16
Frick, Wilhelm  165, 169, 219, 223, 255, 325
Fritsch, Theodor  134
Fritzsch, Theodor  299

Fuchs, Hans  72, 120, 121, 124, 132, 134, 136, 137, 139, 140, 141, 142, 145, 146, 153, 174, 175, 213, 221, 244
Fuchs, Walther Peter  23, 267, 268

Gauch, Dr.  174
Gehrmann, Max  120
Geiger, Theodor  26
Gericke, Friedrich  237, 239, 241, 252, 272, 273, 276, 278, 281, 286, 302
Gerstenhauer, Max Robert  39
Gesell, Silvio  44, 52
Goebbels  254, 255, 272
Göring, Joseph Paul  163, 271
Gorsleben, Rudolf John  52, 73
Götz von Olenhusen, Irmtraud  303, 305
Grabert, Herbert  56, 100, 124, 171, 179, 182, 222, 237, 239, 252, 257, 267, 277, 287
Gräff, Otger  44, 46
Grischkat, Hans  101
Groh, Georg  71, 129, 134, 135, 137, 139, 141, 142, 269, 287
Gronau, Ernst  144
Günther, Hans Friedrich Karl  133, 136, 147, 158, 173, 223, 240, 288, 298
Gurlitt, Ludwig  42

Häckel, Ernst  37
Hartmann, Eduard von  16
Hauer, Annie  23
Haurand, Peter  88
Hegel, Georg Wilhelm Friedrich  42
Heiler, Friedrich  16
Heimann, Eduard  59, 88
Hennecke, Pastor  128, 129, 134, 139

Hentschel, Willibald  44, 66, 71
Herder, Johann Gottfried von  13, 14, 16
Herpel, Ludwig  269
Herzog, Gotthilf  55
Hesse, Hermann  166
Heß, Rudolf  136, 158, 166, 174, 175, 179, 194, 220, 221
Heßberg, Wilhelm Freiherr von  183, 239, 269, 273, 276, 278, 279, 285, 286
Heydrich, Reinhard  170, 195, 197, 198, 199, 279, 281
Hielscher, Friedrich  94, 97, 98
Hierl, Konstantin  50
Himmler, Heinrich  66, 170, 193, 195, 197, 198, 203, 206, 272, 281, 288
Hindenburg, Paul  169
Hitler, Adolf  83, 90, 92, 93, 107, 108, 122, 125, 133, 136, 137, 139, 141, 144, 147, 158, 161, 162, 163, 168, 169, 170, 187, 211, 219, 235, 251, 252, 253, 254, 258, 270
Hoffmann, Fritz Hugo  50, 129
Hoffmann, Prälat Kurt  86
Hossenfelder, Joachim  113, 138
Hülle, Werner  96, 97
Hunkel, Ernst  44, 46

Jäger, August Friedrich Christian  147, 218, 219
Jöckel, Bruno  182
Jung, Carl Gustav  48
Jünger, Ernst  34

Kant, Immanuel  62
Kappus, Walter  101
Katzer, Ernst  61
Kehrer, Günter  26, 296, 307
Keibel, Ludwig  191, 192, 216

Kenstler, August Georg  65, 78
Kerrl, Hanns  251, 256, 258
Kindt, Werner  109, 110
Klages, Ludwig  48
Klagges, Dietrich  138
Klimm, Wilhelm  202, 204, 207
Kloppe, Fritz  178, 325
Koch, Karl  168, 254
Kohn, Hans  110
Kolbach, Christian  270
Kolbenheyer, Erwin Guido  133, 152
Konopath, Hanno  143
Konrad, Karl  41, 71
Körber, Norman  150
Kossinna, Gustav  71
Kotzde, Wilhelm  32, 66, 67, 70
Kramer, Georg  37, 148, 164, 191, 192, 204
Krannhals, Paul  58, 94, 97, 98, 115, 133, 302
Krause, Reinhold  166, 170
Krieck, Ernst  58, 94, 97, 98
Kroll, Adolf  42, 71, 302
Krukenberg, Elsbeth  94, 97, 98, 99, 187
Kulke, Erich  69
Kulz, Werner  147
Kummer, Bernhard  71, 72, 78, 126, 134
Kuntze, Heinz A. W.  116
Kurth, Hans  252, 257, 287
Kusserow, Wilhelm  143, 144, 175, 200, 314, 327
Küssner, Karl  85, 88, 89
Küster, Ernst  192, 226

Lagarde, Paul de  13, 62, 101
Lahn, Arthur  46, 49, 71, 117, 145, 146, 147, 223, 239, 277, 327

Laiblin, Wilhelm  266
Lange, Friedrich  39
Leers, Johann von  129, 144, 148, 152, 153, 154, 173, 238
Leese, Kurt  56, 128, 133
Lemcke, C. F.  51, 214, 245
Lemor, Hans Joachim  23
Liebknecht, Karl  36
Lietz, Hermann  71
Lingelsheim, Walter von  252, 257, 286
Lippe, Friedrich Wilhelm Prinz zur  134, 143, 147, 200, 223, 237, 238, 269
List, Guido von  41
Lomer, Georg  52
Loofs, Friedrich  54
Lubberger, Paul  183, 185, 187, 188, 189, 190
Ludendorff, Erich  50, 51, 87, 129, 133, 144, 214
Ludendorff, Mathilde  50, 52, 72, 115, 129, 327

Mandel, Hermann  61, 123, 128, 134, 145, 147, 148, 150, 154, 239
Mannhardt, Wilhelm  40
Marcion  62
Mayr, Otto  64
Meier, Kurt  163, 166
Meiser, Hans  159, 254
Mengele, Kurt  71
Merck, Mathilde  134, 137
Mergenthaler, Christian  60, 92
Michel, Oskar  40, 42
Moeller van der Bruck, Arthur  65
Moltke, Helmuth Graf  235
Muck-Lamberty, Friedrich  78, 144, 302
Mulert, Hermann  56, 174

Müller, Ludwig  80, 83, 113, 141, 159, 160, 161, 165, 166, 167, 168, 169, 222, 251, 254
Müller-Berneck, Hellmuth von  143, 144
Müller-Senftenberg, Margarete  53, 147
Mysing, Ernst  49

Naumann, Friedrich  54, 92
Neckel, Gustav  126, 134
Niedlich, Ernst  61
Niekisch, Ernst  81
Niemöller, Martin  169, 220, 222
Nietzsche, Friedrich  13, 48, 86, 267
Norrenberg, Kurt  49
Nowak, Kurt  16

Oberheid, Heinrich  168
Oppenheimer, Ludwig  59
Orlowsky, Paul  269, 286
Otto, Rudolf  16, 100, 118, 149, 164

Paetel, Karl Otto  88
Papen, Franz von  167
Penzig, Rudolf  37
Peter, Carl  37, 122, 148, 168, 170, 191, 192, 193, 195, 196, 198, 199, 201, 202, 203, 204, 207, 208, 215, 216, 217, 244
Petras, Otto  144, 146, 152, 153, 154, 156
Pick, Georg  37, 119, 120, 127, 130, 132, 138, 144, 146, 148, 151, 156, 186, 187, 188, 189
Pleyer, Kleo  65, 129, 134
Pohl, Guntram  71
Porembski, Franziska von  147, 223
Posern, Horst  72, 116

Precht, Ernst 178, 237, 277
Pröper, Otto 23
Pudor, Heirnich 134

Raabe, Felix 304, 305
Rade, Martin 54
Ragaz, Leonhard 58
Raschke, Hermann 132
Raupach, Hans 105, 109
Reinecke, Adolf 61
Reuter, Otto 41, 44, 48, 133, 143, 144, 147, 199, 223, 240, 302, 327
Reventlow, Ernst Graf zu 73, 115, 126, 127, 129, 130, 133, 134, 136, 137, 139, 140, 141, 142, 143, 144, 145, 146, 147, 169, 173, 175, 176, 177, 178, 184, 189, 193, 200, 216, 220, 221, 223, 224, 225, 237, 244, 245, 257, 259, 276, 281
Ritter, Gerhard 105
Rogge-Börner, Sophie 147
Röhm, Ernst 309
Römer, Gerhard 151
Rörich, Gustav 151
Rosegger, Peter 70
Roselius, Ludwig 74, 126
Rosenberg, Alfred 60, 92, 133, 138, 162, 163, 166, 171, 218, 270
Roth, Rudolf 114
Röth, Erich 68, 69, 110, 134
Rust, Bernhard 255, 272, 325

Schacht, Hjalmar 163
Schäfer, Friedrich 52
Schäfer, Wilhelm 133
Schafft, Hermann 58, 86
Scheffer, Theodor 115, 134, 302
Schiele, Georg 66
Schiller, Friedrich 68

Schirach, Baldur von 108, 254, 272, 281, 309
Schleiermacher, Friedrich 62
Schlötermann, Heinz 23, 28
Schlötermann, Lilo 23, 28
Schloz, Wilhelm 115, 134, 257, 265, 266, 267, 268, 284, 287
Schmidt, Otto 134
Schmied-Kowarzik, Walther 143
Schmitt, Carl 245
Schmitt, Georg 88
Schneller, Ernst 58, 59, 88, 89, 93
Schoenbaum, David 26
Scholder, Klaus 162
Schöll, Friedrich 64, 71, 115, 134, 144, 226
Schopenhauer, Arthur 13
Schubring, Wilhelm 40
Schultze, Friedbert 134, 147
Schultze-Naumburg, Paul 134
Schumann, Max 216
Schwaner, Wilhelm 40, 41, 70, 134, 135, 149
Schwender, Matths 23, 63
Seibertz, Norbert 48, 147, 175, 200, 217, 327
Sexauer, Albert 134, 185
Siegert, Julius 48
Soden, Hans von 105
Solger, Friedrich 221, 223, 224, 228, 328
Spengler, Oswald 33
Spranger, Eduard 304
Sprenger, Gustav 37, 38, 120, 132, 188
Stählin, Wilhelm 114
Stammler, Goerg 29, 66, 78, 94, 97, 98, 115, 116, 117, 134, 145, 302
Stange, Erich 114

Stein, Heinrich Friedrich Karl Freiherr
    von 235
Steiner, Rudolf 115
Stengel von Rutkowski, Lothar 23,
    146, 147, 267, 268
Steppes, Friedrich 113
Stockmeyer, Fritz 89
Strasser, Otto 68, 94, 97
Streicher, Julius 202
Ströle, Albrecht 57
Strünckmann, Carl 118, 134, 150, 152

Taesler, Clemens 37, 38
Tanzmann, Bruno 66, 302
Tauler, Johannes 100
Teichmann, Hans 89
Teudt, Wilhelm 134
Thom, Karl 210
Tillich, Paul 32
Trotha, Adolf von 61, 79, 87
Truckenmüller, Georg 265, 277, 281
Tschirn, Erich 191, 193, 209, 210, 211,
    212, 213, 214, 245
Tschirn, Gustav 37

Viergutz, Rudolf 117, 137, 217

Wachler, Ernst 40, 42, 71
Walbaum, Rudolf 53, 115, 118, 120,
    132, 152, 192, 301
Warneck, Walther 115, 133
Weber, Marianne 59, 88, 164
Weichert, Ludwig 113
Weiß, Karl 38, 183, 186, 187, 188, 189
Wenzel-Ekkehard, Otto 127
Wiedenhöft, Bernhard 258, 287
Winkelmann, Hans 100
Wirth, Herman 74, 125, 126, 134, 147,
    218, 223, 302

Wolzogen, Ernst Freiherr von 134
Wolzogen, Hans Paul Freiherr von 61
Wurm, Theophil 159, 254
Wyneken, Gustav 105

Zapp, Paul 23, 100, 104, 105, 106, 107,
    108, 109, 110, 121, 129, 137, 177,
    178, 181, 192, 213, 219, 278, 282,
    284, 293, 295
Ziegler, Matthes 23, 147
Zoubek → Konrad, Karl
Zumpe, Walter 216

# Religionswissenschaft im diagonal-Verlag

## RELIGIONSWISSENSCHAFTLICHE REIHE

**Sebastian Murken: Gandhi und die Kuh. Die Darstellung des Hinduismus in deutschen Religionsbüchern. Eine kritische Analyse.**

Die erste deutschsprachige Schulbuchuntersuchung zu einer der großen fernöstlichen Religionen. Sie füllt eine wichtige Lücke in der Weltreligionen-Didaktik. *Johannes Lähnemann*
Bd. 1. 1988. ISBN 3-927165-00-X. 141 Seiten, kt., 20,00 DM.

**Donate Pahnke: Ethik und Geschlecht. Menschenbild und Religion in Patriarchat und Feminismus.**

Die feministische Literatur ist nur noch für Fachleute übersehbar, die zwischen wichtig und unwichtig differenzieren können. D. Pahnke gehört zu ihnen. Vorliegende Arbeit resümiert den Erkenntnisstand der feministischen Bewegung bezüglich Ethik und Menschenbild in der feministischen Religiosität. *Walter Beltz*
Bd. 3. 1992. ISBN 3-927165-17-4. 2. Aufl., 284 Seiten, kt., 29,80 DM.

**Martin Baumann: Deutsche Buddhisten. Geschichte und Gemeinschaften.**

Eine wirklich bemerkenswerte Darstellung zur Entwicklung des Buddhismus im Westen. Es ist gelungen, Hauptströmungen der gegenwärtigen Aneignung und Adaption des Buddhismus am Beispiel von ausgewählten Gruppen und Interpreten in Deutschland anschaulich zu machen. *Detlef Kantowsky*
Bd. 5. 1993. ISBN 3-927165-14-X. 440 Seiten, kt., 39,80 DM.

**Donate Pahnke (Hg.): Blickwechsel. Frauen in Religion und Wissenschaft.**

Blickwechsel bietet erstmals eine fundierte Grundlage, um einen umfassenden Überblick über Themen, Inhalte und Methoden feministischer Religionswissenschaft im interdisziplinären Rahmen zu gewinnen. Konkrete Beispiele aus dem Bereich »Geschlechterverhältnis und Religion« in verschiedenen Kulturen werden von theoretisch-systematischen Beiträgen ergänzt.
Bd. 6. 1993. ISBN 3-927165-20-4. 320 Seiten, 32,00 DM.

*DIAGONAL-VERLAG MARBURG*

# Religionswissenschaft im diagonal-Verlag

## WISSENSCHAFTSGESCHICHTE UND WISSENSCHAFTSTHEORIE

**Marburg Revisited. Institutions and Strategies in the Study of Religion. Ed. by Michael Pye.**

Weltweit ist die akademische Religionswissenschaft in der Internationalen Vereinigung für Religionsgeschichte (IAHR) organisiert, in der vor allem nationale Vereinigungen aus Europa und Nordamerika vertreten sind. Die Frage nach der institutionellen Ausweitung der Religionswissenschaft auf die übrigen Kontinente und damit die Durchsetzung einer nicht-theologischen Religionsforschung beschäftigte eine Tagung der IAHR im Juni 1988, deren hier wiedergegebene Beiträge noch heute von Bedeutung sind - gerade angesichts des Umbruchs in den ehemals sozialistischen Staaten.
ISBN 3-927165-03-4. 160 Seiten, kt., 45,00 DM.

**Religionswissenschaft und Kulturkritik. Beiträge zur Konferenz "The History of Religions and Critique of Culture in the Days of Gerardus van der Leeuw (1890 - 1950)". Hg. von Hans G. Kippenberg und Brigitte Luchesi.**

Gerardus van der Leeuw (1890-1950), Religionswissenschaftler, Theologe und Politiker aus Groningen, hatte in seiner Religionsphänomenologie den Versuch unternommen, in außereuropäischen Religionen Zeugen einer ursprünglichen, nicht rational verengten Denk- und Lebensweise des Menschen zu erkennen. In diesem Versuch wird das Grundproblem der sich herausbildenden Religionswissenschaft sichtbar. Sie hatte Stellung bezogen gegen den in Europa verbreiteten Vernunft- und Forschrittsglauben. Dabei besannen sich die Religionswissenschaftler auf die romantische Kritik an der Aufklärung, die sich im 19. Jahrhundert zu einer Kritik an der europäischen Kultur weiterentwickelt hatte.
Die Beiträge zu diesem Band befassen sich sich aus dem Blickwinkel verschiedener Disziplinen mit den kulturkritischen Voraussetzungen der Verwissenschaftlichung der Religionswissenschaft und gehen der Geschichte ihrer Rezeption durch Intellektuelle nach.
ISBN 3-927165-06-9. 400 Seiten, kt., 58,00 DM.

**DIAGONAL-VERLAG MARBURG**

# Religionswissenschaft im diagonal-Verlag

## RELIGIONEN UND GESELLSCHAFT

**Die Religion von Oberschichten. Religion - Profession - Intellektualismus. Hg. von Peter Antes und Donate Pahnke.**

Die Beeinflussung religiöser Glaubenshaltungen durch Intellektuelle oder religiöse "Experten" darf nicht gering veranschlagt werden.
In diesem Buch wird dazu ein breites kulturelles und historisches Spektrum aufgezeigt.
ISBN 3-927165-02-6. 324 Seiten, kt., 32,00 DM.

**"Herausforderung Ethikunterricht". Ethik/Werte und Normen als Ersatzfach in der Schule. Hg. von Hartmut Zinser.**

Positionen und Fragen der Religionswissenschaft zum Ersatzfach für den kirchlichen Religionsunterricht. Diskussion um die Einführung des Ersatzunterrichts in den Neuen Bundesländern.
ISBN 3-927165-12-3. 104 Seiten, kt., 19,80 DM.

**Joachim Schmidt: Satanismus. Mythos und Wirklichkeit.**

Geschichte und Gegenwart einer umstrittenen "Religion".
ISBN 3-927165-13-1. 250 Seiten, kt., 24,80 DM.

**Hans Sebald: Der Hexenjunge. Fallstudie eines Inquisitionsprozesses.**

Würzburg im 17. Jahrhundert: Die Inquisition klagt einen neunjährigen Straßenjungen als Hexer an. Hans Sebald zeichnet anhand des plastischen Beispiels (u. a. wurden die Originalprotokolle der Verhöre ausgewertet) die Strukturen der Hexenverfolgung im Mittelalter nach.
ISBN 3-927165-15-8. 150 Seiten, kt., 24,80 DM.

*IN VORBEREITUNG*

**20 Jahre Jugendsekten-Debatte. Hg. von Frank Usarski und Günter Kehrer.**

*DIAGONAL-VERLAG MARBURG*